以岗位能力为导向
互联网版课程型教材

Excel
在财务中的应用

（第2版）

钟晓玲　蔡小路◎主　编
李　福　麦其蓉◎副主编

电子工业出版社
Publishing House of Electronics Industry
北京·BEIJING

图书在版编目（CIP）数据

Excel 在财务中的应用 / 钟晓玲，蔡小路主编. —2 版. —北京：电子工业出版社，2023.9
ISBN 978-7-121-45892-7

Ⅰ．①E… Ⅱ．①钟… ②蔡… Ⅲ．①表处理软件－应用－财务会计－高等学校－教材
Ⅳ．①F234.4-39

中国国家版本馆 CIP 数据核字（2023）第 119107 号

责任编辑：杨洪军　　特约编辑：王　璐
印　　刷：北京天宇星印刷厂
装　　订：北京天宇星印刷厂
出版发行：电子工业出版社
　　　　　北京市海淀区万寿路 173 信箱　　邮编 100036
开　　本：787×1092　　1/16　　印张：19.25　　字数：492.8 千字
版　　次：2018 年 10 月第 1 版
　　　　　2023 年 9 月第 2 版
印　　次：2023 年 12 月第 2 次印刷
定　　价：65.00 元

凡所购买电子工业出版社图书有缺损问题，请向购买书店调换。若书店售缺，请与本社发行部联系，
联系及邮购电话：（010）88254888，88258888。

质量投诉请发邮件至 zlts@phei.com.cn，盗版侵权举报请发邮件至 dbqq@phei.com.cn。

本书咨询联系方式：（010）88254199，sjb@phei.com.cn。

前言

党的二十大报告明确要求：加快发展数字经济，促进数字经济和实体经济深度融合，打造具有国际竞争力的数字产业集群。数据作为新型生产要素，将进一步推动产业发展模式向创新驱动转变。

Excel 是目前主流的表格制作和数据处理软件，因其具有功能强大、操作简便及安全、稳定等特点，至今仍是办公用户必备的数据处理软件之一。

因此，越来越多的高职院校开设了"Excel 在财务中的应用"这门课程。该课程是高等职业教育会计专业的必修课程，涉及财务管理、计算机基础等不同课程的基础知识。基于该课程实践操作性强、迭代更新快等特点，结合项目化教学的要求，本书以培养学生运用 Excel 解决问题的能力为目标，精选实务中的经典工作任务，以职业场景导入的形式，通过细致的剖析，一步一步地、图文并茂地展示了 Excel 的各种应用及技巧。

本书的主要特点如下。

1. 案例实用，强调实践

本书合理安排了基础理论与实践教学的内容。本书通过 7 个项目，包括 Excel 基础操作、员工薪酬核算、账务处理、往来账款管理、固定资产管理、进销存数据分析、筹资与投资决策分析，介绍财务核算及财务管理中涉及的典型应用案例与操作步骤，在讲解工作要求和思路的同时，将 Excel 的各项常用功能（包括函数、图表等）嵌入案例。

2. 能力要求与行业要求同步

本书的编写团队成员既有一线教师，也有企业财务工作人员，注重核心知识与核心技能的结合。本书以职业能力培养为目标，以培养基本技能为主线，以专业理论知识为指导，强调专业知识的针对性和适用性，力求学生获得的知识、技能能够满足职业岗位的要求。这个特点也体现在每个项目的拓展应用环节，即对快捷键、数据有效性、条件格式、数据透视表、高级筛选、规划求解、图表的制作等日常使用较多的功能进行了进一步的讲解。

3. 内容与时俱进，体现新变化

微软于 2021 年 10 月推出了 Excel 最新版本，即 Microsoft Office Excel 2021（以下简称"Excel 2021"）。本书是一本介绍 Excel 2021 的基础界面、操作应用的教材。

另外，伴随着线上线下混合式教学模式的推广，本书配套课程"Excel 在财务中的应用"

也已在智慧职教 MOOC 开课，课程中附有大量授课视频、练习、实训等资源。

4. 立德树人

党的二十大报告强调："育人的根本在于立德。全面贯彻党的教育方针，落实立德树人根本任务，培养德智体美劳全面发展的社会主义建设者和接班人。"本次教材改版，围绕为党育人、为国育才的使命责任，从党的二十大精神中汲取力量，增加素养修习目标和素养修习内容，融合爱国教育、德育教育、价值观教育理念，持续深化立德树人的教育思想。

本书由广州番禺职业技术学院的钟晓玲、蔡小路担任主编，李福、麦其蓉担任副主编。其中，钟晓玲编写了项目一、项目四、项目五；蔡小路编写了项目二，并与李福合编了项目六、项目七；麦其蓉编写了项目三。另外，在本书的编写过程中，编者得到了国内实战型 Excel 培训讲师和应用解决方案专家韩小良老师及 Excel Home 版主、知名 Excel 培训讲师、某大型集团公司财务总监郭辉老师的全程指导。

虽然编者在编写本书的过程中倾注了大量心血，但由于水平有限，书中疏漏与不足之处在所难免，恳请广大读者与专家不吝赐教，我们将认真听取您的宝贵意见。

编　者

目录

项目一
Excel 基础操作

学习目标

知识学习目标：

- 熟悉 Excel 2021 界面。
- 掌握字体的编辑方法。
- 掌握边框及底纹的编辑方法。
- 掌握工作表、工作簿的保护方法。
- 掌握 SmartArt 图形的编辑方法。
- 掌握图片的插入及编辑方法。

技能训练目标：

- 能创建差旅费报销单。
- 能绘制部门架构图。

素养修习目标：

- 引导学生树立科技自立自强的信念。
- 培养学生自主探索新技术的态度。

工作任务：

- 任务一：创建差旅费报销单。
- 任务二：编制及保护差旅费报销单说明。
- 任务三：绘制部门架构图。
- 任务四：拓展应用——掌握快捷键。

任务一　创建差旅费报销单

一、任务情境

小肖是鹏程公司刚入职的一名会计。工作第一天，财务经理王总交给他的任务是熟悉 Excel 2021 的界面并设计一张差旅费报销单，以方便同事进行报销填报。设计要求是美观、实用、易操作。

差旅费报销单是员工出差回来后把出差期间的发票整理好，填写并交给主管领导、财务部审核后报销出差费用的单据。差旅费报销单上应该清楚地填写出差人的个人信息、出差日期、出差地点、出差费用明细、领导审核等信息。

任务效果及关键知识点如图 1-1 所示。

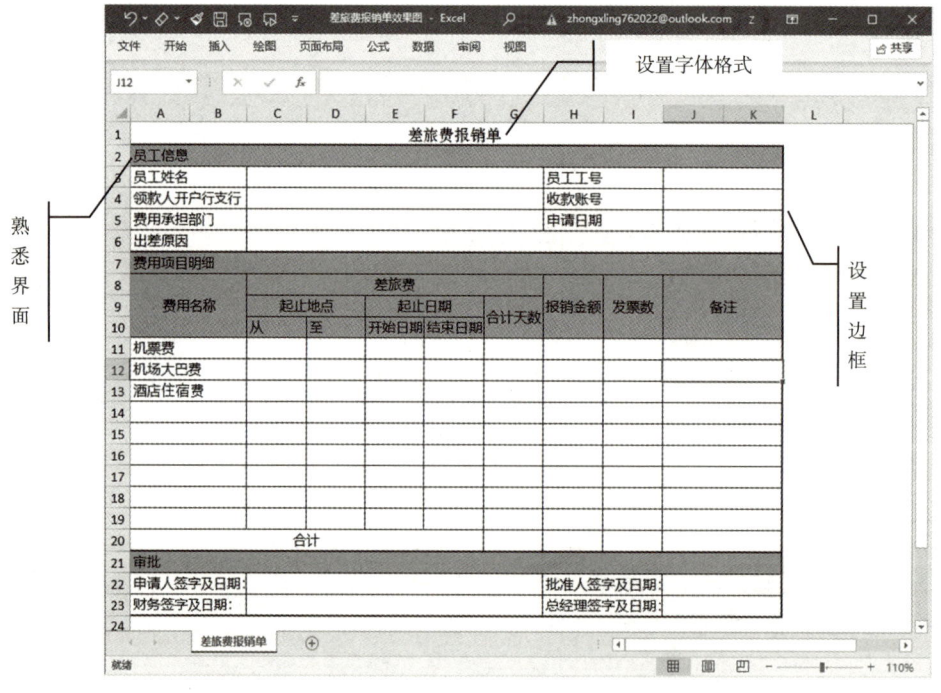

图 1-1　项目一之任务一的任务效果及关键知识点

二、任务知识

1. 熟悉界面

Excel 的工作界面主要包括快速访问工具栏、标题栏、功能区、单元格名称框和编辑栏、工作表编辑区、视图栏等部分，如图 1-2 所示。

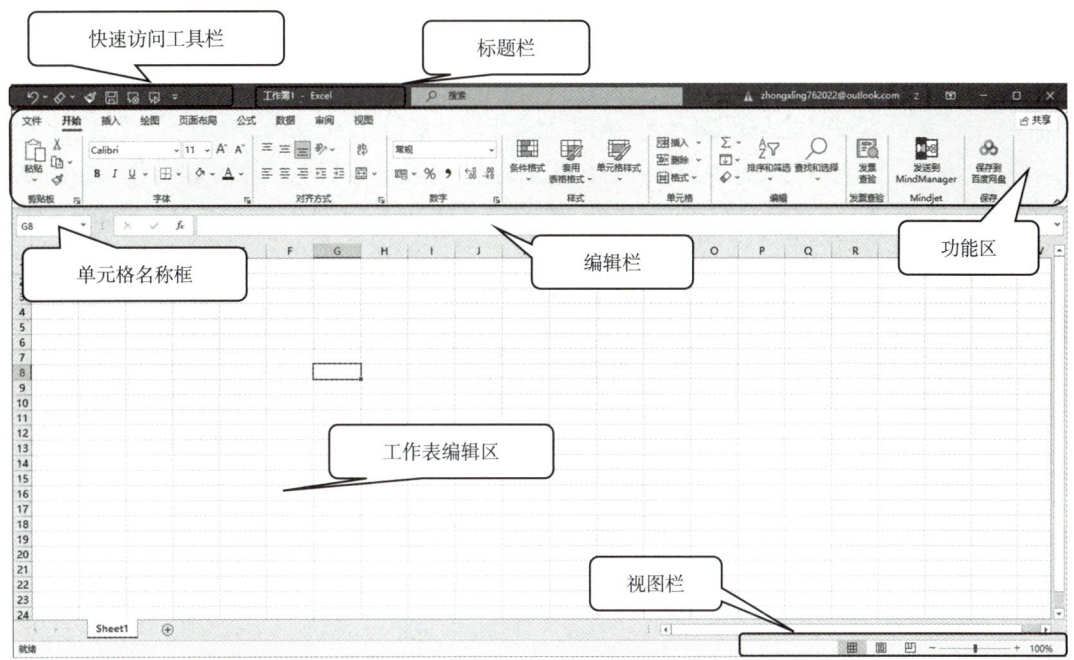

图 1-2 Excel 2021 版工作界面

各组成部分的作用介绍如下。

- 快速访问工具栏：默认情况下，快速访问工具栏只显示常用的【保存】按钮、【撤销】按钮、【恢复】按钮，单击相应的按钮可快速执行所需的操作。为了操作方便，用户还可以单击快速访问工具栏右边的【自定义快速访问工具栏】下拉按钮，在打开的下拉列表中选择相应的选项，添加所需的按钮到快速访问工具栏中，如图 1-3 所示。

图 1-3 自定义快速访问工具栏

- 标题栏：标题栏中间显示当前编辑表格的文件名称。启动 Excel 时，默认的文件名为

"工作簿 1"。在标题栏的右侧有一组窗口控制按钮，单击【最小化】按钮▬，可缩小窗口到任务栏以图标形式显示；单击【向下还原】按钮▣，可将窗口向下缩小到原始大小；单击【关闭】按钮✖，可关闭当前工作簿并退出 Excel 程序。

- 功能区：功能区包括【文件】【开始】【插入】【页面布局】【公式】【数据】【审阅】【视图】【模板中心】等选项卡。单击某个选项卡，将展开对应的功能区，每个功能区又被细分为若干组。
- 单元格名称框和编辑栏：单元格名称框主要用来显示当前单元格的地址和名称。当选择单元格或区域时，名称框中将出现相应的地址和名称。使用名称框也可以快速定位到目标单元格。例如，在名称框中输入"B3"，按 Enter 键后，即可将单元格定位到 B 列第 3 行。编辑栏主要用于对活动单元格进行数据输入、修改、删除等操作。
- 工作表编辑区：用于输入数据的区域，由单元格组成。
- 视图栏：包含【普通】按钮▦、【页面布局】按钮▤和【分页预览】按钮▥，单击相应的按钮，即可将当前工作表切换到相应的视图状态。在视图栏右边还有一个缩放比例调整工具 – ▬▬▬▮▬▬ + 100%，可通过单击【–】按钮、【＋】按钮，以 10% 的比例进行缩小或放大显示。

2．设置字体格式

字体格式的设置方法有 3 种。

方法一：通过【字体】组设置。【开始】选项卡的【字体】组提供了【字体】【字号】【加粗】【倾斜】【下画线】【字体颜色】等按钮，如图 1-4 所示。选中需要设置字体格式的区域进行设置即可。

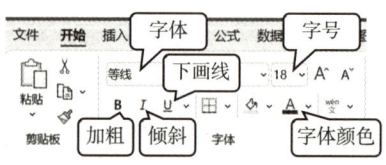

图 1-4 【字体】组的按钮

方法二：通过【设置单元格格式】对话框设置。在需要设置字体格式的区域右击，在弹出的快捷菜单中选择【设置单元格格式】命令，然后在弹出的【设置单元格格式】对话框中单击【字体】选项卡，即可进行字体编辑，如图 1-5 所示。

方法三：通过浮动工具栏设置。双击需要设置字体格式的单元格，选中需要设置字体格式的文字，文字上方将出现一个浮动工具栏，在其中可设置文字的字体格式，如图 1-6 所示。

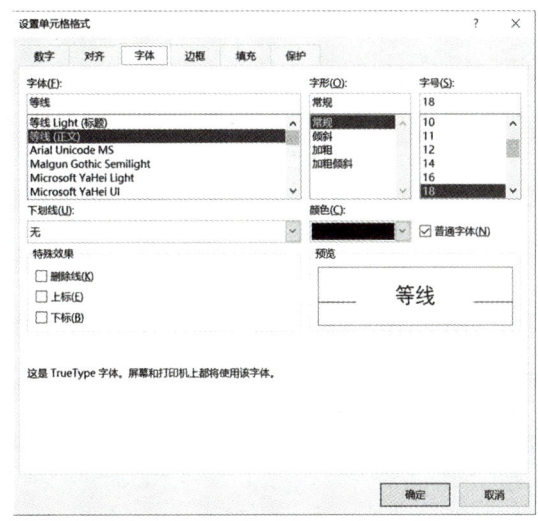

图 1-5　【设置单元格格式】对话框

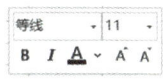

图 1-6　浮动工具栏

3. 设置边框

边框的设置方法有两种。

方法一：使用工具栏中【字体】组的【边框】按钮，如图 1-7 所示。选择需要设置字体格式的区域进行设置即可。

方法二：选中需设置边框的单元格区域。右击，选择【设置单元格格式】命令，然后在弹出的【设置单元格格式】对话框中单击【边框】选项卡，即可进行边框编辑，如图 1-8 所示。

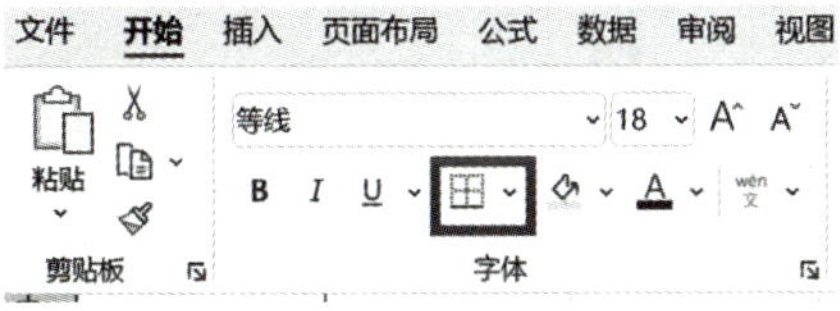

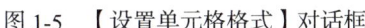

图 1-7　设置边框

图 1-8　【边框】选项卡

三、任务实施

1. 启动 Excel 2021 并创建工作簿

Step1 单击电脑桌面左下角的【开始】按钮，选择【所有程序】|【Microsoft Office】|【Excel 2021】命令，启动 Excel 2021。在打开的界面中单击【空白工作簿】按钮，如图 1-9 所示。

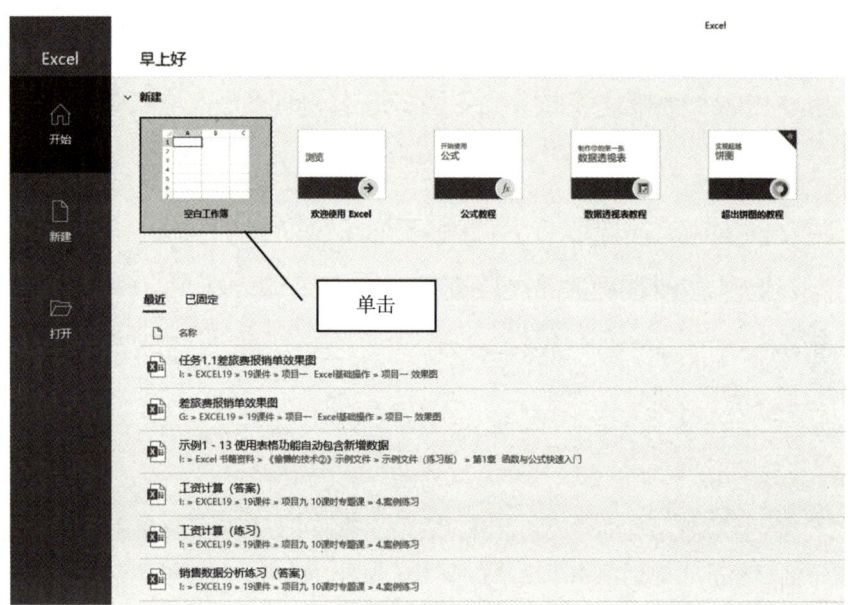

图 1-9　新建工作簿

操作技巧

在电脑桌面左下角单击【开始】按钮，选择【所有程序】|【Microsoft Office】命令，在其子菜单中的【Excel 2021】选项上右击，在弹出的快捷菜单中选择【发送到】|【桌面快捷方式】命令，将 Excel 2021 快捷图标发送到电脑桌面上，以后每次只需双击 Excel 2021 快捷图标就可以启动 Excel 2021 了。

Step2 打开名为"工作簿 1"的空白工作簿，在快速访问工具栏中单击【保存】按钮，如图 1-10 所示。

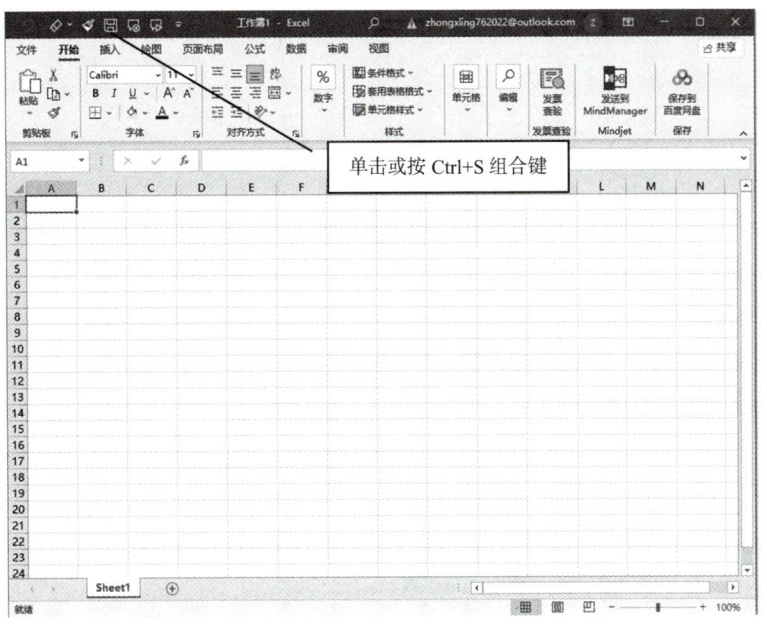

图 1-10　保存工作簿

Step3 打开【保存此文件】对话框，在【文件名】文本框中输入文件名"差旅费报销单"，在【选择位置】下拉列表中可选择保存位置，然后单击【保存】按钮即可，如图 1-11 所示。

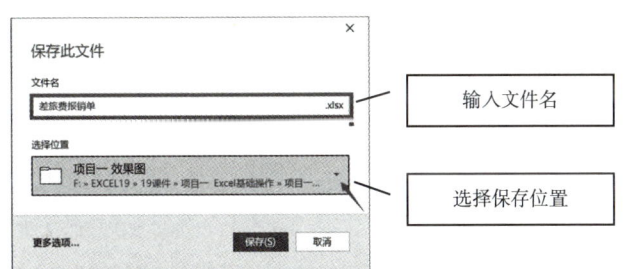

图 1-11　【保存此文件】对话框

2．输入数据并设置格式

Step1 在"差旅费报销单"工作簿中选中 A1 单元格，然后输入标题"差旅费报销单"，完成后按 Enter 键或单击其他单元格即可。

Step2 用相同的方法选中相应的单元格，输入所需的数据，如图 1-12 所示。

Step3 选中 A1:J1 单元格区域，右击，在弹出的快捷菜单中选择【设置单元格格式】命令，在打开的【设置单元格格式】对话框中单击【对齐】选项卡，在【水平对齐】下拉列表中选择【跨列居中】选项，将标题居中显示，如图 1-13~图 1-15 所示。

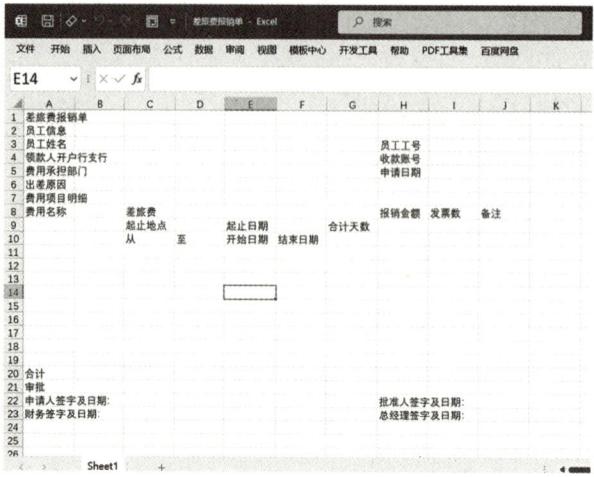

图 1-12　输入差旅费报销单相关文字

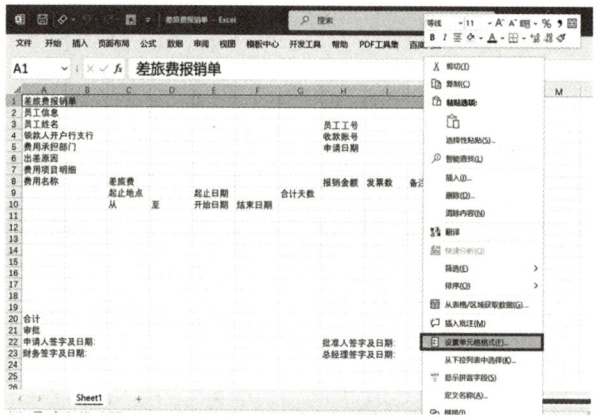

图 1-13　选择【设置单元格格式】命令

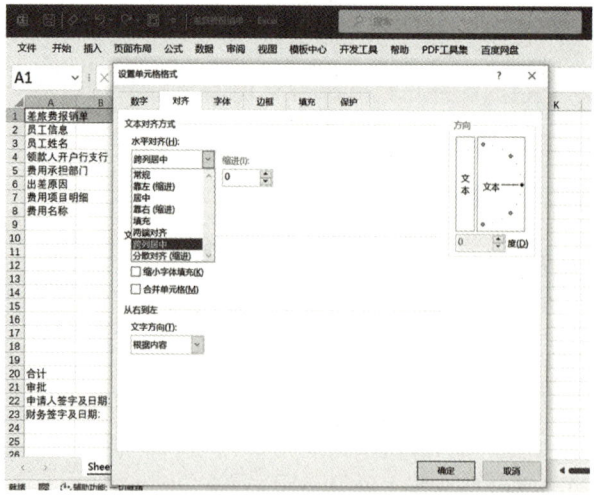

图 1-14　选择"跨列居中"选项

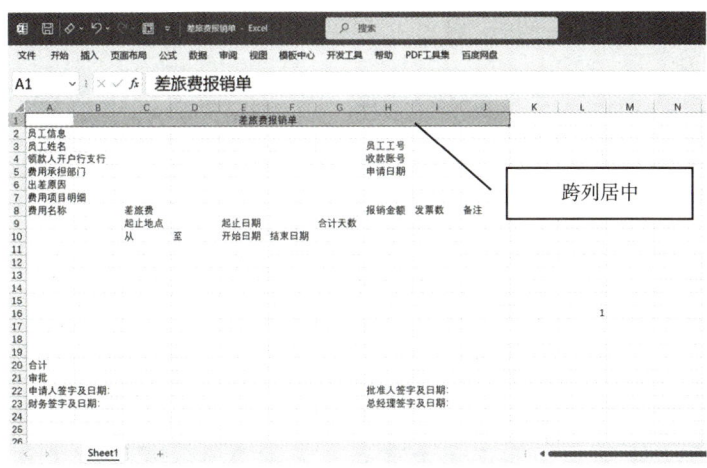

图 1-15 跨列居中效果

Tips

【跨列居中】与【合并后居中】这两个选项在最终样式效果上差不多，都达到了合并单元格的效果。但【跨列居中】没有破坏表格的行列结构，而【合并后居中】操作破坏了表格的行列结构，导致某些操作（如【排序】等）无法进行。在【跨列居中】状态下，【排序】操作能够进行。

Step4 选中 A1 单元格，单击【开始】选项卡，在【字体】组的【字体】下拉列表中选择【华文中宋】选项，在【字号】下拉列表中选择【12】选项，如图 1-16 所示。

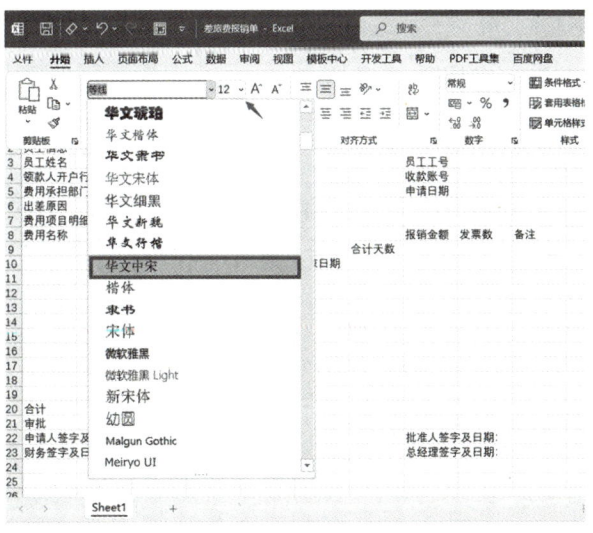

图 1-16 设置字体、字号

3. 设置边框及底纹

Step1 选中 A2:K23 单元格区域，单击【开始】选项卡，单击【字体】组的【边框】下拉按钮⊞▾，在弹出的下拉列表中选择【所有框线】选项，给该区域的单元格添加外框线，如图

1-17 所示。

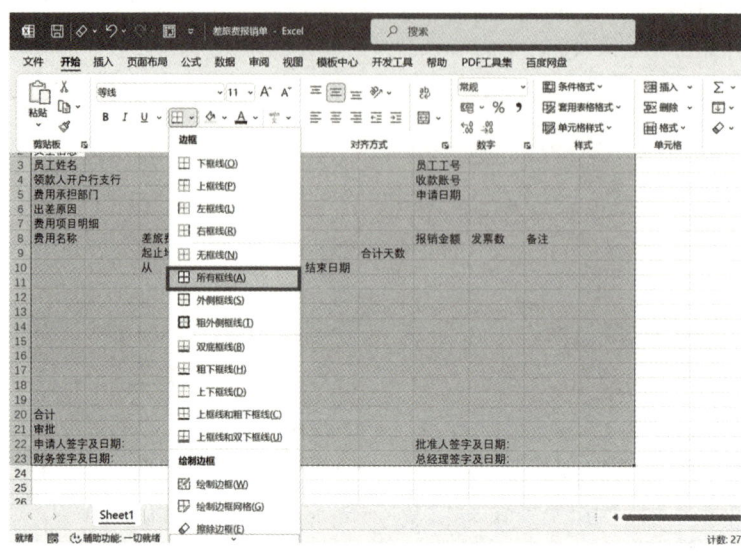

图 1-17　设置所有框线

Tips

　　单击【边框】按钮 ⊞ 可为所选单元格或单元格区域添加当前显示的边框样式。单击【边框】下拉按钮 ⊞▾ 的小箭头，在打开的【边框】下拉列表中可任意选择一种边框样式。若选择【无边框】选项，则撤销边框样式的显示状态。

Step2　选中 A3:B3 单元格区域，单击【开始】选项卡，在【对齐方式】组单击【合并后居中】按钮 ⊟，合并显示单元格数据，然后单击【左对齐】按钮 ▤，将文字左对齐。采用同样的方法将其他需要编辑的文字进行合并居中并左对齐，如图 1-18 所示。

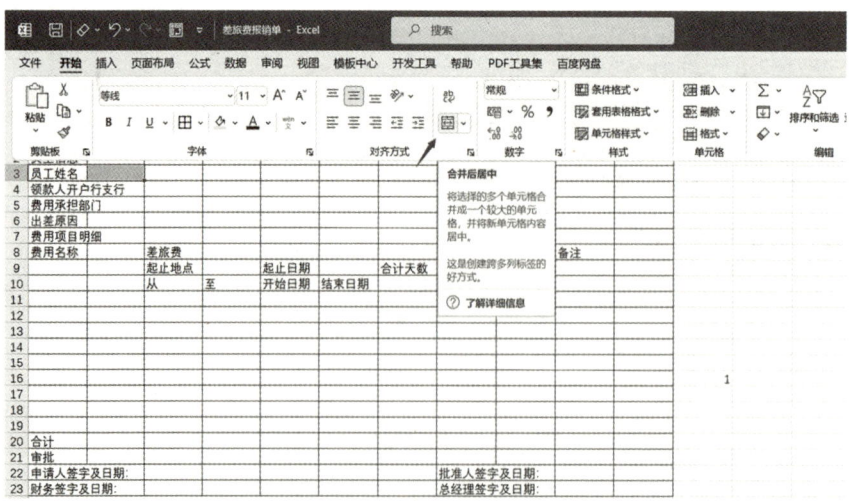

图 1-18　设置合并后居中

Tips 选中要合并的单元格区域，单击【合并后居中】按钮，可快速合并单元格并居中显示数据。打开该按钮右侧的下拉列表，可选择更多的合并选项，包括【跨越合并】【合并单元格】【取消单元格合并】等。选中合并后的单元格，再次单击【合并后居中】按钮，可拆分合并后的单元格。

Step3 单击工作表左上角的【全选】按钮 ◢，选中所有单元格，然后单击【填充颜色】下拉按钮 ◌⁻，在打开的下拉列表中选择"白色，背景 1"色块，将整个工作表的底纹设为白色，如图 1-19 所示。

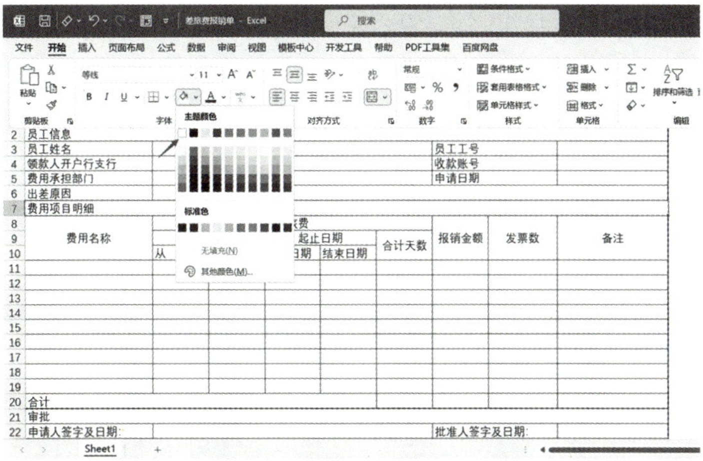

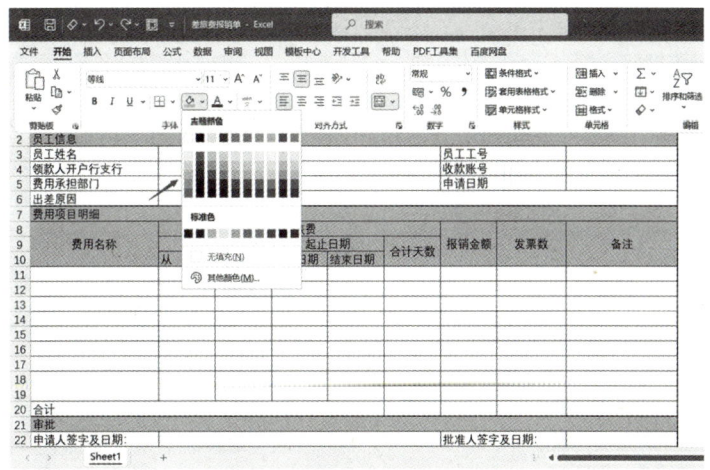

图 1-19 设置填充颜色

Step4 按住 Ctrl 键不放，依次选中 A2:K2，A7:K10，A21:K21 单元格区域，然后单击【填充颜色】下拉按钮 ◌⁻，在打开的下拉列表中选择"白色，背景 1，深色 25%"色块进行底纹填充，如图 1-20 所示。

图 1-20 设置底纹

4．调整分页预览

Step1 单击窗口右下角的【分页预览】按钮，即可显示要打印的区域和分页符位置的工作表视图，如图 1-21 所示，表明该表在打印时会分两页显示。

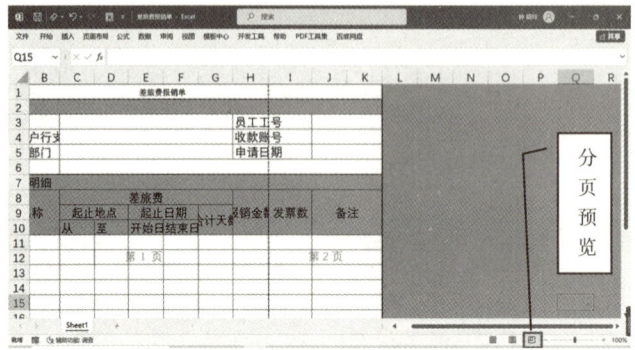

图 1-21　设置分页预览

Step2 将光标放到作为分页线的蓝色虚线上，直到光标显示为 ←→ 形状，拖动该分页线到 K 列右侧，让整个差旅费报销单在同一页中打印显示，如图 1-22 和图 1-23 所示。

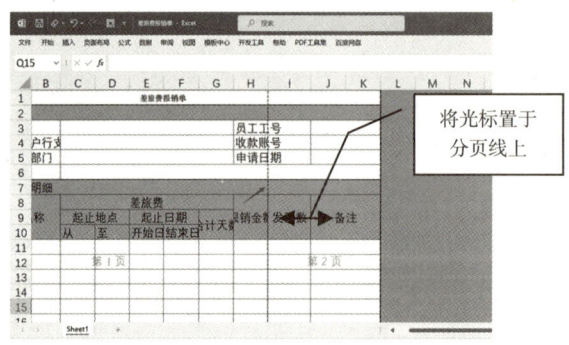

图 1-22　调整分页预览

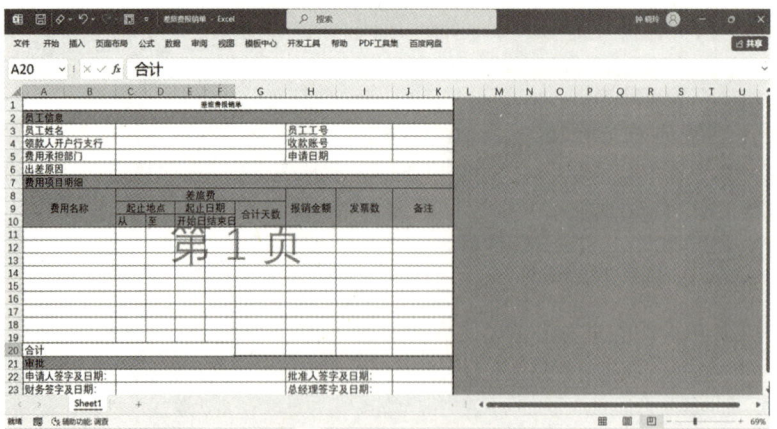

图 1-23　分页预览效果

Step3　单击窗口右下角的【普通】按钮，将表格切换为普通视图模式，如图 1-24 所示。

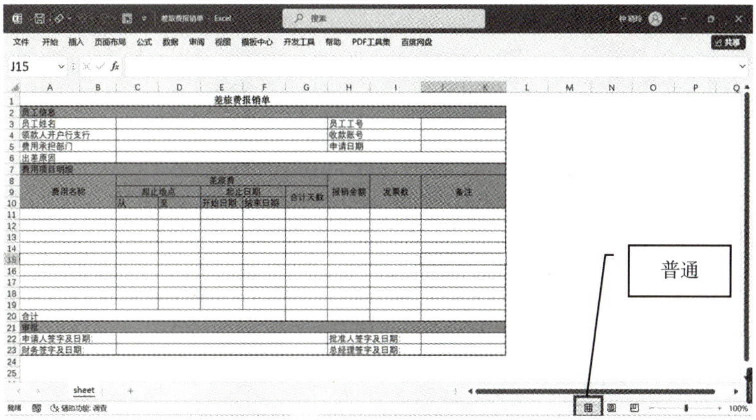

图 1-24　切换为普通视图模式

5. 保存及退出

完成"差旅费报销单"的制作和编辑后，单击【保存】按钮，保存好工作簿数据，然后单击【关闭】按钮，可关闭当前工作簿并退出 Excel 程序。

> **操作技巧**
>
> 按 Ctrl+S 组合键也可以保存工作簿。
>
> 对已保存的工作簿再次进行保存操作时，系统不会再弹出【另存为】对话框，而是将修改结果直接保存到已保存的工作簿中。若对工作簿内容修改后，不想改动原有工作簿，可以对其进行【另存为】处理。

任务二　编制及保护差旅费报销单说明

一、任务情境

上班第二天，财务经理王总要求小肖在前一天编制的差旅费报销单基础上进行进一步的完善，包括编制一份差旅费报销单说明并进行保护。

任务效果及关键知识点如图 1-25 所示。

二、任务知识

在工作中，有时为了防止工作表和工作簿被更改，或者不想让工作表中的数据被他人查阅，可以对工作表设置保护措施。

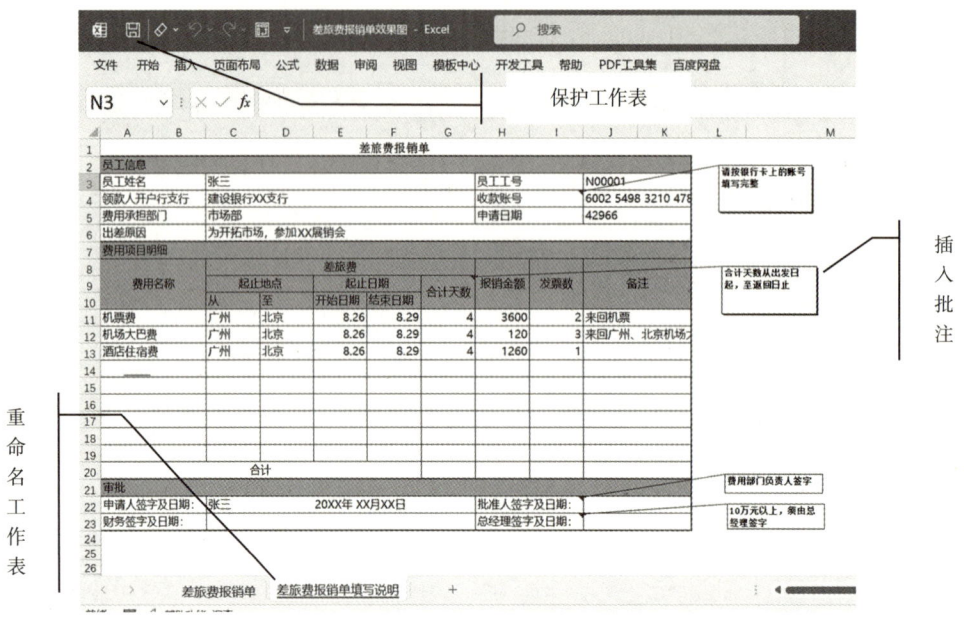

图 1-25　项目二之任务二的任务效果及关键知识点

1. 保护工作表

打开工作表，单击【审阅】选项卡，在【更改】组单击【保护工作表】按钮，如图 1-26 所示。

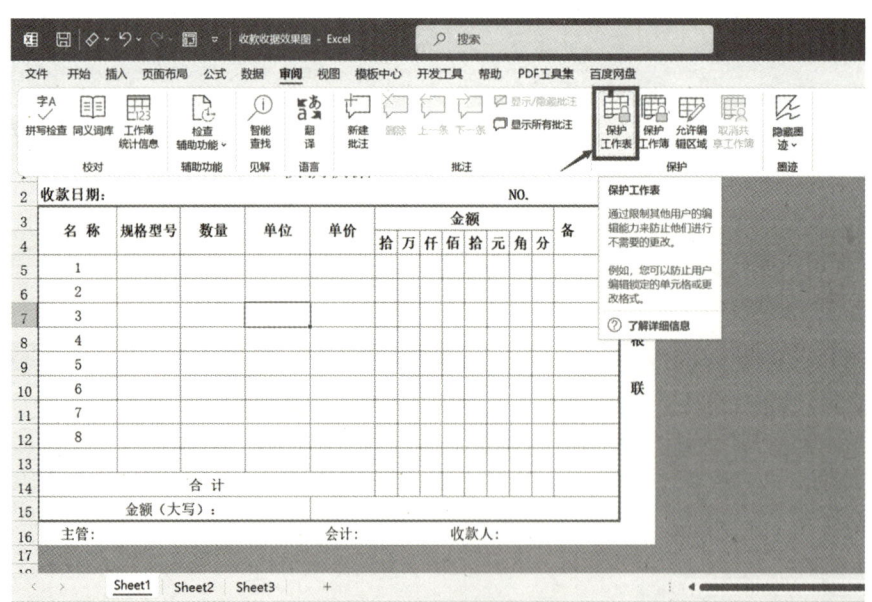

图 1-26　调用保护功能

打开【保护工作表】对话框，在【允许此工作表的所有用户进行】选区勾选【插入列】【插入行】复选框，然后在【取消工作表保护时使用的密码】文本框中输入密码，单击"确定"按钮，如图 1-27 所示。

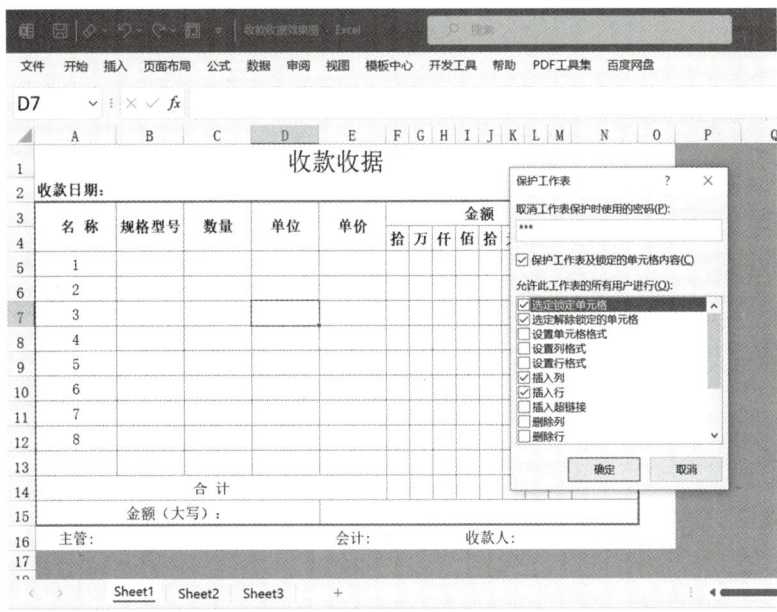

图 1-27　设置保护工作表

Tips

在【保护工作表】对话框中有很多复选框，通过勾选不同的复选框，可以设定工作表在进入保护状态后，除禁止编辑锁定的单元格外，还可以进行哪些操作。各复选框含义如下。

- 【选定锁定单元格】：使用鼠标或键盘选定位置为锁定状态的单元格。
- 【选定解除锁定的单元格】：使用鼠标或键盘选定位置为解除锁定状态的单元格。
- 【设置单元格格式】：设置单元格格式（无论单元格是否被锁定）。
- 【设置列格式】：设置列的宽度，或者隐藏列。
- 【设置行格式】：设置行的宽度，或者隐藏行。
- 【插入列】：插入列。
- 【插入行】：插入行。
- 【插入超链接】：插入超链接。
- 【删除列】：删除列。
- 【删除行】：删除行。
- 【排序】：对选定区域进行排序（该区域不能有锁定单元格）。
- 【使用自动筛选】：使用现有的自动筛选，但不能打开或关闭现有表格的自动筛选。
- 【使用数据透视表】：创建或修改自动透视表。
- 【编辑对象】：修改图表、图形、图片、插入或删除批注。
- 【编辑方案】：使用方案。

打开【确认密码】对话框，在【重新输入密码】文本框中再次输入密码后单击【确定】按钮即可，如图 1-28 所示。这时，处于保护状态的工作表，无法执行输入、删除等操作，但是可以插入行、插入列。

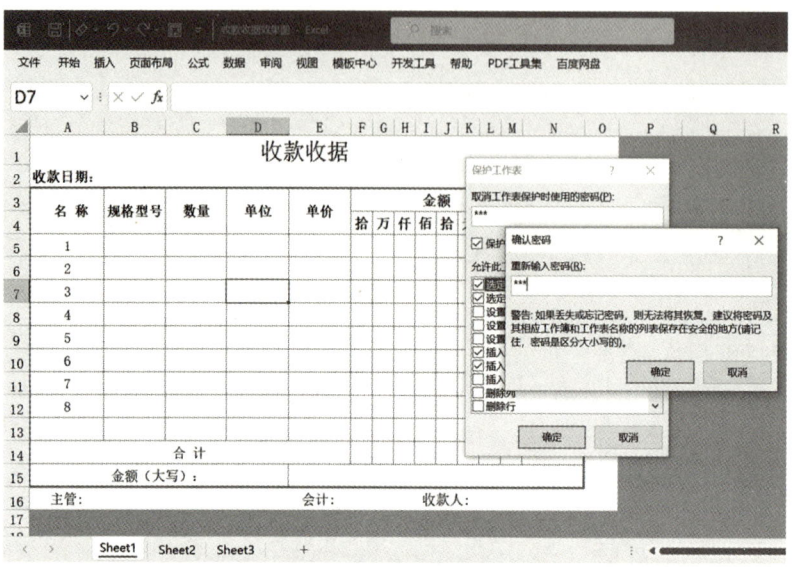

图 1-28　再次输入密码

2. 保护工作簿结构和窗口

单击【审阅】选项卡，在【保护】组单击【保护结构和窗口】按钮，打开【保护结构和窗口】对话框，在【密码（可选）】文本框中输入密码，单击【确定】按钮即可，如图 1-29 所示。

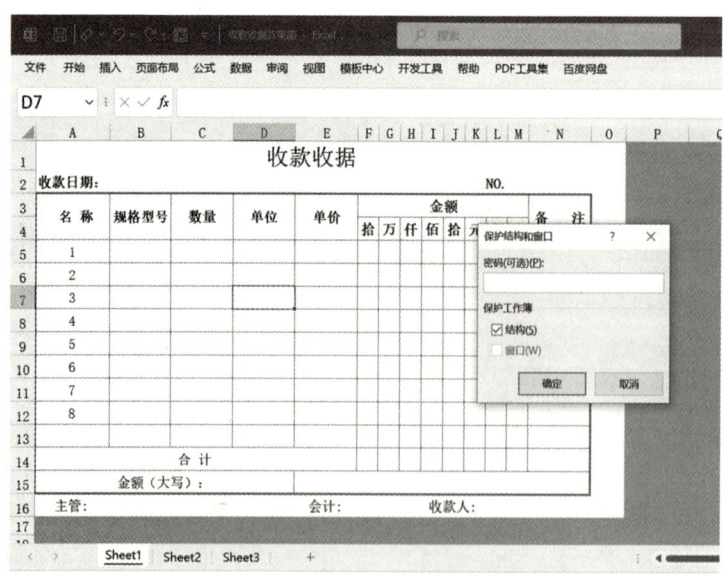

图 1-29　【保护结构和窗口】对话框

Tips

【保护结构和窗口】对话框中有两项保护内容，其含义如下。

- 【结构】：勾选此复选框后，禁止在当前工作簿中插入、删除、移动、复制、隐藏或取消隐藏工作表，禁止重命名工作表。
- 【窗口】：勾选此复选框后，当前工作簿的窗口按钮不再显示，禁止新建、放大、缩小、移动和分拆工作簿窗口，选择【全部重排】命令对工作簿也不再有效。

3. 加密工作簿

打开工作簿，单击【文件】选项卡，默认打开【信息】选项卡。单击【保护工作簿】按钮，在打开的下拉列表中选择【用密码进行加密】选项，如图 1-30 所示。输入密码后即可对工作簿进行保护，保存后关闭工作簿。再次打开该工作簿时，将弹出【加密文档】对话框，用户需要输入正确的密码后才能打开该工作簿，如图 1-31 所示。

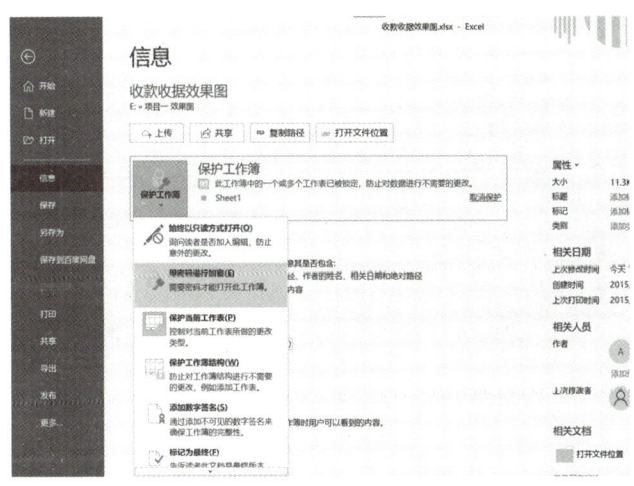

图 1-30　用密码给工作簿加密

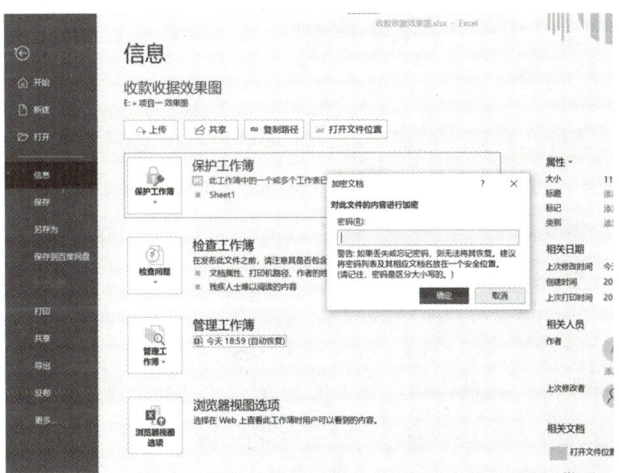

图 1-31　【加密文档】对话框

三、任务实施

1. 重命名和复制工作表

Step1 打开"差旅费报销单"工作簿，右击工作表标签，在弹出的快捷菜单中选择【重命名】命令。待工作表标签呈可编辑状态后，直接将"Sheet1"改为"差旅费报销单"即可，如图 1-32 所示。

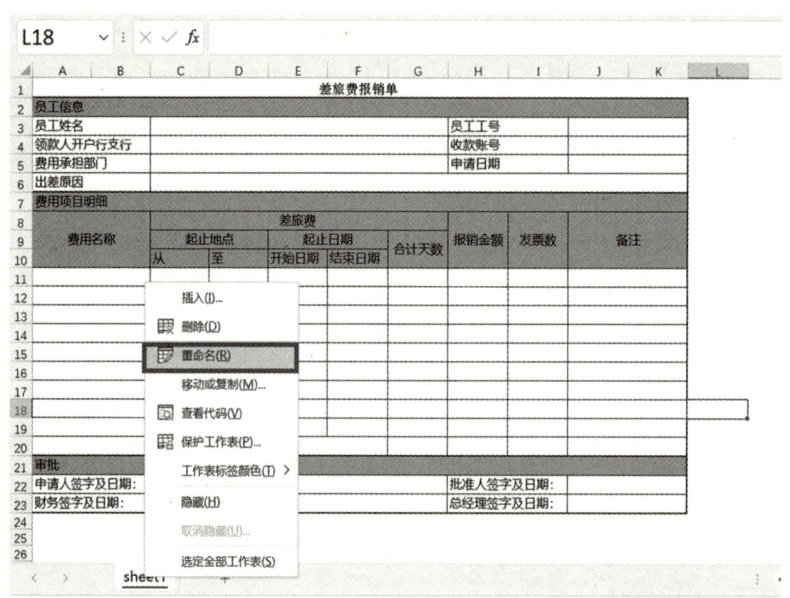

图 1-32　重命名"Sheet1"工作表

 **操作技巧**

重命名工作表也可以鼠标左键双击需要命名的工作表标签，待工作表标签呈可编辑状态后，直接输入新的工作表名称即可。

Step2 右击所选工作表标签，在弹出的快捷菜单中选择【移动或复制】命令，打开【移动或复制工作表】对话框。勾选【建立副本】复选框，在【下列选定工作表之前】列表框中选择【（移至最后）】选项，将复制的工作表放到最后。然后将工作表改名为"差旅费报销单填写说明"。具体操作如图 1-33~图 1-36 所示。

Tips

若要移动工作表，可以右击所选工作表标签，在弹出的快捷菜单中选择【移动或复制】命令，打开【移动或复制工作表】对话框。在【下列选定工作表之前】列表框中单击选中的工作表，即可将相应的工作表放到选中的工作表之前。

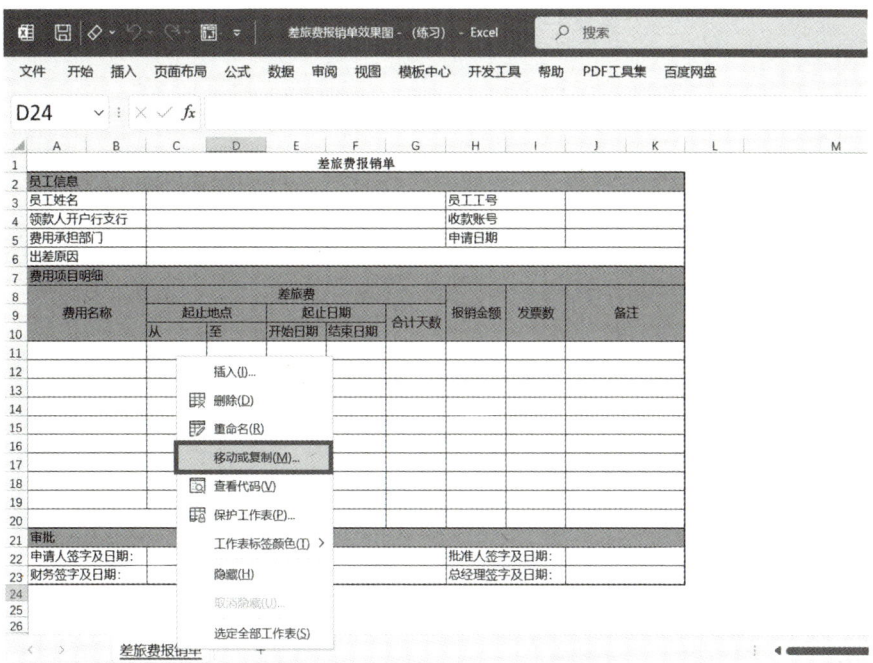

图 1-33　调用移动或复制功能

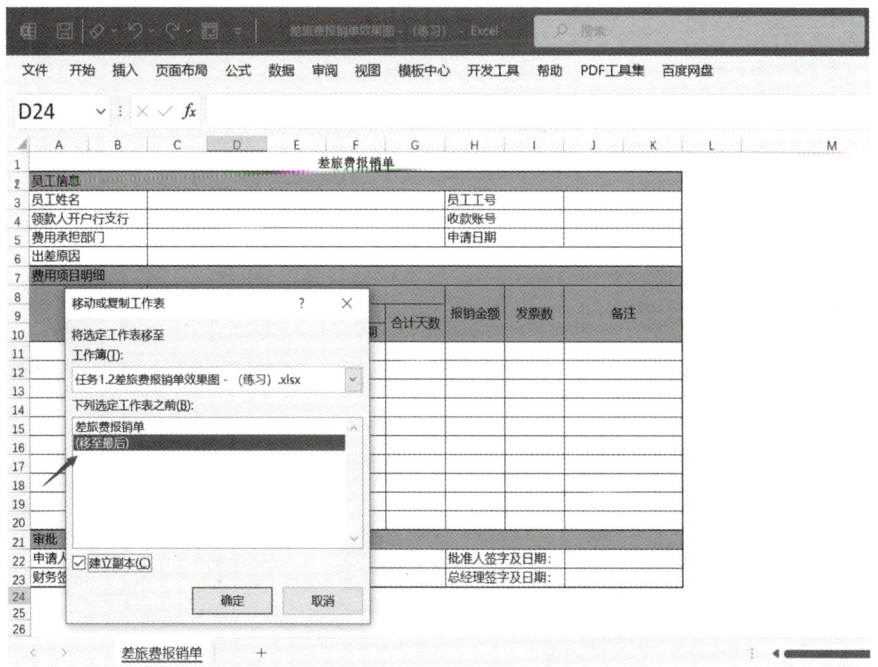

图 1-34　复制"差旅费报销单"工作表

图 1-35　复制"差旅费报销单"工作表后的效果

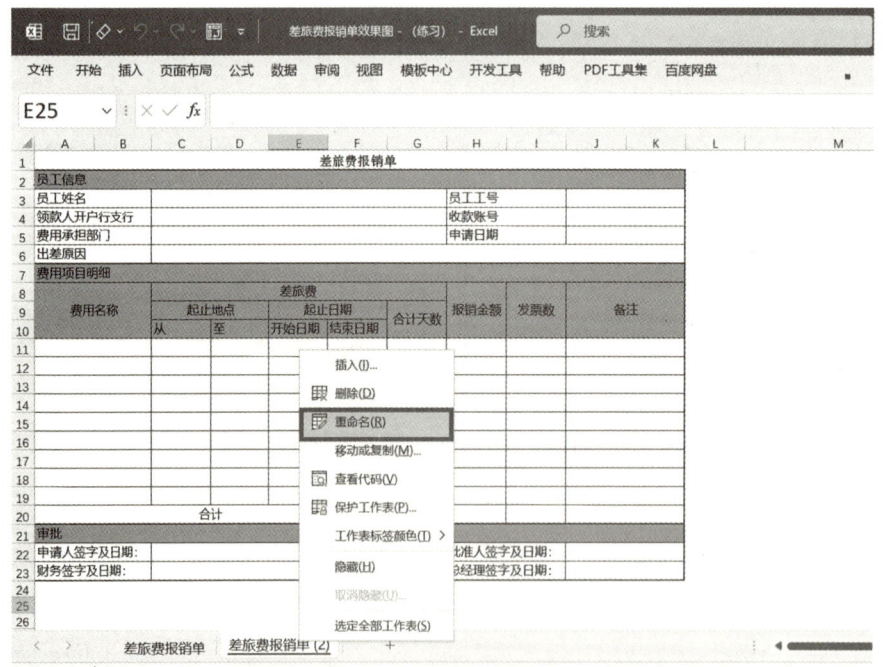

图 1-36　重命名"差旅费报销单（2）"工作表

2．新建和显示批注

Step1　按示例填好"差旅费报销单"的内容后，选中"收款账号"单元格。单击【审阅】

选项卡，在【批注】组单击【新建批注】按钮，此时会出现批注编辑框，在其中输入批注内容，完成后单击工作表中的其他位置，退出批注编辑状态。具体操作如图 1-37~图 1-39 所示。

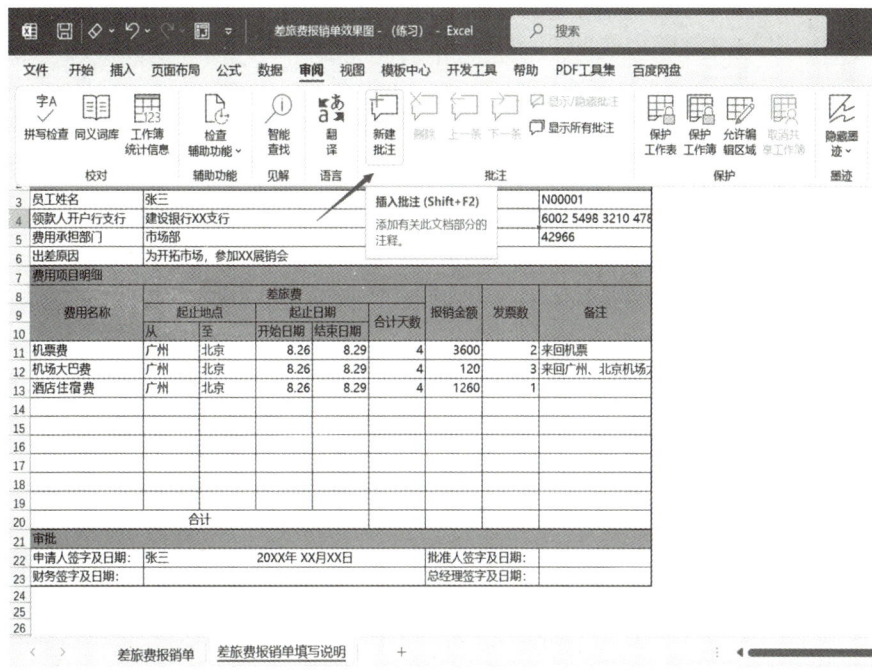

图 1-37　调用批注功能

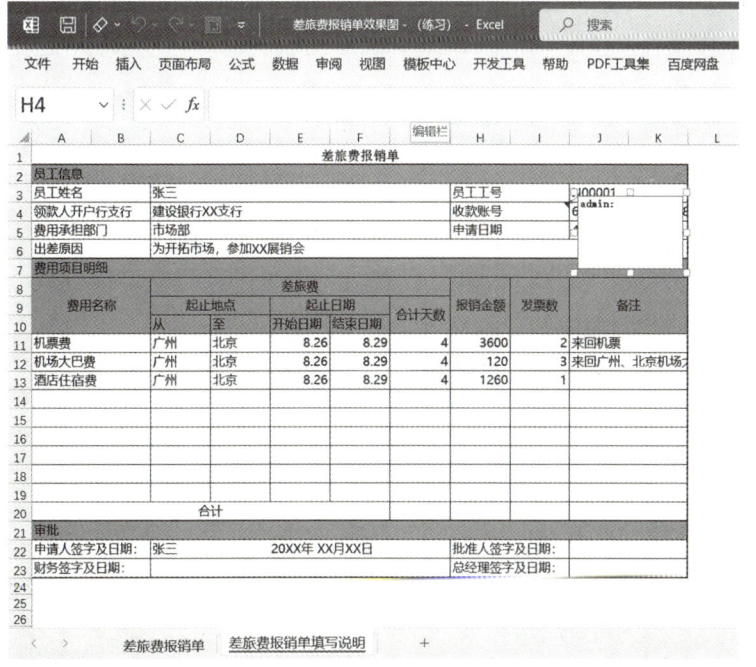

图 1-38　插入批注

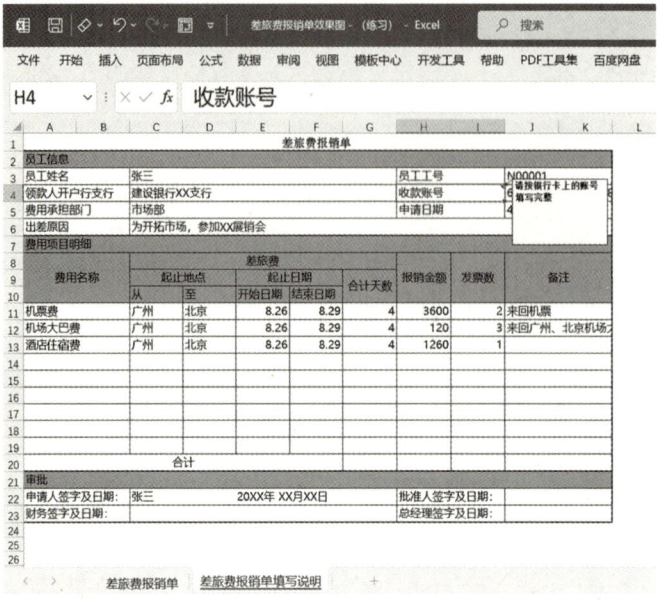

图 1-39　编辑批注

默认情况下，批注为隐藏状态。

Step2　选中批注所在单元格，单击【审阅】选项卡，在【批注】组单击【显示/隐藏批注】按钮，即可将之前的批注设置为显示状态，如图 1-40 所示。

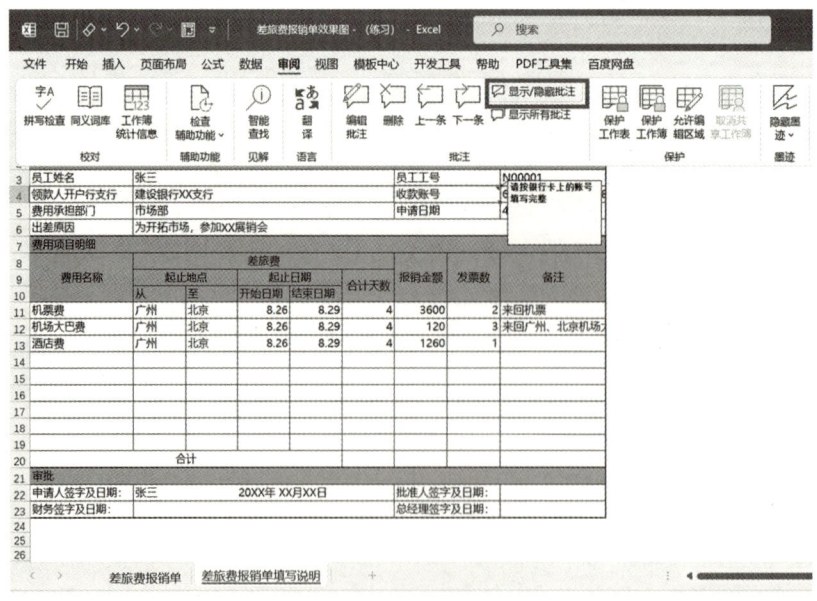

图 1-40　显示批注

Step3 选中批注框,将其拖曳到指定的位置,并将批注框缩小到合适的大小,如图 1-41 所示。

图 1-41　调整批注大小

操作技巧

添加批注时,也可在选中要添加批注的单元格后右击,在弹出的快捷菜单中选择【插入批注】命令,即可出现批注编辑框进行编辑。同样,【显示/隐藏批注】【删除批注】功能也可通过快捷菜单操作。

Step4 按以上步骤,依次将"合计天数""批准人签字及日期:""总经理签字及日期:"三个单元格添加批注并设置显示状态,如图 1-42 所示。

也可以对批注进行复制。首先,单击已添加批注的单元格,同时按 Ctrl+C 键进行复制,然后单击需要添加批注的单元格,右击,选择【选择性粘贴】命令,即可复制批注。

3. 保护工作表

Step1 在"差旅费报销单填写说明"工作表标签上右击,在弹出的快捷菜单中选择【保护工作表】命令,如图 1-43 所示。

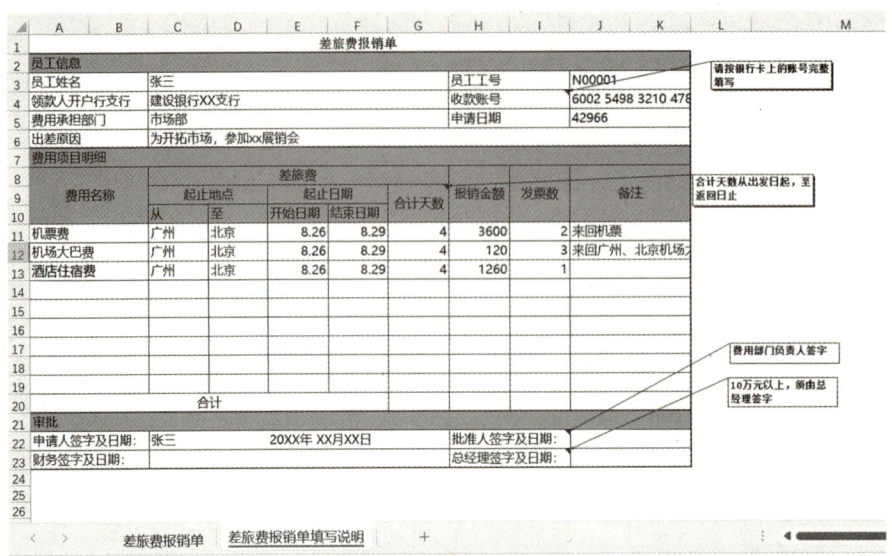

图 1-42　添加批注后的效果

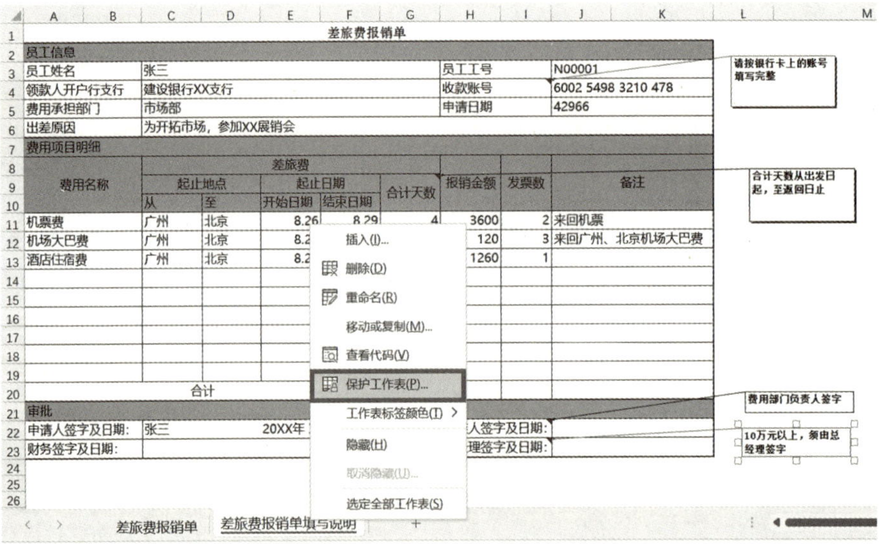

图 1-43　在快捷菜单中选择【保护工作表】命令

Step2　打开【保护工作表】对话框，在【取消工作表保护时使用的密码】对话框中输入密码，并取消勾选【选定锁定单元格】【选定解除锁定的单元格】两个复选框，单击【确定】按钮，如图 1-44 和图 1-45 所示。

Step3　在弹出的【确认密码】对话框中重新输入密码，单击【确定】按钮，即可完成工作表的保护，如图 1-46 所示。

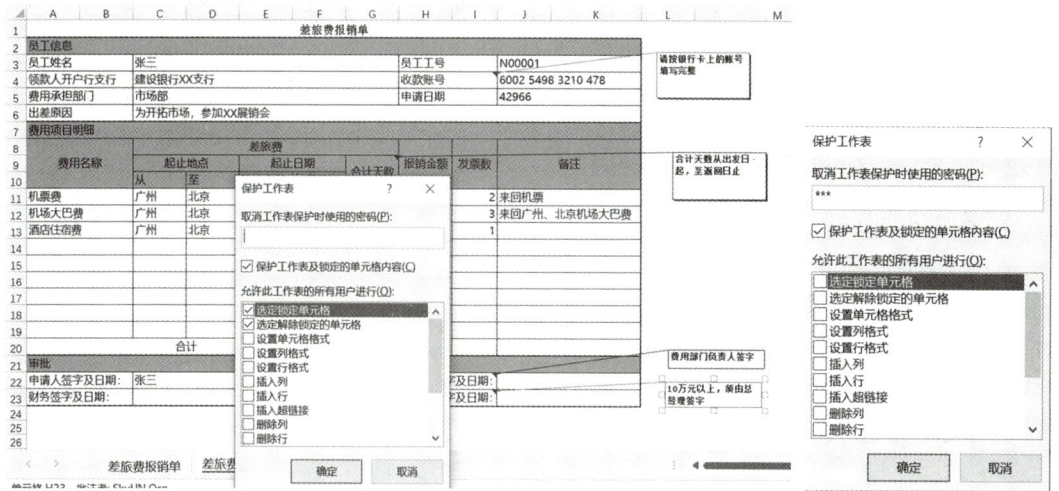

图 1-44 　【保护工作表】对话框　　　　　　图 1-45 　输入密码并取消勾选复选框

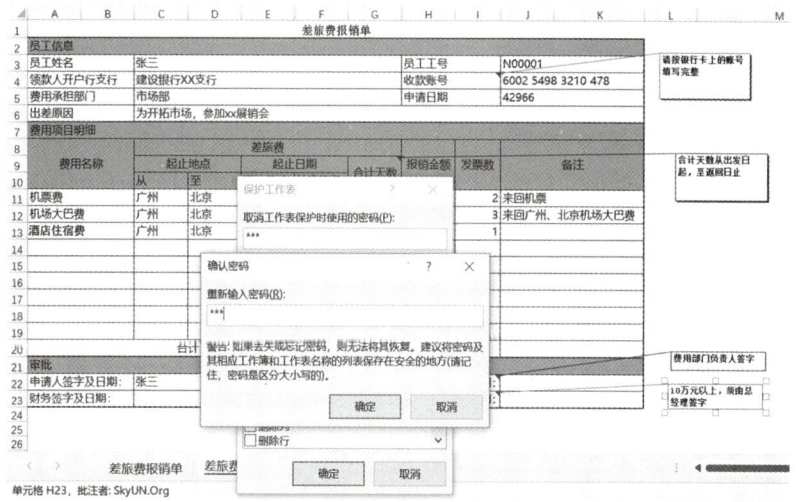

图 1-46 　重新输入密码

任务三　绘制部门架构图

一、任务情境

上班第二天，财务经理王总还交给小肖另一项工作任务——绘制公司的部门架构图。

部门架构图是公司组织架构的直观反映，它形象地反映了组织内各机构、岗位上下左右层级之间的关系。

任务效果及关键知识点如图 1-47 所示。

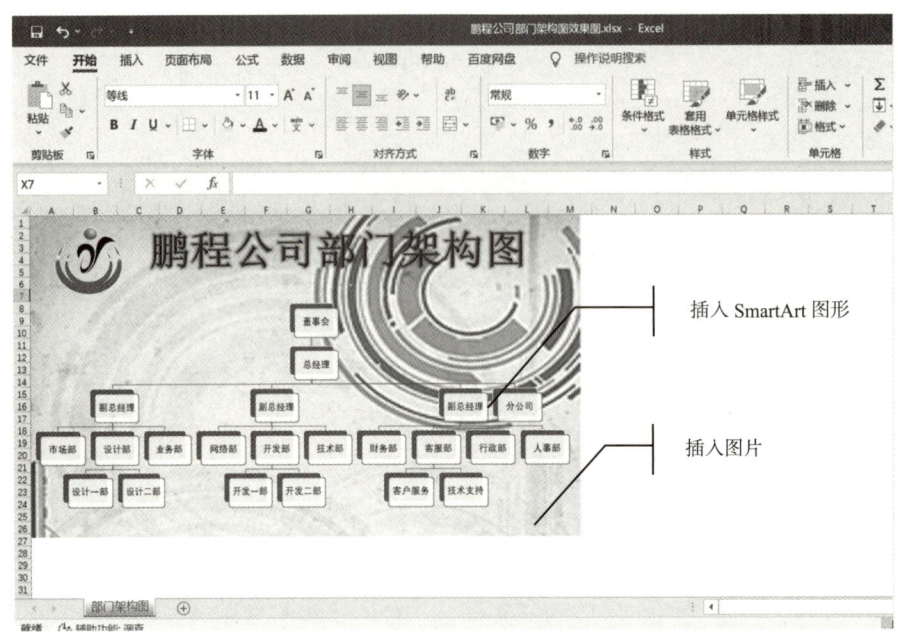

图 1-47　项目一之任务三的任务效果及关键知识点

二、任务知识

1. 插入 SmartArt 图形

SmartArt 图形是信息和观点的视觉表示形式，用户可在 PowerPoint、Word、Excel 中使用它创建各种图形图表，从而快速、轻松、有效地传达信息。SmartArt 图形包括列表、流程、循环、层次结构、关系、矩阵和棱锥图等类型，能够满足用户的不同需要。

插入 SmartArt 图形的方法：单击【插入】选项卡，在【插图】组单击【SmartArt】按钮，打开【选择 SmartArt 图形】对话框。在该对话框左侧的列表中选择图形类型，如"列表"，再从【列表】列表框中选择一种该类型的图形，然后单击【确定】按钮。具体操作如图 1-48 和图 1-49 所示。

插入 SmartArt 图形后，标题栏将显示【SmartArt 设计】【格式】选项卡，如图 1-50 和图 1-51 所示。通过这两个选项卡中的相关按钮和下拉列表可对 SmartArt 图形的布局、颜色及样式进行编辑。

在【SmartArt 设计】选项卡中可进行如下操作。

- 【创建图形】组：可为 SmartArt 图形添加形状。
- 【版式】组：可为 SmartArt 图形重新设置布局及样式。
- 【更改颜色】按钮：可为 SmartArt 图形重新设置颜色。
- 【SmartArt 样式】组：可选择 SmartArt 图形的样式。
- 【重置】组：可取消对 SmartArt 图形所做的任何修改，恢复插入时的状态。

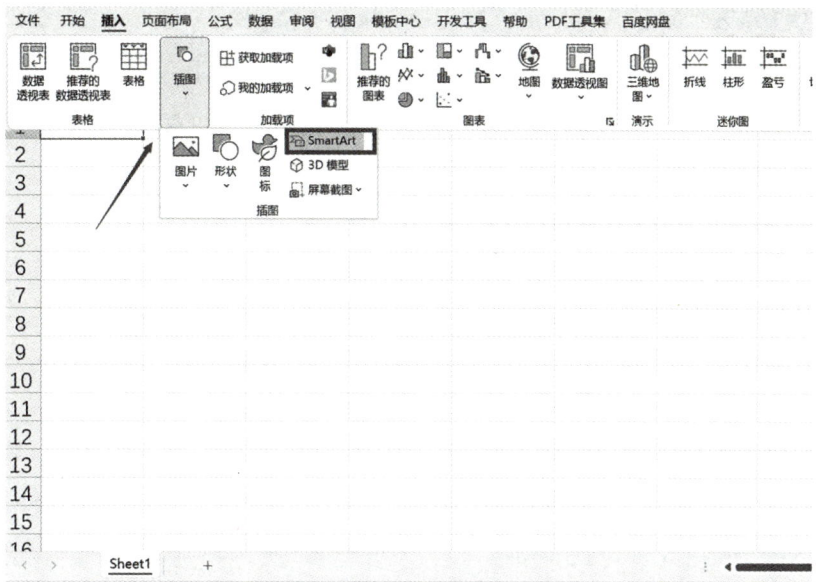

图 1-48   调用 SmartArt 功能

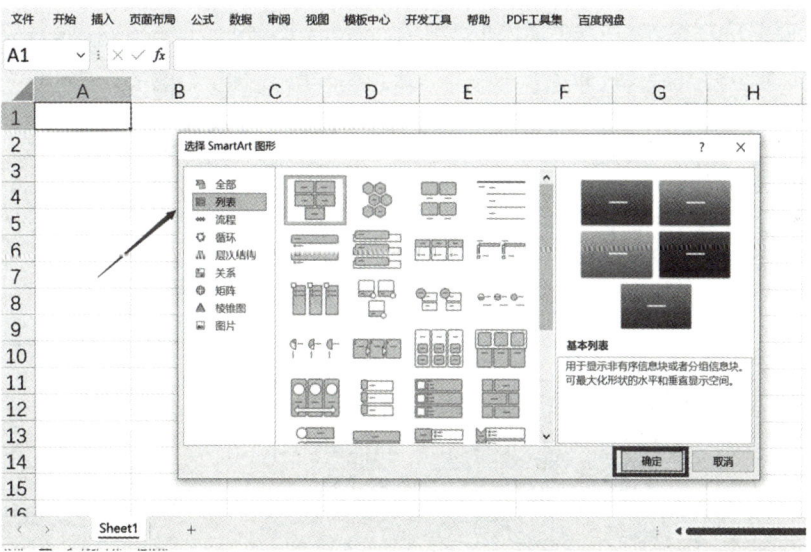

图 1-49   插入 SmartArt 图形

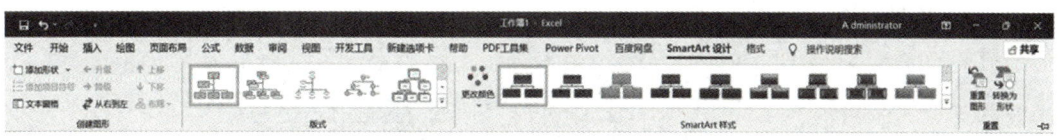

图 1-50   【SmartArt 设计】选项卡

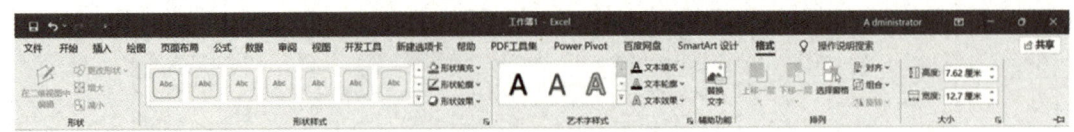

图 1-51　【格式】选项卡

在【格式】选项卡中可进行如下操作。

- 【形状】组：选择 SmartArt 图形中的任一形状，单击该组中的【更改形状】【增大】【减小】按钮，可实现形状的改变。
- 【形状样式】组：可为选择的形状设置样式。
- 【艺术字样式】组：可为选择的文字应用艺术字样式。
- 【排列】组：设置整个 SmartArt 图形的排列位置和环绕方式。
- 【大小】组：设置整个 SmartArt 图形的大小。

2．插入图片

为了使 Excel 工作表图文并茂，用户可以在工作表中插入图片，包括插入本地图片、屏幕截图等。

插入本地图片的方法：单击【插入】选项卡，单击【插图】组中的【图片】按钮，打开【插入图片】对话框。打开所要插入图片的位置，选择图片后，单击【插入】按钮即可。具体操作如图 1-52 和图 1-53 所示。

图 1-52　调用插入图片功能

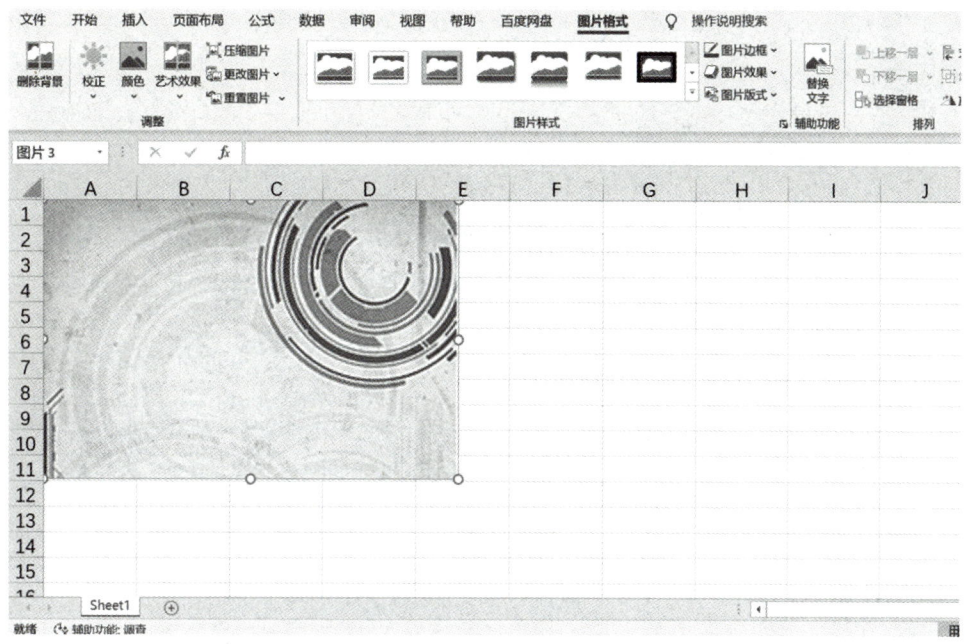

图 1-53　插入图片

插入屏幕截图的方法：单击【插入】选项卡，单击【插图】下拉按钮，在打开的下拉列表中选择【屏幕截图】选项。在打开的下拉列表中显示了当前打开的窗口的截图，单击截图，即可将其插入工作表中。具体操作如图 1-54 和图 1-55 所示。

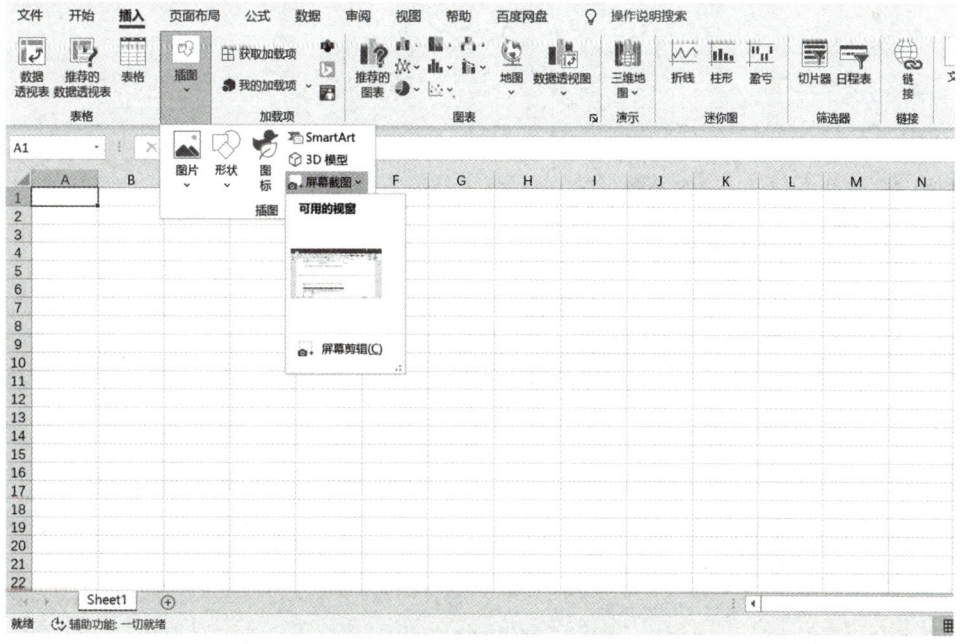

图 1-54　调用屏幕截图功能

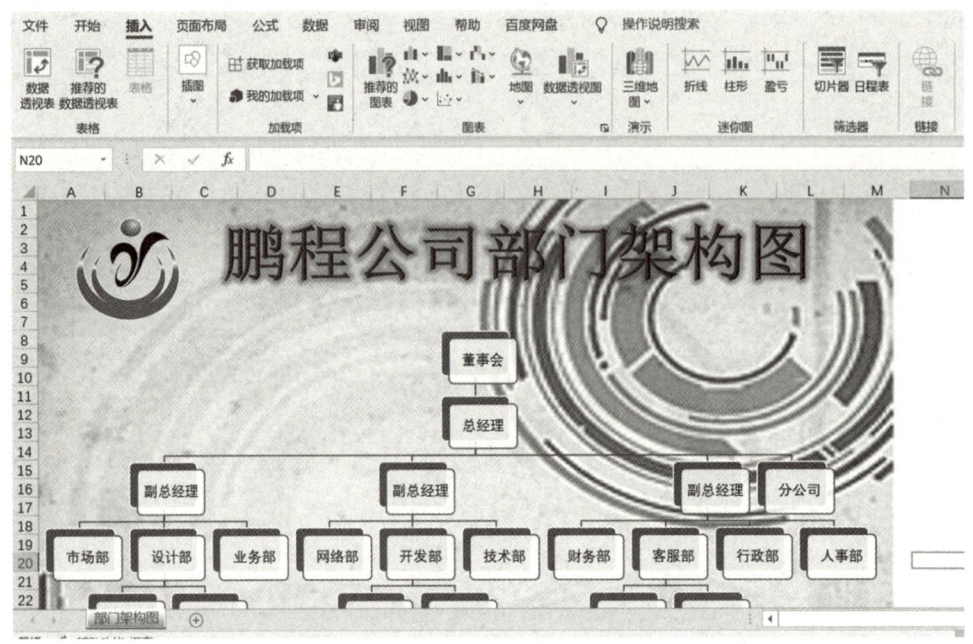

图 1-55　插入屏幕截图效果

如果要截取局部窗口，可在单击【屏幕截图】按钮后，在打开的下拉列表中选择【屏幕剪辑】选项，系统将自动弹出位于 Excel 工作表后方的窗口，拖动鼠标选取需要截取的局部图即可。具体操作如图 1-56 和图 1-57 所示。

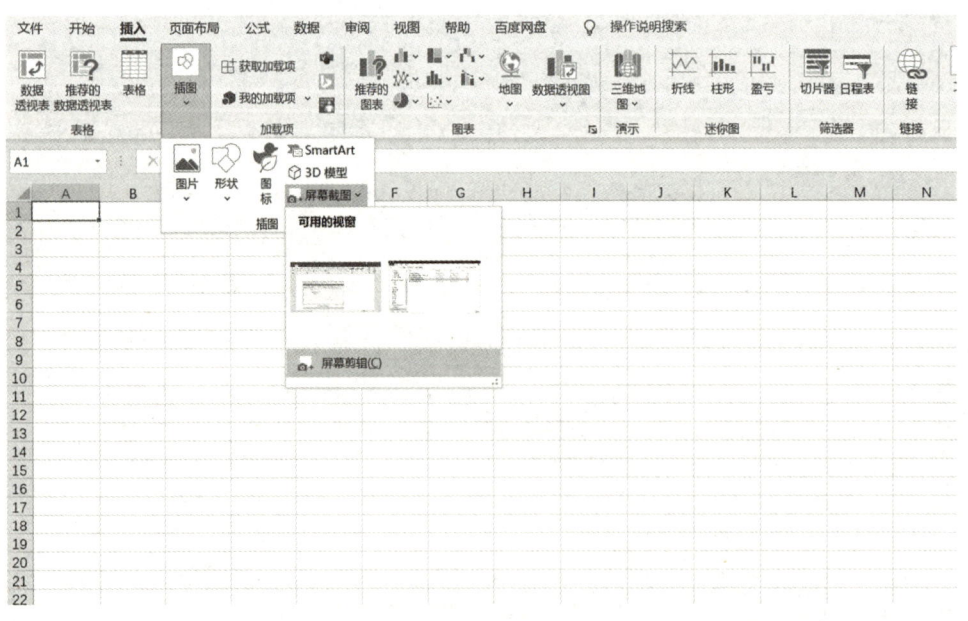

图 1-56　调用局部截图功能

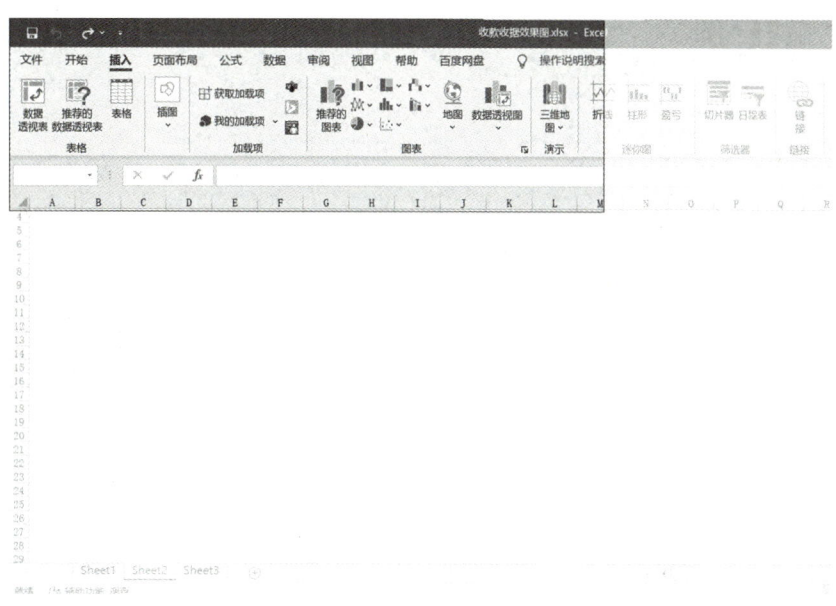

图 1-57　局部截图效果

三、任务实施

1. 取消 Excel 网格线的显示

Step1　启动 Excel 2021，在快速访问工具栏中单击【保存】按钮，将新建工作簿命名为"鹏程公司部门架构图"并保存。同时，双击工作表标签，直接将工作表名由"Sheet1"改为"部门架构图"。具体操作如图 1-58 和图 1-59 所示。

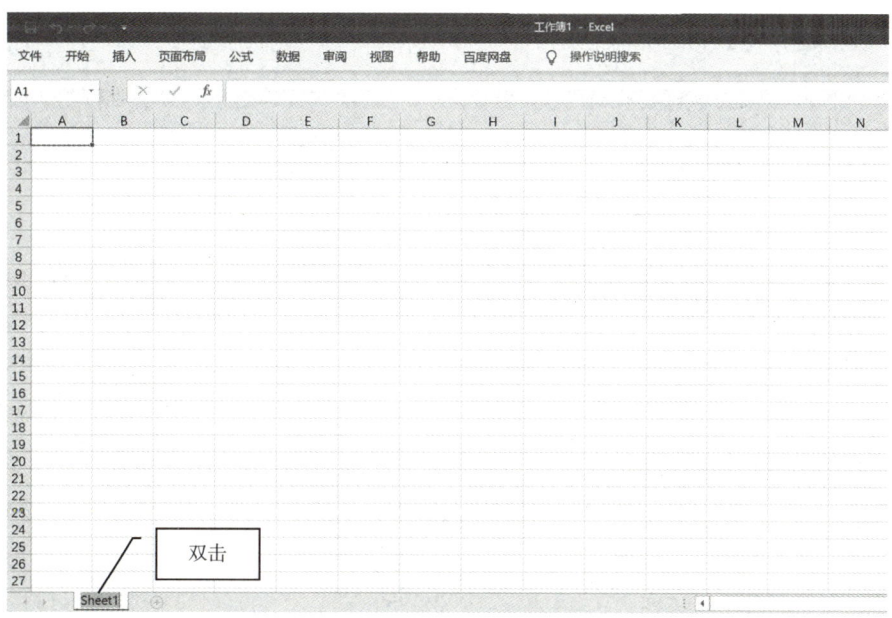

图 1-58　工作表重命名

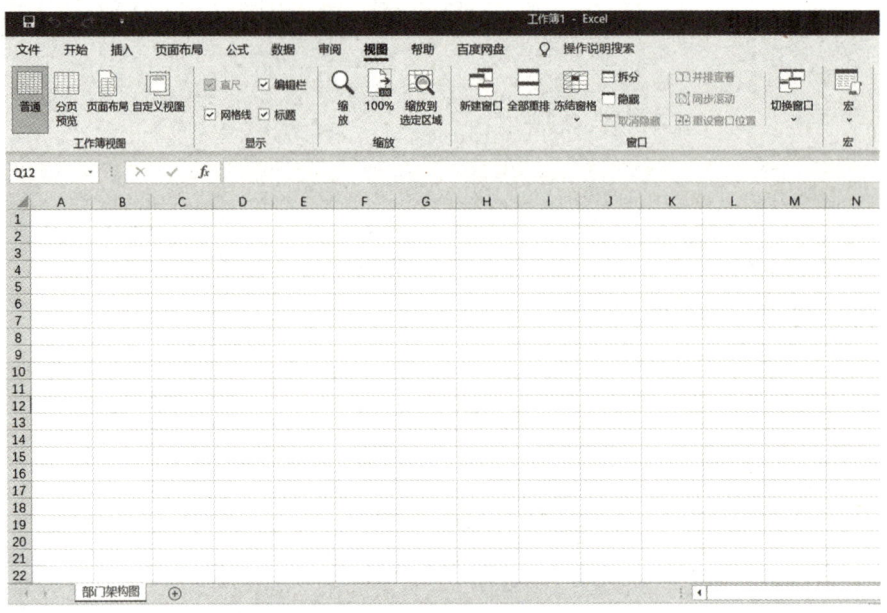

图 1-59　重命名后效果

Tips

　　当一个工作簿中存在很多工作表，不方便用户查找时，可以通过更改工作表标签颜色的方式来标记常用的工作表。方法如下。

　　在 Excel 工作簿中右击需要更改颜色的工作表标签，在弹出的快捷菜单中选择【工作表标签颜色】命令，然后在展开的颜色面板中选择需要的颜色即可。

Step2　单击【视图】选项卡，在【显示】组撤销勾选【网格线】复选框，即可将网格线取消。具体操作如图 1-60 和图 1-61 所示。

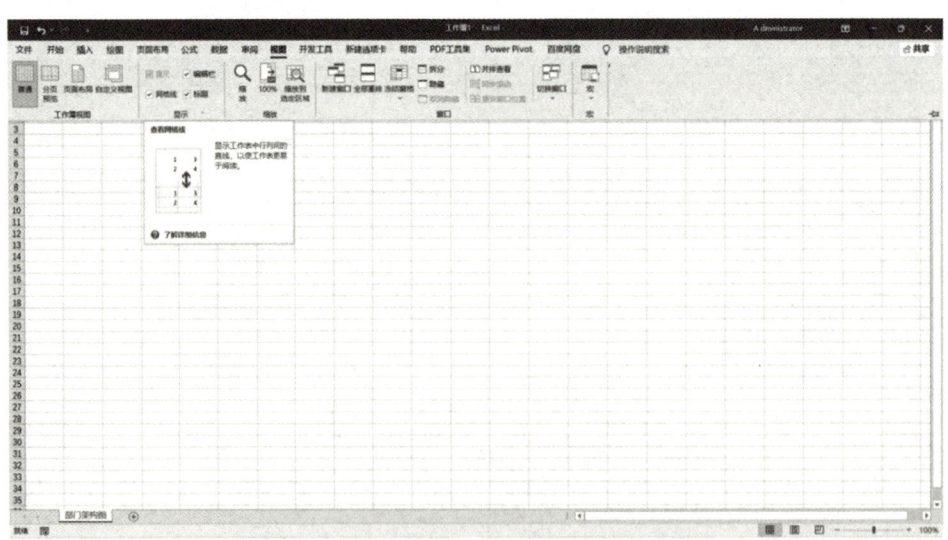

图 1-60　撤销勾选【网格线】复选框

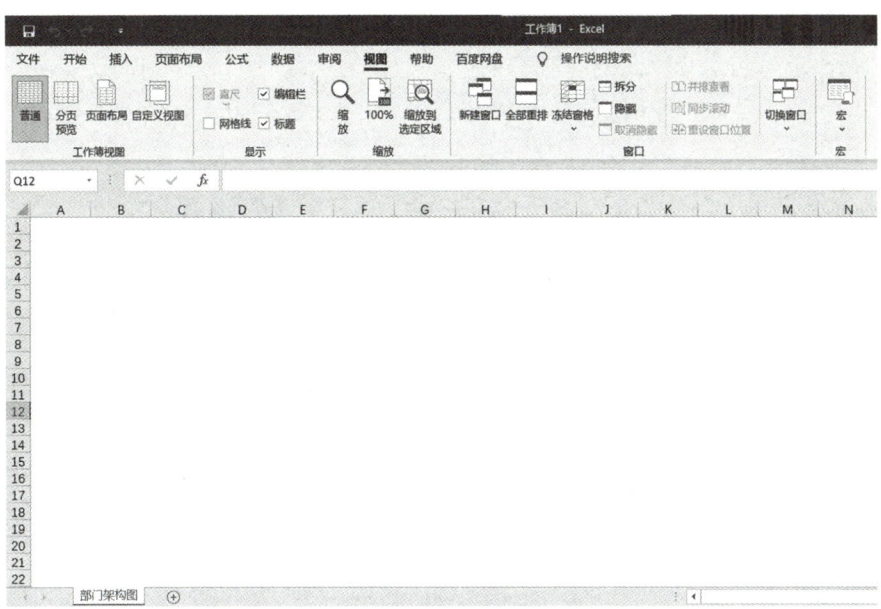

图 1-61 撤销网格线效果

2. 创建、编辑部门架构图

Step1　单击【插入】选项卡，单击【插图】组中的【SmartArt】按钮，打开【选择 SmartArt 图形】对话框。在该对话框左侧的列表中单击"层次结构"按钮，再从中间的列表中选择一种该类型的图形，然后单击【确定】按钮。具体操作如图 1-62 和图 1-63 所示。

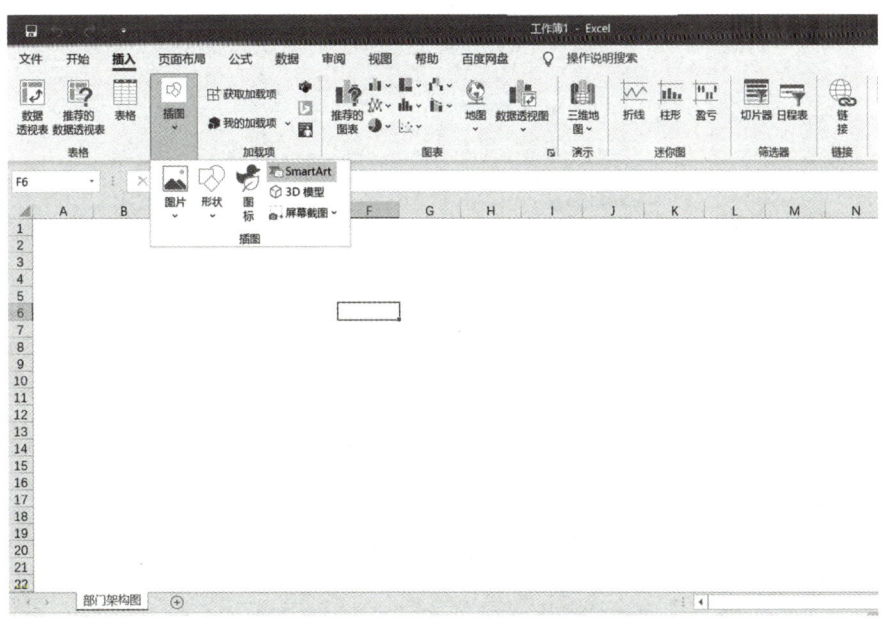

图 1-62　插入 SmartArt 图形

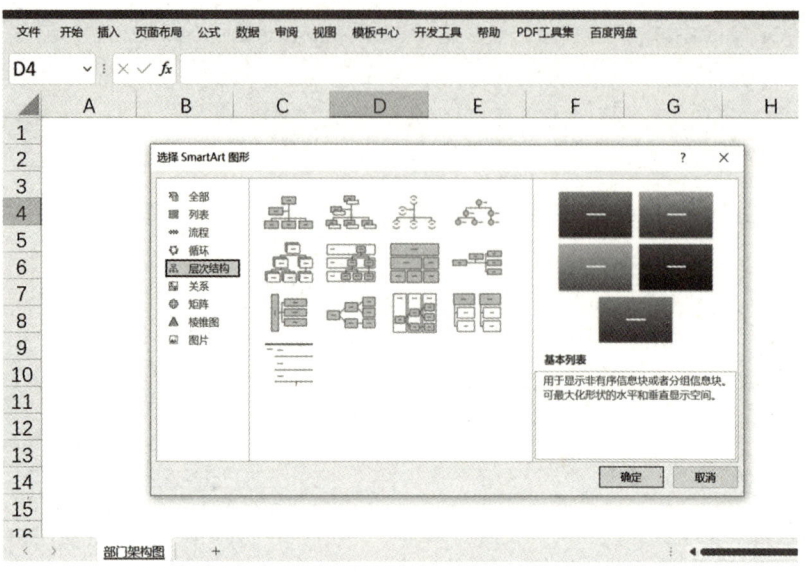

图 1-63　选择图形

Step2　在工作表中插入 SmartArt 图形后，默认的形状个数是有限的，如果不能满足需要，可以添加形状。在需要添加形状的图形上右击，然后在弹出的快捷菜单中选择【添加形状】命令，在打开的下拉列表中选择形状的添加位置，如"在前面添加形状""在上方添加形状""在下方添加形状"等。具体操作如图 1-64~图 1-67 所示。

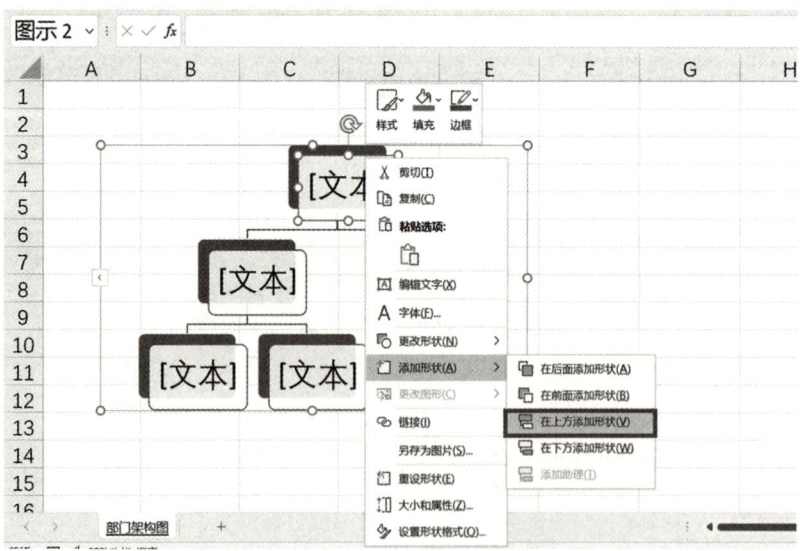

图 1-64　在上方添加 SmartArt 形状

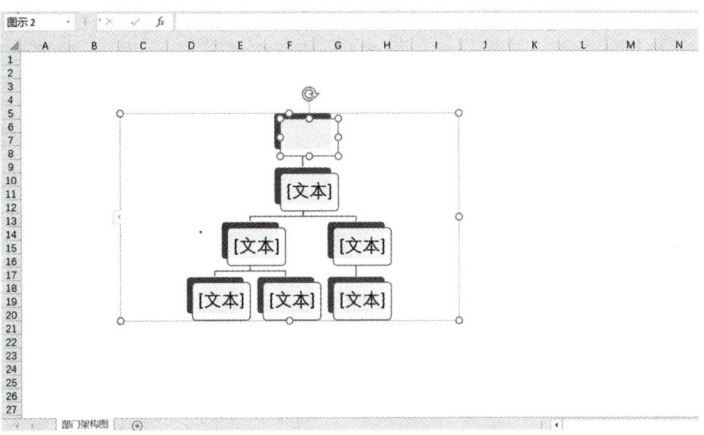

图 1-65　在上方添加 SmartArt 形状后效果

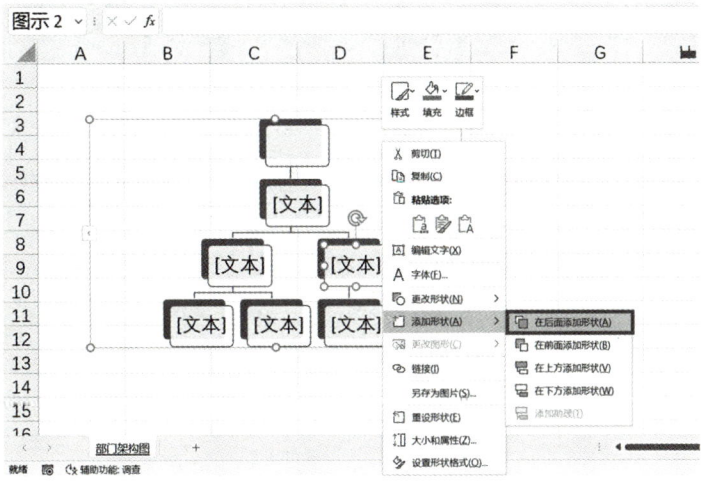

图 1-66　在下方添加 SmartArt 形状

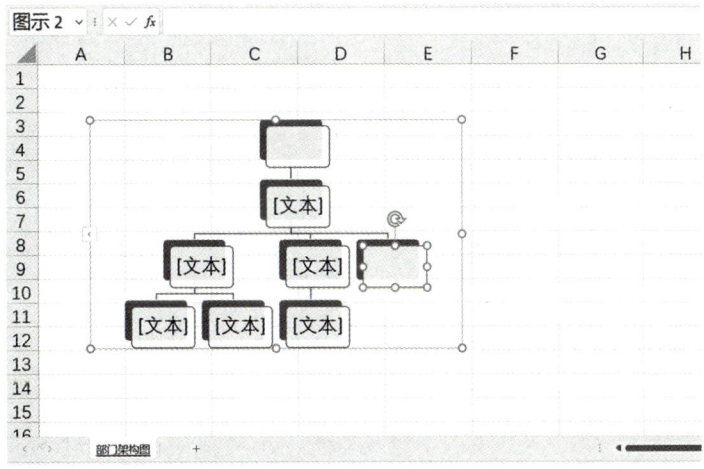

图 1-67　在下方添加 SmartArt 形状后效果

> 如果需要删除 SmartArt 图形中多余的形状，则选中要删除的形状后，按 Backspace 键
> 或 Delete 键即可。

Step3 按上面的操作方法，给部门架构图添加形状，编制完整的架构图后，将光标放置在图形左上角。待光标形状变成 ✎ 后，拖动图形边框，调整图形大小，如图 1-68 所示。

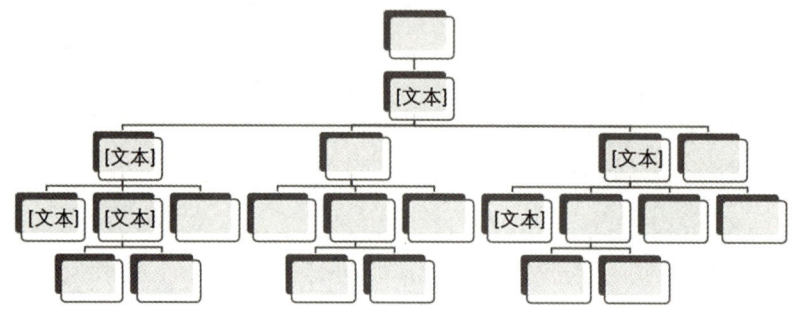

图 1-68　调整 SmartArt 图形大小

Step4 选中需要添加文字的矩形边框并右击，在弹出的快捷菜单中选择【编辑文字】命令。当矩形边框中出现光标时，即可添加相应的文字。具体操作如图 1-69 和图 1-70 所示。

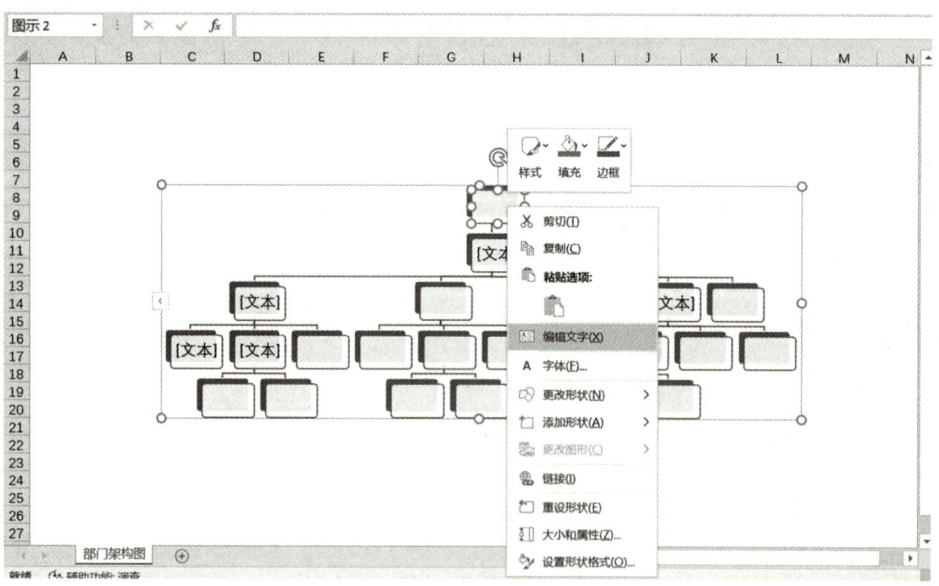

图 1-69　在 SmartArt 图形中添加文字

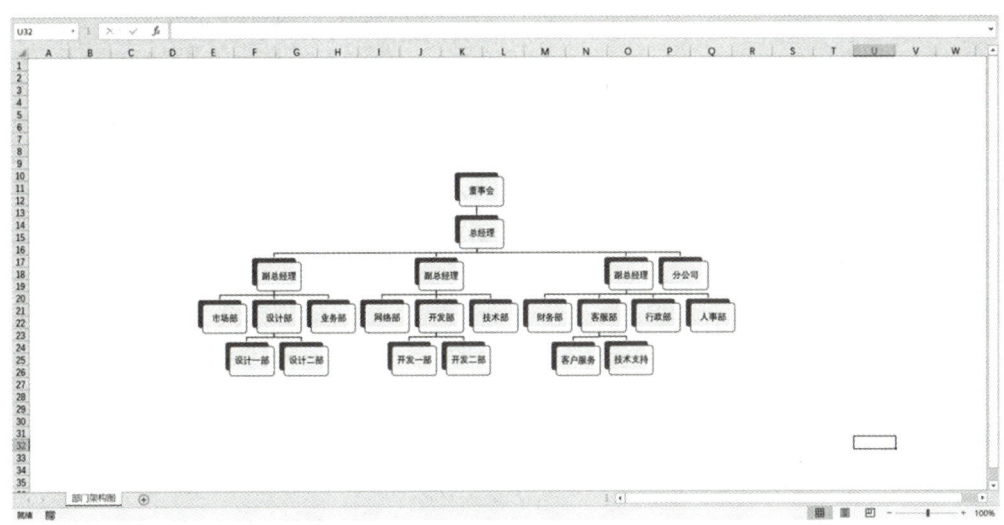

图 1-70 在 SmartArt 图形中添加文字后效果

3. 插入、编辑艺术字标题

Step1 打开工作表，单击【插入】选项卡，在【文本】组单击【艺术字】按钮，弹出【艺术字】下拉列表，单击所需的艺术字样式，即可在工作表中插入艺术字文本框。具体操作如图 1-71 和图 1-72 所示。

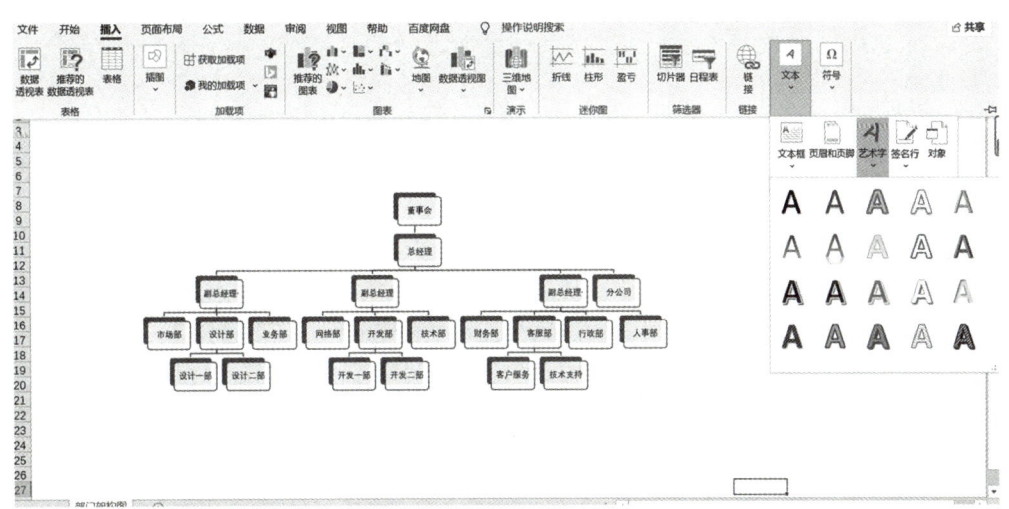

图 1-71 调用插入艺术字功能

Step2 将光标定位在艺术字文本框中，删除预设的文字，输入标题"鹏程公司部门架构图"，如图 1-73 所示。

Step3 选择需要设置字体的艺术字，单击【开始】选项卡，在【字体】组中的【字体】下拉列表中选择一种字体，即可改变艺术字的字体。在【字体】组中的【字号】下拉列表中选择一种字号，即可改变艺术字的字号，如图 1-74 所示。

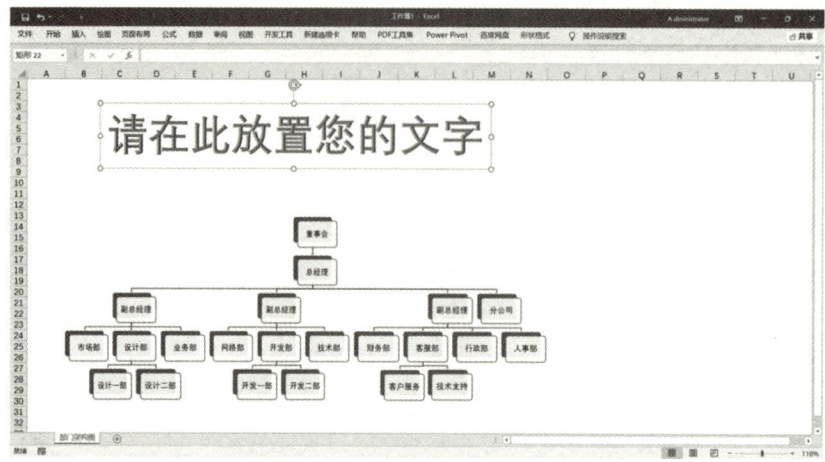

图 1-72　选择放置艺术字的位置

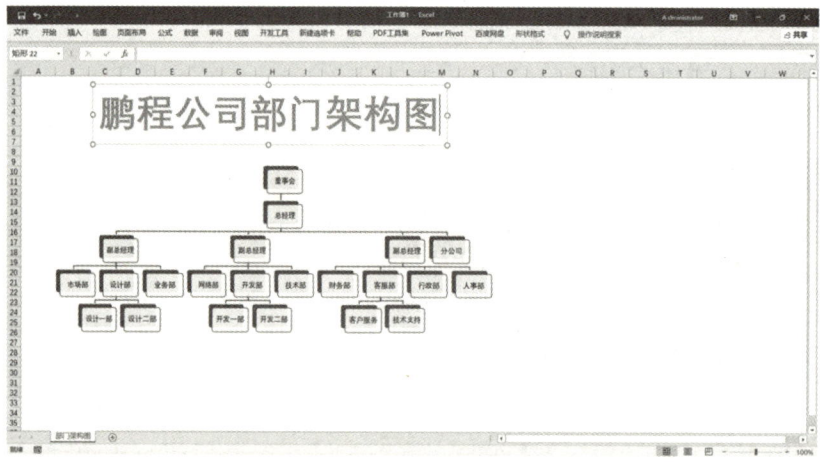

图 1-73　输入艺术字

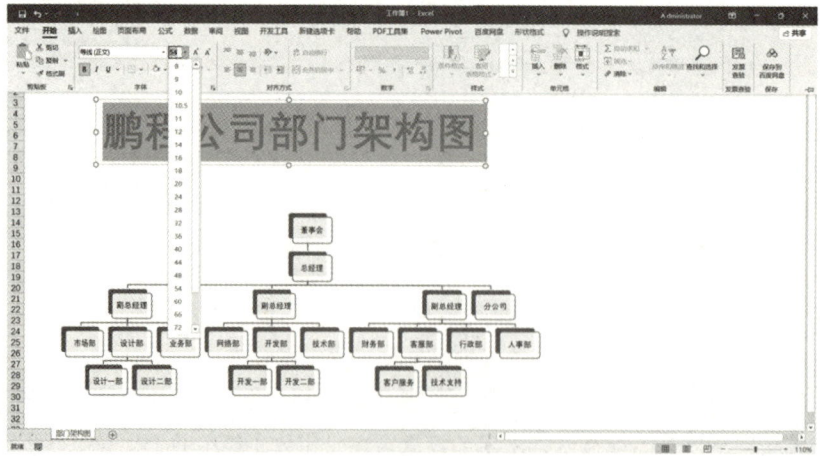

图 1-74　设置艺术字字体、字号

Step4　选中艺术字，单击【格式】选项卡，在【艺术字样式】组中分别单击【文本填充】按钮和【文本轮廓】按钮，可以按需要选择艺术字字体的填充样式和轮廓样式，如图 1-75 所示。

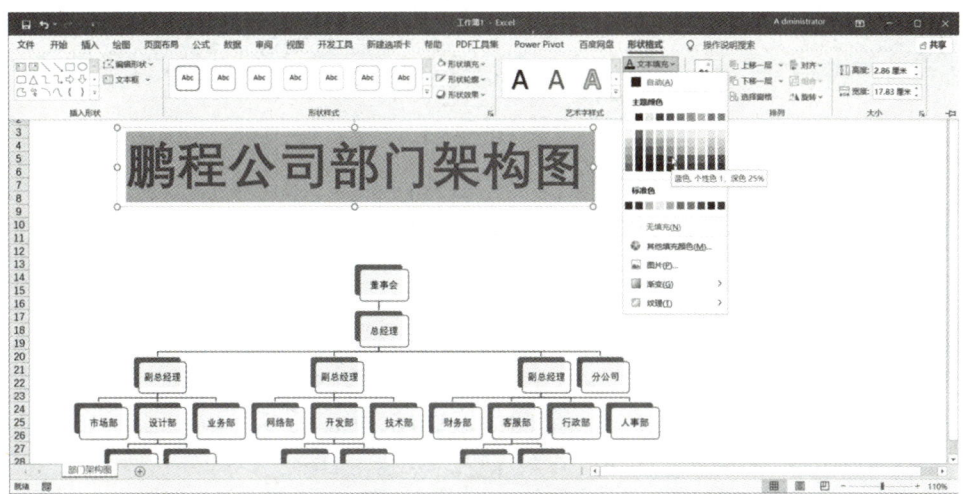

图 1-75　调整艺术字样式

Step5　选中艺术字，单击【形状格式】选项卡，在【艺术字样式】组单击【文本效果】按钮，在弹出的下拉列表中可以设置艺术字的阴影、映像、发光、棱台、三维旋转及变换等效果。按需要选择【发光】选项，如图 1-76 和图 1-77 所示。

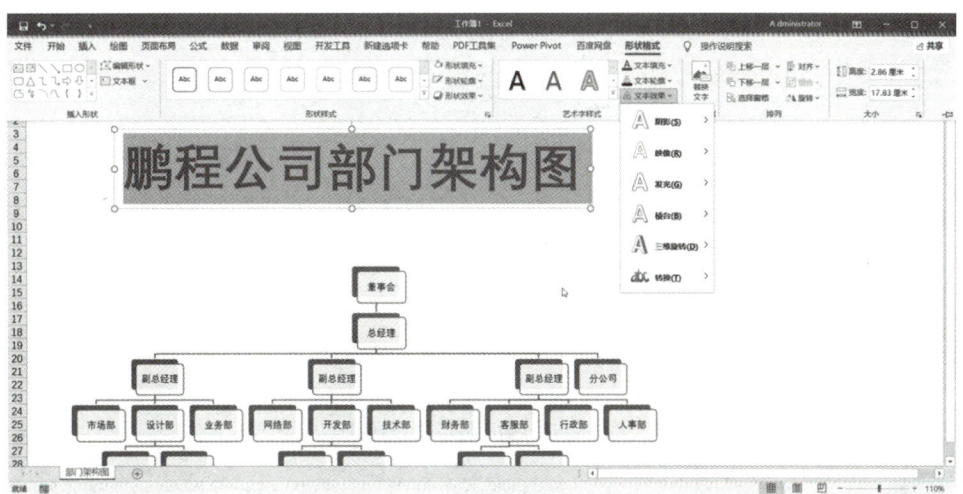

图 1-76　设置艺术字的发光效果

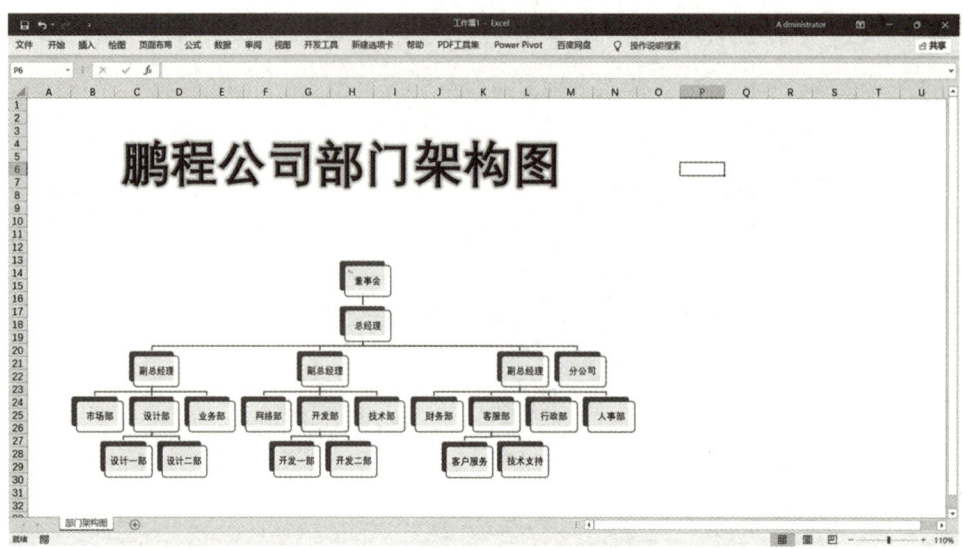

图 1-77　设置发光效果后的艺术字

4. 插入本地图片

Step1　单击【插入】选项卡，在【插图】组单击【图片】按钮，如图 1-78 所示。

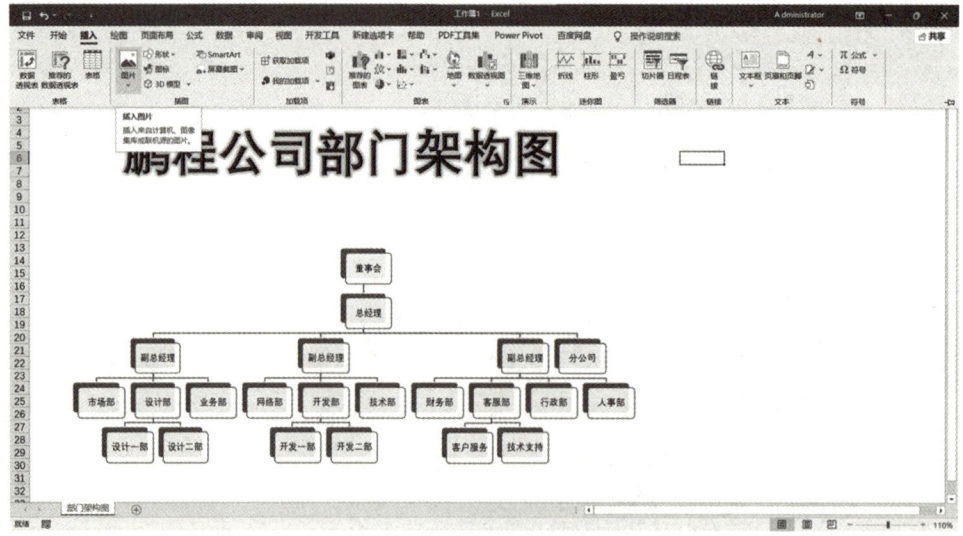

图 1-78　调用插入图片功能

Step2　打开【插入图片】对话框，选择随书光盘中的"鹏程 logo"图片，单击【插入】按钮，即可将图片插入到 Excel 工作表中，如图 1-79 和图 1-80 所示。

Step3　拖动图片到需要的地方，将光标放置在图形右下角，待光标形状变成↖后，拖动图形边框，缩小图形，如图 1-81 所示。

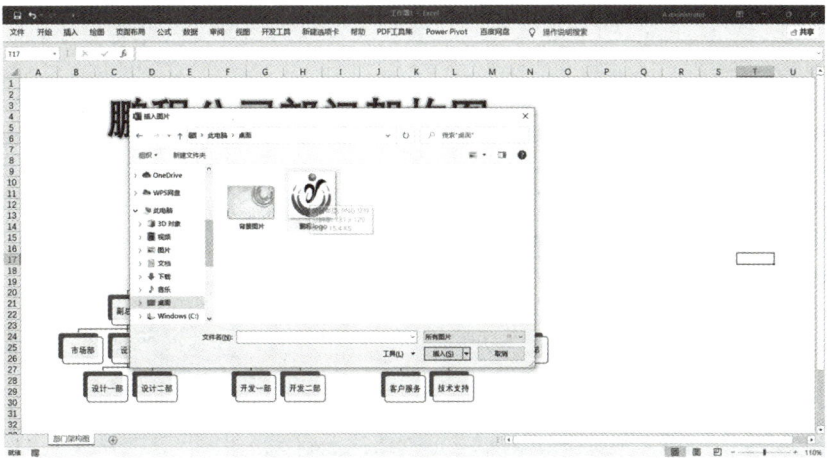

图 1-79　【插入图片】对话框

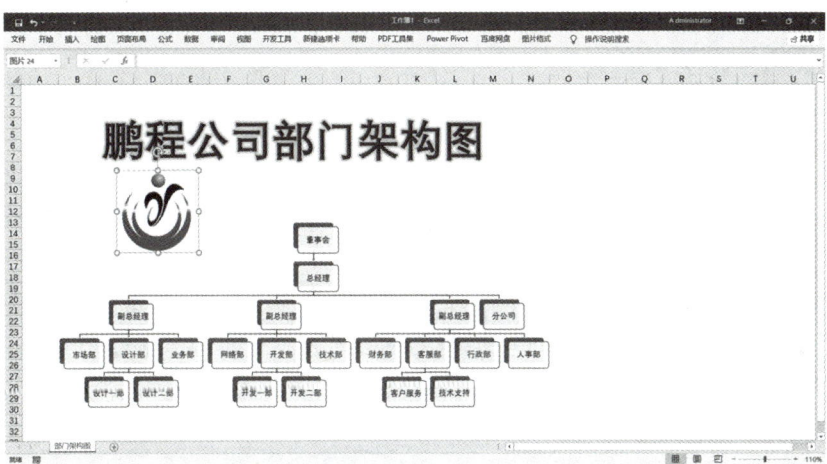

图 1-80　插入图片后的效果

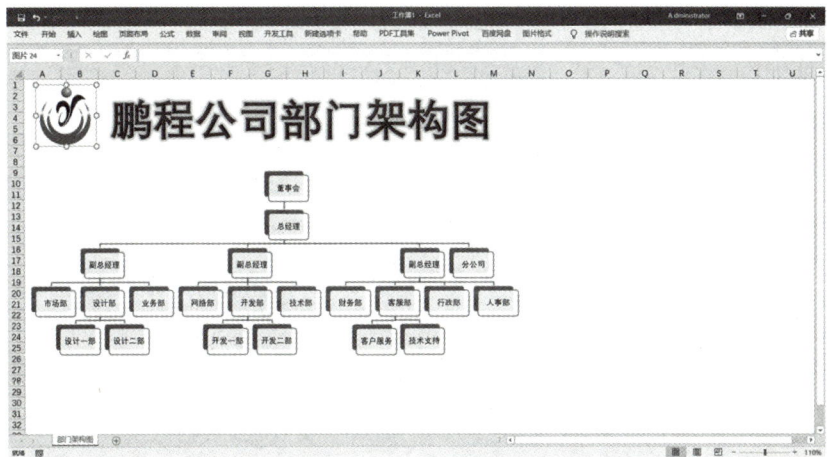

图 1-81　拖动并缩小图片

Step4 选中图片并右击，单击【裁剪】按钮，即可对图片进行裁剪操作，如图 1-82 和图 1-83 所示。

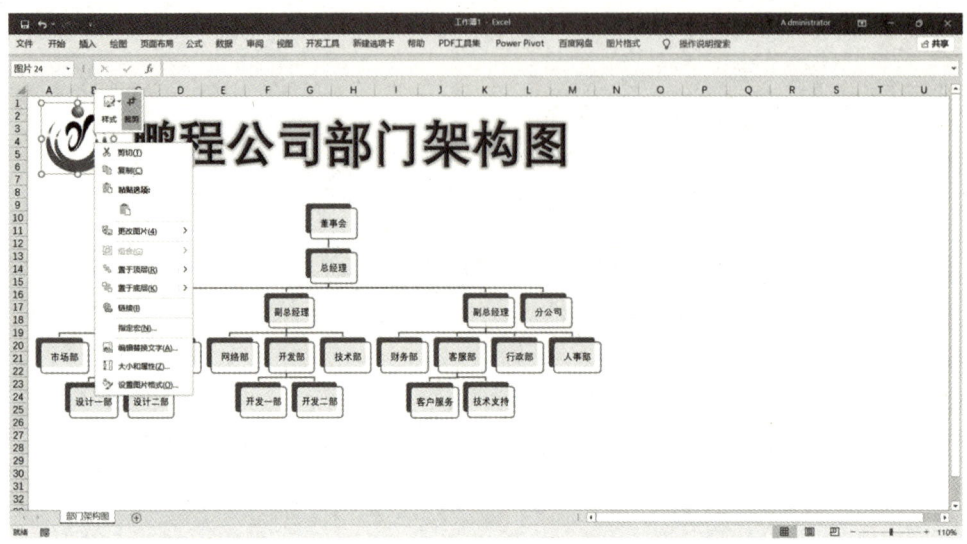

图 1-82　设置裁剪图片

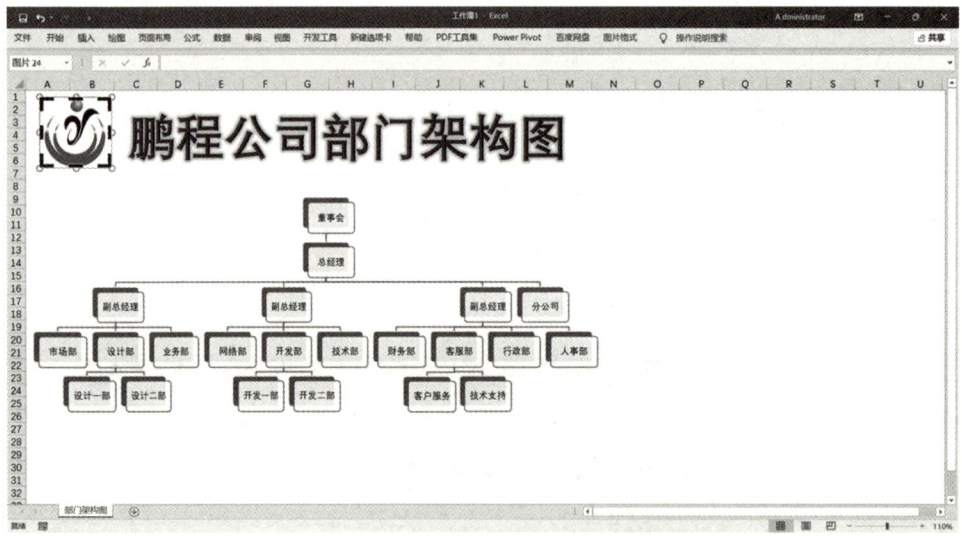

图 1-83　裁剪图片

Step5 裁剪完成后，将"鹏程 logo"图片放置到适合的位置，如图 1-84 所示。

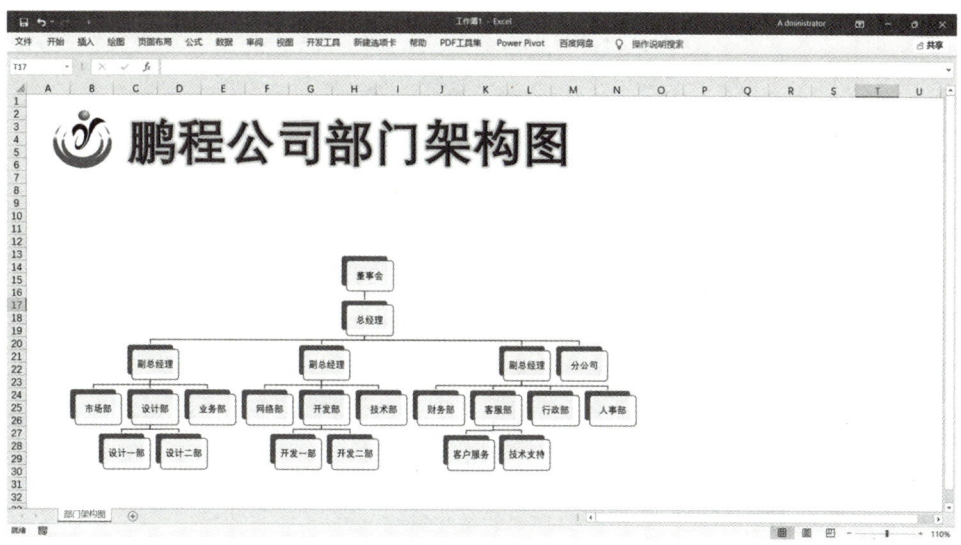

图 1-84 裁剪图片后效果

5. 插入背景图片

Step1 单击【插入】选项卡，在【插图】组单击【图片】按钮，将背景图片插入 Excel 工作表中，通过拖曳扩大图片，如图 1-85 所示。

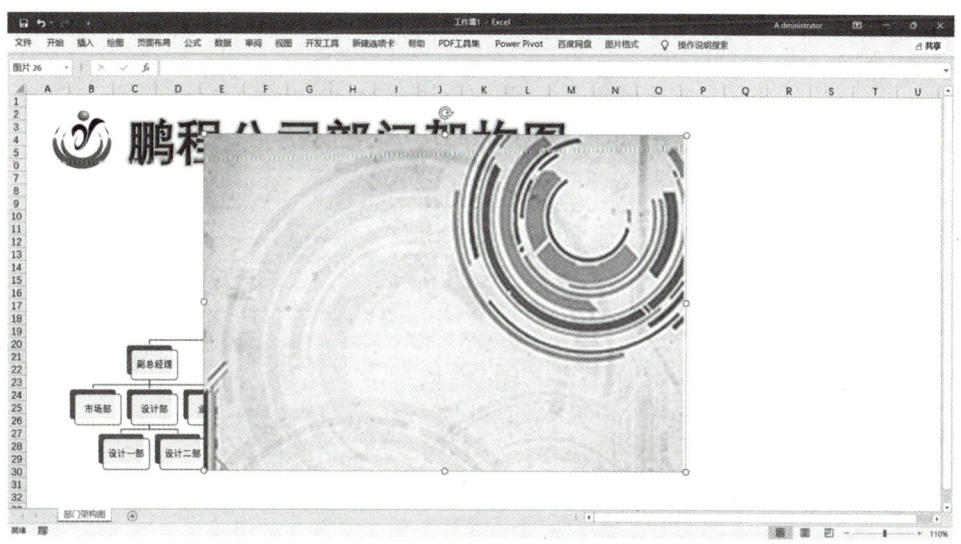

图 1-85 插入背景图片

Step2 选中图片并右击，在弹出的快捷菜单中选择【置于底层】命令，返回工作表，即可看到艺术字和组织结构图都置于图片上方，如图 1 86 和图 1-87 所示。

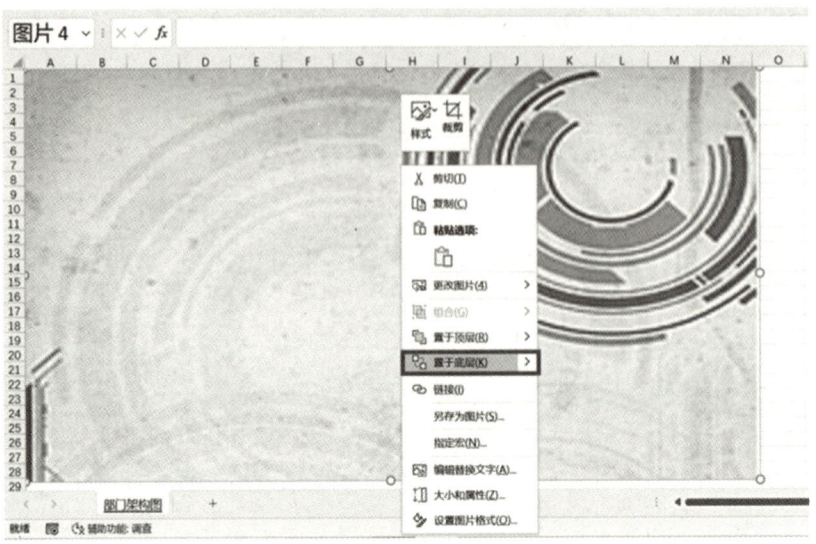

图 1-86　将图片置于底层

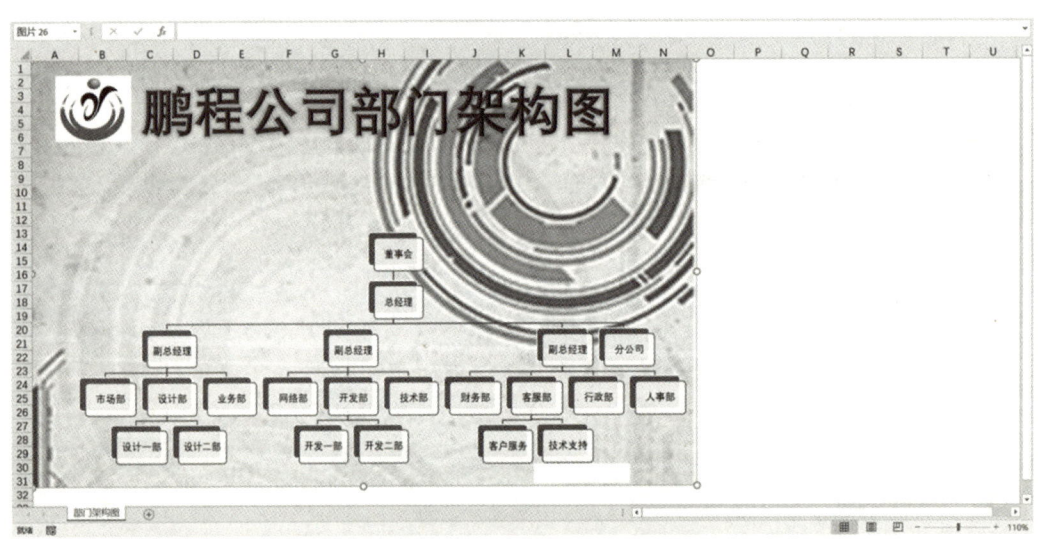

图 1-87　将图片置于底层后效果

任务四　拓展应用——掌握快捷键

Excel 提供了大量丰富的快捷键，记住一些常用的快捷键，在操作时将大大提高工作效率。以下是在 Excel 操作中一些常用的快捷键。

一、Ctrl 组合快捷键

Ctrl+(：隐藏选定范围内所有的行。

Ctrl+)：隐藏选定范围内所有的列。

Ctrl++：显示用于插入空白单元格的【插入】对话框。

Ctrl+1：显示【设置单元格格式】对话框。

Ctrl+2：应用或取消加粗格式设置。

Ctrl+3：应用或取消倾斜格式设置。

Ctrl+4：应用或取消下画线。

Ctrl+5：应用或取消删除线。

Ctrl+6：在隐藏对象、显示对象和显示对象占位符之间切换。

Ctrl+8：显示或隐藏大纲符号。

Ctrl+9：隐藏选定的行。

Ctrl+0：隐藏选定的列。

Ctrl+A：选择整个工作表。如果工作表中包含数据，则按 Ctrl+A 组合快捷键将选择当前区域。

Ctrl+B：应用或取消加粗格式设置。

Ctrl+C：复制选定的单元格。如果连续按两次 Ctrl+C 组合快捷键，则会显示【Microsoft Office 剪贴板】组。

Ctrl+D：使用【向下填充】命令将选定范围内顶层单元格的内容和格式复制到下面的单元格中。

Ctrl+E：智能填充。

Ctrl+F：显示【查找和替换】对话框。按 Shift+F5 组合快捷键也会显示此对话框，按 Shift+F4 组合快捷键则会重复上一次查找操作。

Ctrl+G：显示【定位】对话框。按 F5 键也会显示此对话框。

Ctrl+H：显示【查找和替换】对话框。

Ctrl+I：应用或取消倾斜格式设置。

Ctrl+J：输入换行符。

Ctrl+K：显示【插入超链接】对话框，或者为现有超链接显示【编辑超链接】对话框。

Ctrl+L：显示【创建表】对话框。

Ctrl+N：创建一个新的空白工作簿。

Ctrl+O：显示【打开】对话框以打开或查找文件。按 Ctrl+Shift+O 组合快捷键可选择所有包含批注的单元格。

Ctrl+P：显示【打印】对话框。

Ctrl+Q：弹出快速分析工具箱。

Ctrl+R：使用【向右填充】命令将选定范围内最左边单元格的内容和格式复制到右边的单元格中。

Ctrl+S：使用其当前文件名、位置和文件格式保存活动文件。

Ctrl+T：将普通表格转换成超级表格。

Ctrl+U：应用或取消下画线。

Ctrl+V：在插入点处插入剪贴板的内容，并替换任何选定内容。只有在剪切或复制了对象、文本或单元格内容后，才能使用此组合快捷键。

Ctrl+W：关闭选定的工作簿窗口。

Ctrl+X：剪切选定的单元格。

Ctrl+Y：恢复。

Ctrl+Z：使用【撤销】命令来撤销上一个命令或删除最后键入的条目。

二、功能键

F1：显示"帮助中心"任务窗格。

Ctrl+F1：关闭并重新打开当前任务窗格。

Alt+F1：创建当前范围中数据的图表。

Alt+Shift+F1：可插入新的工作表。

F2：编辑活动单元格并将插入点放在单元格内容的结尾处。如果禁止在单元格中进行编辑，它也会将插入点移到编辑栏中。

Shift+F2：可编辑单元格批注。

F3：将定义的名称粘贴到公式中。

Shift+F3：显示【插入函数】对话框。

F4：重复上一个命令或操作（如有可能）。

Ctrl+F4：关闭选定的工作簿窗口。

F5：显示【定位】对话框。

Ctrl+F5：恢复选定工作簿窗口的窗口大小。

F7：显示"拼写检查"对话框，以检查活动工作表或选定范围中的拼写。

Ctrl+F7：如果工作簿窗口未最大化，按该组合快捷键可对该窗口执行【移动】命令。使用箭头键移动窗口，并在完成移动后按 Esc 键。

F8：打开或关闭扩展模式。在扩展模式中，通过按箭头键可向上、下、左、右四个方向扩展选定范围。按 Shift+F8 组合快捷键，可以使用箭头键将非邻近单元格或范围添加到单元格的选定范围。当工作簿未最大化时，按 Ctrl+F8 组合快捷键，可以用箭头键修改窗口尺寸。按 Alt+F8 组合快捷键，可显示用于运行、编辑或删除宏的【宏】对话框。

F9：计算所有打开的工作簿中的所有工作表。如果先按 F9 键，再按 Enter 键（对于数组公式则按 Ctrl+Shift+Enter 组合快捷键），则会计算选定的公式部分，并将选定部分替换为计算出的值。按 Shift+F9 组合快捷键，可计算活动工作表。

Ctrl+Alt+F9：可计算所有打开的工作簿中的所有工作表，不管它们自上次计算以来是否已更改。如果按 Ctrl+Alt+Shift+F9 组合快捷键，则会重新检查相关公式，然后计算所有打开的工作簿中的所有单元格，其中包括未标记为需要计算的单元格。按 Ctrl+F9 组合快捷键，可将工作簿窗口最小化为图标。

F10：选择菜单栏或同时关闭打开的菜单和子菜单。按 Shift+F10 组合快捷键，可显示选定项目的快捷菜单。按 Alt+Shift+F10 组合快捷键，可显示智能标记的菜单或消息。如果存在多个智能标记，按该组合快捷键，可切换到下一个智能标记并显示其菜单或消息。按 Ctrl+F10 组合快捷键，可最大化或还原选定的工作簿窗口。

F11：创建当前范围内数据的图表。按 Shift+F11 组合快捷键，可插入一个新工作表。按 Alt+F11 组合快捷键，将打开【Visual Basic 编辑器】窗口，可以在其中通过使用 Visual Basic for Applications(VBA)来创建宏。按 Alt+Shift+F11 组合快捷键，将打开【Microsoft 脚本编辑器】窗口，可以在其中添加文本、编辑 HTML 标记及修改任何脚本代码。

F12：显示【另存为】对话框。

三、其他快捷键

箭头（▲、▼、◄、►）：在工作表中上移、下移、左移或右移一个单元格。按 Ctrl+箭头组合快捷键，可移动到工作表中当前数据区域（数据区域：包含数据的单元格区域，该区域周围为空白单元格或数据表边框）的边缘。

Backspace：在编辑栏中删除左边的一个字符，也可清除活动单元格的内容。

Delete：从选定单元格中删除单元格内容（数据和公式），且不会影响单元格格式或批注。在单元格编辑模式下，按该键将删除插入点右边的字符。

Ctrl+End：可移动到工作表中的最后一个单元格，即所使用的最下方一行与所使用的最右边一列的交汇单元格。按 Ctrl+Shift+End 组合快捷键，可将单元格的选定范围扩展到工作表中所使用的最后一个单元格（右下角）。

Alt+Enter：可在同一单元格中另起一个新行。

Ctrl+Enter：可使用当前条目填充选定的单元格区域。

Shift+Enter：可完成单元格输入并选择上面的单元格。

Esc：取消单元格或编辑栏中的输入。按该键也可关闭打开的菜单或子菜单、对话框或消息窗口。

Home：移到工作表中某一行的开头。当 Scroll Lock 键处于开启状态时，移到窗口左上角的单元格。当菜单或子菜单处于可见状态时，选择菜单上的第一个命令。按 Ctrl+Home 组合快捷键，可移到工作表的开头。按 Ctrl+Shift+Home 组合快捷键，可将单元格的选定范围扩展到工作表的开头。

Page Down：在工作表中下移一个屏幕。

Alt+Page Down：在工作表中向右移动一个屏幕。

Ctrl+Page Down：移到工作簿中的下一个工作表。

Page Up：在工作表中上移一个屏幕。

Alt+Page Up：在工作表中向左移动一个屏幕。

Ctrl+Page Up：移到工作簿中的上一个工作表。

Ctrl+空格：选择工作表中的整列。

Shift+空格：选择工作表中的整行。

Ctrl+Shift+空格：选择整个工作表。如果工作表中包含数据，则按 Ctrl+Shift+空格组合快捷键将选择当前区域，再按一次将选择整个工作表。当某个对象处于选定状态时，按 Ctrl+Shift+空格组合快捷键，可选择工作表中的所有对象。

Tab：在工作表中向右移动一个单元格。

四、打印时每页均显示表头

打开【页面布局】选项卡，在【页面设置】组单击【打印标题】按钮，打开【页面设置】对话框，在【工作表】选项卡的【打印标题】选区单击【顶端标题行】文本框，然后确定所要设置的标题行（可用鼠标拖选标题行）；还可使用同样的方法设置左端标题列。

注：使用以上方法只在打印时才能看到每页自动增加表头。

五、快速输入对号、错号、平方、立方符号

对号（√）：按住 Alt 键，然后依次输入数字小键盘中的数字 41420，松开 Alt 键即可。

错号（×）：按住 Alt 键，然后依次输入数字小键盘中的数字 41409，松开 Alt 键即可。

平方（^{2}）：按住 Alt 键，然后依次输入数字小键盘中的数字 178，松开 Alt 键即可。

立方（^{3}）：按住 Alt 键，然后依次输入数字小键盘中的数字 179，松开 Alt 键即可。

若遇到快捷键无法使用，可能是因为使用了 WPS 工作表，或者与输入法的快捷键冲突了。

素养修习

WPS 和 Office 的"龙争虎斗"

WPS 和 Office 是目前中国市面上比较常见的两款办公软件，两者之间的博弈也部分反映了中美科技对抗的历史。

WPS 的创始人是当年被称为"中国第一程序员"的求伯君。1988 年，求伯君在 386 电脑上写了几万行代码，完成了 WPS 的第一个版本。1988—1995 年是 WPS 在国内发展最好的时期，当时的市场占有率接近 90%，占有绝对的统治地位。

微软公司的 Office 软件开发时间稍早，在 1985 年。不过早期的 Office 程序主要运行在苹果的 MaxOS 系统中，其中 Word 的首个 Windows 版本与 WPS 的上市时间相近，都是在 1989 年以 500 美元的价格正式开售。

由于 Windows 操作系统与 Microsoft Office Word 同属于微软公司，因此微软公司将 Microsoft Office Word 与 Windows 操作系统捆绑在一起，用户在安装 Windows 操作系统的同时也会预装 Microsoft Office Word。另外，微软公司最初发现 WPS 在国内的生态环境非常好，于是提出了和金山公司合作，希望 Microsoft Office Word 和 WPS 可以在文件格式方面互通。这就意味着使用 Microsoft Office Word 的用户可以打开 WPS 文档，而使用 WPS 的用户也可以打开 Microsoft Office Word 文档。这样看似有利于提升用户体验，且达成共赢的合作需求。很快，金山公司就同意了。但没有想到的是，随着这项合作的展开，Microsoft Office Word 伴随着 Windows 系统的普及在中国迅速打开市场。同时由于 Microsoft Office Word 和 WPS 文档之间已经没有瓶颈，于是大多数用户逐渐开始习惯使用 Microsoft Office Word。更重要的是，微软公司在中国市场纵容 Microsoft Office Word 的盗版发展，因此 Microsoft Office Word 逐渐占据中国大量的市场。

后来，Microsoft Office Word 版本不停更迭，而 WPS 由于定位和方向问题导致与前者之间的差距越来越大，其中有三年的时间 WPS 几乎从市场上消失匿迹了，主要原因是研发实力不够，跟不上时代的潮流，在软件开发上没有资金和人员，只靠"小米加步枪"很难抵挡住微软公司这个"巨人"的竞争。

2005 年，由于雷军的推动和改革，新版 WPS 正式上线，用户界面和使用功能与 Office 并没有太大差别，在某些技术方面甚至领先于 Office。此后 WPS 又基于 Qt 框架开发了 Linux、iOS 等多操作系统跨平台版本。由于 WPS 与 Office 此前签订了格式共享协议，雷军利用这份协议让 WPS 变被动为主动。正因为没有了文件格式的界限，WPS 的使用率得到大幅提升。同时，WPS 选择让企业用户和专业用户支付一定的费用、个人版 WPS 永久免费使用的推广策略，扩大了 WPS 的市场份额。

如今，一方面由于国有企业和政府单位的办公室开始逐渐抛弃 Office 等国外办公软件，大范围使用 WPS 等国产办公软件，另一方面由于 WPS 针对个人用户的永久免费策略，再加上其在功能方面与 Office 并没有太大差别，甚至在兼容性方面，WPS 的思维导图、H5 海报、各种几何图等做得非常完善，性价比更高，因此 WPS 在中国市场已经重新获得了较大的市场份额，与 Office 重新形成了双足鼎立的格局。

从 WPS 和 Office 的发展历史可见，中国是开放的、包容的，并且是不断自我革新的。未来，随着我国进入改革深水区，科技的自立自强越来越重要，因为这关系着中华民族的崛起。

当代中国青年生逢其时，施展才干的舞台无比广阔，实现梦想的前景无比光明。广大青年要坚定不移听党话、跟党走，怀抱梦想又脚踏实地，敢想敢为又善作善成，立志做有理想、敢担当、能吃苦、肯奋斗的新时代好青年，让青春在全面建设社会主义现代化国家的火热实践中绽放绚丽之花。

岗位能力测评

新建工作簿并编制"差旅费报销单"，效果如图 1-88 所示。

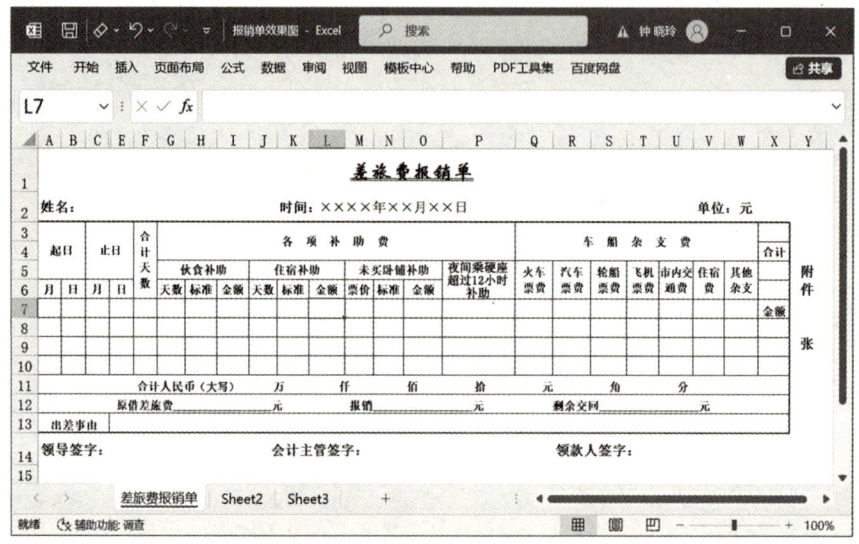

图 1-88　差旅费报销单实训作业效果

知识学习目标：

- 熟悉 Excel 的数据类型。
- 掌握 Excel 的单元格引用。
- 掌握数据有效性的运用。
- 掌握公式、函数的输入。

技能训练目标：

- 能编制人事信息数据表。
- 能编制工资表。
- 能编制工资汇总表。

素养修习目标：

- 引导学生感悟共同富裕，坚定社会主义核心价值观。
- 培养学生严谨细致的数据处理工作态度。

工作任务：

- 任务一：编制人事信息数据表。
- 任务二：编制工资表和工资汇总表。
- 任务三：拓展应用——数据有效性。

任务一　编制人事信息数据表

一、任务情境

经过一番学习，小肖终于熟悉了 Excel 2021 的界面及相关操作。快到月末了，小肖需要提前整理员工薪酬核算所需信息，于是他调用了员工的人事信息数据，用以设计工资核算表格，制作"员工工资表"，以便月末根据员工的出勤等情况计算和发放员工工资。

员工薪酬管理是企业财务管理中不可或缺的组成部分。薪酬项目多且繁杂，通过 Excel 2021 来编制和管理员工的工资，可以简化每个月都要重复做的统计工作，确保工资核算的准确性，提高薪酬管理的效率。

"员工工资表"是财务部门根据各业务部门每个月提供的出勤数据、绩效数据等计算、发放工资的单据。"员工工资表"一般包含四大部分：第一部分为基本信息（员工工号、部门岗位名称、姓名、发放工资月份等）；第二部分为应发数据（基本工资、岗位工资、津贴、补贴、工龄工资、绩效工资、加班工资等）；第三部分为代扣款数据（社会保险、住房公积金、个人所得税、房租、水费、电费等）；第四部分为实发数据（实发工资）。小肖根据公司情况，用 Excel 2021 分别编制了鹏程公司的"企业信息"工作表、"员工信息"工作表、"工资方案"工作表等，然后依据这些信息编制了员工的"工资表"工作表，方便进行员工工资的数据管理，以及对工资数据进行汇总并报送银行。

员工薪酬核算包含的信息资料如图 2-1 所示。

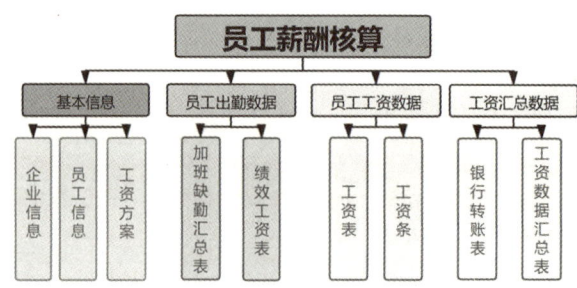

图 2-1 员工薪酬核算包含的信息资料

任务效果及关键知识点如图 2-2 和图 2-3 所示。（注：本书后文所列图表中，如无特别说明，金额单位均为"元"。）

二、任务知识

1. 认识 Excel 中的数据类型

在 Excel 的单元格中可以输入不同类型的数据，如文本型、数值型、日期型、时间型等。

（1）文本型数据：包括汉字、英文字母、空格等。默认情况下，文本型数据沿单元格左边对齐，当输入的字符串超出当前单元格大小时，若右边相邻单元格中无数据，字符串会向右延伸；若右边相邻单元格有数据，当前单元格中超出的数据就会隐藏起来，直到调整单元格的行高或列宽后才能显示出来。

（2）数值型数据：包括数字 0~9，以及正号、负号、货币符号、百分号等任一种符号。默认情况下，数值自动沿单元格右边对齐。

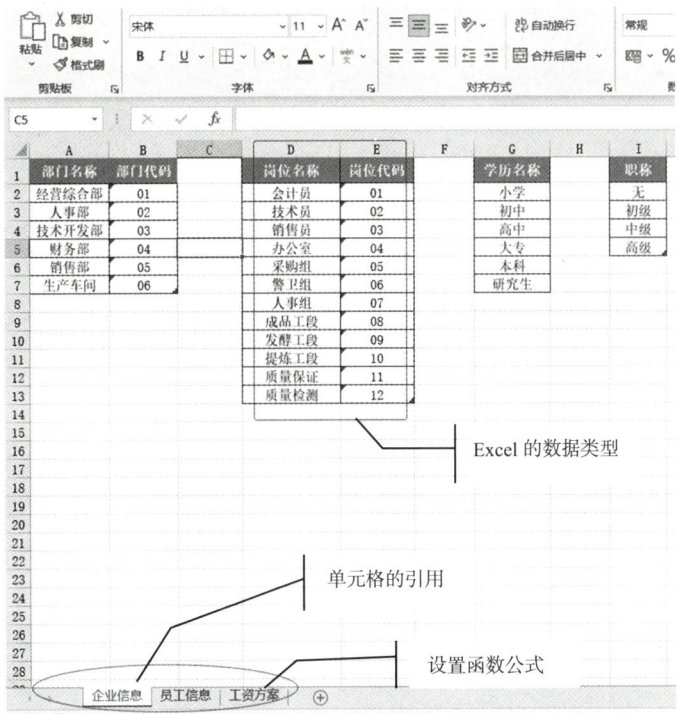

图 2-2　项目二之任务一的任务效果及关键知识点 1

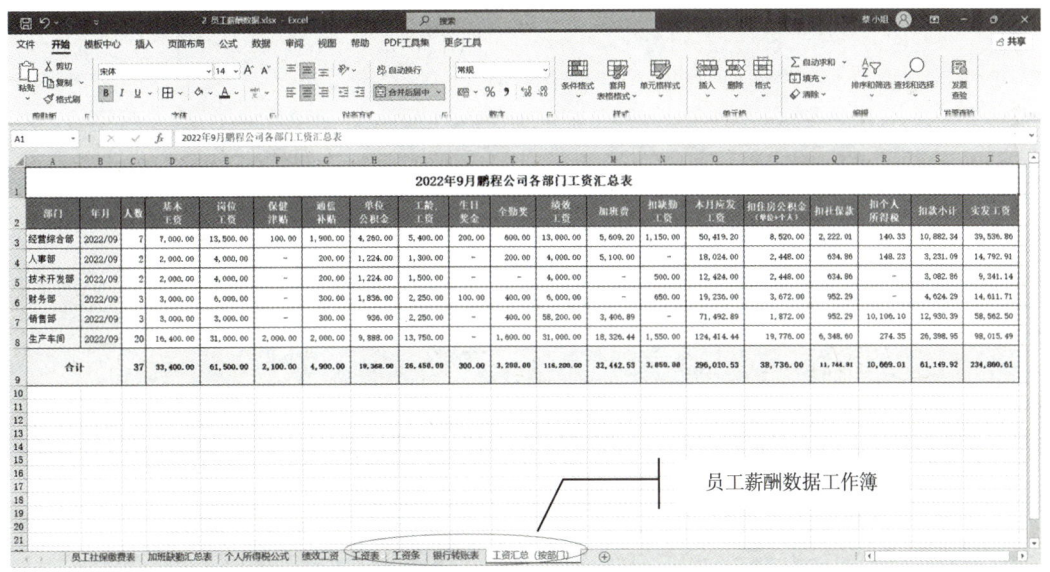

图 2-3　项目二之任务一的任务效果及关键知识点 2

在输入负数时，可在数值前加一个"–"号或把数值放在括号里。在输入分数时，应先在编辑框中输入"0"和一个空格，然后输入分数，否则 Excel 会把分数当作日期。

（3）日期型和时间型数据：输入日期时，年、月、日之间要用"/"或"-"符号隔开，如"2022/3/3"或"2022-3-3"。输入时间时，时、分、秒之间要用冒号隔开，如"20:01:58"。在单元格中同时输入日期和时间时，日期和时间之间应用空格隔开。

2. 输入以 0 开头或超 11 位数的数字

单元格中有些数字是以 0 开头的，还有些数字会超过 11 位，如身份证号码等。如果直接输入这些数字，以 0 开头的数字会将前面的 0 隐去；输入 11 位以上的数字时，单元格将显示形如"1.23212E+12"的格式。因此，要输入以 0 开头或 11 位以上的数字，必须先进行格式设置。

方法一：打开【设置单元格格式】对话框，将数字格式设置为"文本"，完成后再输入相应的数字。

方法二：在输入数字前，先输入一个英文符号"'"，将其转换成"文本"格式的数字。

其中，以 0 开头的数字，输入数字前，可打开【设置单元格格式】对话框，在【数字】选项卡中的【分类】列表框中选择【文本】选项，单击【确定】按钮后，再输入相应的数字，结果显示如图 2-4 所示。也可以先不输入数字前面的 0，而是直接输入其他数字，如先输入"104"，然后打开【设置单元格格式】对话框，在【数字】选项卡中的【分类】列表框中选择【自定义】选项，在右侧的【类型】列表框中选择【0】选项，然后将【类型】文本框中的数字 0 改为 0000，单击【确定】按钮，如图 2-5 所示。

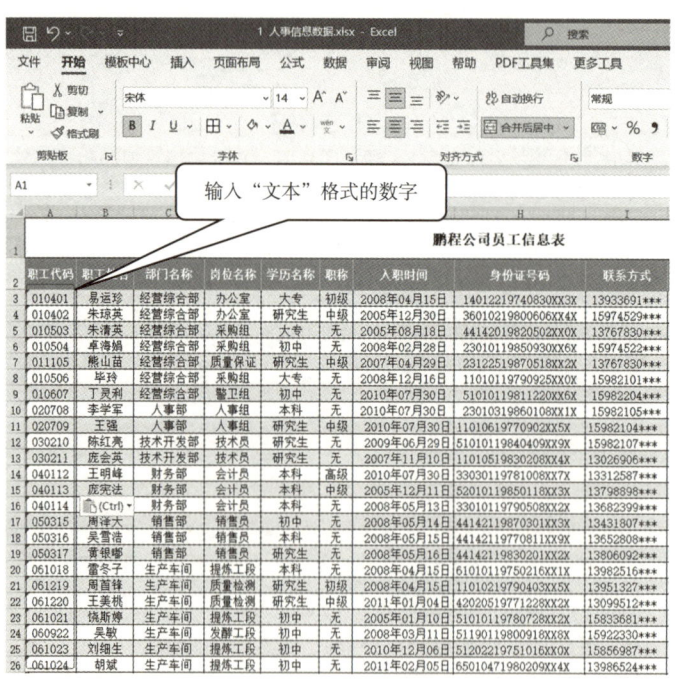

图 2-4　输入"文本"格式的数字

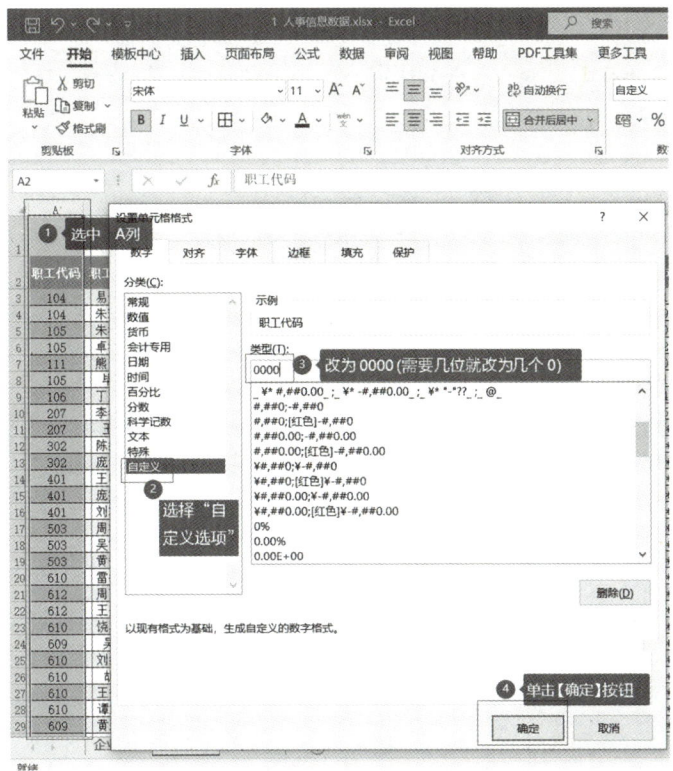

图 2-5　设置"自定义"格式

3．公式及其应用

Excel 具有强大的数据计算功能。其中，利用公式可以计算一些简单的数据，实现数据处理的自动化。公式是对工作表中的数据进行计算和操作的等式，以"="开始，其后是公式的表达式，用来执行各种运算，如"=A1+A2+A3"。公式表达式中包含运算符（如"＋""/""&"","等）、常量、单元格引用值、名称、工作表函数等元素。其中，运算符是公式中的基本元素，它是指对公式中的元素进行特定类型的运算。

（1）运算符。运算符包括算术运算符、比较运算符、文本运算符、括号和引用运算符。

① 算术运算符：包括"+"（加）、"−"（减）、"*"（乘）、"/"（除）、"%"（百分比）、"^"（求幂）。算术运算符可完成基本的数学运算，返回值为数值。例如，在单元格中输入"=5+4"，按 Enter 键，结果显示为 9。

② 比较运算符：包括"="（等于）、">"（大于）、"<"（小于）、">="（大于等于）、"<="（小于等于）、"<>"（不等于）。运算符两边应为同类数据才能比较，其运算结果是 TRUE 或 FALSE。例如，在单元格中输入"=5>8"，结果显示为 FALSE。

③ 文本运算符："&"（文本连接），运算符两边均为文字型数据才能连接，连接的结果仍是文字型数据。例如，在单元格中输入"="员工"＆"工资""（注意文本输入时需加英文半角引号），按 Enter 键，结果显示为"员工工资"。

④ 括号："（   ）"表示优先运算。

⑤ 引用运算符：包括" "（空格）、","（逗号）和"："（冒号）。空格为交叉运算符；逗号为联合运算符；冒号为区域运算符。

> 在 Excel 公式中，运算符从高到低的优先级依次为负号（－）、百分比（%）、求幂（^）、乘和除（*和/）、加和减（+和－）、文本连接（&）、比较运算（=，<，>，<=，>=，<>）。

（2）公式的运用。

① 选定需要输入公式的单元格。

② 输入公式。输入公式时应以等号（＝）或加号（＋）开头，然后输入公式名或表达式。输入运算符时，注意优先级别和前后数据类型，公式中不能有多余的空格。

③ 按 Enter 键或单击【输入】按钮，即完成输入，单击【取消】按钮则取消输入。

> 在输入公式时需注意：一是运算符必须在英文半角状态下输入；二是公式的运算尽量用单元格地址，以便复制、引用公式。公式中的单元格地址可以用键盘上的按键输入，也可以单击单元格得到相应的单元格地址。

4. 函数及其应用

在 Excel 中，利用函数可以轻松地完成各种复杂数据的处理工作，并简化公式的运用。函数是预定义的内置模式，是一种可以在公式中直接调用的表达式。它的结构为"=函数名（参数1,参数 2,⋯）"，如"=SUM（M4:M20）"。其中，函数名是指函数的名称，每个函数都有唯一的函数名，如 IF 等；参数是指函数中用来执行操作或计算的值，参数的类型与函数有关。

Excel 提供了几百个函数，涉及数学、统计学、财务等各个方面，功能比较齐全，可以进行各种复杂的计算、检索和数据处理。

常用的函数有以下几个。

（1）IF 函数。该函数能执行真假值判断，并根据逻辑计算的真假值返回不同的结果。其语法结构为：IF(logical_test,value_if_true,value_if_false)。其中，logic_test 表示计算结果为 True 或 False 的任意值或表达式；value_if_true 表示当 logical_test 为 True 时返回的值；value_if_false 表示当 logical_test 为 false 时返回的值。通常，IF 函数可理解为"IF（条件，真值，假值）"，表示当"条件"成立时，返回"真值"，否则返回"假值"。

> IF 函数可以进行多重嵌套，即 logical_test（条件）参数可以是另一个 IF 函数，从而实现多种情况的判断与选择。在本任务中，将用 AND 函数作为 IF 函数的 logical_test 参数，用来检验多个不同的条件。

（2）AND 函数。该函数可以对多个逻辑值进行交集计算，表示当所有参数的逻辑值为真时，返回 True；只要一个参数的逻辑值为假，则返回 False。其语法结构为：AND（logical1, logical2,…）。其中，logical1,logical2,…表示待检测的 1～30 个条件值，各条件值可以 True 或 False。

（3）LEN 函数。该函数用来返回文本字符串中的字符个数，其语法结构为：LEN(text)。其中，text 表示要查找其长度的文本，空格将作为字符进行统计。

（4）MID 函数。该函数用来返回从文本字符串中指定的起始位置起指定长度的字符个数，其语法结构为：MID (text,start_num,num_chars)。其中，text 表示要提取其字符个数的文本字符串；start_num 表示要从文本中提取的第一个字符的位置；num_chars 表示要返回字符的个数。

（5）YEAR 函数。该函数用来返回一个序列数所代表的日期的年份数，其语法结构为：YEAR(serial_number)。其中，serial_number 表示要计算其年份数的日期。

（6）MONTH 函数。该函数用来返回一个序列数所代表的日期的月份数，其语法结构为：MONTH(serial_number)。其中，serial_number 表示要计算其月份数的日期。

（7）DAY 函数。该函数用来返回一个序列数所代表的日期在当月的天数，其语法结构为：DAY(serial_number)。其中，serial_number 表示要计算其在当月的天数的日期。

（8）DATE 函数。该函数用来返回特定日期的序列数，其语法结构为：DATE (year,month,day)。其中，year 表示年份，在 1900 年日期系统中，如果 year 参数值小于 0 或大于 10 000，则函数将返回错误值"#NUM!"；month 表示月份，如果 month 参数值大于 12，系统将从指定年份的 1 月开始往上加，推算出确切的月份，如果 month 参数值等于或小于 0，则系统会从指定年份的上一年的 12 月开始往下减，推算出确切的月份；day 表示天，如果 day 参数值大于该月份的最大大数，将从指定月份的第一天开始往上累加，推算出确切的月份和日，如果 day 参数值等于或小于 0，则系统将从指定月份的上一月的最后一天开始往下减，推算出确切的月份和日期。

函数的输入方法主要有以下 3 种。

方法一：直接键入。选中单元格，输入"="号，然后按照函数的语法直接输入相关字符。

方法二：单击【公式】选项卡中的【插入函数】按钮，打开【插入函数】对话框，即可编辑函数。

方法三：选中单元格，在工作表上方的工具栏中单击【ƒx】按钮，打开【插入函数】对话框，在【选择函数】列表框中选择相应的函数，单击【确定】按钮，打开【函数参数】对话框，在该对话框中的"Number1"和"Number2"文本框中输入相应的函数参数，单击【确定】按钮即可，如图 2-6 和图 2-7 所示。

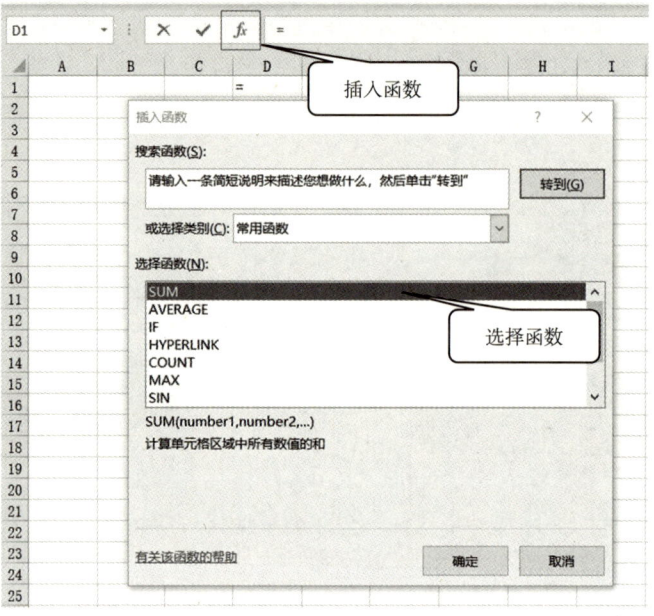

图 2-6　调用插入函数功能

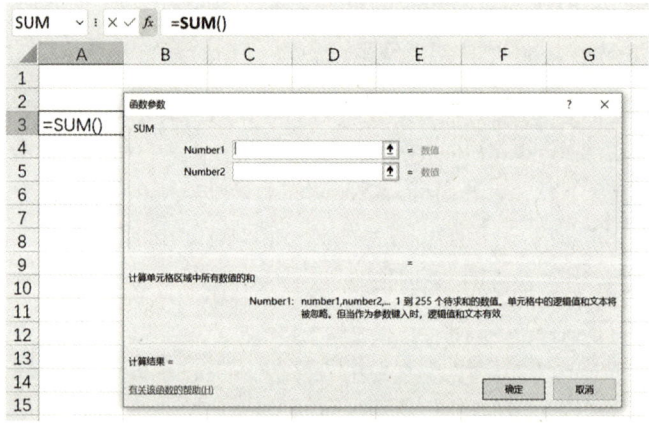

图 2-7　输入函数参数

Excel 中函数的参数可以是常量、逻辑值、数值、错误值、单元格引用或嵌套函数（将函数作为另一个函数的参数使用）等，但指定的参数都必须为有效参数值。

5. 数据验证

Excel 的数据验证功能可以通过设置一系列的规则来规定在单元格中输入的内容。单击【数据】选项卡，在【数据工具】组单击【数据验证】按钮，即可打开【数据验证】对话框。使用 Excel 可以很容易地指定验证条件，也可以使用公式来指定更复杂的验证条件。数据验证的功能介绍如下。

（1）指定验证条件。在【数据验证】对话框中单击【设置】选项卡，在【允许】下拉列表中选择一个选项。根据所选择的选项，【数据验证】对话框中的内容将发生改变，如需要指定公式，可选择【自定义】选项，如图 2-8 所示。

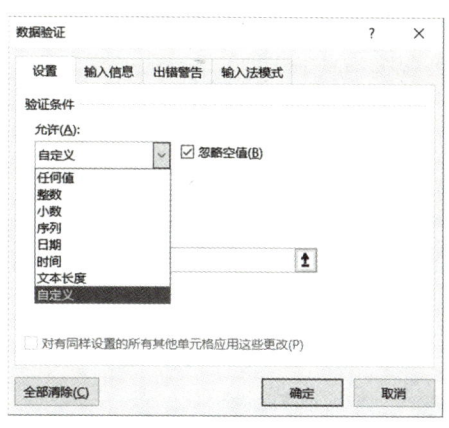

图 2-8 【设置】选项卡

（2）输入信息。在【数据验证】对话框中，单击【输入信息】选项卡，勾选【选定单元格时显示输入信息】复选框，可以对指定单元格显示固定信息，如图 2-9 和图 2-10 所示。

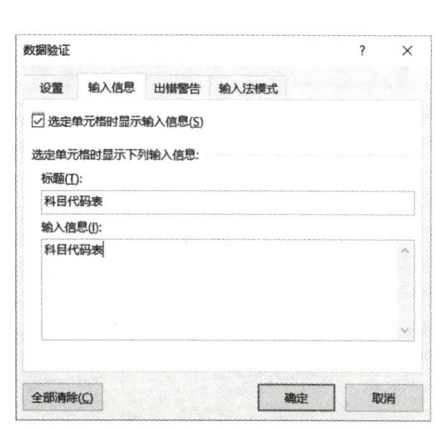

图 2-9 【输入信息】选项卡

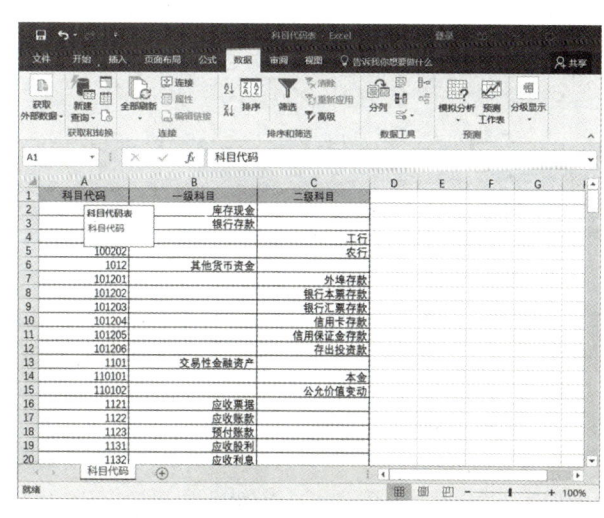

图 2-10 显示数据验证效果

（3）出错警告。在【数据验证】对话框中，单击【出错警告】选项卡，勾选【输入无效数据时显示出错警告】复选框，可以选择出错警告的样式及出错警告信息，如图 2-11 和图 2-12 所示。

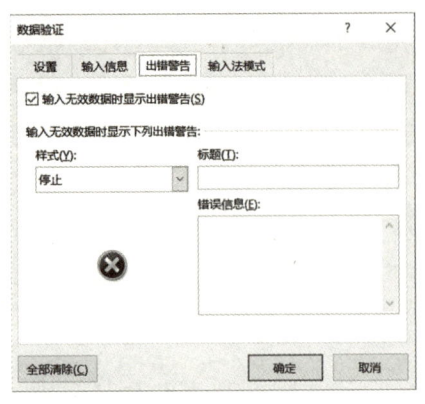
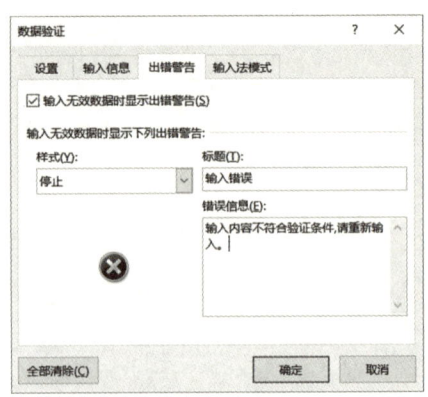

图 2-11　【出错警告】选项卡　　　　　　图 2-12　编辑出错警告

三、任务实施

1. 输入不同类型的数据，编制"人事信息数据"工作簿

人事信息数据内容较多，手工输入容易出错或造成不一致，如部门名称有时为全称，有时为简称。这时可以利用 Excel 公式设定内容，从而解决以上问题。

（1）编制"企业信息"工作表。将员工的个人信息准确无误地输入工作表中，可随时调用员工的信息。因此，做好员工信息管理是工资管理的第一步。对人力资源管理人员来说，员工信息是工资管理的基础环节，使用员工信息数据要处理好两点：一是手工输入时一定要设定好格式（以免后面进行数据复制或引用时引起格式变动）；二是要找到数据规律或可利用的数据，采用公式取数或引用，减少人工输错的概率。

Step1　启动 Excel 2021，创建一个名为"人事信息数据"的工作簿，然后将工作表 Sheet1 重命名为"企业信息"。

Step2　在"企业信息"工作表中输入字段"部门名称""部门代码""岗位名称""岗位代码""学历名称""职称"（"性别"字段将采用另一种方法输入），如图 2-13 所示。

（2）编制"员工信息"工作表。具体步骤如下。

Step1　新增工作表，命名为"员工信息"，输入字段"序号""职工姓名""部门名称""岗位名称""学历名称""职称""入职时间""身份证号码""联系方式""银行账号""性别""职工代码""工龄""生日月份"（"员工信息"工作表中的"工龄""生日月份"两个字段是为在工资表中计算工龄工资和生日奖金而增设的），如图 2-14 所示。

Step2　选中"入职时间"字段一列，右击，在弹出的下拉菜单中选择【设置单元格格式】命令，打开【设置单元格格式】对话框。在【数字】选项卡中的【分类】下拉列表中选择【日期】选项，单击【确定】按钮，如图 2-15 所示。按住 Ctrl 键，同时选中"序号""身份证号码""联系方式""银行账号"4 列，右击，在弹出的下拉菜单中选择【设置单元格格式】命令，打开【设置单元格格式】对话框，在【数字】选项卡中的【分类】下拉列表中选择【文本】选项，单击【确定】按钮，如图 2-16 所示。

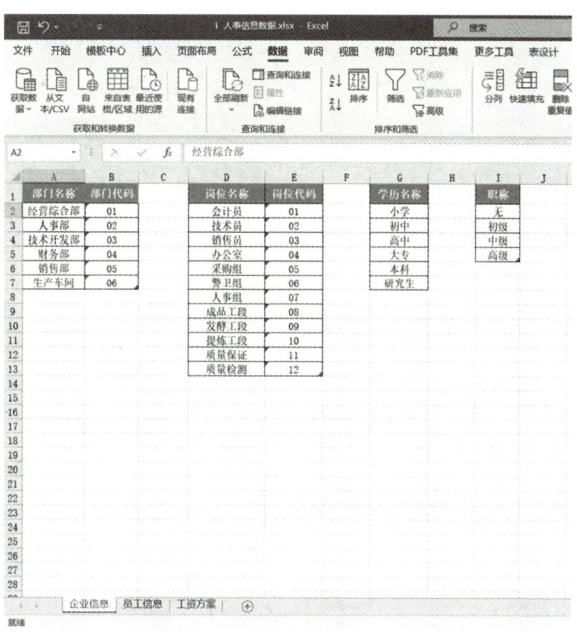

图 2-13　输入企业信息

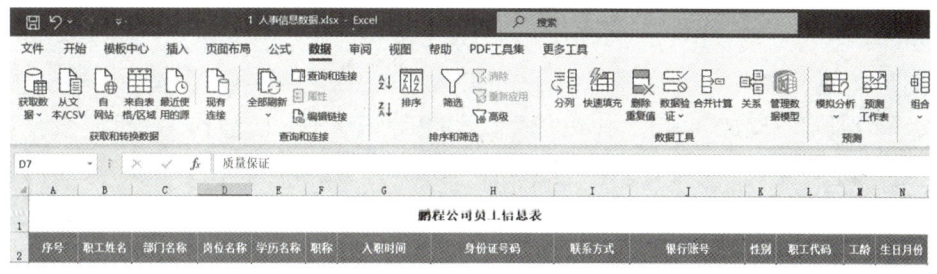

图 2-14　在"员工信息"工作表中输入相关字段

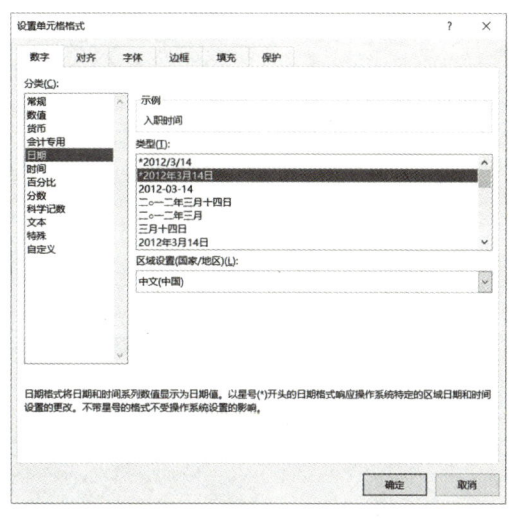

图 2-15　设置"日期"格式

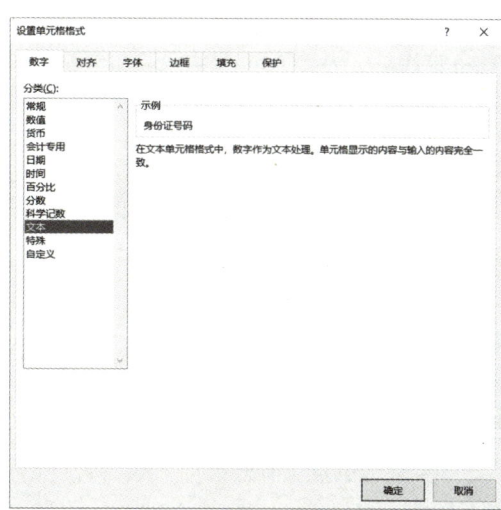

图 2-16　设置"文本"格式

Tips

> **Excel 表格中"文本"与"数值"格式的区别**
>
> "**文本**"**格式**：不用于计算，默认左对齐。例如，表格中的序号如要显示为 01，则在输入数值前，先将单元格设置成"文本"格式，再输入数值。本任务中的"序号""身份证号码""联系方式""银行账号"等字段输入的虽然是一串数字，但并不是用来计算的数值，所以应设置成"文本"格式。
>
> "**数值**"**格式**：用于计算的数值，默认右对齐。

为了在输入数据时尽量少出错，可以通过 Excel 提供的"数据有效性"功能来设置单元格中允许输入的数据类型或有效数据的取值范围。在实例中，可以将"部门名称""岗位名称""学历名称""职称""性别"等字段设置成带有下拉列表的单元格格式。一般情况下，如果选项太多，建议采用引用的方法；如果选项少或固定，建议直接输入（在实际操作中，"部门名称"字段采用引用的方法，"性别"字段采用直接输入的方法）。

Step3 设置"岗位名称"字段的下拉列表。选中 D3 单元格，在【数据】选项卡中的【数据工具】组单击【数据验证】按钮，打开【数据验证】对话框。单击该对话框中的【设置】选项卡，在【验证条件】选区的【允许】下拉列表中选择【序列】选项。在【来源】文本框中单击空白处，在"企业信息"工作表选中 D2:D13 单元格区域，【来源】文本框中将显示所选单元格区域，最后单击【确定】按钮，如图 2-17 所示。

Step4 设置"性别"字段的下拉列表。选中 K3 单元格，在【数据】选项卡中的【数据工具】组中单击【数据验证】按钮，打开【数据验证】对话框。单击该对话框中的【设置】选项卡，在【验证条件】选区的【允许】下拉列表中选择【序列】选项，在【来源】文本框中输入"男,女"（中间用英文输入法状态下的逗号","隔开），如图 2-18 所示。"岗位名称""学历名称""职称"等字段的设置方法与此相同。

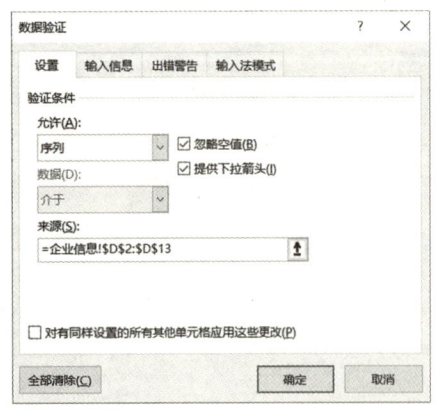

图 2-17 设置"岗位名称"字段的下拉列表

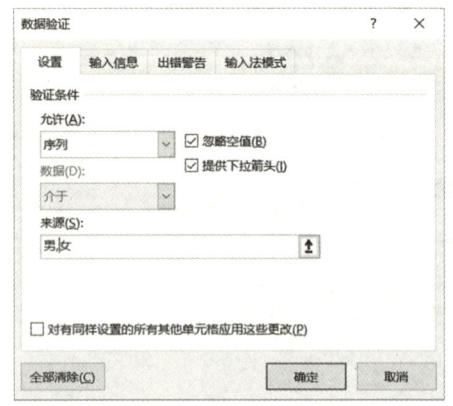

图 2-18 设置"性别"字段的下拉列表

如果输入的数据有规律性，则可利用 Excel 公式完成数据的结果输出，这样可以大大提高工作效率。例如，通过身份证号码可以得出性别、出生月份等信息。

Step5 利用身份证号码的编排规则。例如，身份证号码中的第 7~14 位数字表示出生年、月、日；第 17 位数字，偶数代表女性，奇数代表男性。在 K3 单元格中输入公式“=IF(MOD(MID(H3,17,1),2)=1,"男","女")”，按 Enter 键，将 H3 单元格“身份证号码”字段中的第 17 位数字提取出来。如果是奇数则性别为男，否则性别为女，如图 2-19 所示。

在 N3 单元格中输入公式“=MID(H3,11,2)”，然后按 Enter 键，将 H3 单元格“身份证号码”字段中第 11 ~ 12 位的两个数字提取出来，即可返回相应的生日月份结果，如图 2-20 所示。

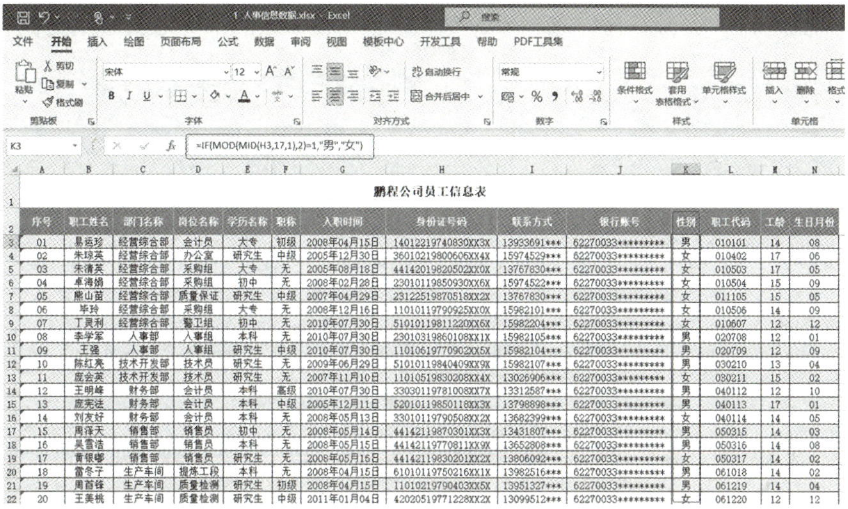

鹏程公司员工信息表

序号	职工姓名	部门名称	岗位名称	学历名称	职称	入职时间	身份证号码	联系方式	银行账号	性别	职工代码	工龄	生日月份
01	易运珍	经营综合部	会计员	大专	初级	2008年04月15日	14012219740830XX3X	13933691***	62270033*********	男	010101	14	08
02	朱琼英	经营综合部	办公室	研究生	中级	2005年12月30日	36010219800606XX4X	15974529***	62270033*********	女	010402	17	06
03	朱清英	经营综合部	采购组	大专	无	2005年08月18日	44142019820502XX0X	13767830***	62270033*********	女	010503	17	05
04	卓海娟	经营综合部	采购组	初中	无	2008年02月28日	23010119850930XX6X	15974522***	62270033*********	女	010504	15	09
05	熊山苗	经营综合部	质量保证	研究生	中级	2007年04月29日	23122519870518XX2X	13767830***	62270033*********	女	011105	15	05
06	毕玲	经营综合部	采购组	大专	无	2008年12月16日	11010119790925XX0X	15982101***	62270033*********	女	010506	14	09
07	丁灵利	经营综合部	警卫组	初中	无	2010年07月30日	51010119811220XX6X	15982204***	62270033*********	女	010607	12	12
08	李学军	人事部	人事组	本科	无	2010年07月30日	23010319860108XX1X	15982105***	62270033*********	男	020708	12	01
09	王强	人事部	人事组	研究生	中级	2010年07月30日	11010619770902XX5X	15982104***	62270033*********	男	020709	12	09
10	陈红亮	技术开发部	技术员	研究生	无	2009年06月29日	51010119840409XX9X	15982107***	62270033*********	男	030210	13	04
11	庞会英	技术开发部	技术员	研究生	无	2007年11月10日	11010519830208XX4X	13026906***	62270033*********	女	030211	15	02
12	王明峰	财务部	会计员	本科	高级	2010年07月30日	33030119781008XX7X	13312587***	62270033*********	男	040112	12	10
13	庞宪法	财务部	会计员	本科	中级	2005年12月11日	52010119850118XX3X	13798898***	62270033*********	男	040113	17	01
14	刘友好	财务部	会计员	本科	无	2008年05月13日	33010119790508XX2X	13682399***	62270033*********	女	040114	14	05
15	周泽天	销售部	销售员	初中	无	2008年05月14日	44142119870301XX3X	13431807***	62270033*********	男	050315	14	03
16	吴雪浩	销售部	销售员	本科	无	2008年05月15日	44142119770811XX9X	13652808***	62270033*********	男	050316	14	08
17	黄银嘟	销售部	销售员	研究生	无	2008年05月16日	44142119830201XX2X	13806092***	62270033*********	女	050317	14	02
18	雷冬子	生产车间	提炼工段	本科	无	2008年04月15日	61010119750216XX1X	13982516***	62270033*********	男	061018	14	02
19	周首锋	生产车间	质量检测	研究生	初级	2008年04月15日	11010219790403XX5X	13951327***	62270033*********	男	061219	14	04
20	王美桃	生产车间	质量检测	研究生	中级	2011年01月04日	42020519771228XX2X	13099512***	62270033*********	女	061220	12	12

图 2-19　通过身份证号码判断性别

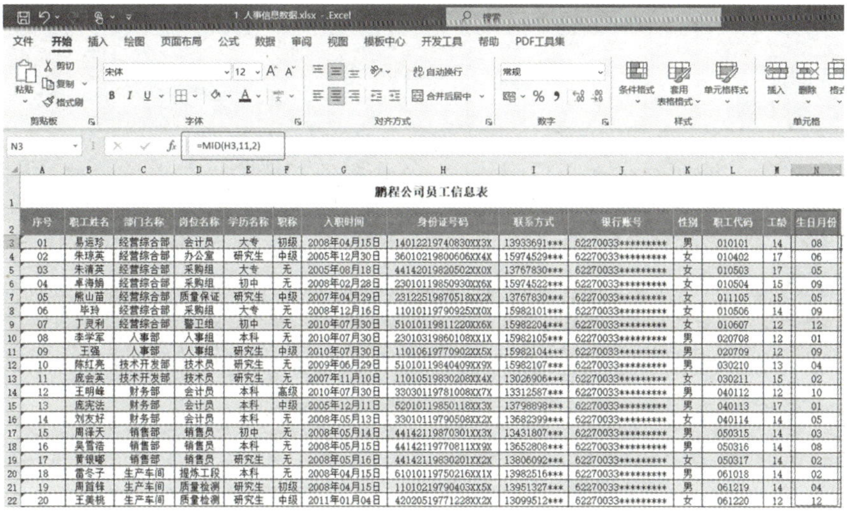

鹏程公司员工信息表

序号	职工姓名	部门名称	岗位名称	学历名称	职称	入职时间	身份证号码	联系方式	银行账号	性别	职工代码	工龄	生日月份
01	易运珍	经营综合部	会计员	大专	初级	2008年04月15日	14012219740830XX3X	13933691***	62270033*********	男	010101	14	08
02	朱琼英	经营综合部	办公室	研究生	中级	2005年12月30日	36010219800606XX4X	15974529***	62270033*********	女	010402	17	06
03	朱清英	经营综合部	采购组	大专	无	2005年08月18日	44142019820502XX0X	13767830***	62270033*********	女	010503	17	05
04	卓海娟	经营综合部	采购组	初中	无	2008年02月28日	23010119850930XX6X	15974522***	62270033*********	女	010504	15	09
05	熊山苗	经营综合部	质量保证	研究生	中级	2007年04月29日	23122519870518XX2X	13767830***	62270033*********	女	011105	15	05
06	毕玲	经营综合部	采购组	大专	无	2008年12月16日	11010119790925XX0X	15982101***	62270033*********	女	010506	14	09
07	丁灵利	经营综合部	警卫组	初中	无	2010年07月30日	51010119811220XX6X	15982204***	62270033*********	女	010607	12	12
08	李学军	人事部	人事组	本科	无	2010年07月30日	23010319860108XX1X	15982105***	62270033*********	男	020708	12	01
09	王强	人事部	人事组	研究生	中级	2010年07月30日	11010619770902XX5X	15982104***	62270033*********	男	020709	12	09
10	陈红亮	技术开发部	技术员	研究生	无	2009年06月29日	51010119840409XX9X	15982107***	62270033*********	男	030210	13	04
11	庞会英	技术开发部	技术员	研究生	无	2007年11月10日	11010519830208XX4X	13026906***	62270033*********	女	030211	15	02
12	王明峰	财务部	会计员	本科	高级	2010年07月30日	33030119781008XX7X	13312587***	62270033*********	男	040112	12	10
13	庞宪法	财务部	会计员	本科	中级	2005年12月11日	52010119850118XX3X	13798898***	62270033*********	男	040113	17	01
14	刘友好	财务部	会计员	本科	无	2008年05月13日	33010119790508XX2X	13682399***	62270033*********	女	040114	14	05
15	周泽天	销售部	销售员	初中	无	2008年05月14日	44142119870301XX3X	13431807***	62270033*********	男	050315	14	03
16	吴雪浩	销售部	销售员	本科	无	2008年05月15日	44142119770811XX9X	13652808***	62270033*********	男	050316	14	08
17	黄银嘟	销售部	销售员	研究生	无	2008年05月16日	44142119830201XX2X	13806092***	62270033*********	女	050317	14	02
18	雷冬子	生产车间	提炼工段	本科	无	2008年04月15日	61010119750216XX1X	13982516***	62270033*********	男	061018	14	02
19	周首锋	生产车间	质量检测	研究生	初级	2008年04月15日	11010219790403XX5X	13951327***	62270033*********	男	061219	14	04
20	王美桃	生产车间	质量检测	研究生	中级	2011年01月04日	42020519771228XX2X	13099512***	62270033*********	女	061220	12	12

图 2-20　通过身份证号码提取生日月份

Step6 利用“&”运算符自动生成职工代码（假定职工代码编码规则为“部门代码+岗位代码+序号”的 6 位数字）。在 L3 单元格中输入公式“=VLOOKUP(C3,企业信息!A:B,2,0)&VLOOKUP(D3,企业信息!D:E,2,0)&A3"，按 Enter 键。利用函数 VLOOKUP 查找 C3 单元格在"企业信息"工作表中对应的部门代码，加上 D3 单元格在"企业信息"工作表中对应的岗位代码，再加上 A3 单元格中的数字，组成 6 位数的职工代码，如图 2-21 所示。

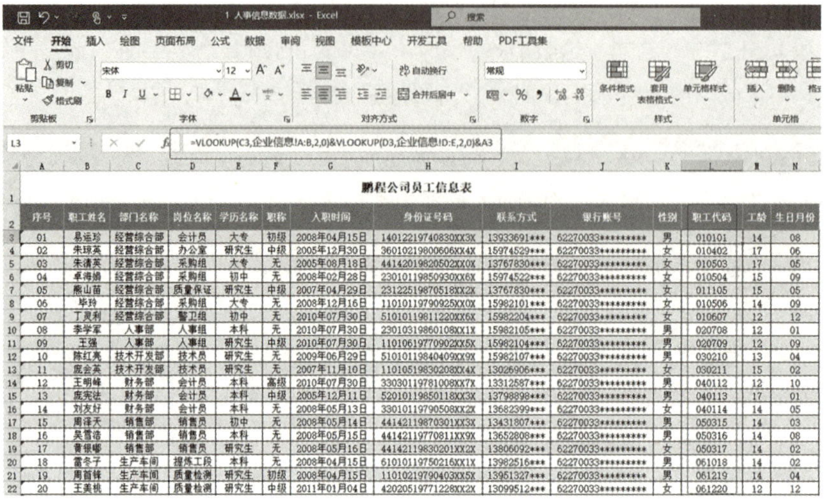

图 2-21　设置职工代码

Step7　利用函数计算从入职至今的工龄（本书后文图表中如无特别说明，工龄的单位均为"年"），作为工资表中工龄工资分档的计算基础。在 M3 单元格中输入公式"=DATEDIF(G3,TODAY(),"Y")"，按 Enter 键，在 M 列可显示工龄数值，如图 2-22 所示。

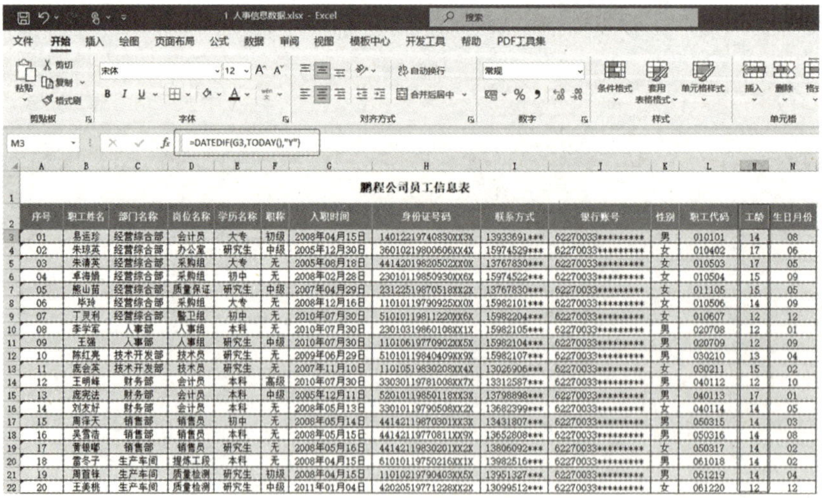

图 2-22　设置工龄

通过以上操作，就完成了"员工信息"工作表的数据输入与函数数据提取，效果如图 2-23 所示。

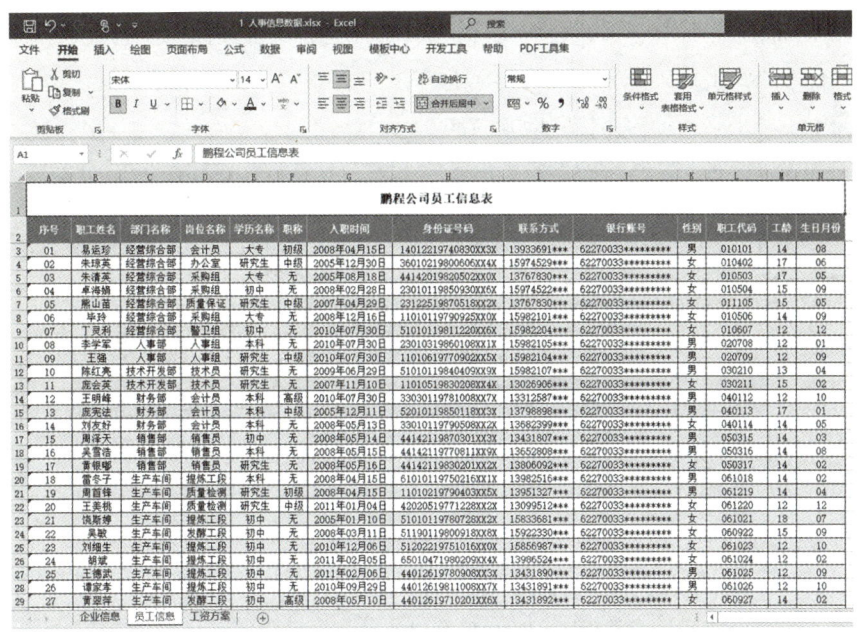

图 2-23 完成"员工信息"工作表的数据输入与函数数据提取

（3）编制工资方案。每个企业的工资方案都各不相同，下面根据鹏程公司的薪酬管理制度对工资构成、标准（如月工资标准、住房公积金缴存标准、工龄工资标准、全勤奖和生日奖金标准，以及迟到、事假、病假扣款标准等）的要求，为工资表提供计算依据。

Step1 确定月工资标准，如图 2-24 所示。

鹏程公司岗位工资与住房公积金缴存标准表

岗位代码	岗位名称	基本工资	岗位工资	基本绩效	保健津贴	通信补贴	月工资小计
01	会计员	2000	2000	2000		100	6100
02	技术员	2000	2000	2000		100	6100
03	销售员	2000	2000	500		100	4600
04	办公室	2000	2000	2000		100	6100
05	采购组	2000	2000	2000		500	6500
06	警卫组	2000	1500	1000		100	4600
07	人事组	2000	2000	2000		100	6100
08	成品工段	1500	1500	1500	100	100	4700
09	发酵工段	1500	1500	1500	100	100	4700
10	提炼工段	1500	1500	1500	100	100	4700
11	质量保证	2000	2000	2000	100	100	6200
12	质量检测	2000	2000	2000	100	100	6200

图 2-24 确定月工资标准

Step2 确定住房公积金缴存标准。鹏程公司所在城市的住房公积金缴存政策为：单位及个人的住房公积金缴存比例为 5%～12%，具体缴存比例由单位和个人自行选择，缴存比例取 1% 的整数倍。每年 7—12 月为调整期，调整基数为上一年度员工个人月平均工资，新参加工作的员工从参加工作的第二个月开始缴存住房公积金，以其参加工作的第二个月工资作为缴存基数。缴存基数不低于当地最低工资标准（现行标准为 2 300 元），不高于当地统计部门公布的 2022 年全市在岗职工月平均工资的 3 倍，即 33 786 元。

在本任务中，将员工的月工资作为住房公积金的缴存基数，缴存标准如图 2-25 所示。

图 2-25　确定住房公积金缴存标准

> 住房公积金个人缴存额以元为单位，四舍五入取整数，可用函数"缴存金额=ROUND(缴存基数×缴存比例,0)"计算。

Step3　确定工龄工资标准。鹏程公司员工工龄工资的设定标准为：在本公司连续工作满一年的员工，每月工龄工资为 50 元；在本公司连续工作满两年的员工，每月工龄工资为 100 元，之后在本公司工作每增加一年，每月工龄工资相应增加 50 元。工龄标准如图 2-26 所示。

Step4　确定扣款标准。根据鹏程公司的管理办法，分别对迟到、旷工、事假、病假等情况实施扣款标准，如图 2-27 所示。

Step5　确定全勤奖和生日奖金标准。根据鹏程公司的管理办法，对于出勤为全勤的及当月生日的，给予奖励，标准如图 2-28 所示。

工龄	工龄工资
0年	0
1年	50
2年	100
3年	150
4年	200
……	……

情况	扣款金额
	200元/次
	500元/天
	100元/天
	50元/天

全勤奖	生日奖金
200元/月	100元/人

图 2-26　确定工龄标准　　图 2-27　确定扣款标准　　图 2-28　确定全勤奖和生日奖金标准

2. 编制“员工加班缺勤汇总表”

出勤表仅反映员工的出勤情况。在实际工作中，出勤数据一般由人事部门提供，加班数据由业务部门提供，第一手的出勤和加班数据不能被直接引用到工资表中，必须将各部门的数据转化为工资数据后，才可导入工资表。接下来将编制“员工加班缺勤汇总表”，计算员工出勤工资和加班工资。在此，结合企业计算标准得出员工加班及缺勤情况的数据。

Step1 在“员工薪酬数据”工作簿中，新增一个工作表，命名为“加班缺勤汇总表”。

Step2 在“加班缺勤汇总表”工作表中输入字段“职工代码”“岗位代码”“职工姓名”“平日加班天数”“周六日加班天数”“法定休假日加班天数”“月工资小计”“加班费小计”“迟到次数”“旷工天数”“事假天数”“病假天数”“扣缺勤工资小计”，如图 2-29 所示。

《中华人民共和国劳动法》对加班费的规定为：①安排劳动者延长工作时间的，支付不低于工资的 150%的工资报酬；②休息日安排劳动者工作又不能安排补休的，支付不低于工资的 200%的工资报酬；③法定休假日安排劳动者工作的，支付不低于工资的 300%的工资报酬。

上述各项加班工资的计算公式分别如下。

平日加班工资=月工资基数÷21.75 天×150%×加班天数

休息日加班工资=月工资基数÷21.75 天×200%×加班天数

法定休假日加班工资=月工资基数÷21.75 天×300%×加班天数

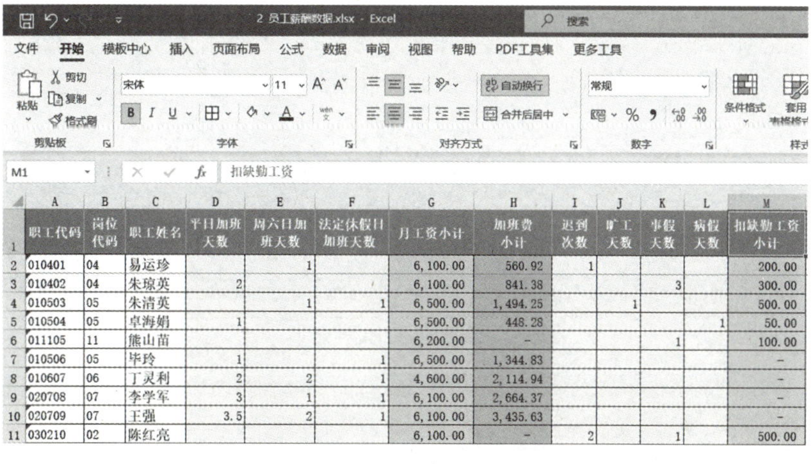

职工代码	岗位代码	职工姓名	平日加班天数	周六日加班天数	法定休假日加班天数	月工资小计	加班费小计	迟到次数	旷工天数	事假天数	病假天数	扣缺勤工资小计
010401	04	易运珍		1		6,100.00	560.92	1				200.00
010402	04	朱琼英	2			6,100.00	841.38			3		300.00
010503	05	朱清英		1	1	6,500.00	1,494.25		1			500.00
010504	05	卓海娟	1			6,500.00	448.28				1	50.00
011105	11	熊山苗				6,200.00	-			1		100.00
010506	05	毕玲	1		1	6,500.00	1,344.83					-
010607	06	丁灵利	2	2	1	4,600.00	2,114.94					-
020708	07	李学军	3	1	1	6,100.00	2,664.37					-
020709	07	王强	3.5	2	1	6,100.00	3,435.63					-
030210	02	陈红亮				6,100.00	-	2		1		500.00

图 2-29　在“加班缺勤汇总表”工作表中输入相关字段

Step3 根据出勤表数据，将平日加班天数、周六日加班天数、法定休假日加班天数、迟到次数、旷工天数、事假天数、病假天数等数据输入“加班缺勤汇总表”工作表中，计算出当月加班费小计和扣缺勤工资小计，在 H2、M2 单元格分别输入以下公式：

=ROUND($G2/21.75*1.5*D2+$G2/21.75*2*E2+$G2/21.75*3*F2,2)

=ROUND(I2*200+J2*500+K2*100+L2*50,2)

返回结果分别如图 2-30 和图 2-31 所示。

在计算工资时，特别是涉及乘法、除法，利用四舍五入函数（ROUND）对数值取值时，一般保留两位小数，从而使数值的显示精度一致，如图 2-30 所示。

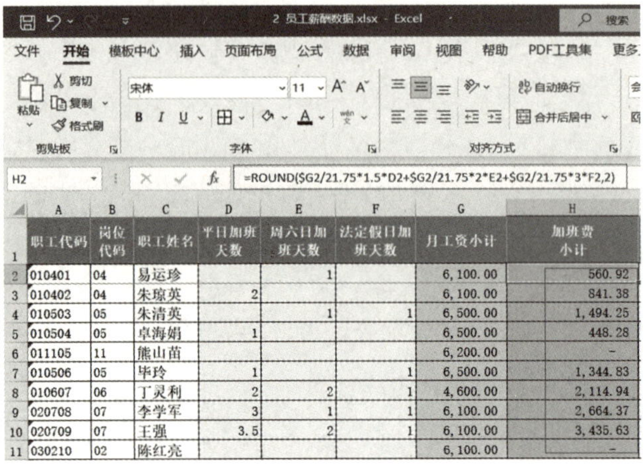

职工代码	岗位代码	职工姓名	平日加班天数	周六日加班天数	法定假日加班天数	月工资小计	加班费小计
010401	04	易运珍		1		6, 100. 00	560. 92
010402	04	朱琼英	2			6, 100. 00	841. 38
010503	05	朱清英		1	1	6, 500. 00	1, 494. 25
010504	05	卓海娟	1			6, 500. 00	448. 28
011105	11	熊山苗				6, 200. 00	-
010506	05	毕玲	1		1	6, 500. 00	1, 344. 83
010607	06	丁灵利	2	2	1	4, 600. 00	2, 114. 94
020708	07	李学军	3	1	1	6, 100. 00	2, 664. 37
020709	07	王强	3. 5	2	1	6, 100. 00	3, 435. 63
030210	02	陈红亮				6, 100. 00	-

图 2-30　计算加班费小计

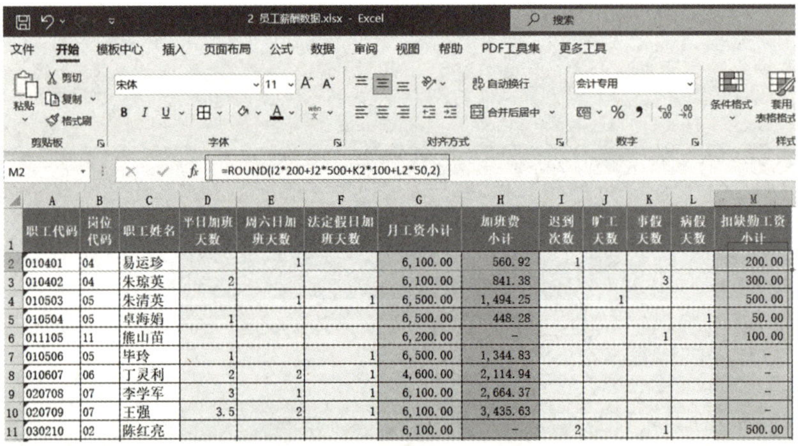

职工代码	岗位代码	职工姓名	平日加班天数	周六日加班天数	法定假日加班天数	月工资小计	加班费小计	迟到次数	旷工天数	事假天数	病假天数	扣缺勤工资小计
010401	04	易运珍		1		6, 100. 00	560. 92	1				200. 00
010402	04	朱琼英	2			6, 100. 00	841. 38			3		300. 00
010503	05	朱清英		1	1	6, 500. 00	1, 494. 25		1			500. 00
010504	05	卓海娟	1			6, 500. 00	448. 28				1	50. 00
011105	11	熊山苗				6, 200. 00	-			1		100. 00
010506	05	毕玲	1		1	6, 500. 00	1, 344. 83					-
010607	06	丁灵利	2	2	1	4, 600. 00	2, 114. 94					-
020708	07	李学军	3	1	1	6, 100. 00	2, 664. 37					-
020709	07	王强	3. 5	2	1	6, 100. 00	3, 435. 63					-
030210	02	陈红亮				6, 100. 00	-	2		1		500. 00

图 2-31　计算缺勤工资小计

任务二　编制工资表和工资汇总表

一、任务情境

小肖利用 Excel 2021 编制了鹏程公司的“企业信息”“员工信息”“工资方案”“员工出勤表”“加班缺勤汇总表”工作表。月末了，小肖需要设计工资核算表格，编制员工“工资表”工作表，以便根据员工的出勤等情况计算和发放员工工资。

任务效果及关键知识点如图 2-32 所示。

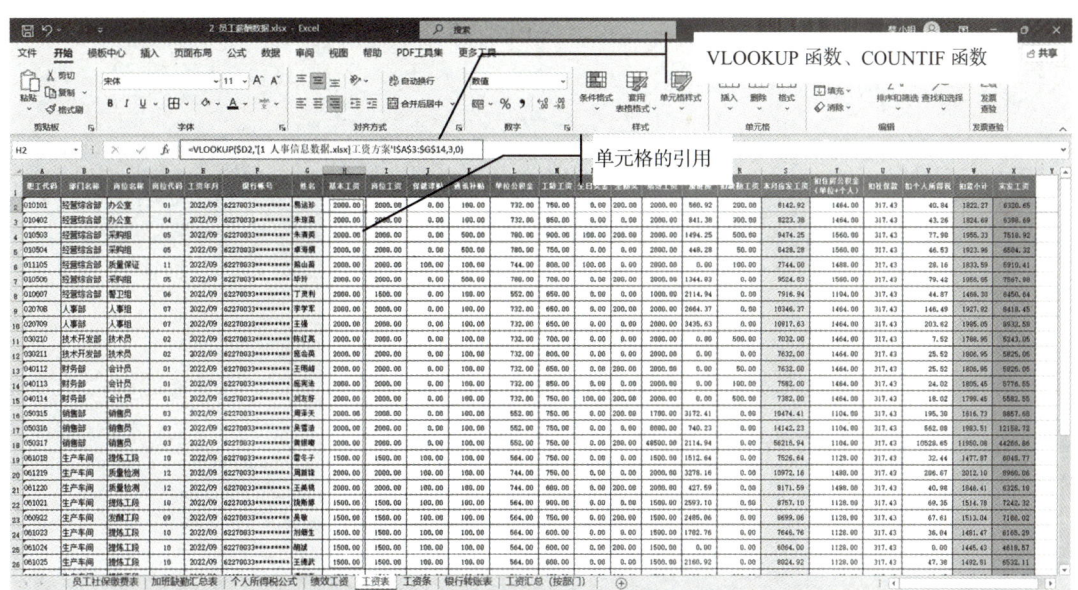

图 2-32　项目二之任务二的任务效果及关键知识点

二、任务知识

1. 单元格的引用方式

单元格和单元格区域引用的作用在于标识工作表中的单元格或单元格区域，并指明公式中所使用的数据地址。一般情况下，单元格的引用分为相对引用、绝对引用和混合引用 3 种。

（1）相对引用。相对引用是相对于公式单元格位于某一位置处的单元格引用。在相对引用中，当复制相对引用公式时，被粘贴的公式中的引用将被更新，并指向与当前公式位置相对应的其他单元格，如图 2-33 所示。

（2）绝对引用。绝对引用是指将公式复制或移动到新位置后，公式中的单元格地址保持不变。使用绝对引用时，引用单元格的列标和行号之前分别加入了符号"$"。如果在复制公式时不希望引用的地址发生改变，则应使用绝对引用，如图 2-34 所示。

（3）混合引用。混合引用是指在一个单元格地址引用中，既有绝对引用，又有相对引用。如果所在单元格的位置改变，则绝对引用不变，相对引用改变，如图 2-35 所示。

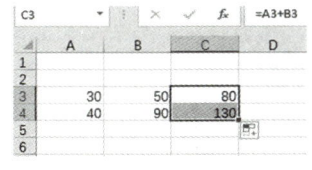
图 2-33　相对引用

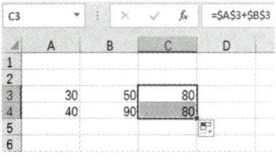
图 2-34　绝对引用

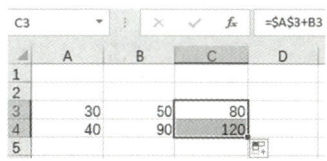
图 2-35　混合引用

操作技巧

　　按 F4 键可以在相对引用与绝对引用之间切换，如在单元格中输入公式"=A1"，第 1 次按 F4 键，公式变为"=$A$1"；第 2 次按 F4 键，公式变为"=A$1"；第 3 次按 F4 键，公式变为"=$A1"；第 4 次按 F4 键，公式变为"A1"。

2．社保缴费标准和个人所得税税率

　　为了保障劳动者的利益，按照国家规定，用人单位和个人需要承担一定比例的社会保险基金（以下简称"社保"）和住房公积金。同时，个人月收入超出规定的金额后，还应依法缴纳一定数额的个人所得税。这些数据主要由用人单位人力资源部门负责处理。

　　（1）社保缴费标准。社保通常包含养老保险、医疗保险、失业保险、工伤保险、生育保险。按照国家规定，用人单位和个人各承担一定比例的社保费用，其中个人只需承担养老保险、医疗保险和失业保险 3 个险种的个人部分，生育保险和工伤保险费用由单位承担。社保缴纳一般以上一年度个人工资收入为缴费基数，员工工资收入高于当地上一年度员工平均工资 300%的，以当地上一年度员工平均工资的 300%作为缴费基数；员工工资收入低于当地上一年度员工平均工资 60%的，以当地上一年度员工平均工资的 60%作为缴费基数；员工工资为上一年度员工平均工资 60%～300%的，按实申报；员工工资收入无法确定时，以当地劳动行政部门公布的当地上一年度员工平均工资为缴费基数。缴费比例各地有所不同，下面的任务实施中的缴费比例以某市社保缴费比例为标准。

　　（2）个人所得税税率。按照税法的相关规定，个人取得收入，需要按一定标准缴纳个人所得税，目前实施的工资薪金税率标准为 7 级累进税率表。

三、任务实施

1．运用 VLOOKUP 函数编制绩效工资

　　大多数公司都会设置绩效工资或业绩奖金。业绩奖金会采取级距制，以此提高业务人员的积极性。业绩越高，可获得的奖金比例也越高。鹏程公司销售人员的业绩奖金计算标准如图 2-36 所示。

M	N	O	P	Q	R
业绩奖金计算标准					
业绩级距	50000以下	50000～100000	100000～200000	200000～300000	300000以上
参考值	0	50000	100000	200000	300000
奖金比例	0	2%	5%	8%	12%

图 2-36　鹏程公司销售人员的业绩奖金计算标准

Step1　启动 Excel 2021，创建一个名为"员工薪酬数据"的工作簿，然后将工作表 Sheet1 重命名为"绩效工资"。

Step2 在"绩效工资"工作表的第一行创建相应的字段："职工代码""部门名称""岗位名称""岗位代码""年月""姓名""基本绩效""单月业绩额""奖金比例""业绩奖金""绩效工资",如图 2-37 所示。

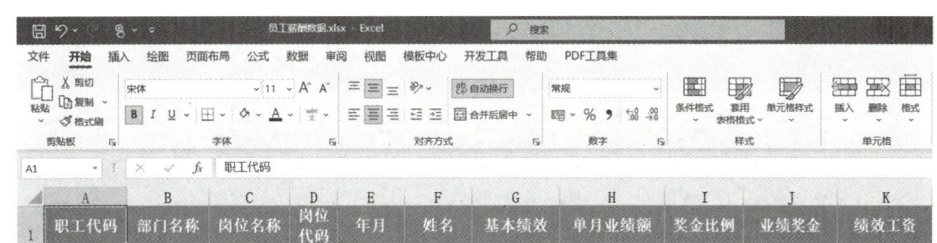

图 2-37 设置"绩效工资"工作表中的字段

Step3 从"员工信息"工作表中复制相关数据到"绩效工资"工作表的相应字段中,输入相应的公式,效果如图 2-38 所示。相关公式如下。

① 在 G2 单元格("基本绩效"字段)输入公式"=VLOOKUP(D2,[人事信息数据.xlsx]工资方案!$A$3:$E $14,5,0)"。

② 在 I2 单元格("奖金比例"字段)输入公式"=HLOOKUP(H2,$N$3:$R$4,2)"。

③ 在 J2 单元格("业绩奖金"字段)输入公式"=ROUND(H2*I2,2)"。

④ 在 K2 单元格("绩效工资"字段)输入公式"=G2+J2"。

	A	B	C	D	E	F	G	H	I	J	K
1	职工代码	部门名称	岗位名称	岗位代码	年月	姓名	基本绩效	单月业绩额	奖金比例	业绩奖金	绩效工资
2	050315	销售部	销售员	03	2022/09	周泽天	500.00	60,000.00	2%	1,200.00	1,700.00
3	050316	销售部	销售员	03	2022/09	吴雪浩	500.00	150,000.00	5%	7,500.00	8,000.00
4	050317	销售部	销售员	03	2022/09	黄银嘟	500.00	400,000.00	12%	48,000.00	48,500.00
5	010101	经营综合部	办公室	01	2022/09	易运珍	2,000.00	–	0%		2,000.00
6	010402	经营综合部	办公室	04	2022/09	朱琼英	2,000.00	–	0%		2,000.00
7	010503	经营综合部	采购组	05	2022/09	朱清英	2,000.00	–	0%		2,000.00
8	010504	经营综合部	采购组	05	2022/09	卓海娟	2,000.00	–	0%		2,000.00
9	010506	经营综合部	采购组	05	2022/09	毕玲	2,000.00	–	0%		2,000.00
10	010607	经营综合部	警卫组	06	2022/09	丁灵利	1,000.00	–	0%		1,000.00
11	011105	经营综合部	质量保证	11	2022/09	熊山苗	2,000.00	–	0%		2,000.00
12	020708	人事部	人事组	07	2022/09	李学军	2,000.00	–	0%		2,000.00
13	020709	人事部	人事组	07	2022/09	王强	2,000.00	–	0%		2,000.00
14	030210	技术开发部	技术员	02	2022/09	陈红亮	2,000.00	–	0%		2,000.00

图 2-38 在"绩效工资"工作表中输入相应公式后的效果

2. 运用 IF 函数编制工资表

工资表又称工资结算表,是按部门编制的,每月一张,一般情况下包括基本信息、应发数据、代扣款数据、实发数据四大部分。

Step1 在"员工薪酬数据"工作簿中,新增 "工资表"工作表。

Step2 在"工资表"工作表的第一行创建相应的字段。基本信息字段有"职工代码""部门名称""岗位名称""岗位代码""工资年月""银行账号""职工姓名"；应发数据字段有"基本工资""岗位工资""保健津贴""通信补贴""单位公积金""工龄工资""生日奖金""全勤奖""绩效工资""加班费""扣缺勤工资""本月应发工资"；代扣款数据字段有"扣住房公积金（单位+个人）""扣社保款""扣个人所得税""扣款小计"；实发数据字段有"实发工资"，如图 2-39 所示。

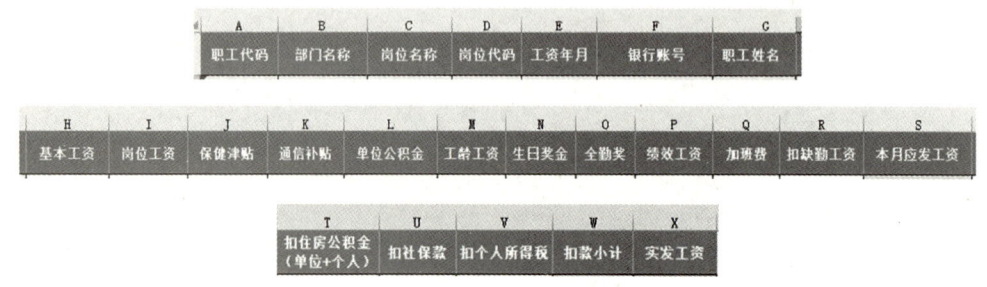

图 2-39 在"工资表"工作表中输入相关字段

Step3 在工作表中输入基本数据。

从"人事信息数据"工作簿中的"员工信息"工作表中复制"职工代码""部门名称""岗位名称""银行账号""职工姓名"字段的数据到"工资表"工作表中。

利用 VLOOKUP 函数将分散在各个工作表中的数据引用到"工资表"工作表中，并且保证数据一一对应，不能出现错位。分别在以下单元格输入以下公式。

① 在 H2 单元格（"基本工资"字段）输入公式"=VLOOKUP($D2,[人事信息数据.xlsx]工资方案!$A$3:$G$14,3,0)"。

② 在 I2 单元格（"岗位工资"字段）输入公式"=VLOOKUP($D2,[人事信息数据.xlsx]工资方案!$A$3:$G$14,4,0)"。

③ 在 J2 单元格（"保健津贴"字段）输入公式"=VLOOKUP($D2,[人事信息数据.xlsx]工资方案!$A$3:$G$14,6,0)"。

④ 在 K2 单元格（"通信补贴"字段）输入公式"=VLOOKUP($D2,[人事信息数据.xlsx]工资方案!$A$3:$G$14,7,0)"。

⑤ 在 L2 单元格（"单位公积金"字段）输入公式"=VLOOKUP($D2,[人事信息数据.xlsx]工资方案!$A$3:$J$14,10,0)"。

⑥ 在 M2 单元格（"工龄工资"字段）输入公式"=VLOOKUP(A2,[人事信息数据.xlsx]员工信息!$L$3:$M$39,2,0)*50+50"。

⑦ 在 N2 单元格（"生日奖金"字段）输入公式"=IF(VLOOKUP(A2,[人事信息数据.xlsx]员工信息!$L$3:$N$39,3,0)=RIGHT(E2,2),100,0)"。

⑧ 在 O2 单元格（"全勤奖"字段）输入公式"=IF(VLOOKUP(A2,[员工出勤信息.xlsx]出勤表!$A$6:$AP$15,42,0)="全",200,0)"。

⑨ 在 P2 单元格（"绩效工资"字段）输入公式"=VLOOKUP($A2,绩效工资!A:K,11,0)"。

⑩ 在 Q2 单元格（“加班费”字段）输入公式“=VLOOKUP(A2,[员工出勤信息.xlsx]加班缺勤汇总表!$A$2:$H$38,8,0)”。

⑪ 在 R2 单元格（“扣缺勤工资”字段）输入公式“=VLOOKUP(A2,[员工出勤信息.xlsx]加班缺勤汇总表!$A$2:$M$38,13,0)”。

以上工资的项目组成根据用人单位的具体情况设定，工资项目的顺序也根据用人单位的要求设定（建议变动小的排前面，变动大的排后面）。

Step4 计算本月应发工资。在 S2 单元格（“本月应发工资”字段）输入公式“=SUM(H2:Q2)–R2”。

特别提醒：扣缺勤工资应放入应发数据部分，勿与其他扣款一起放入代扣款数据部分，以免影响应发工资、住房公积金缴费基数的准确性。

Step5 计算扣款项目。扣款项目主要涉及住房公积金（单位+个人）、社保款、个人所得税、单位代扣款项（如房租、水费、电费等）。用人单位根据实际扣款项目，可自行增减项目，在相应的单元格输入以下公式。

① 在 T2 单元格【“扣住房公积金（单位+个人）”字段】输入公式“=L2*2”。

② 在 U2 单元格（“扣社保款”字段）输入公式“=VLOOKUP($G2,员工社保缴费表!$A$9:$X$45,24,0)”。

说明：社保缴费表由用人单位的人力资源部提供。人力资源部通过社保缴费系统直接输入员工工资信息，系统会自动生成相关数据。

③ 在 V2 单元格（“扣个人所得税”字段）输入公式“=ROUND(MAX((S2-5000-T2-U2)*{0.03,0.1,0.2,0.25,0.3,0.35,0.45}-{0,210,1410,2660,4410,7160,15160},0),2)”。

借助个人所得税税率表，在 Excel 工作表中设定个人所得税计算公式，如图 2-40 所示。

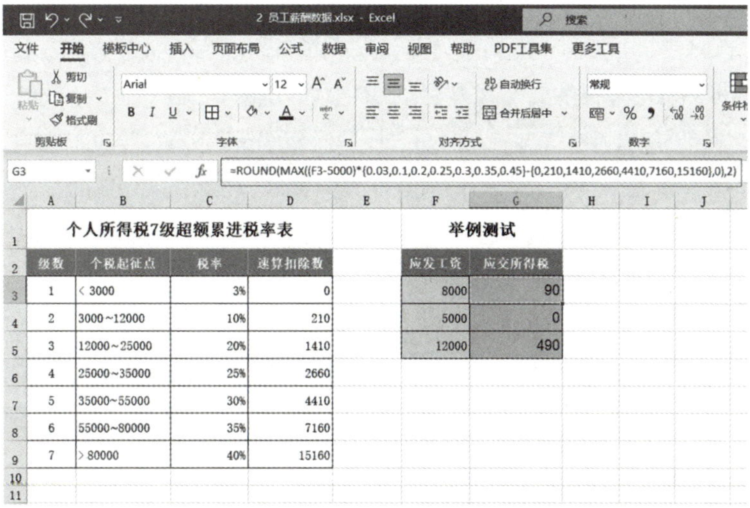

级数	个税起征点	税率	速算扣除数
1	< 3000	3%	0
2	3000~12000	10%	210
3	12000~25000	20%	1410
4	25000~35000	25%	2660
5	35000~55000	30%	4410
6	55000~80000	35%	7160
7	> 80000	40%	15160

应发工资	应交所得税
8000	90
5000	0
12000	490

图 2-40　设定个人所得税计算公式

④ 在 W2 单元格（“扣款小计”字段）输入公式“=SUM(T2:V2)”。

关于个人所得税计算中的速算扣除数

速算扣除数是采用超额累进税率计税时，简化计算应纳税额的一个数据。采用速算扣除数计算超额累进税率的所得税时，计税公式为：

应纳税额=应纳税所得额×适用税率−速算扣除数

速算扣除数的计算公式为：

本级速算扣除额=上一级最高所得额×（本级税率−上一级税率）+上一级速算扣除数

Step6　计算实发工资。在 X2 单元格（"实发工资"字段）输入公式"=S2−W2"。

3. 运用 COUNTIF 函数、SUMIFS 函数，按部门汇总员工工资数据

按部门汇总员工工资数据，可以查看每个部门工资项的汇总数据，特别是财务部在做成本计算时，可以使用这部分统计数据。要实现这一功能，可使用 SUMIFS 函数。

Step1　在"员工薪酬数据"工作簿中新增"工资汇总（按部门）"工作表。

Step2　从"工资表"工作表中复制相关字段到"工资汇总（按部门）"工作表，设置好编辑区域的文字格式、边框和底纹等，如图 2-41 所示。

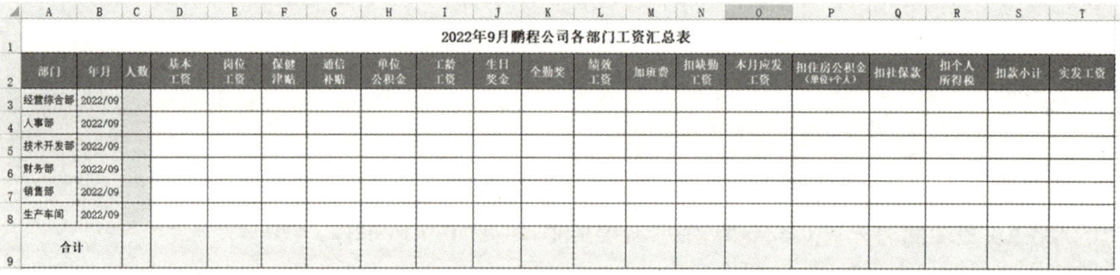

图 2-41　设置各部门工资汇总表

Step3　统计经营综合部的人数。在 C3 单元格中输入公式"=COUNTIF(工资表!B:B,A3)"，按 Enter 键，即可计算出经营综合部的人数，如图 2-42 所示。

Step4　统计经营综合部的基本工资。在 D3 单元格中输入公式"=SUMIFS(工资表!H:H,工资表!$B:$B,$A3)"，按 Enter 键，即可计算出经营综合部的基本工资，如图 2-43 所示。

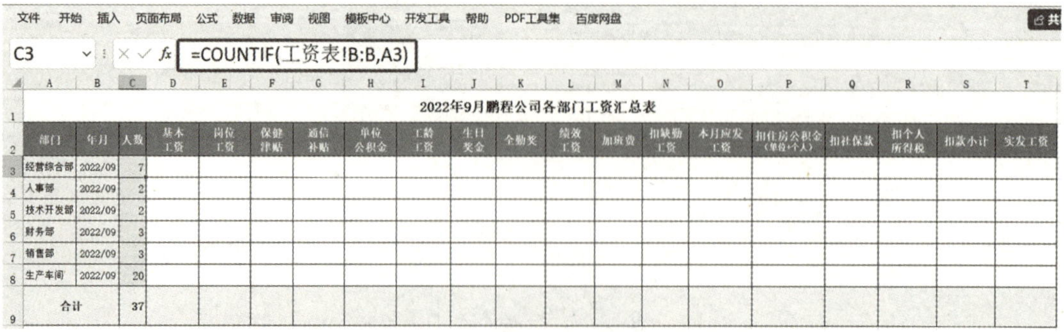

图 2-42　统计经营综合部的人数

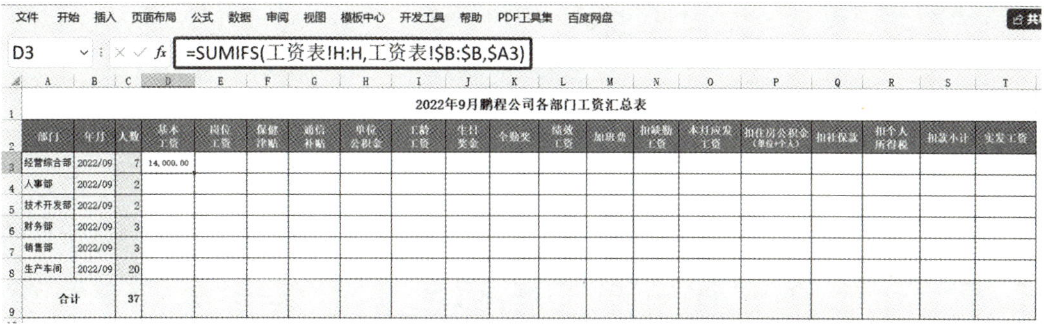

文件 开始 插入 页面布局 公式 数据 审阅 视图 模板中心 开发工具 帮助 PDF工具集 百度网盘

D3　=SUMIFS(工资表!H:H,工资表!$B:$B,$A3)

2022年9月鹏程公司各部门工资汇总表

部门	年月	人数	基本工资	岗位工资	保健津贴	通信补贴	单位公积金	工龄工资	生日奖金	全勤奖	绩效工资	加班费	扣缺勤工资	本月应发工资	扣住房公积金（单位+个人）	扣社保款	扣个人所得税	扣款小计	实发工资
经营综合部	2022/09	7	14,000.00																
人事部	2022/09	2																	
技术开发部	2022/09	2																	
财务部	2022/09	3																	
销售部	2022/09	3																	
生产车间	2022/09	20																	
合计		37																	

图 2-43　统计经营综合部的基本工资

Step5　填充经营综合部的各项汇总值及各部门的各项汇总值。选中 D3 单元格，将光标定位到 D3 单元格右下角。待光标的形状变成“+”时，按住鼠标左键向右拖动至 T3 单元格，释放鼠标，得出经营综合部的各项汇总值。

选中 D3:T3 单元格区域，将光标定位到 T3 单元格右下角。待光标的形状变成“+”时，按住鼠标左键向右拖动至 T8 单元格，释放鼠标，得出各部门的各项汇总值，如图 2-44 所示。

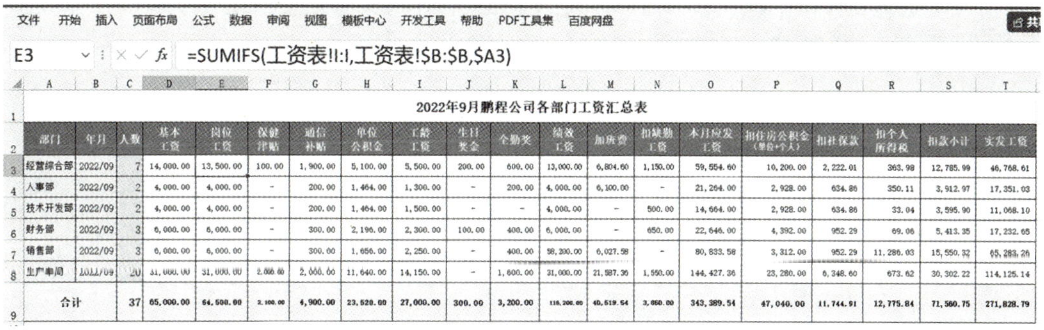

文件 开始 插入 页面布局 公式 数据 审阅 视图 模板中心 开发工具 帮助 PDF工具集 百度网盘

E3　=SUMIFS(工资表!I:I,工资表!$B:$B,$A3)

2022年9月鹏程公司各部门工资汇总表

部门	年月	人数	基本工资	岗位工资	保健津贴	通信补贴	单位公积金	工龄工资	生日奖金	全勤奖	绩效工资	加班费	扣缺勤工资	本月应发工资	扣住房公积金（单位+个人）	扣社保款	扣个人所得税	扣款小计	实发工资
经营综合部	2022/09	7	14,000.00	13,500.00	100.00	1,900.00	5,100.00	5,500.00	200.00	600.00	13,000.00	6,804.60	1,150.00	59,554.60	10,200.00	2,222.01	363.98	12,785.99	46,768.61
人事部	2022/09	2	4,000.00	4,000.00	-	200.00	1,464.00	1,300.00	-	200.00	4,000.00	6,100.00	-	21,264.00	2,928.00	634.86	350.11	3,912.97	17,351.03
技术开发部	2022/09	2	4,000.00	4,000.00	-	200.00	1,464.00	1,500.00	-	-	4,000.00	-	500.00	14,664.00	2,928.00	634.86	33.04	3,595.90	11,068.10
财务部	2022/09	3	6,000.00	6,000.00	-	300.00	2,196.00	2,300.00	100.00	400.00	6,000.00	-	650.00	22,646.00	4,392.00	952.29	69.06	5,413.35	17,232.65
销售部	2022/09	3	6,000.00	6,000.00	-	300.00	1,656.00	2,250.00	-	400.00	58,200.00	6,027.58	-	80,833.58	3,312.00	952.29	11,286.03	15,550.32	65,283.26
生产车间	2022/09	20	31,000.00	31,000.00	2,000.00	2,000.00	11,640.00	14,150.00	-	1,600.00	31,000.00	21,587.36	1,550.00	144,427.36	23,280.00	6,348.60	673.62	30,302.22	114,125.14
合计		37	65,000.00	64,500.00	2,100.00	4,900.00	23,520.00	27,000.00	300.00	3,200.00	116,200.00	40,519.54	3,850.00	343,389.54	47,040.00	11,744.91	12,775.84	71,560.75	271,828.79

图 2-44　统计各部门的各项汇总值

4．运用排序功能编制工资条

通常情况下，汇总员工工资数据后，生成工资条是一项必要的工作。工资条随着工资一起发给员工个人，便于员工详细地了解当月应发工资明细与应扣工资明细。接下来将运用排序功能来实现工资条的生成。

Step1　在“员工薪酬数据”工作簿中新增一个工作表，命名为“工资条”。

Step2　将“工资表”工作表中的第 2~38 行（A2:X38 单元格区域）的数据复制到“工资条”工作表中。

Step3　选中“工资表”工作表中的第一行（标题行），右击，在弹出的下拉菜单中选择【复制】命令。然后在“工资条”工作表中选中第 1~37 行数据，右击，在弹出的下拉菜单中选择【插入复制的单元格】命令，标题被批量复制 37 行。

Step4　新增辅助列。选中 A 列，右击，在弹出的下拉菜单中选择【插入】命令，在 A 列添加序号，为标题行输入序号 1~37，为数据行输入序号 1~37，如图 2-45 所示。

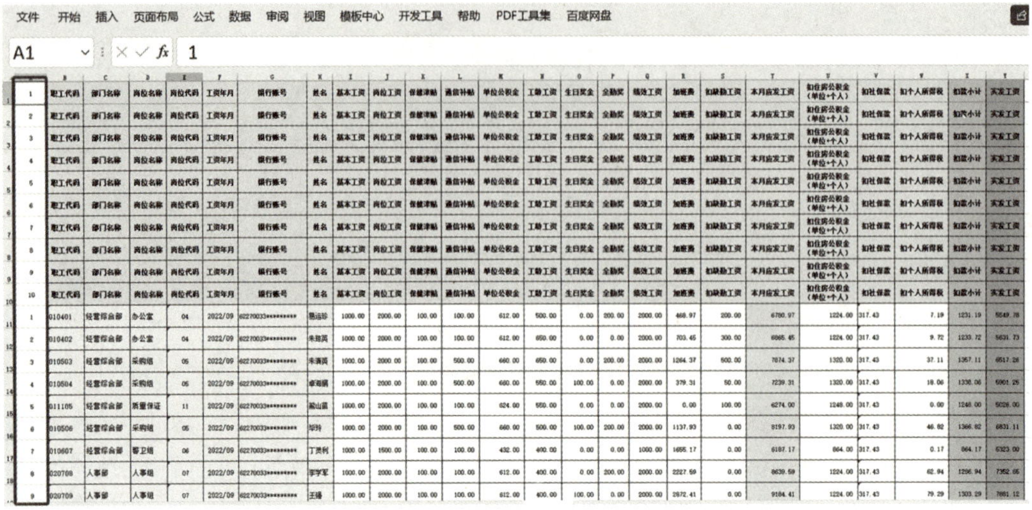

图 2-45 在"工资条"工作表添加辅助列和序号

Step5 单击【数据】选项卡，在【排序和筛选】组单击【排序】按钮，打开【排序】对话框。在【主要关键字】下拉列表中选择【列 A】选项，单击【确定】按钮。然后将 A 列删除，最后对表格进行优化。这样，就得出了所有员工的工资条，如图 2-46 所示。

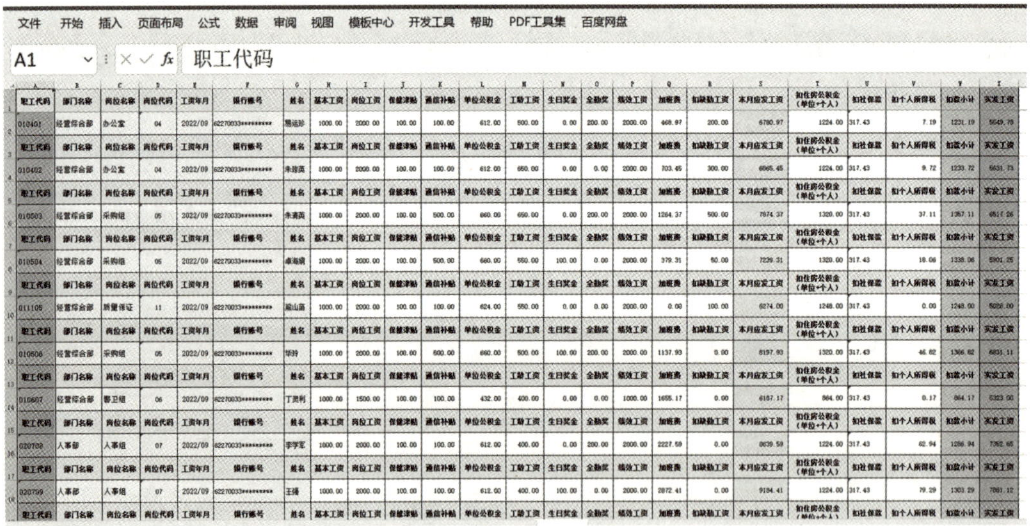

图 2-46 编制所有员工工资条

5. 运用 OFFSET 函数编制银行转账表

参考编制工资条的方式，根据各家银行代发工资格式，直接得出银行要求的字段、格式数据。

Step1 在"员工薪酬数据"工作簿中新增一个工作表，命名为"银行转账表"。

Step2 输入银行转账字段"银行账号""姓名""实发工资"。输入以下公式。

① 在 A2 单元格输入公式"=OFFSET(工资表!F$1, ROW()-1,)"。

② 在 B2 单元格输入公式"=OFFSET(工资表!G$1, ROW()-1,)"。

③ 在 C2 单元格输入公式"=OFFSET(工资表!X$1, ROW()-1,)"。

按 Enter 键，得出各字段对应的数据，选中 A2:C2 单元格区域，将光标定位到 C3 单元格的右下角。待光标的形状变成"+"时，按住鼠标左键向右、向下拖至出现"0"后，数据显示完毕，可将显示为 0 的部分删除，得出所有员工的数据，如图 2-47 所示。

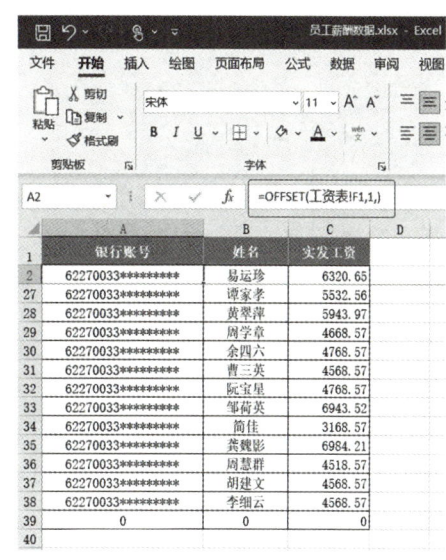

图 2-47 编制"银行转账表"工作表

任务三 拓展应用——数据有效性

一、"下拉选项"工作表设置

数据有效性作为 Excel 的一种数据处理工具，可以防止在单元格中输入无效数据，或者强制从指定的下拉列表中选择输入。在数据有效性学习中，先根据下拉列表中选项的多样性来选择简单式手工输入或框选式选择区域进行操作，以下分别介绍这两种操作。

Step1 在项目二"素材表"文件夹中打开"数据有效性"工作簿，在"下拉选项"工作表中选中 E2 单元格，单击【数据】选项卡，在【数据工具】组单击【数据验证】按钮，打开【数据验证】对话框。单击该对话框中的【设置】选项卡，在【验证条件】选区的【允许】下拉列表中选择【序列】选项，在【来源】文本框中输入"男,女"，单击【确定】按钮，如图 2-48 所示。

Step2 在项目二"素材表"文件夹中打开"数据有效性"工作簿，在"下拉选项"工作表中选中 E2 单元格，单击【数据】选项卡，在【数据工具】组单击【数据验证】按钮，打开【数据验证】对话框。单击该对话框中的【设置】选项卡，在【验证条件】选区的【允许】下拉列表中选择【序列】选项，在【来源】文本框中单击空白处，然后在"下拉列表"工作表中选中 B2:B20 单元格区域，【来源】文本框中将显示所选单元格区域，最后单击【确定】按钮，如图 2-49 所示。

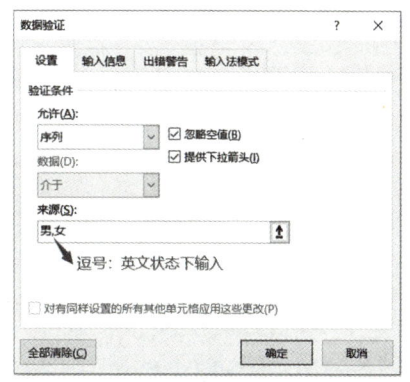

图 2-48 简单式手工输入

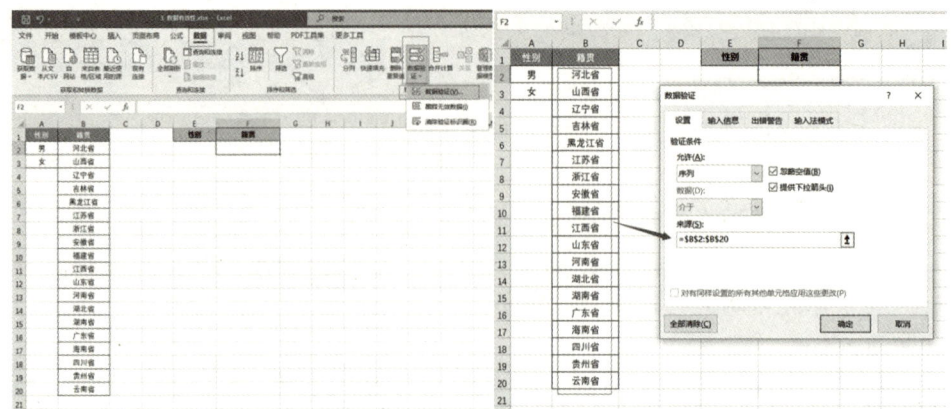

图 2-49　框选式选择区域

二、限制重复输入数据

在项目二"素材表"文件夹中打开"数据有效性"工作簿，在"限制重复内容的输入"工作表中选中 A 列，然后单击【数据】选项卡，在【数据工具】组单击【数据验证】按钮，打开【数据验证】对话框。单击该对话框中的【设置】选项卡，在【验证条件】选区的【允许】下拉列表中选择【自定义】选项，在【公式】文本框中输入公式"=COUNTIF(A:A,A1)=1"（此公式的意思是判断 A 列中 A1 的个数是否为 1，而且只允许出现 1 个），单击【确定】按钮。当 A 列中的数据第二次出现时，系统会自动弹出【Microsoft Excel】对话框进行提醒，这样可以限制重复输入数据。具体操作如图 2-50 和图 2-51 所示。

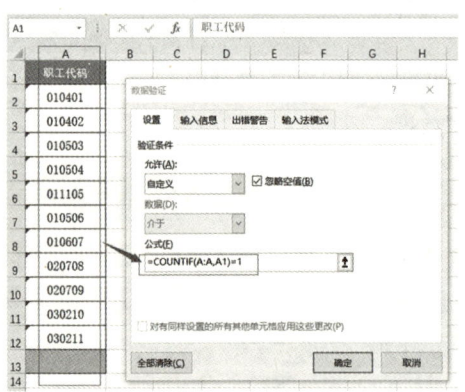
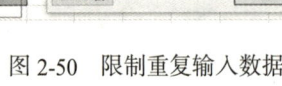

图 2-50　限制重复输入数据

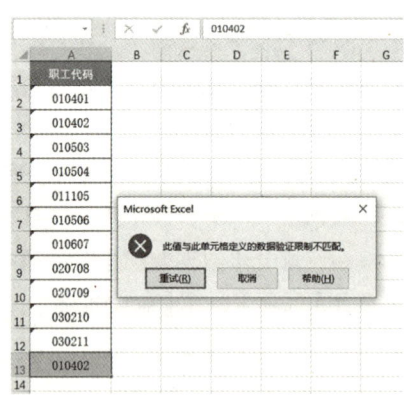

图 2-51　出错警告 1

三、保证数据的完整性（一行数据输入完后才能输入下一行）

在项目二"素材表"文件夹中打开"数据有效性"工作簿，在"保证数据的完整性"工作表中选中 A1:E3 单元格区域，然后单击【数据】选项卡，在【数据工具】组单击【数据验证】按钮，打开【数据验证】对话框。单击该对话框中的【设置】选项卡，在【验证条件】选区的【允许】下拉列表中选择【自定义】选项，在【公式】文本框中输入公式"=COUNTA($A1:$E3)=5"（此公式的意思是所选单元格为非空值，表中共5列，非空值为5，"$"表示绝对引用），单击【确定】按钮。当E2单元格中的数据漏输时，系统会自动弹出【Microsoft Excel】对话框进行警告，此时不能进行下一行数据的输入，如此可确保数据的完整性。具体操作如图2-52和2-53所示。

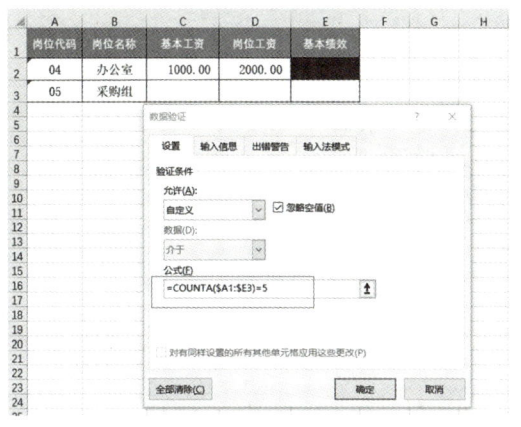

图 2-52　保证数据的完整性

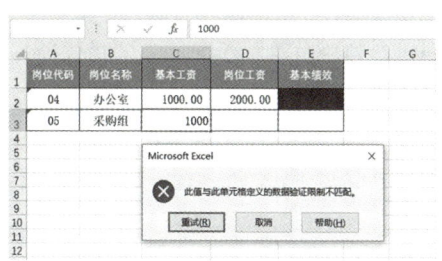

图 2-53　出错警告 2

四、借贷方只能输入一个

在项目二"素材表"文件夹中打开"数据有效性"工作簿，在"借贷方限制"工作表中选中 D2:E3 单元格区域，然后单击【数据】选项卡，在【数据工具】组单击【数据验证】按钮，打开【数据验证】对话框。单击该对话框中的【设置】选项卡，在【验证条件】选区的【允许】下拉列表中选择【自定义】选项，在【公式】文本框中输入公式"=COUNTA($D2:$E3)=1"（此公式的意思是 D、E 两列只能有一列填入数值，非空值等于 1），单击【确定】按钮。当在 D2 单元格中输入数值后，如果再在 E2 单元格中输入数值，系统会自动弹出【Microsoft Excel】对话框进行提醒。具体操作如图 2-54 和图 2-55 所示。

图 2-54　限制借贷方只能输入一个

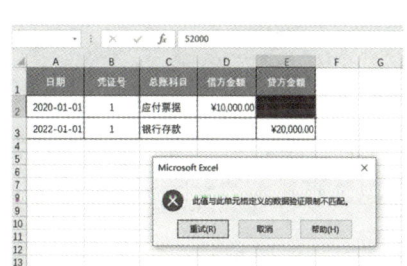

图 2-55　出错警告 3

五、允许输入指定范围的数据

1. 限定数据范围

在项目二"素材表"文件夹中打开"数据有效性"工作簿，在"允许输入指定范围"工作表中选中 D 列，然后单击【数据】选项卡，在【数据工具】组单击【数据验证】按钮，打开【数据验证】对话框。单击【设置】选项卡，在【验证条件】选区的【允许】下拉列表中选择【整数】选项，在【最小值】文本框中输入"1"，在【最大值】文本框中输入"100"。单击【数据验证】对话框中的【出错警告】选项卡，在【标题】文本框中输入"语文成绩"，在【错误信息】文本框中输入"数据输入有误，请检查。"最后单击【确定】按钮。在数值有范围限定的情况下，可通过此种设定提高数据输入的正确性。具体操作如图 2-56 ~ 图 2-58 所示。

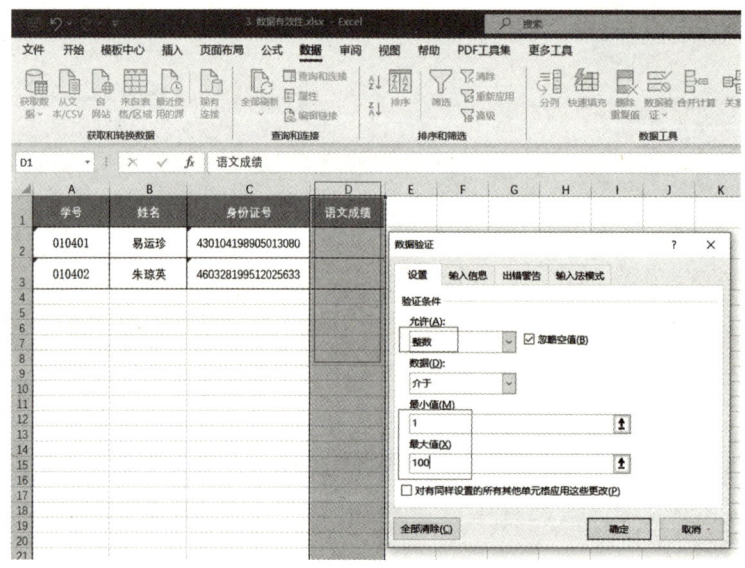

图 2-56　限制数据的输入范围

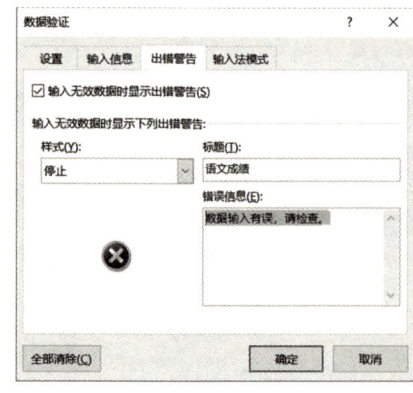

图 2-57　设定出错警告 1

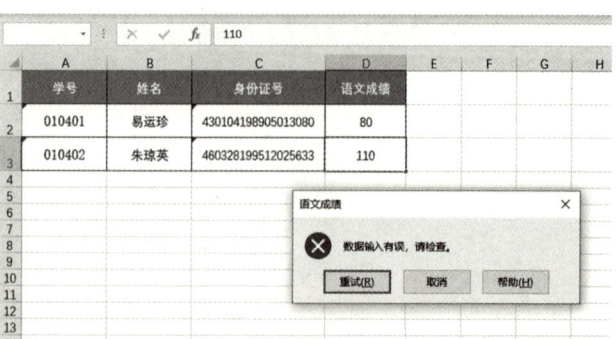

图 2-58　出错警告 4

2. 只允许输入数字

在项目二"素材表"文件夹中打开"数据有效性"工作簿，在"只允许输入数字"工作表中选择 C 列，然后单击【数据】选项卡，在【数据工具】组单击【数据验证】按钮，打开【数据验证】对话框。单击该对话框中的【设置】选项卡，在【验证条件】选区的【允许】下拉列表中选择【自定义】选项，在【公式】文本框中输入公式"=ISNUMBER(C1)=TRUE"（此公式的意思是所选的 C 列只允许输入数字）。单击【数据验证】对话框中的【出错警告】选项卡，在【标题】文本框中输入"数量"，在【错误信息】文本框中输入"数据输入不符合规则，请检查。"然后单击【确定】按钮，当 C 列输入非数字时，系统会自动弹出【Microsoft Excel】对话框进行提醒。在日常工作中，特别是在处理纯数字的表格时，如果操作人员不小心按到一些字母键或空格键，会导致数据出错，而此方法可大大提高字段数据的一致性，并具有检验功能。具体操作如图 2-59~图 2-61 所示。

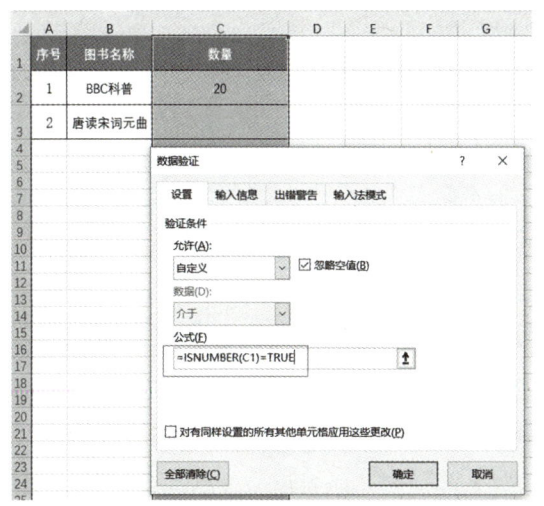

图 2-59　限制只允许输入数字

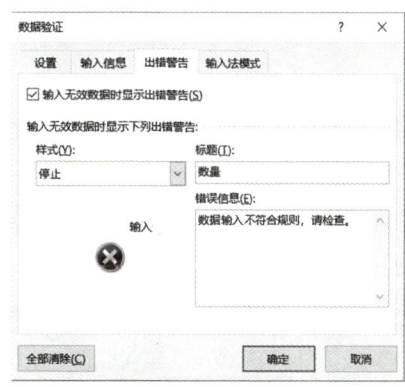

图 2-60　设定出错警告 2

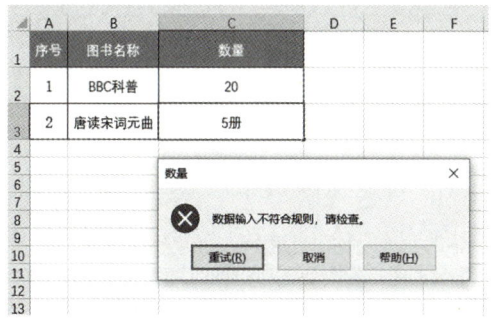

图 2-61　出错警告 5

3. 强制序时输入

在项目二"素材表"文件夹中打开"数据有效性"工作簿，在"强制序时录入"工作表中选中 C 列，然后单击【数据】选项卡，在【数据工具】组单击【数据验证】按钮，打开【数据验证】对话框。单击该对话框中的【设置】选项卡，在【验证条件】选区的【允许】下拉列表中选择【日期】选项，在【数据】下拉列表中选择【大于或等于】选项，在【开始日期】文本框中输入公式 "=max($C1:C$1)"（此公式的意思是 C 列中输入的日期必须大于或等于已有的日期才能通过）。单击【数据验证】对话框中的【出错警告】选项卡，在【标题】文本框中输入 "入库日期"，在【错误信息】文本框中输入 "输入日期必须小于或等于上一笔记录，请检查。" 然后单击【确定】按钮。此方法可运用到有序时要求的数据中，可限制不允许补录单据的项目。具体操作如图 2-62 和图 2-63 所示。

特别提醒：在强制序时输入时，首先要判断已记录的数据最大值是哪个，只有这样，输入时系统才能自动比较大小。

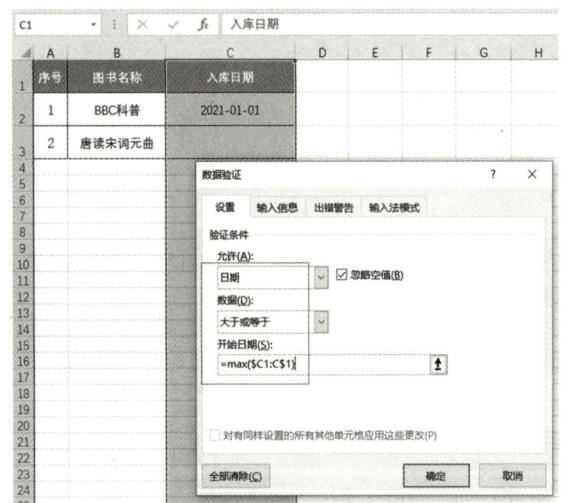

图 2-62　强制序时输入

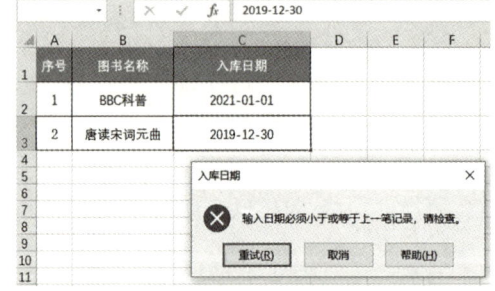

图 2-63　出错警告 6

六、身份证长度验证

前面介绍了身份证号码的编码规则，接下来通过函数解决两个问题：①身份证位数的验证；②身份证号码中的日期合法性验证。

在项目二 "素材表" 文件夹中打开 "数据有效性" 工作簿，在 "身份证长度验证" 工作表中选择 A 列，然后单击【数据】选项卡，在【数据工具】组单击【数据验证】按钮，打开【数据验证】对话框。单击该对话框中的【设置】选项卡，在【验证条件】选区的【允许】下拉列表中选择【自定义】选项，在【公式】文本框中输入公式 "=AND(OR(LEN(A2)=15,LEN(A2)=18),1* TEXT((LEN(A2)=15)*19&MID(A2,7,6+(LEN(A2)=18)*2),"#-00-00"))"，单击【确定】按钮。具体操作如图 2-64 和图 2-65 所示。

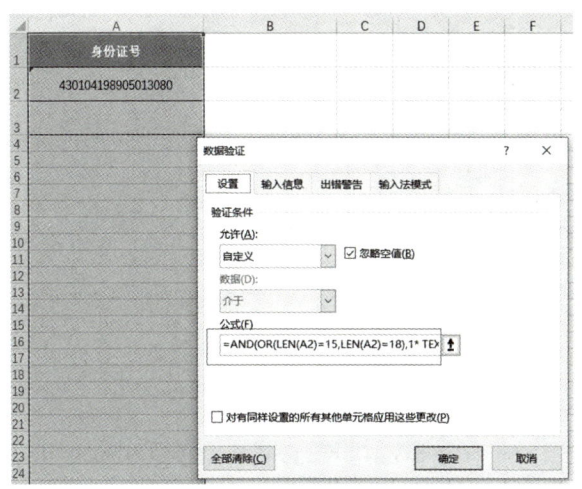

图 2-64　身份证号长度验证

图 2-65　出错警告 7

公式判定身份证位数是否满足 15 位或 18 位，再验证身份证号中的出生日期，判定它的格式是否满足日期格式，如不符合要求，系统会自动弹出【Microsoft Excel】对话框进行提醒，此检验功能可减少身份证输入错误。

素养修习

深化企业工资分配改革，推进共同富裕

劳动是价值创造的源泉，合理有序的企业工资收入分配是激发劳动价值创造的动力之源，也是平衡资本和劳动的分配关系、实现社会公平正义的基础。深化企业工资收入分配改革，是增加低收入群体收入、扩大中等收入群体规模、实现收入分配结构由当前的"金字塔型"向"橄榄型"转变的关键，是推进全体人民共同富裕的必由之路。

总体来看，经过几十年的改革实践，适应社会主义市场经济体制运行要求的企业工资收入分配体系初步建立。居民收入有了大幅增长，但仍然存在发展不充分、发展不平衡、调控体系尚待完善等问题。这些问题已经成为制约我国居民收入持续增长的突出障碍，也不利于经济社会的高质量发展。工资收入分配的底色和成色直接影响人民群众的获得感、幸福感和安全感。深化工资收入分配改革，更好地激发劳动者的积极性、主动性、创造性，促进劳动生产率的提高，不断把"蛋糕"做得更大，同时有效优化收入分配格局，增进分配公平，合理提高劳动报酬占比，切实增进人民福祉，是推进共同富裕、建立双循环新发展格局的重要抓手。

"十四五"规划纲要明确提出，"十四五"时期，我国居民人均可支配收入增长要与国内生产总值增长基本同步，分配结构要明显改善；要健全工资合理增长和支付保障机制，完善最低工资标准和工资指导线形成机制，积极推行工资集体协商制度。

推进共同富裕是一项系统工程，深化工资分配改革是其中最重要、最基础、最根本的环节

之一。深化企业工资收入分配改革，要以习近平新时代中国特色社会主义思想为指导，以促进共同富裕为根本遵循，坚持以人民为中心、以劳动者为本，坚持人民性、科学性相统一，从政治和战略的高度做好顶层设计，加强调查研究和跟踪评估，不断完善工作机制和政策体系，切实发挥工资分配改革助力共同富裕的作用。

资料来源：聂生奎，刘军胜. 以深化企业工资分配改革推进共同富裕[J]. 中国党政干部论坛，2022（05）：69-73.

岗位能力测评

打开项目二"素材表"文件夹中的"个人所得税练习"工作簿，完成个人所得税的计算，效果如图 2-66 所示。

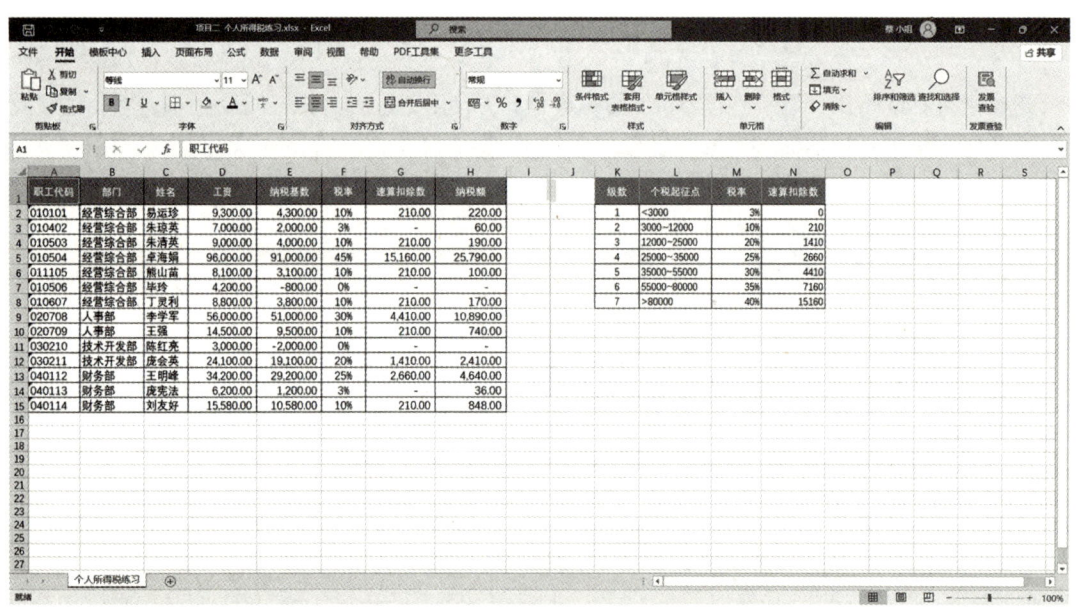

图 2-66　个人所得税实训作业效果

项目三
账务处理

知识学习目标：

- 掌握分列、冻结表头功能的使用方法。
- 掌握 SUMIF 函数的使用方法。
- 掌握定位条件的方法和规则。
- 掌握资产负债表的编制方法。
- 掌握利润表的编制方法。

技能训练目标：

- 能编制凭证明细查询表。
- 能编制科目汇总表。
- 能编制资产负债表。
- 能编制利润表。

素养修习目标：

- 引导学生坚持守正创新，主动担当作为。
- 培养学生责任意识、规则意识和敬业精神。

工作任务：

- 任务一：整理凭证明细查询表。
- 任务二：编制科目汇总表。
- 任务三：编制资产负债表。
- 任务四：编制利润表。
- 任务五：拓展应用——条件格式。

任务一　整理凭证明细查询表

一、任务情境

由于旧财务系统导出的数据不规范，不利于进一步分析操作，财务经理王总交给小肖一项任务——整理凭证明细查询表。小肖需要从财务软件中导出科目明细表（见项目三"素材表"文件夹），再将相关数据导入 Excel 中，并按凭证明细表格式调整好。

任务效果及关键知识点如图 3-1 所示。

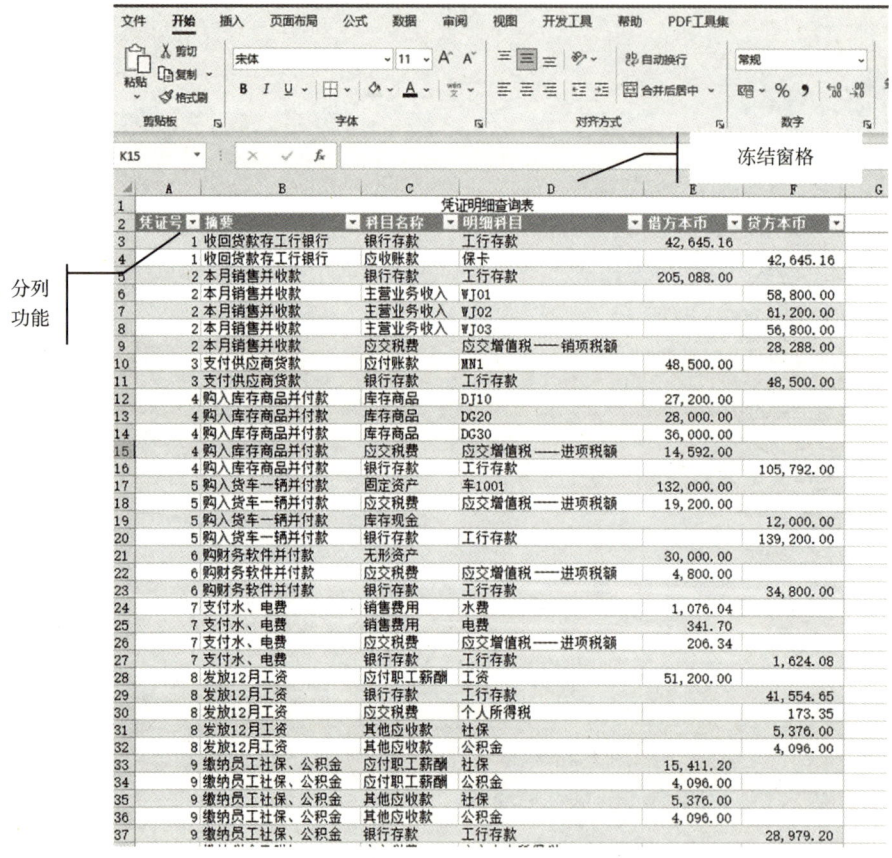

图 3-1　项目三之任务一的任务效果及关键知识点

二、任务知识

1. 分列功能

在整理数据时，经常需要使用分列功能，使用该功能可以提取数据、转换数据类型、规范数据等。下面是对分列功能的操作介绍。

Step1　选择要分的列或区域，然后单击【数据】选项卡，在【数据工具】组单击【分列】按钮，打开【文本分列向导-第 1 步，共 3 步】对话框，如图 3-2 和图 3-3 所示。

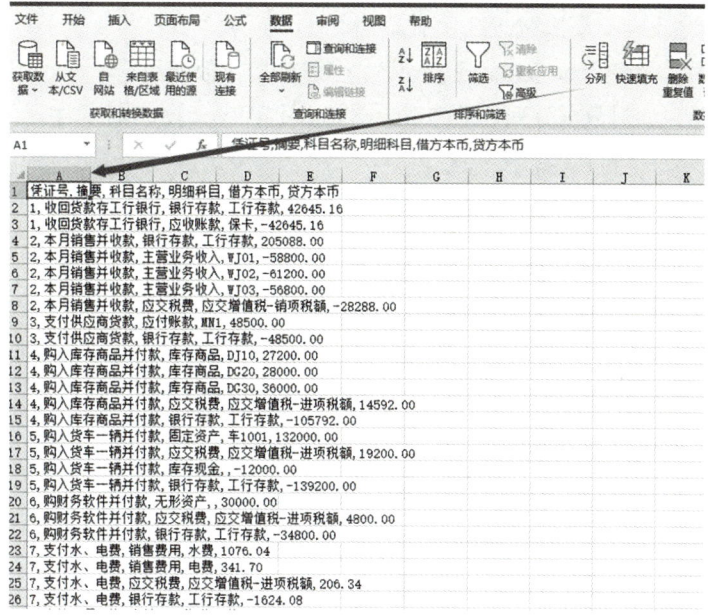

图 3-2　调用分列功能

注意：分列一次只能对一列进行操作。选择分列时，可以按照特定等号或固定宽度进行操作。两者的区别如下。

（1）分隔符号：如果分列的数据中有特殊符号，一般选择使用分隔符号，如 Tab 键、分号（；）、逗号（，）、空格等。如有其他特殊符号，可以勾选【其他】复选框，在该复选框后的文本框中输入该符号。

（2）固定宽度：如果想让分列的数据有固定宽度，或者数据部分是固定宽度，可以使用固定宽度。

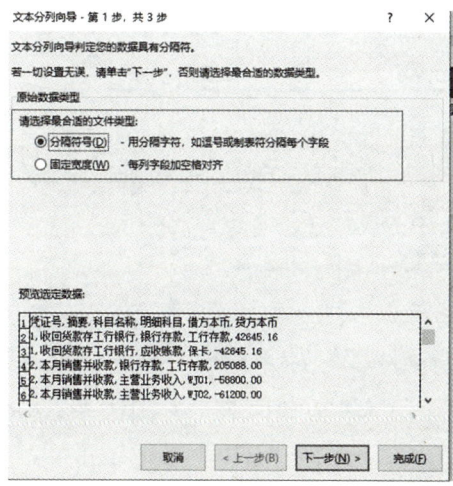

图 3-3　【文本分列向导-第 1 步，共 3 步】对话框

Step2 单击【下一步】按钮，打开【文本分列向导-第 2 步，共 3 步】对话框。在该对话框中的【分隔符号】选区勾选【Tab 键】【逗号】复选框，【数据预览】选区会展示数据预览效果，如图 3-4 所示。如对数据分列效果满意，则单击【下一步】按钮。

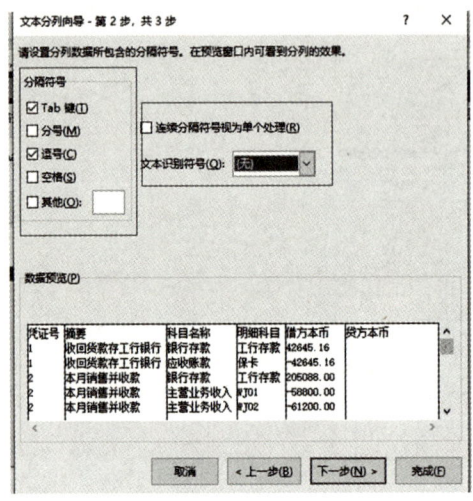

图 3-4 【文本分列向导-第 2 步，共 3 步】对话框

Step3 打开【文本分列向导-第 3 步，共 3 步】对话框，可以对各列的数据格式进行规范，默认为常规格式。然后选择数据有效的目标区域，单击【完成】按钮，完成数据分列，如图 3-5 和图 3-6 所示。

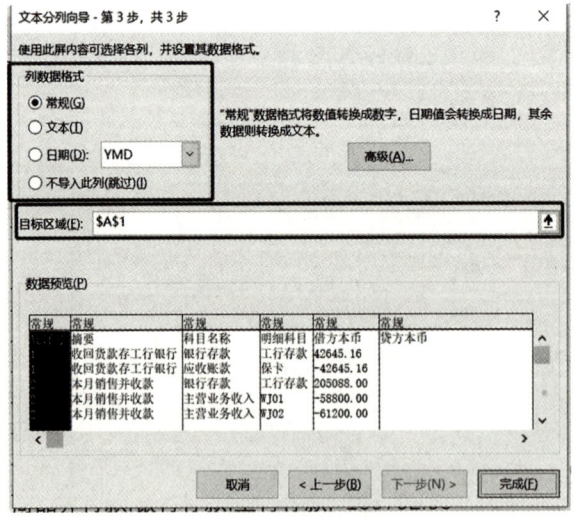

图 3-5 【文本分列向导-第 3 步，共 3 步】对话框

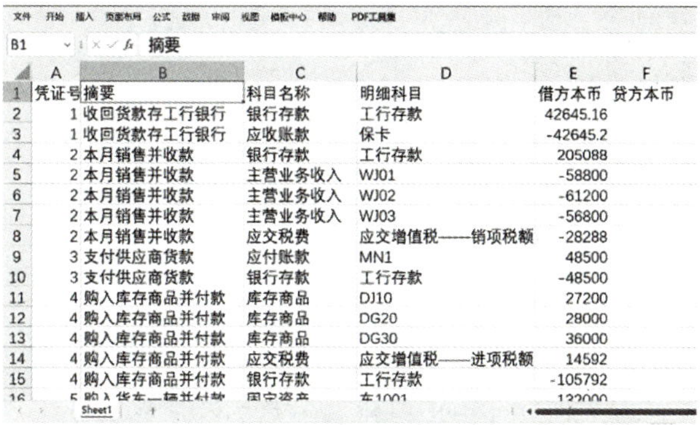

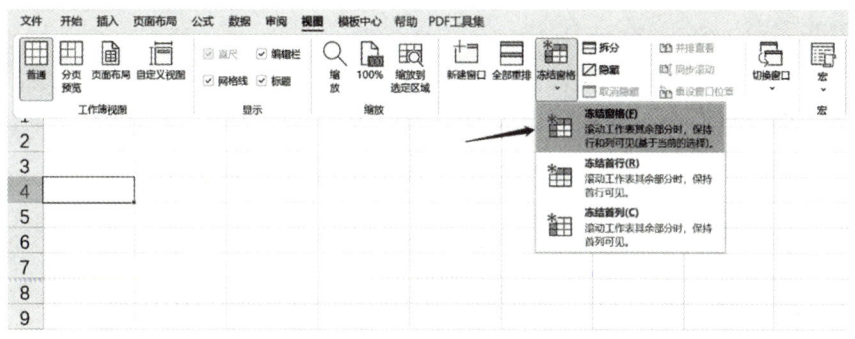

图 3-6 数据分列后效果

【列数据格式】选区有如下 4 个单选按钮。

（1）【常规】单选按钮：常规格式为不包含特定格式的数据格式，一般而言就是输入什么样的数据，就显示什么样的数据。

（2）【文本】单选按钮：文本包括文字、字母、数字和符号等，当把单元格格式设置为文本时，输入的内容与显示的内容完全一致，但不能进行四则运算。每个单元格左上角都有一个绿色的小三角按钮，提示该单元格格式为文本，不能进行四则运算。

（3）【日期】单选按钮：主要用于对日期的设置，可以将日期数据转换成标准格式。

（4）【不导入此列（跳过）】单选按钮：选中该单选按钮后，对应的数据不会被分列显示。

2. 冻结窗格

当 Excel 工作表中列数和行数较多时，一旦向下滚屏，工作表中的标题行就被遮挡了，导致处理数据时往往难以分清各列数据对应的标题，调用冻结窗格功能可以很好地解决这一问题。

冻结窗格的方法有以下 3 种。

方法一：冻结顶部水平窗格。若需要冻结前 3 行单元格区域，可选中 A4 单元格，单击【视图】选项卡，在【窗口】组单击【冻结窗格】下拉列表中的【冻结窗格】按钮，则在第 4 行单元格区域上方出现冻结窗格线，如图 3-7 和图 3-8 所示。

图 3-7 选中 A4 单元格并调用冻结窗格功能

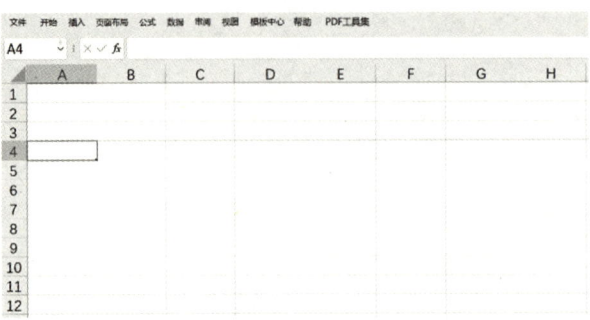

图 3-8　第 4 行单元格区域上方出现冻结窗格线

方法二：冻结左侧垂直窗格。选中 B 列单元格区域，单击【视图】选项卡，在【窗口】组单击【冻结窗格】下拉列表中的"冻结窗格"按钮，则在 B 列单元格区域左侧出现冻结窗格线，如图 3-9 和图 3-10 所示。

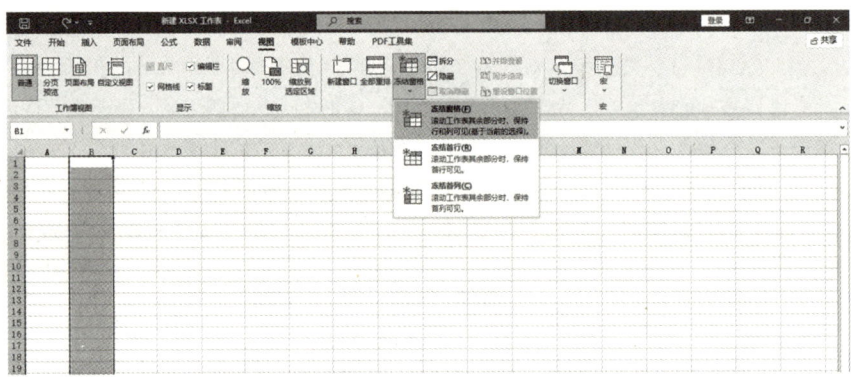

图 3-9　选中 B 列并调用冻结窗格功能

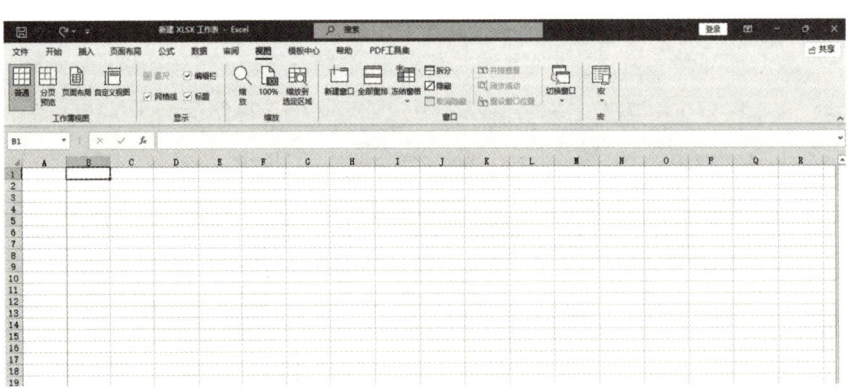

图 3-10　冻结 A 列

方法三：同时冻结顶部水平和左侧垂直窗格。选中 C3 单元格，单击【视图】选项卡，在【窗口】组单击【冻结窗格】下拉列表中的"冻结窗格"按钮。则在 C3 单元格上方与左侧出现冻结窗格线，如图 3-11 和图 3-12 所示。

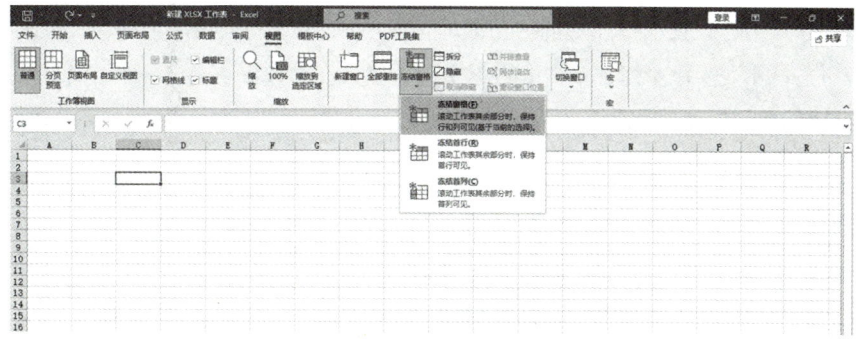

图 3-11　选中 C3 单元格并调用冻结窗格功能

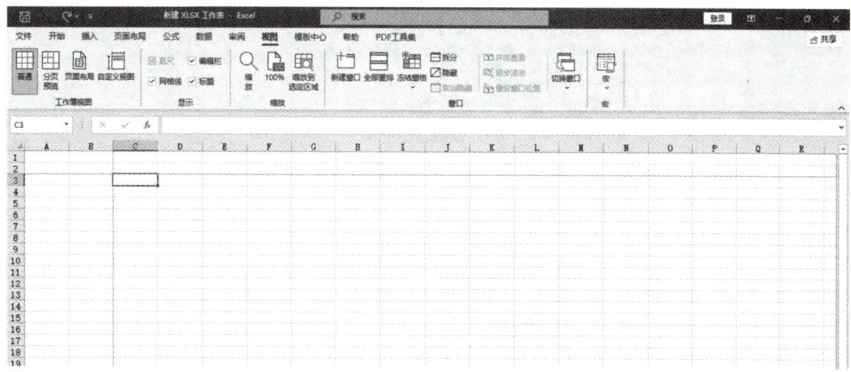

图 3-12　冻结 A、B 列和 1、2 行

三、任务实施

Step1　运行 Excel 2021，创建一个工作簿，将其命名为"账务处理"并保存。将 Sheet1 工作表重命名为"凭证明细查询表"，如图 3-13 所示。

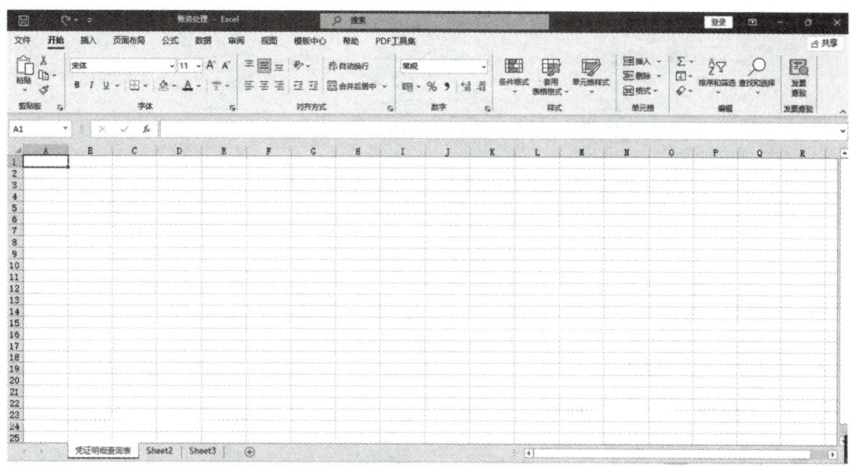

图 3-13　创建"凭证明细查询表"工作表

Step2 打开从财务软件中导出的“记账凭证”txt 文件，将其内容复制到“凭证明细查询表”工作表的 A 列。选中 A 列，单击【数据】选项卡，在【数据工具】组单击【分列】按钮，按照前文讲述的步骤选择“逗号”分隔符号，完成 A 列数据划分的设置，如图 3-14 和图 3-15 所示。

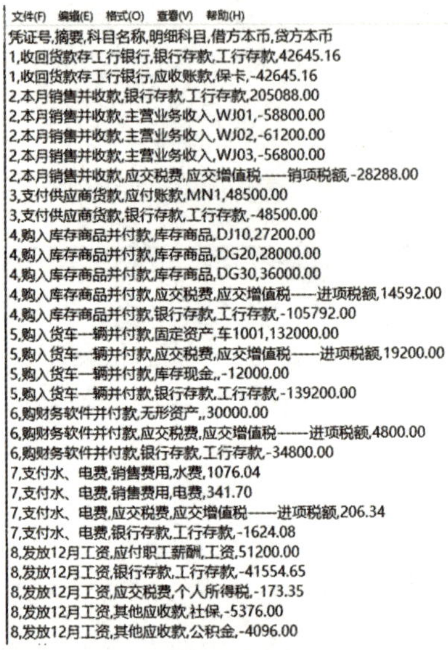

凭证号,摘要,科目名称,明细科目,借方本币,贷方本币
1,收回货款存工行银行,银行存款,工行存款,42645.16
1,收回货款存工行银行,应收账款,保卡,-42645.16
2,本月销售并收款,银行存款,工行存款,205088.00
2,本月销售并收款,主营业务收入,WJ01,-58800.00
2,本月销售并收款,主营业务收入,WJ02,-61200.00
2,本月销售并收款,主营业务收入,WJ03,-56800.00
2,本月销售并收款,应交税费,应交增值税----销项税额,-28288.00
3,支付供应商货款,应付账款,MN1,48500.00
3,支付供应商货款,银行存款,工行存款,-48500.00
4,购入库存商品并付款,库存商品,DJ10,27200.00
4,购入库存商品并付款,库存商品,DG20,28000.00
4,购入库存商品并付款,库存商品,DG30,36000.00
4,购入库存商品并付款,应交税费,应交增值税----进项税额,14592.00
4,购入库存商品并付款,银行存款,工行存款,-105792.00
5,购入货车一辆并付款,固定资产,车1001,132000.00
5,购入货车一辆并付款,应交税费,应交增值税----进项税额,19200.00
5,购入货车一辆并付款,库存现金,,-12000.00
5,购入货车一辆并付款,银行存款,工行存款,-139200.00
6,购财务软件并付款,无形资产,,30000.00
6,购财务软件并付款,应交税费,应交增值税----进项税额,4800.00
6,购财务软件并付款,银行存款,工行存款,-34800.00
7,支付水、电费,销售费用,水费,1076.04
7,支付水、电费,销售费用,电费,341.70
7,支付水、电费,应交税费,应交增值税----进项税额,206.34
7,支付水、电费,银行存款,工行存款,-1624.08
8,发放12月工资,应付职工薪酬,工资,51200.00
8,发放12月工资,银行存款,工行存款,-41554.65
8,发放12月工资,应交税费,个人所得税,-173.35
8,发放12月工资,其他应收款,社保,-5376.00
8,发放12月工资,其他应收款,公积金,-4096.00

图 3-14 将“记账凭证”txt 文件内容复制到“凭证明细查询表”工作表

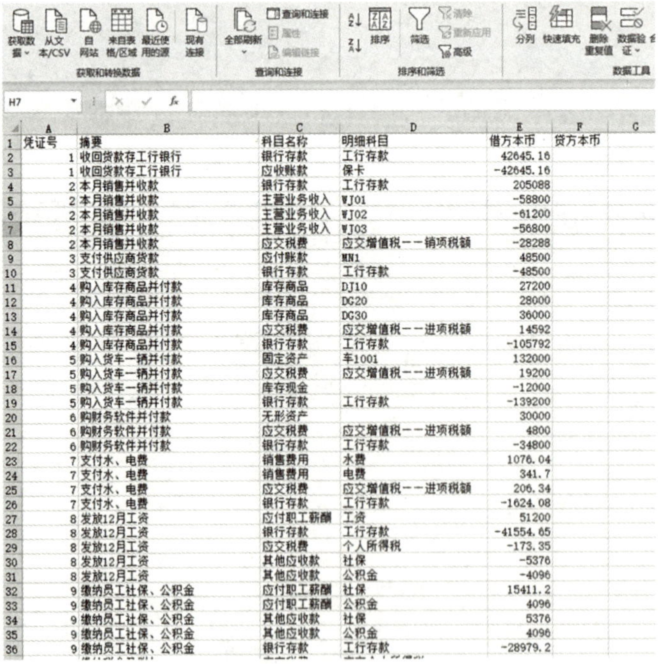

	A	B	C	D	E	F	G
1	凭证号	摘要	科目名称	明细科目	借方本币	贷方本币	
2	1	收回货款存工行银行	银行存款	工行存款	42645.16		
3	1	收回货款存工行银行	应收账款	保卡	-42645.16		
4	2	本月销售并收款	银行存款	工行存款	205088		
5	2	本月销售并收款	主营业务收入	WJ01	-58800		
6	2	本月销售并收款	主营业务收入	WJ02	-61200		
7	2	本月销售并收款	主营业务收入	WJ03	-56800		
8	2	本月销售并收款	应交税费	应交增值税——销项税额	-28288		
9	3	支付供应商货款	应付账款	MN1	48500		
10	3	支付供应商货款	银行存款	工行存款	-48500		
11	4	购入库存商品并付款	库存商品	DJ10	27200		
12	4	购入库存商品并付款	库存商品	DG20	28000		
13	4	购入库存商品并付款	库存商品	DG30	36000		
14	4	购入库存商品并付款	应交税费	应交增值税——进项税额	14592		
15	4	购入库存商品并付款	银行存款	工行存款	-105792		
16	5	购入货车一辆并付款	固定资产	车1001	132000		
17	5	购入货车一辆并付款	应交税费	应交增值税——进项税额	19200		
18	5	购入货车一辆并付款	库存现金		-12000		
19	5	购入货车一辆并付款	银行存款	工行存款	-139200		
20	6	购财务软件并付款	无形资产		30000		
21	6	购财务软件并付款	应交税费	应交增值税——进项税额	4800		
22	6	购财务软件并付款	银行存款	工行存款	-34800		
23	7	支付水、电费	销售费用	水费	1076.04		
24	7	支付水、电费	销售费用	电费	341.7		
25	7	支付水、电费	应交税费	应交增值税——进项税额	206.34		
26	7	支付水、电费	银行存款	工行存款	-1624.08		
27	8	发放12月工资	应付职工薪酬	工资	51200		
28	8	发放12月工资	银行存款	工行存款	-41554.65		
29	8	发放12月工资	应交税费	个人所得税	-173.35		
30	8	发放12月工资	其他应收款	社保	-5376		
31	8	发放12月工资	其他应收款	公积金	-4096		
32	9	缴纳员工社保、公积金	应付职工薪酬	社保	15411.2		
33	9	缴纳员工社保、公积金	应付职工薪酬	公积金	4096		
34	9	缴纳员工社保、公积金	其他应收款	社保	5376		
35	9	缴纳员工社保、公积金	其他应收款	公积金	4096		
36	9	缴纳员工社保、公积金	银行存款	工行存款	-28979.2		

图 3-15 A 列数据分列后效果

Step3　选中 A1:F138 单元格区域，单击【插入】选项卡，在【表格】组单击【表格】按钮，打开【创建表】对话框。在该对话框中勾选【表包含标题】复选框，单击【确定】按钮，如图 3-16 和图 3-17 所示。

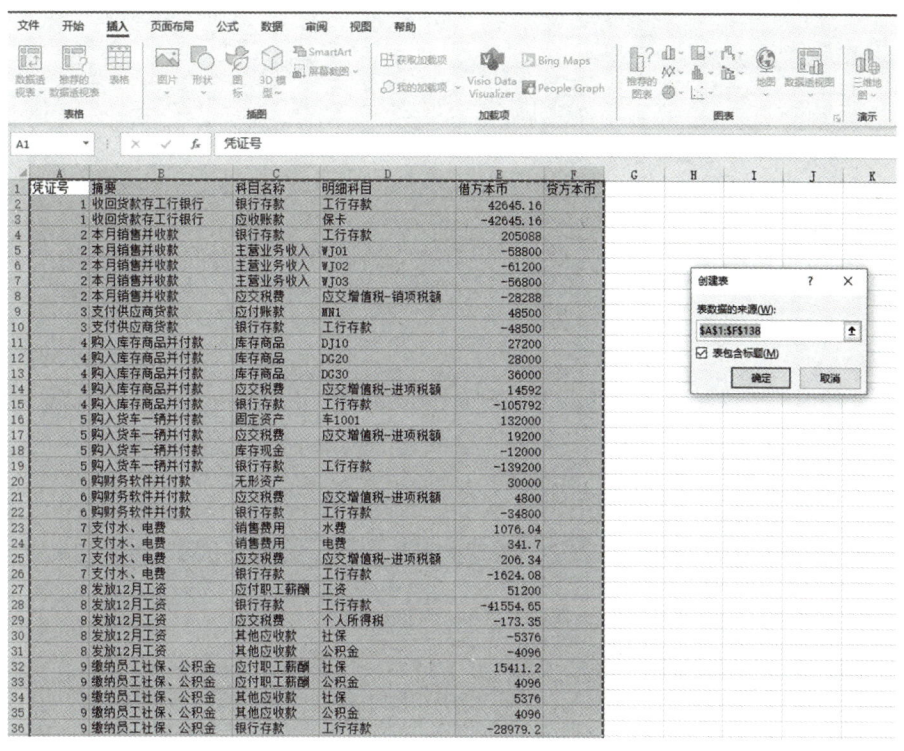

图 3-16　为选中的单元格区域创建表格

Step4　在 F2 单元格中输入函数公式"=IF(E2>0,"",E2)"，按 Enter 键，显示结果为"=IF([@借方本币]>0，""，[@借方本币])"。选中 F2 单元格，右击，在弹出的快捷菜单中选择【复制】命令。选中 F2:F138 单元格区域，右击，在弹出的快捷菜单中单击【选择性粘贴】命令，打开【选择性粘贴】对话框。在该对话框中的【粘贴】选区选中【数值】单选按钮，单击【确定】按钮，把公式转换成数值。随后在工作表中单击【开始】选项卡，在【编辑】组单击【查找】按钮，打开【查找和替换】对话框。在该对话框中单击【替换】选项卡，在【查找内容】文本框中输入负号"–"，单击【全部替换】按钮，打开【Microsoft Excel】对话框，提示替换成功，单击【确定】按钮。此时 F2：F138 单元格区域中的"–"被删除。选中 E2:E138 单元格区域，单击 E1 单元格右侧的下拉按钮，在弹出的下拉列表中选择【数字筛选】选项，在展开的二级下拉列表中选择【小于】选项，打开【自定义自动筛选】对话框，筛选出小于 0 的值，然后将其删除。具体操作如图 3-18~图 3-22 所示。

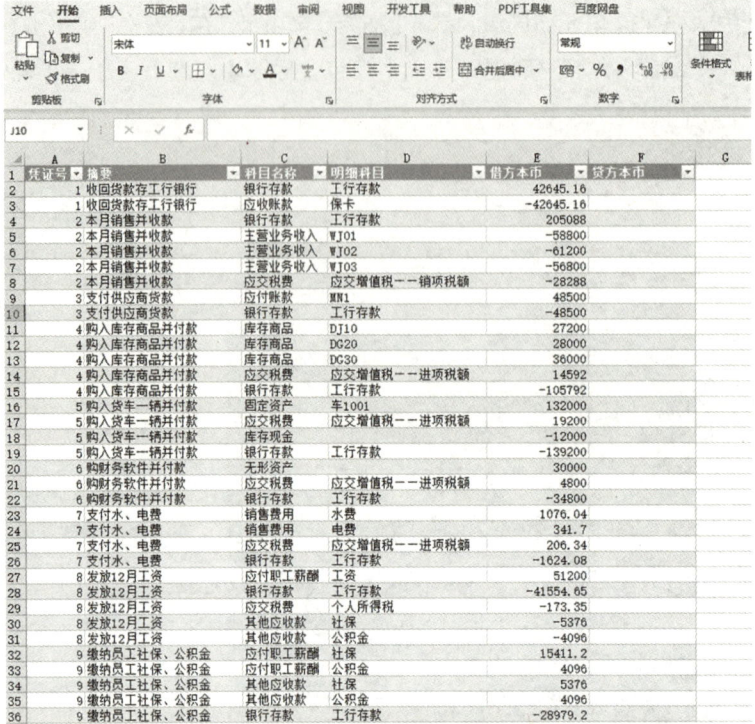

图 3-17　表格创建成功

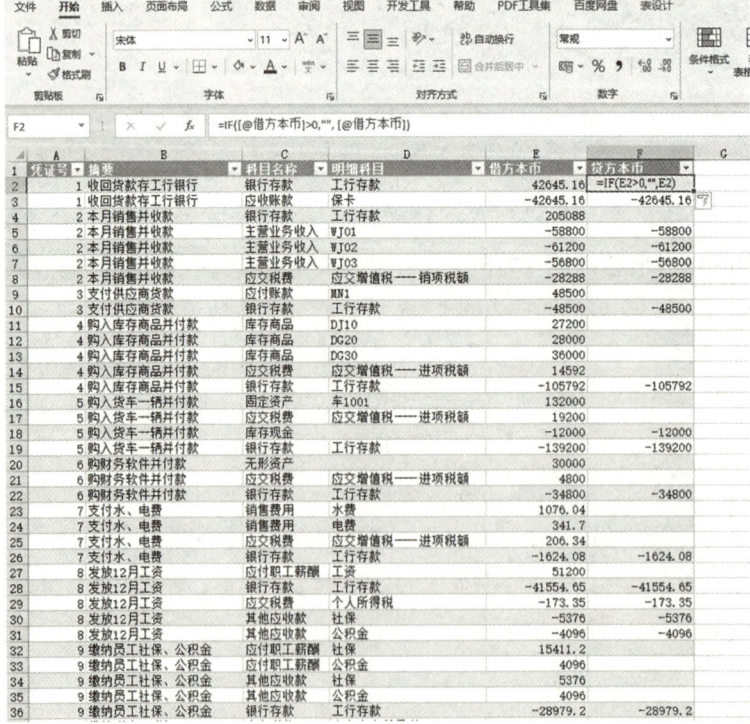

图 3-18　在 F 列用函数引用数据

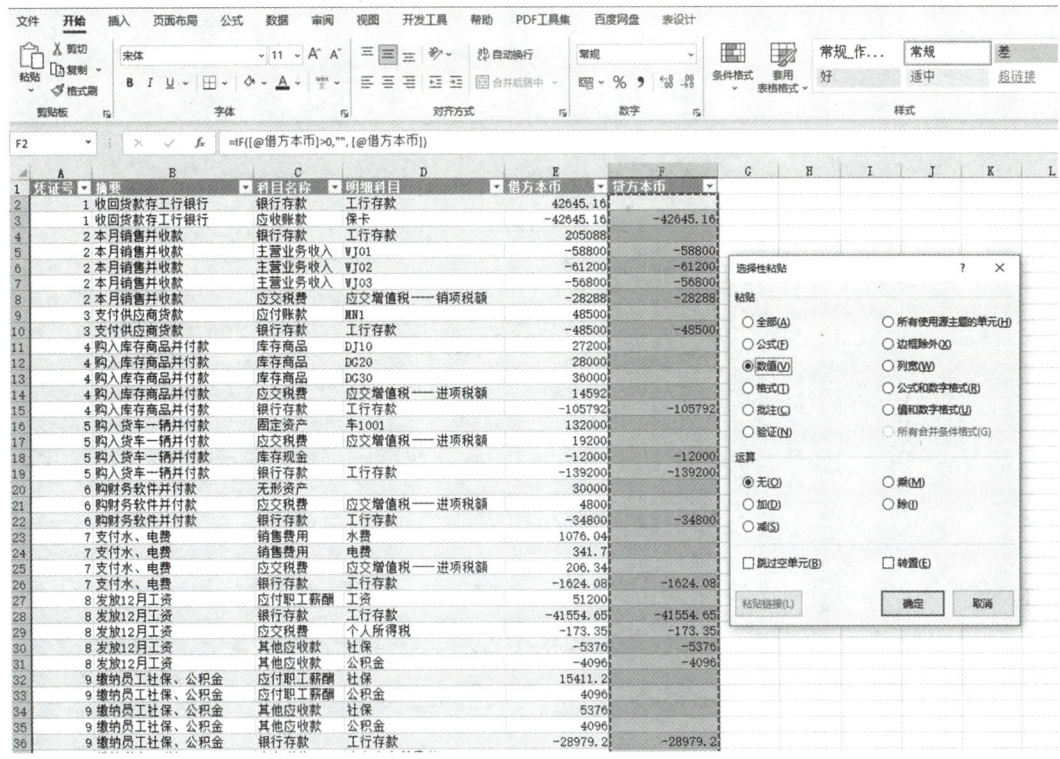

图 3-19　用选择性粘贴功能把公式转换成数值

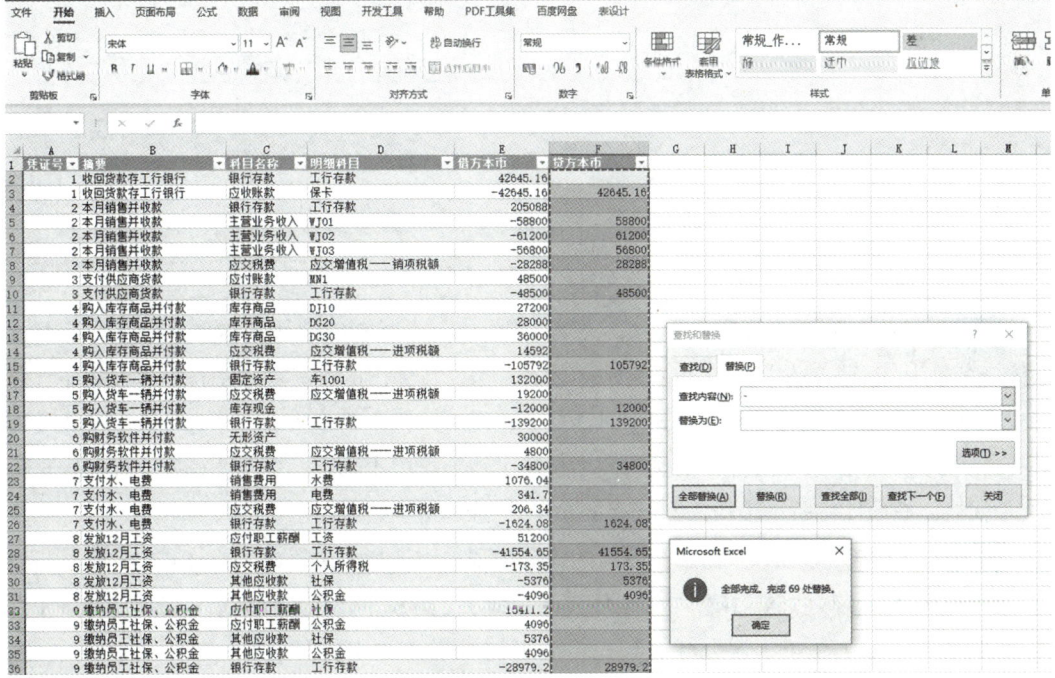

图 3-20　用替换功能把负号 "−" 替换为空格

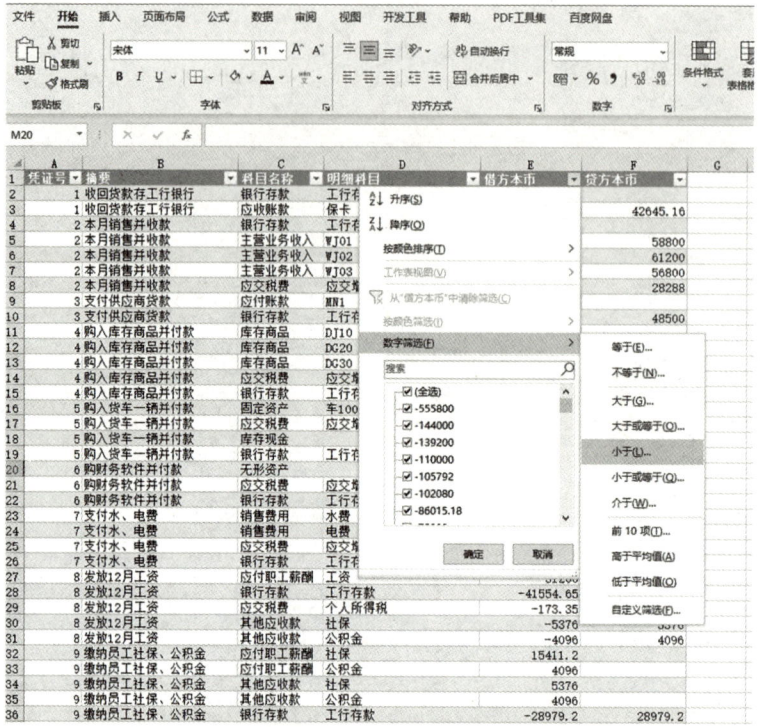

图 3-21　设置数据筛选

图 3-22　自动筛选小于 0 的数值

Step5　在 A1 单元格上方插入一行，然后在 A1 单元格中输入"凭证明细查询表"，字体为宋体，字号为 11 号。选中 A1:F1 单元格区域，右击，在弹出的快捷菜单中选择【设置单元格格式】命令，打开【设置单元格格式】对话框。在核对话框中单击【对齐】选项卡，在【文本对齐方式】选区的【水平对齐】下拉列表中选择【跨列居中】选项，单击【确定】按钮。选中 A3 单元格，按照前文所述步骤，冻结第 1~2 行。效果如图 3-23 所示。

Step6　选中 E、F 列，右击，在弹出的快捷键菜单中选择【设置单元格格式】命令，打开【设置单元格格式】对话框。在该对话框中单击【数字】选项卡，在【分类】列表框中选择【会计专用】选项，在右侧的【货币符号（国家/地区）】下拉列表中选择【无】选项，如图 3-24 所示。最终效果如图 3-25 所示。

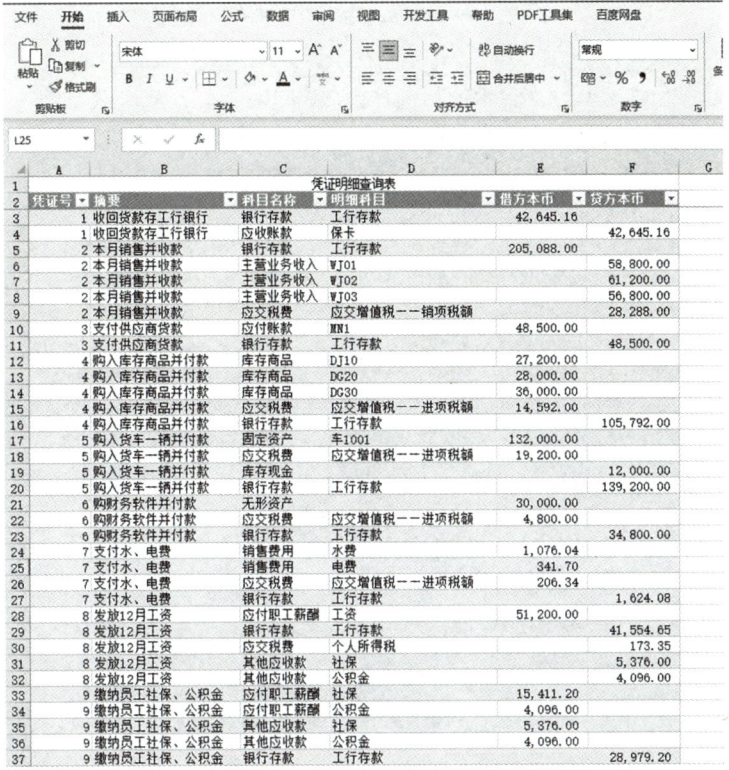

图 3-23 插入列并冻结第 1~2 行

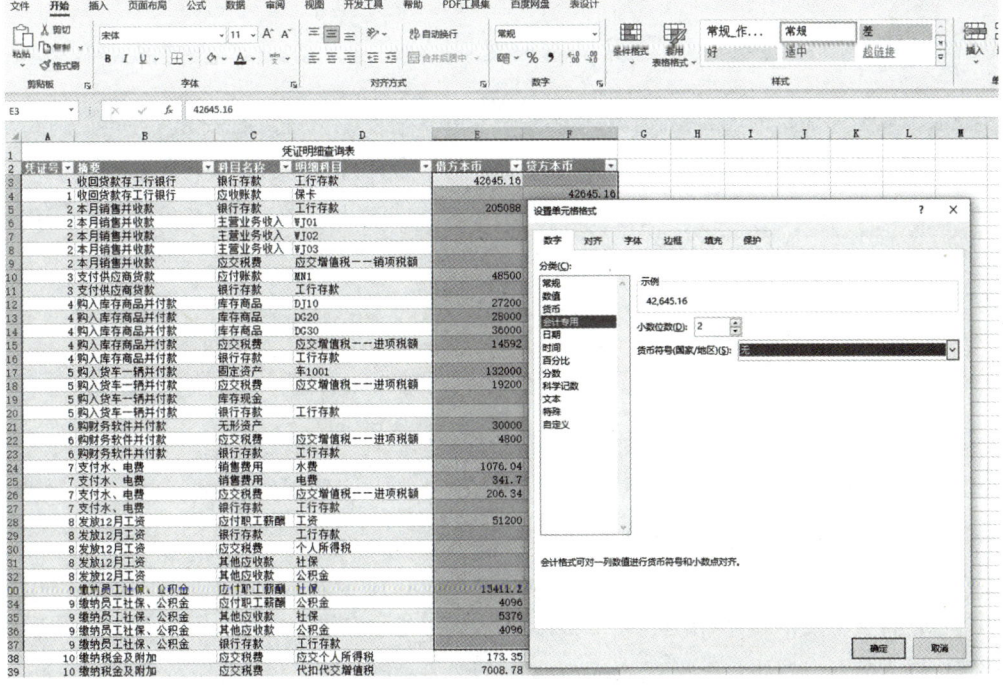

图 3-24 设置数字格式为"会计专用"

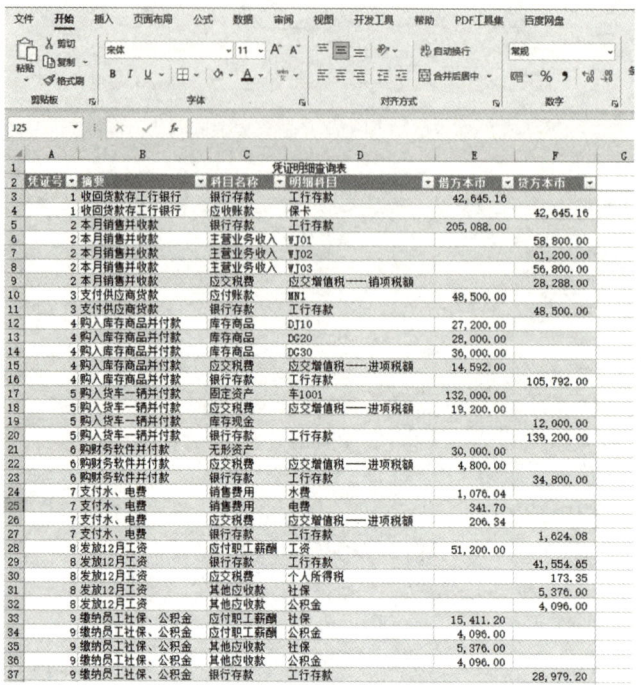

图 3-25　"凭证明细查询表"最终效果

任务二　编制科目汇总表

一、任务情境

完成了凭证明细查询表的编制，财务经理王总要求小肖编制科目汇总表。科目汇总表用来定期对一定时期内的全部记账凭证进行汇总，并按每个会计科目列示其借方发生额与贷方发生额。根据借贷记账法的基本原理，科目汇总表中每个科目的借方发生额合计与贷方发生额合计应该相等。

任务效果及关键知识点如图 3-26 所示。

二、任务知识

1. SUMIF 函数

SUMIF 函数是 Excel 2021 中几个重要的函数之一，是一个按条件求和的函数。只要给定查找条件，它就能从指定的区域按条件求和得出相应的值。

该函数的基本语法结构为：SUMIF(range,criteria,sum_range)。其中，range 用于确定是否在求和中包含特定单元格的数值的区域；criteria 用于确定是否在求和中包含特定单元格的表达式，其形式可以为数字、表达式或文本；sum_range 包含要求和的单元格的区域，是可选参数，如果忽略这个参数，则函数将使用第一个参数中指定的区域。

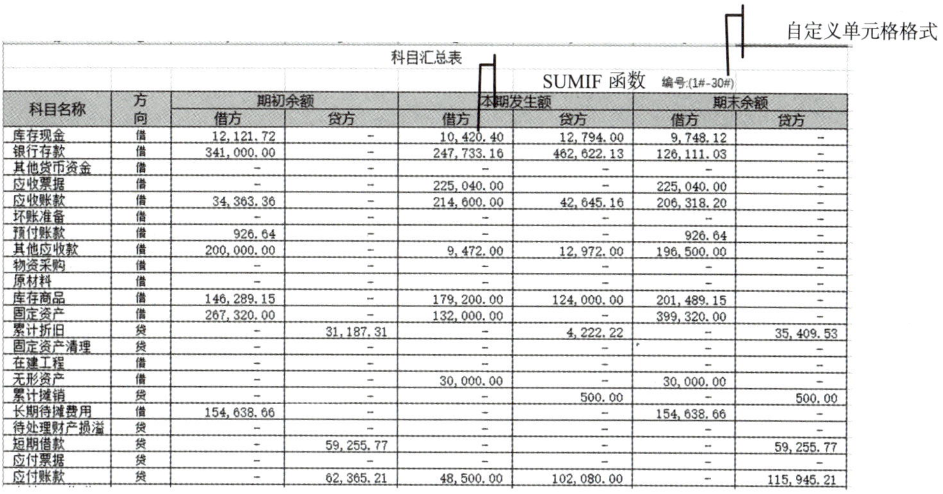

科目汇总表

编号:(1#-30#)

科目名称	方向	期初余额		本期发生额		期末余额	
		借方	贷方	借方	贷方	借方	贷方
库存现金	借	12,121.72	-	10,420.40	12,794.00	9,748.12	-
银行存款	借	341,000.00	-	247,733.16	462,622.13	126,111.03	-
其他货币资金	借	-	-	-	-	-	-
应收票据	借	-	-	225,040.00	-	225,040.00	-
应收账款	借	34,363.36	-	214,600.00	42,645.16	206,318.20	-
坏账准备	借	-	-	-	-	-	-
预付账款	借	926.64	-	-	-	926.64	-
其他应收款	借	200,000.00	-	9,472.00	12,972.00	196,500.00	-
物资采购	借	-	-	-	-	-	-
原材料	借	-	-	-	-	-	-
库存商品	借	146,289.15	-	179,200.00	124,000.00	201,489.15	-
固定资产	借	267,320.00	-	132,000.00	-	399,320.00	-
累计折旧	贷	-	31,187.31	-	4,222.22	-	35,409.53
固定资产清理	贷	-	-	-	-	-	-
在建工程	借	-	-	-	-	-	-
无形资产	借	-	-	30,000.00	-	30,000.00	-
累计摊销	贷	-	-	-	500.00	-	500.00
长期待摊费用	借	154,638.66	-	-	-	154,638.66	-
待处理财产损溢	贷	-	-	-	-	-	-
短期借款	贷	-	59,255.77	-	-	-	59,255.77
应付票据	贷	-	-	-	-	-	-
应付账款	贷	-	62,365.21	48,500.00	102,080.00	-	115,945.21

图 3-26 项目三之任务二的任务效果及关键知识点

2. SUMIF 函数使用技巧

使用 SUMIF 函数时，range 和 sun_range 的行数应该是对应的。例如，range 是 A3:A8 单元格区域，则 sun_range 应该是对应的 C3:C8 或 D3:D8 单元格区域，如果 sun_range 是 C2:C8 单元格区域，则可能导致返回的结果出错。

3. 自定义格式

（1）自定义格式的进入路径：单击【开始】选项卡，在【单元格】组单击【格式】按钮，打开【设置单元格格式】对话框。在该对话框中单击【数字】选项卡，在【分类】列表框中选择【自定义】选项。

（2）基本原理。在格式代码中，最多可以指定 4 个节，每个节之间用分号加以分隔。这 4 个节依次定义了格式中的正数、负数、零和文本。只指定两个节，则第一部分用于表示正数和零，第二部分用于表示负数。只指定一个节，则所有数字都会使用该格式。如果要跳过某个节，则对该节仅使用分号即可。

（3）基础字符。自定义格式的基础字符如表 3-1 所示。

表 3-1 自定义格式的基础字符

字符名称	字　符	说　明
数字占位符	? # 0	
中括号	[]	条件
逗号，千位分隔符	,	如用在代码最后，表示将数字缩小为原来的千分之一
分号	;	隔丌条件，末尾可省

（4）具体用法。自定义格式的具体用法如表 3-2 所示。

表 3-2　自定义格式的具体用法

占位符	注　释	自 定 义	常　规	自定义格式后
G/通用格式	以常规的数字显示，相当于列表框中的【常规】选项		47.5	47.5
#	数字占位符；只显示有意义的零而不显示无意义的零；小数点后数字如大于"#"的数量，则按"#"的位数四舍五入	#,##0	1556.122	1,556
		###.##	1810.2	1810.20
0	数字占位符；如果单元格的内容大于占位符的数量，则显示实际数字，如果单元格的内容小于占位符的数量，则用 0 补足	00000	1234567	1234567
			123	00123
		00.000	1234.1	1234.100
			12.2	12.200
			2.3	02.300
?	数字占位符；在小数点两边为无意义的零添加空格，以便当按固定宽度输入时，小数点可对齐，另外还可以用来表示分数	??.??	12.1234	12.12
		???.???		12.123
\	相当于""，都是显示输入的文本，且输入后会自动转变为双引号表达	"人民币"#,##0,,"百万"	1234567890	人民币 1,235 百万
		"￥"#,##0,,/百万	1234567890	￥1,235 百万
!	显示""；引号是代码常用的符号，在单元格中无法用""显示出来，要想显示出来，须在""前加上"!"	#!"	12	12"
		#! "!"		12""
@	①文本占位符，如果只使用单个@，作用是引用原始文本	"有限公司"@"部"	财务	有限公司财务部
	②要在输入数字数据之后自动添加文本，使用自定义格式"文本内容@" ③要在输入数字数据之前自动添加文本，使用自定义格式"@文本内容" ④@符号的位置决定了 Excel 中输入的数字数据相对于添加文本的位置 ⑤如果使用多个@，则可以重复文本	@@@		财务财务财务
*	重复字符，直到充满列宽	@*-	123	123*********
		.,**,**		*********
_	在数字格式中创建 N 个字符宽的空格	____###	123	123
,	千位分隔符	#,###	12	12,000

续表

占位符	注　释	自定义	常　规	自定义格式后
[]	使用颜色代码或使用条件	[红色][<=100];	59	59
	§[颜色 N]：是调用调色板中颜色，N 是 0~56 的整数。例如，1 是红色，2 是黑色，3 是黄色	[蓝色][>100]	123	123
		[颜色 4]	123	123
	§[条件]：可以先进行单元格内容判断，再设置格式。条件格式化只限于使用 3 个条件，其中两个条件是明确的，另一个是"所有的其他"	[>0]"正数";	1	正数
		[=0];"零";"负数"	-6	负数
			0	零
空	表示隐藏	;;;	wew	

三、任务实施

1. 创建科目汇总表

Step1　打开"账务处理"工作簿，将 Sheet2 工作表重命名为"科目汇总表"，如图 3-27 所示。

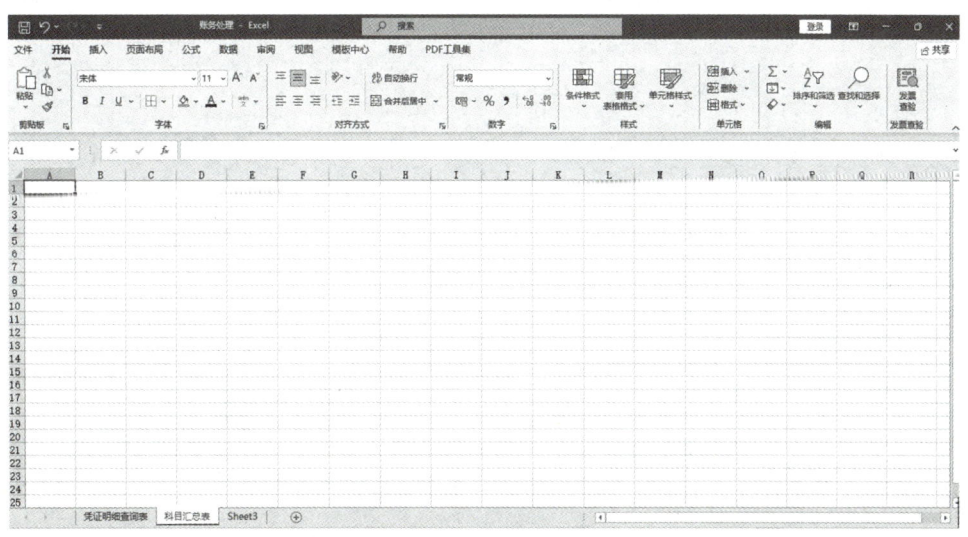

图 3-27　创建科目汇总表

Step2　在 A1 单元格中输入"科目汇总表"。选中 A1:H1 单元格区域，右击，按照前文所述步骤打开【设置单元格格式】对话框。在该对话框中单击【字体】选项卡，在【字体】下拉列表中选择【宋体】选项，在【字号】下拉列表中选择【11】选项。再单击【对齐】选项卡，在【水平对齐】下拉列表中选择【跨列居中】选项，在【垂直对齐】下拉列表中选择【居中】选项。最终效果如图 3-28 所示。

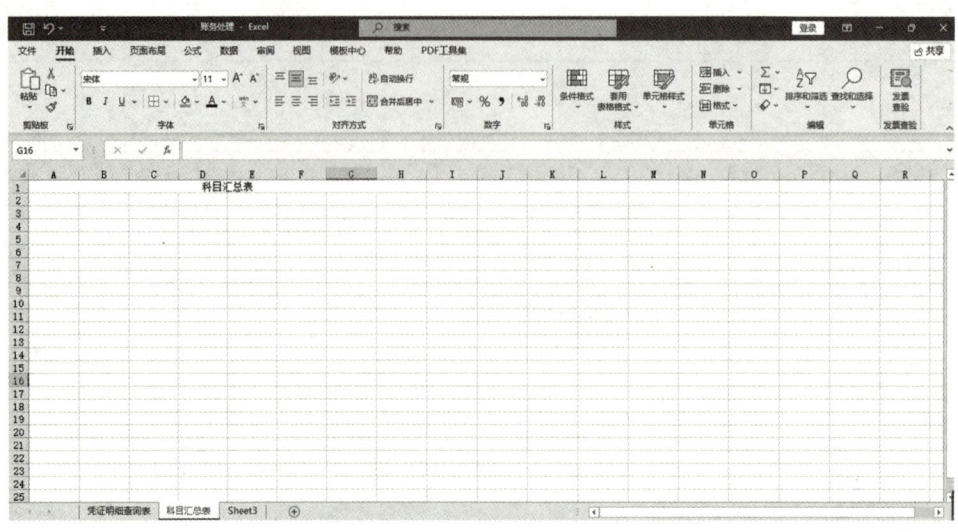

图 3-28　设置字体格式

Step3　选中 G2 单元格，单击【开始】选项卡，在【单元格】组单击【格式】下拉按钮，在打开的下拉列表中单击【设置单元格格式】按钮，如图 3-29 所示。

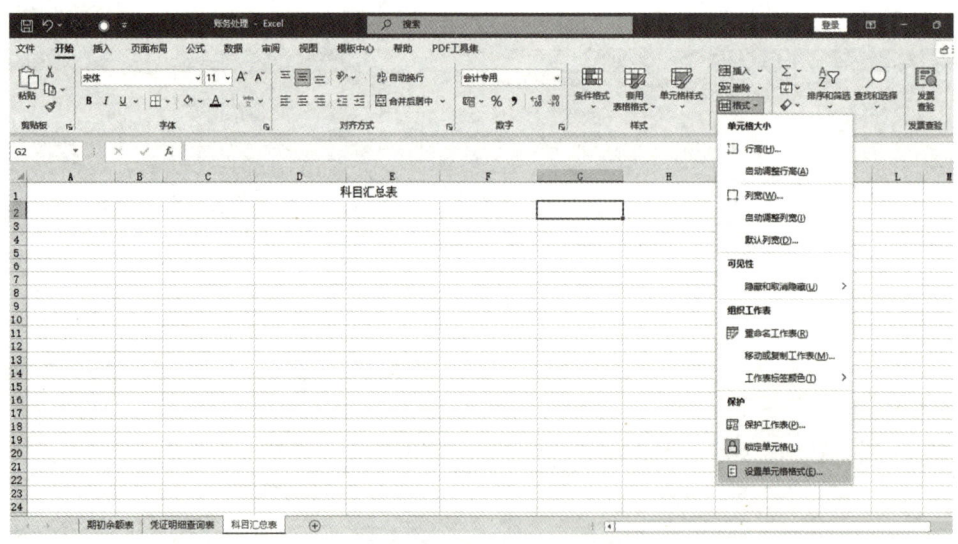

图 3-29　设置单元格格式

Step4　打开【设置单元格格式】对话框，单击【数字】选项卡，在【分类】列表框中选择【自定义】选项，在【类型】文本框中输入 ""编号:(1#-"00"#)""，单击【确定】按钮，如图 3-30 所示。

Step5　在 G2 单元格中输入公式 "=MAX(凭证明细查询表!A:A)"，按 Ctrl+Enter 组合键，则 G2 单元格中显示 "编号:(1#-30#)"，如图 3-31 所示。

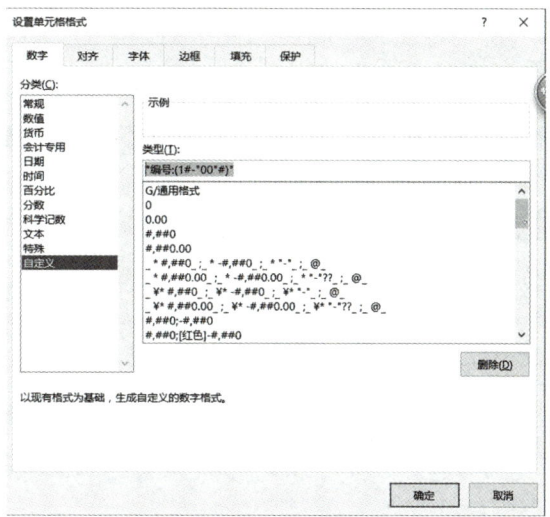

图 3-30 自定义编号格式

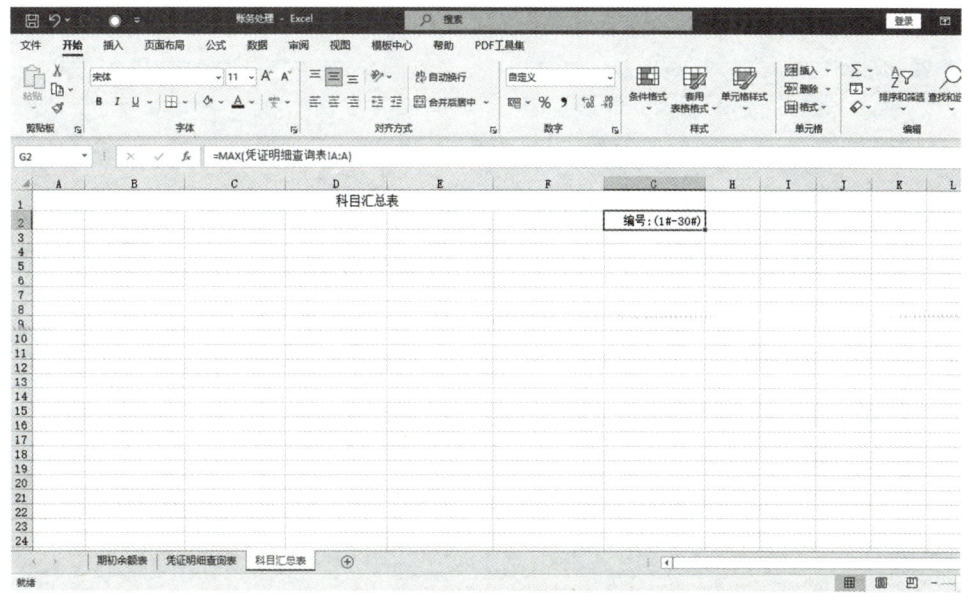

图 3-31 输入显示编号的公式

Step6 分别在 A3、B3、C3、E3、G3 单元格中输入"科目名称""方向""期初余额""本期发生额""期末余额",分别选中 C3:D3、E3:F3、G3:H3 这 3 个单元格区域,按照前文所述步骤合并单元格并跨列居中。在 C4、D4、E4、F4、G4、H4 单元格中依次输入"借方""贷方""借方""贷方""借方""贷方"。分别选中 A3:A4、B3:B4 单元格区域,按照前文所述步骤合并单元格。在 A51 单元格中输入"合计",如图 3-32 所示。

Step7 选中整个工作表,按照前文所述步骤将字体设为宋体,字号设为 12 号。选中 A2:H3 单元格区域,单击【开始】选项卡,在【样式】组单击【套用表格样式】下拉按钮,在弹出的下拉列表中选择【蓝色，表样式浅色20】选项。"科目名称"与"方向"列按 "辅助资料"工作表中的总账科目名称输入，如图 3-33 所示。

图 3-32 设置数据标题

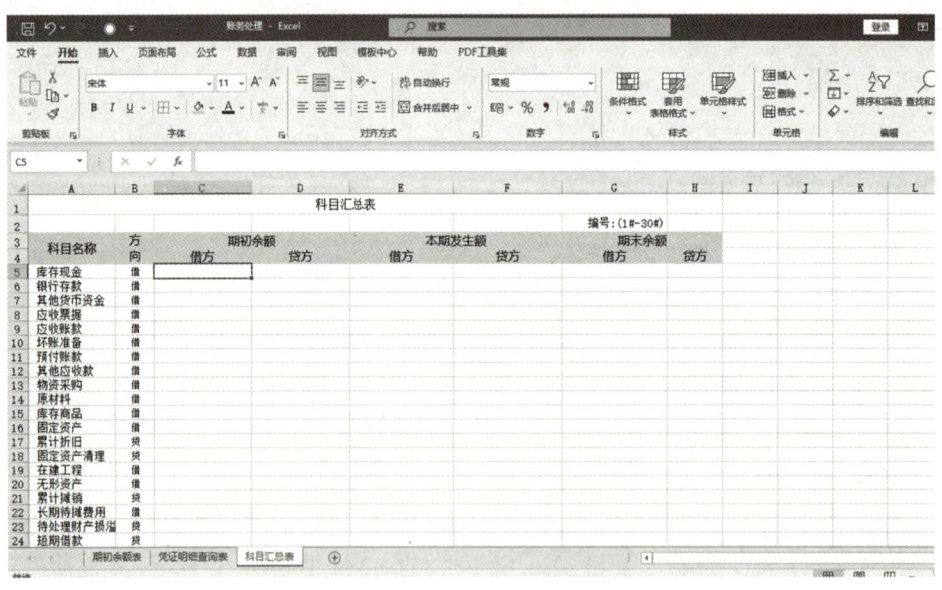

图 3-33 套用表格样式

Step8 选中 E、F 列，右击，按照前文所述步骤打开【设置单元格格式】对话框。在该对话框中单击【数字】选项卡，在【分类】列表框中选择【会计专用】选项，在【货币符号】下拉列表中选择【无】选项。选中 A3:H51 单元格区域，按照前文所述步骤添加内外边框。最终效果如图 3-34 所示。

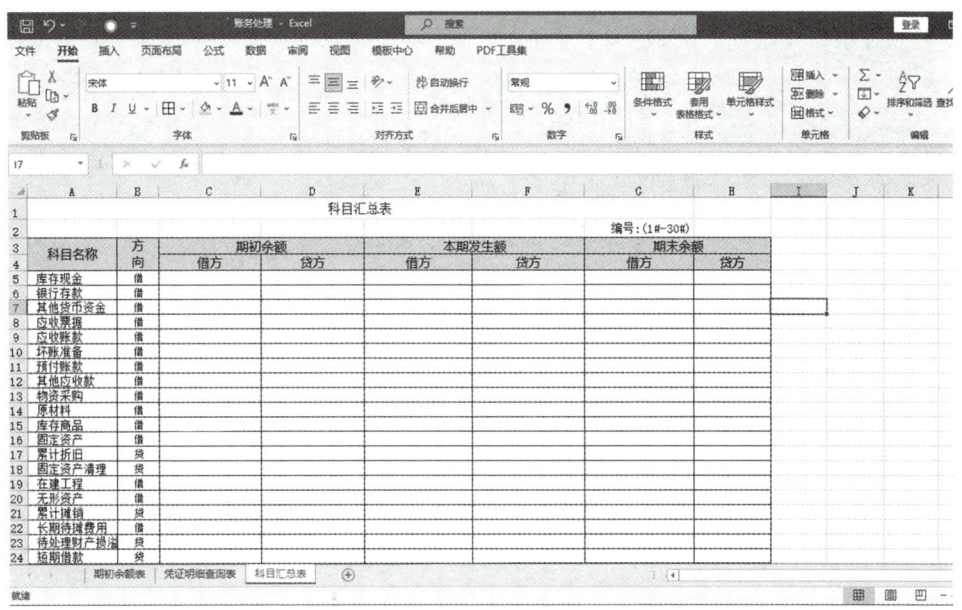

图 3-34　设置会计专用格式

Step9　在"凭证明细查询表"工作表前插入一个新的工作表，重命名为"期初余额表"，并从"辅助资料"工作表中复制相关资料，将其粘贴到"期初余额表"工作表中，如图 3-35 所示。

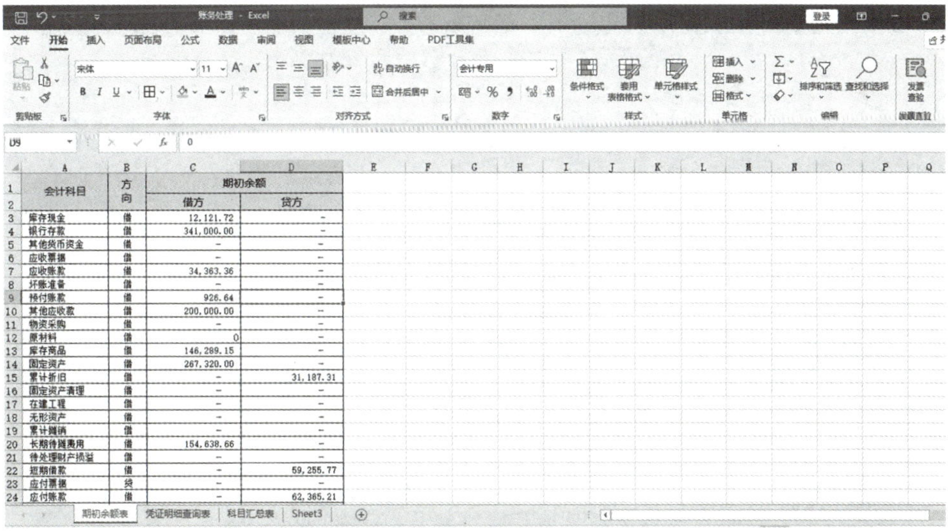

图 3-35　"期初余额表"工作表

Step10　在"科目汇总表"工作表中选中 C5 单元格，在编辑区的【fx】文本框中输入公式"=IF(VLOOKUP(A5,期初余额表!$A:$D,3,0)=0,0,VLOOKUP(A5,期初余额表!$A:$D,3,0))"，按 Enter 键。将光标放在该单元格的右下角，待光标形状变成"+"时，按住鼠标左键向下拖动至 C51 单元格，把借方期初余额填充完整，如图 3-36 所示。

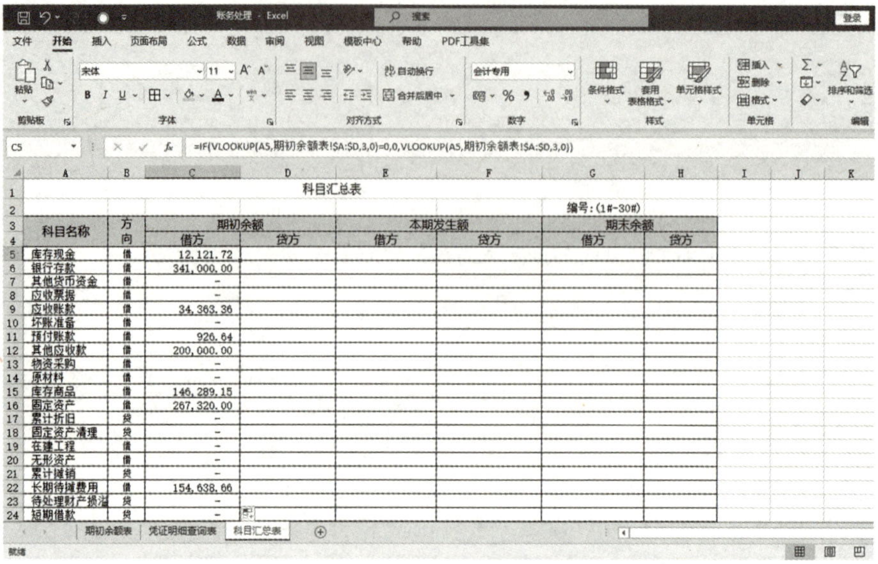

图 3-36　引入"期初余额表"工作表中的借方期初余额

Step11　选中 D5 单元格，在编辑区的【*fx*】文本框中输入公式"=IF(VLOOKUP(A5,期初余额表!$A:$D,4,0)=0,0,VLOOKUP(A5,期初余额表!$A:$D,4,0))"，按 Enter 键。按照前文所述步骤把贷方期初余额填充完整，如图 3-37 所示。

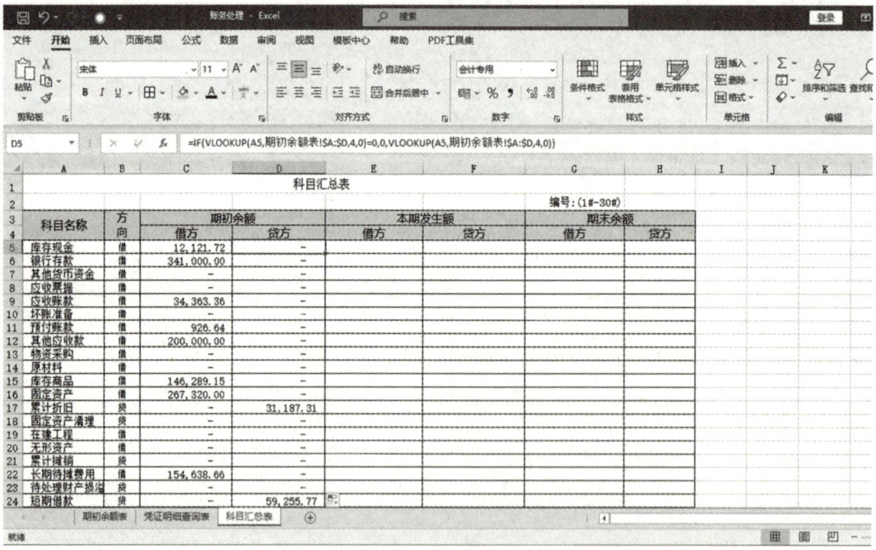

图 3-37　引入"期初余额表"工作表中的贷方期初余额

2．计算借方和贷方本期发生额

Step1　选中 E5 单元格，在编辑区的【*fx*】文本框中输入公式"=SUMIF(凭证明细查询表!C:C,科目汇总表!A5,凭证明细查询表!E:E)"，按 Enter 键。按照前文所述步骤把借方本期发生额填充完整。选中 E51 单元格，单击【公式】选项卡，在【函数库】组单击【自动求和】按钮，可得到借方本期发生额合计数。最终效果如图 3-38 所示。

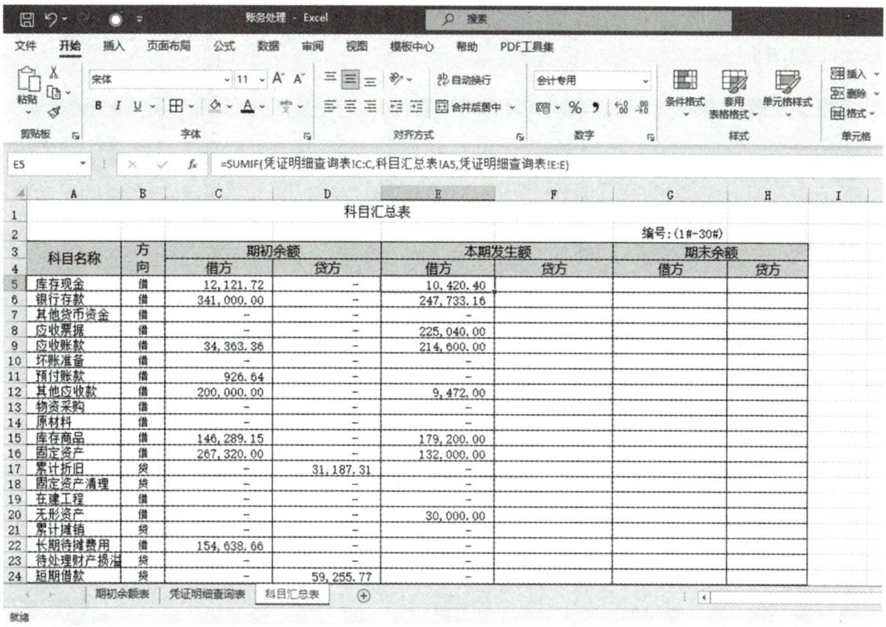

E5 =SUMIF(凭证明细查询表!C:C,科目汇总表!A5,凭证明细查询表!E:E)

科目汇总表

编号:(1#-30#)

科目名称	方向	期初余额		本期发生额		期末余额	
		借方	贷方	借方	贷方	借方	贷方
库存现金	借	12,121.72	-	10,420.40			
银行存款	借	341,000.00	-	247,733.16			
其他货币资金	借	-	-	-			
应收票据	借	-	-	225,040.00			
应收账款	借	34,363.36	-	214,600.00			
坏账准备	借	-	-	-			
预付账款	借	926.64	-	-			
其他应收款	借	200,000.00	-	9,472.00			
物资采购	借	-	-	-			
原材料	借	-	-	-			
库存商品	借	146,289.15	-	179,200.00			
固定资产	借	267,320.00	-	132,000.00			
累计折旧	贷	-	31,187.31	-			
固定资产清理	贷	-	-	-			
在建工程	借	-	-	-			
无形资产	借	-	-	30,000.00			
累计摊销	贷	-	-	-			
长期待摊费用	借	154,638.66	-	-			
待处理财产损溢	贷	-	-	-			
短期借款	贷	-	59,255.77	-			

图 3-38 对借方本期发生额进行自动求和

Step2 选中 F5 单元格，在编辑区的【*fx*】文本框中输入公式“=SUMIF(凭证明细查询表!C:C,科目汇总表!A5,凭证明细查询表!F:F)”，按 Enter 键。按照前文所述步骤把贷方本期发生额填充完整。选中 F51 单元格，单击【公式】选项卡，在【函数库】组单击【自动求和】按钮，可得到贷方本期发生额合计数。最终效果如图 3-39 所示。

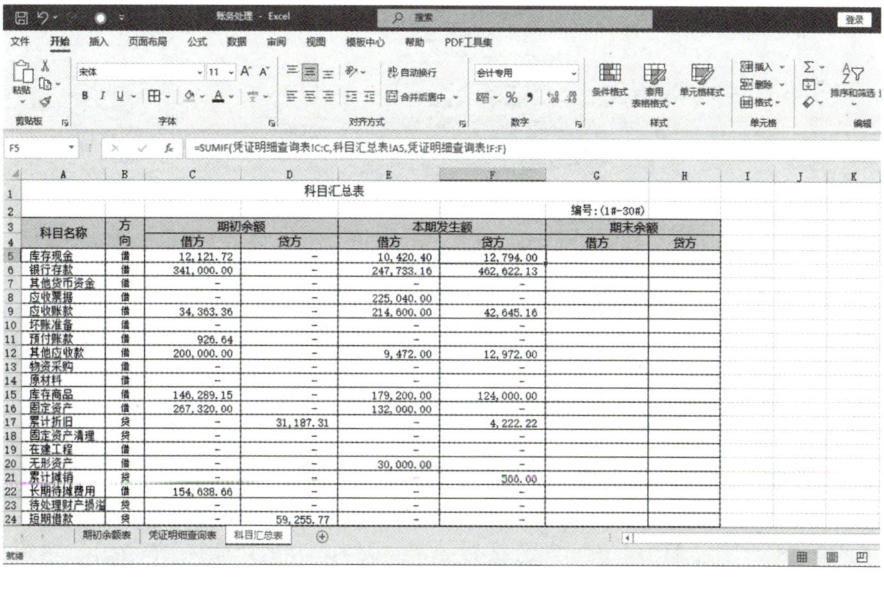

F5 =SUMIF(凭证明细查询表!C:C,科目汇总表!A5,凭证明细查询表!F:F)

科目汇总表

编号:(1#-30#)

科目名称	方向	期初余额		本期发生额		期末余额	
		借方	贷方	借方	贷方	借方	贷方
库存现金	借	12,121.72	-	10,420.40	12,794.00		
银行存款	借	341,000.00	-	247,733.16	462,622.13		
其他货币资金	借	-	-	-	-		
应收票据	借	-	-	225,040.00	-		
应收账款	借	34,363.36	-	214,600.00	42,645.16		
坏账准备	借	-	-	-	-		
预付账款	借	926.64	-	-	-		
其他应收款	借	200,000.00	-	9,472.00	12,972.00		
物资采购	借	-	-	-	-		
原材料	借	-	-	-	-		
库存商品	借	146,289.15	-	179,200.00	124,000.00		
固定资产	借	267,320.00	-	132,000.00	-		
累计折旧	贷	-	31,187.31	-	4,222.22		
固定资产清理	贷	-	-	-	-		
在建工程	借	-	-	-	-		
无形资产	借	-	-	30,000.00	-		
累计摊销	贷	-	-	-	500.00		
长期待摊费用	借	154,638.66	-	-	-		
待处理财产损溢	贷	-	-	-	-		
短期借款	贷	-	59,255.77	-	-		

图 3-39 对贷方本期发生额进行自动求和

3．设置试算平衡

Step1 选中 E51:F51 单元格区域，单击【开始】选项卡，在【样式】组单击【条件格式】下拉按钮，在弹出的下拉列表中选择【新建规则】选项，如图 3-40 所示。

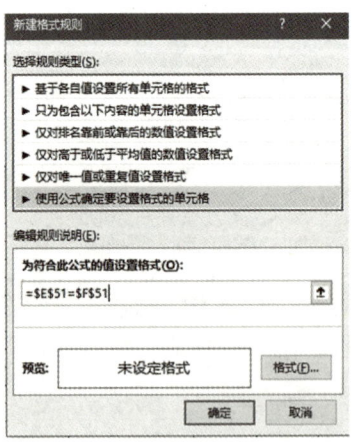

图 3-40　设置条件格式

Step2 打开"新建格式规则"对话框，在该对话框中的【选择规则类型】列表框中选择【使用公式确定要设置格式的单元格】选项，在【为符合此公式的值设置格式】文本框中输入"=$E$51=$F$51"，如图 3-41 所示。

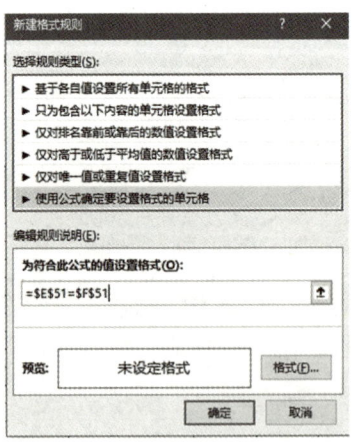

图 3-41　【新建格式规则】对话框

Step3 在【新建格式规则】对话框中单击【格式】按钮，打开【设置单元格格式】对话框。在该对话框中单击【字体】选项卡，在【字形】下拉列表中选择【加粗】选项，在【颜色】下拉列表中选择红色色块。单击【填充】选项卡，在【背景色】选区单击黄色色块，单击【确定】按钮，完成设置，如图 3-42 所示。E51:F51 单元格区域将显示黄色背景色与红色加粗字体，表示试算平衡。

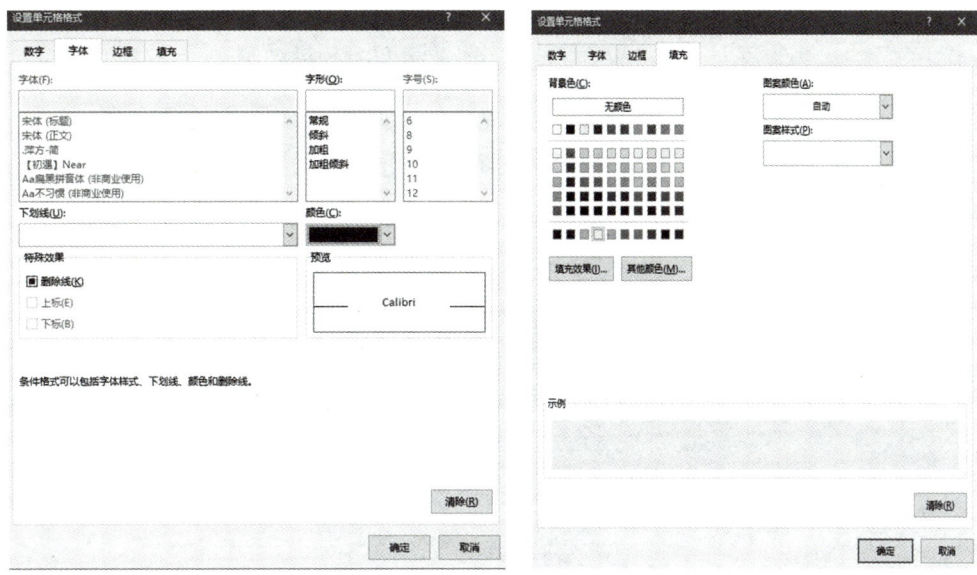

图 3-42　设置单元格格式

4．计算期末余额

Step1 　按照会计原理，资产类科目的余额方向为"借"，按"借+借–贷"原理核算余额；负债类科目的余额方向为"贷"，按"贷+贷–借"原理核算余额。在 G5 单元格中输入公式"=IF(B5="借",C5+E5-F5,0)"，按 Enter 键，按照前文所述步骤把借方期末余额填充完整。选中 G51 单元格，单击【公式】选项卡，在【函数库】组单击【自动求和】按钮，可得到借方期末余额合计数。最终效果如图 3-43 所示。

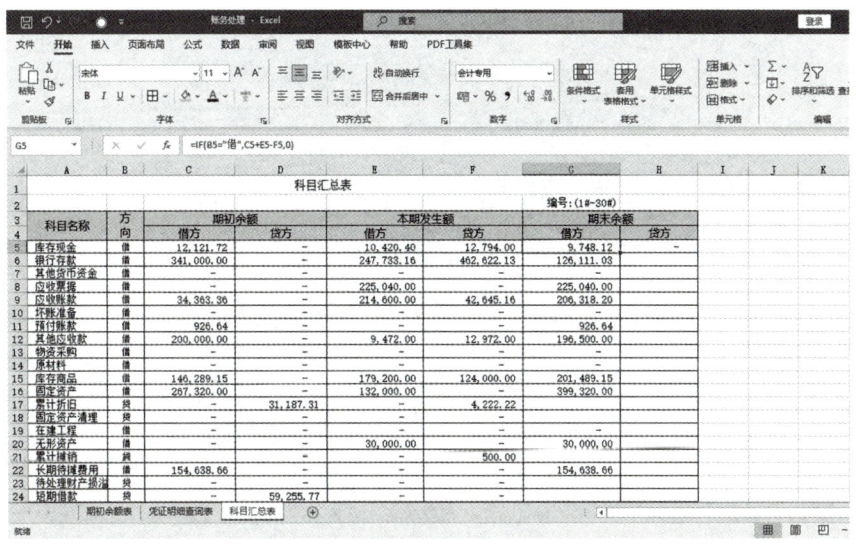

图 3-43　计算借方期末余额

Step2　在 H5 单元格中输入 "=IF(B5="贷",D5+F5-E5,0)"，按 Enger 键，按照前文所述步骤把贷方期末余额填充完整。选中 H51 单元格，单击【公式】选项卡，在【函数库】组单击【自动求和】按钮，可得到贷方期末余额合计数。最终效果如图 3-44 所示。

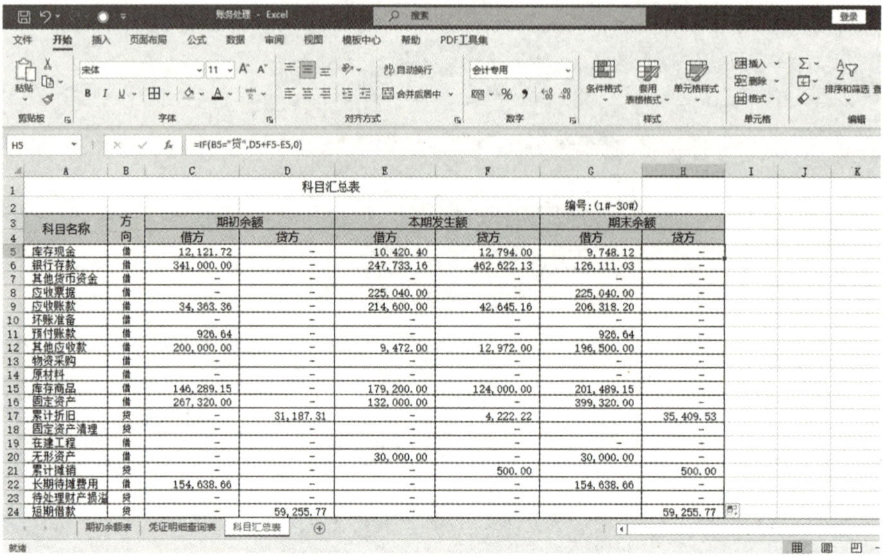

图 3-44　计算贷方期末余额

Step3　选中 A5 单元格，单击【视图】选项卡，在【窗口】组单击【冻结窗格】下拉按钮，在弹出的下拉列表中选择【冻结窗格】选项，按照前文所述步骤把前 4 行冻结起来，如图 3-45 所示。

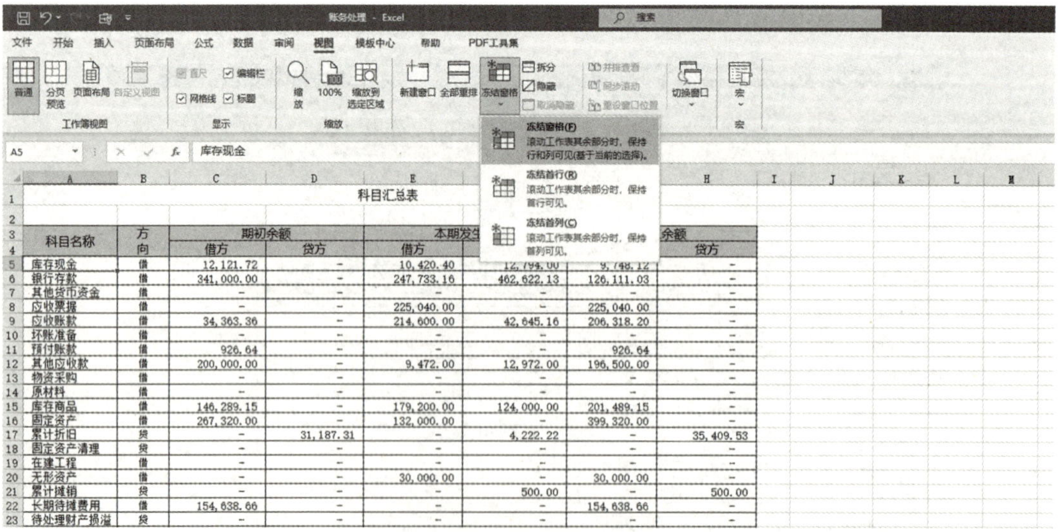

图 3-45　冻结前 4 行窗格

任务三　编制资产负债表

一、任务情境

月末，王总让小肖根据之前编制的科目汇总表编制资产负债表。

资产负债表也称财务状况表，是表示企业在一定日期（通常为各会计期末）的财务状况（资产、负债和所有者权益的状况）的主要会计报表。资产负债表利用会计平衡原则，将合乎会计原则的资产、负债、所有者权益交易科目分为“资产”“负债及所有者权益”两大部分，在经过分录、转账、分类账、试算、调整等会计程序后，以特定日期的静态企业情况为基准，浓缩成一张报表。该报表的功能有企业内部除错、确定经营方向、防止弊端，还可以让所有使用者在最短的时间内了解企业经营情况。

任务效果关键知识点如图 3-46 所示。

资产负债表的编制

资产负债表							
编制单位:鹏程公司				2023年1月31日			单位:元
资产	行次	期末余额	期初余额	负债及所有者权益	行次	期末余额	期初余额
流动资产:				流动负债:			
货币资金	1	135, 859. 15	353, 121. 72	短期借款	33	59, 255. 77	59, 255. 77
交易性金融资产	2	-	-	交易性金融负债	34	-	-
应收票据	3	225, 040. 00	-	应付票据	35	-	-
应收账款	4	206, 318. 20	34, 363. 36	应付账款	36	115, 945. 21	62, 365. 21
预付账款	5	926. 64	926. 64	预收账款	37	15, 000. 00	15, 000. 00
应收股利	6	-	-	应付职工薪酬	38	6, 256. 90	6, 256. 90
应收利息	7	-	-	应交税费	39	89, 292. 64	7, 769. 83
其他应收款	8	196, 500. 00	200, 000. 00	应付利息	40	-	-
存货	9	201, 489. 15	146, 289. 15	应付股利	41	-	-
其中:消耗性生物资产	10	-	-	其他应付款	42	-	-
一年内到期的非流动资产	11	-	-	一年内到期的非流动负债	43	-	-
其他流动资产	12	-	-	其他流动负债	44	-	-
流动资产合计	13	966, 133. 14	734, 700. 87	流动负债合计	45	285, 850. 52	150, 747. 71
非流动资产				非流动负债			
可供出售金融资产	14	-	-	长期借款	46	-	-
持有至到期投资	15	-	-	应付债券	47	-	-
长期应收款	16	-	-	长期应付款	48	-	-
长期股权投资	17	-	-	专项应付款	49	-	-
投资性房地产	18	-	-	递延所得税负债	50	-	-
固定资产	19	363, 910. 47	236, 132. 69	预计负债	51	-	-
在建工程	20	-	-	其他非流动负债	52	-	-
工程物资	21	-	-	非流动负债合计	53	-	-
固定资产清理	22	-	-	负债合计	54	285, 850. 52	150, 747. 71

图 3-46　项目三之任务三的任务效果及关键知识点

二、任务知识

资产负债表的编制方法如下。

1. 资产

货币资金=库存现金+银行存款+其他货币资金

应收账款=应收账款（借）+预收账款（借）–应计提应收账款的坏账准备

预付账款=应付账款（借）+预付账款（借）

存货=原材料+库存商品+在产品+半成品+包装物与低值易耗品+

周转材料+委托货销商品+生产成本等–存货跌价准备

材料采用计划成本核算，以及库存商品采用计划成本或售价核算的企业，应按加或减材料成本差异、商品进销差价后的金额填列。

待摊费用=待摊费用［除摊销期限 1 年以上（不含 1 年）的其他待摊费用］

固定资产原价=固定资产［融资租入的固定资产，其原价也包括在内］

累计折旧=累计折旧［融资租入的固定资产，其已提折旧也包括在内］

固定资产清理=固定资产清理（借）（"固定资产清理"

科目期末为贷方余额，以"–"号填列）

2. 负债

应付账款=应付账款（贷）+预付账款（贷）

预收账款=应收账款（贷）+预收账款（贷）

应付职工薪酬=应付工资+福利费+职工教育经费等

应交税费=应交税金（"应交税费"科目期末为借方余额，以"–"号填列）

3. 所有者权益

法定公益金="盈余公积"所属的"法定公益金"期末余额

未分配利润=本年利润+利润分配（未弥补的亏损，在本项目内以"–"号填列）

三、任务实施

Step1 打开"账务处理"工作簿，选中 Sheet3 工作表，将其重命名为"资产负债表"。把项目三"素材表"文件夹中的"资产负债表"模板复制并粘贴到"账务处理"工作簿中"资产负债表"工作表，如图 3-47 所示。

Step2 输入编制单位"鹏程公司"和日期"2023 年 1 月 31 日"。打开"科目汇总表"工作表。在"资产负债表"工作表中选中 D5 单元格，输入"="，然后在"科目汇总表"工作表中选中 C5 单元格。再在"资产负债表"工作表的 D5 单元格中输入"+"，继续在"科目汇总表"工作表中选中 C6 和 C7 单元格。返回"资产负债表"工作表，按 Enter 键，D5 单元格将显示"货币资金"科目的期初余额，如图 3-48 所示。

图 3-47　创建"资产负债表"工作表

图 3-48　输入"货币资金"科目的期初余额

Step3　用相同的方法输入其他各科目的期末余额与期初余额，如图 3-49 所示。

Step4　选中 C17:D17 单元格区域，在编辑区的【fx】文本框中输入公式"=SUM(C5:C16)"，按 Ctrl+Enter 组合键，得到流动资产合计的期末余额。使用同样的操作，用公式"=SUM(D5:D16)"得到流动资产合计的期初余额，用公式"=SUM(G5:G16)"和"=SUM(H5:H16)"分别得到流动负债合计的期末余额与期初余额，如图 3-50 所示。

图 3-49　输入其他各科目的期末余额与期初余额

图 3-50　设置流动资产与流动负债合计公式

Step5　使用同样的操作，分别用公式"=SUM(C19:C35)""=SUM(D19:D35)"得到非流动资产合计的期末余额与期初余额；用公式"=SUM(G19:G25)""=SUM(H19:H25)"得到非流动负债合计的期末余额与期初余额，由于该公司本期没有发生长期负债业务，所以非流动负债合计的期末余额与期初余额皆为 0，以"-"表示，如图 3-51 所示。

| C36 | ⌄ | ⋮ × ✓ fx | =SUM(H19:H25) | | | | | |

资产负债表

编制单位:鹏程公司　　　　　　　　2023年1月31日　　　　　　　　　　单位:元

资产	行次	期末余额	期初余额	负债及所有者权益	行次	期末余额	期初余额
在建工程	20	-		其他非流动负债	52	-	-
工程物资	21		-	**非流动负债合计**	53	-	-
固定资产清理	22		-	**负债合计**	54		
生产性生物资产	23			所有者权益(或股东权益)			
油气资产	24			实收资本(或股本)	55	1,290,914.40	1,290,914.40
无形资产	25	29,500.00		资本公积	56		
开发支出	26			盈余公积	57		
商誉	27			未分配利润	58	-62,582.65	-316,189.89
长期待摊费用	28	154,638.66	154,638.66	减:库存股	59		
递延所得税资产	29						
其他非流动资产	30				61		
非流动资产合计	31	548,049.13	390,771.35	**所有者权益(或股东权益)合计**	62		

图 3-51　设置其他科目合计的公式

Step6　选中 C37:D37 单元格区域，在编辑区的【fx】文本框中输入公式"=C17+C36"，按 Ctrl+Enter 组合键，得到资产合计的期末余额与期初余额，则 A37 与 E37 单元格分别显示为"期初余额不相等"和"期末余额不相等"，如图 3-52 所示。

| C37 | ⌄ | ⋮ × ✓ fx | =C17+C36 | | | | | |

资产负债表

编制单位:鹏程公司　　　　　　　　2023年1月31日　　　　　　　　　　单位:元

资产	行次	期末余额	期初余额	负债及所有者权益	行次	期末余额	期初余额
工程物资	21		-	**非流动负债合计**	53	-	-
固定资产清理	22		-	**负债合计**	54		
生产性生物资产	23		-	所有者权益(或股东权益)			
油气资产	24			实收资本(或股本)	55	1,290,914.40	1,290,914.40
无形资产	25	29,500.00		资本公积	56		
开发支出	26			盈余公积	57		
商誉	27			未分配利润	58	-62,582.65	-316,189.89
长期待摊费用	28	154,638.66	154,638.66	减:库存股	59		
递延所得税资产	29				60		
其他非流动资产	30				61		
非流动资产合计	31	548,049.13	390,771.35	**所有者权益(或股东权益)合计**	62		
年初余额不相等	32	1,514,182.27	1,125,472.22	**期末余额不相等**	63		

图 3-52　A37 与 E37 单元格分别显示"期初余额不相等"和"期末余额不相等"

Step7　选中 G27:H27 单元格区域，输入公式"=G17+G26"，按 Ctrl+Enter 组合键，得到负债合计的期末余额与期初余额。选中 G36:H36 单元格区域，输入公式"=SUM(G29:G35)"，按 Ctrl+Enter 组合键，得到所有者权益(或股东权益)合计的期末余额与期初余额。选中 G37:H37

单元格区域，输入公式"=G27+G36"，按 Ctrl+Enter 组合键，得到负债及所有者权益合计的期末余额与期初余额，则 A37 与 E37 单元格重新显示为"资产合计"和"负债及所有者权益合计"，如图 3-53 所示。

G37	⌄	⋮	× ✓ fx	=G27+G36				

资产负债表

	A	B	C	D	E	F	G	H
2	编制单位:鹏程公司			2023年1月31日				单位:元
3	资产	行次	期末余额	期初余额	负债及所有者权益	行次	期末余额	期初余额
26	工程物资	21	-	-	非流动负债合计	53	-	-
27	固定资产清理	22	-	-	负债合计	54	285,850.52	150,747.71
28	生产性生物资产	23	-	-	所有者权益(或股东权益)			
29	油气资产	24	-	-	实收资本(或股本)	55	1,290,914.40	1,290,914.40
30	无形资产	25	29,500.00	-	资本公积	56	-	-
31	开发支出	26	-	-	盈余公积	57	-	-
32	商誉	27	-	-	未分配利润	58	-62,582.65	-316,189.89
33	长期待摊费用	28	154,638.66	154,638.66	减:库存股	59	-	-
34	递延所得税资产	29	-	-		60		
35	其他非流动资产	30	-	-		61		
36	非流动资产合计	31	548,049.13	390,771.35	所有者权益(或股东权益)合计	62	1,228,331.75	974,724.51
37	资产合计	32	1,514,182.27	1,125,472.22	负债及所有者权益合计	63	1,514,182.27	1,125,472.22

图 3-53　资产合计与负债及所有者权益合计

> 在 A37 与 E37 单元格中分别设置公式"=IF(D37=H37,"资产总计","期初余额不相等")""=IF(C37=G37,"负债和所有者权益总计","期末余额不相等")"。当 D37 单元格数据与 H37 单元格数据不相等时，A37 单元格将显示为"期初余额不相等"；当 C37 单元格数据与 G37 单元格数据不相等时，E37 单元格将显示为"期末余额不相等"，提示资产负债表不平。

任务四　编制利润表

一、任务情境

月末，财务经理王总根据小肖编制的试算平衡表编制利润表。

利润表是反映企业在一定会计期间的经营成果的财务报表。当前国际上常用的利润表格式有单步式和多步式两种。单步式是将当期收入总额相加，然后将所有费用总额相加，一次计算出当期收益的方式，其特点是所提供的信息都是原始数据，便于理解；多步式是将各种利润分多步计算求得净利润的方式，其特点是便于使用人对企业经营情况和盈利能力进行比较与分析。

由于利润表反映的是企业某一期间的情况，所以又称为动态报表，有时也称为损益表、收益表。

任务效果及关键知识点如图 3-54 所示。

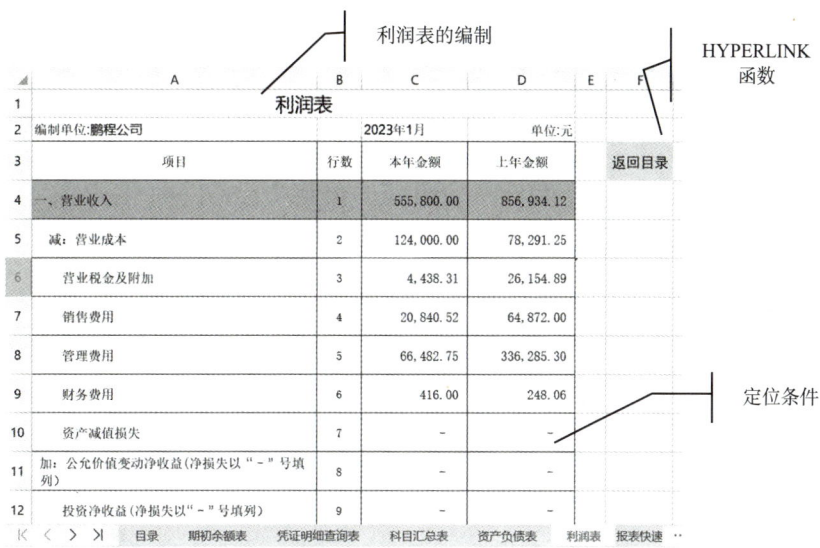

图 3-54 项目三之任务四的任务效果及关键知识点

二、任务知识

1. 定位条件

可以在【定位条件】对话框中设置批注、常量、公式、空值、当前区域、当前数组、对象、行内容差异单元格、列内容差异单元格、引用单元格、从属单元格、最后一个单元格、可见单元格、条件格式、数据验证，如图 3-55 所示。

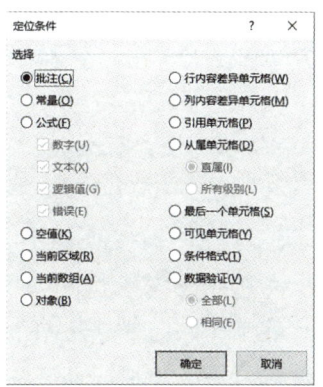

图 3-55 【定位条件】对话框

具体定位对象如下。

- 批注：选定区域中带有批注的单元格。
- 常量：选定区域中内容为常量的单元格（数字、文本、日期或逻辑值等，公式的计算结果不是常量）。
- 公式：选定区域中包含公式的单元格（公式的计算结果包含数字、文本、逻辑值、错误）。

- 空值：选定空单元格（没有任何内容的单元格）。
- 当前区域：选定活动单元格周围的矩形单元格区域，区域的边界为空行或空列。
- 当前数组：选定活动单元格所在的数组区域单元格。
- 对象：选定所有插入的对象，包括图形、文本框等。
- 行内容差异单元格：目标区域中每行与其他单元格不同的单元格。
- 列内容差异单元格：目标区域中每列与其他单元格不同的单元格。
- 引用单元格：选定活动单元格或目标区域中公式所引用的单元格。
- 从属单元格：选定引用了活动单元格或目标区域的公式所在的单元格。
- 最后一个单元格：选定目标区域中右下角带有数据或格式设置的单元格。
- 可见单元格：选定可以看见的单元格（不包含被隐藏的单元格）。
- 条件格式：选定应用了条件格式的单元格。
- 数据验证：选定设置了数据有效性的单元格。

2. HYPERLINK 函数

在 Excel 中，HYPERLINK 函数的功能为创建一个快捷方式（跳转），用以打开存储在网络服务器、Intranet 或 Internet 中的文件。当单击函数 HYPERLINK 所在的单元格时，Microsoft Excel 将打开存储在 link_location 中的文件。

该函数的语法为：HYPERLINK(link_location, friendly_name)。

其中，link_location 为文档的路径和文件名，此文档可以作为文本打开，可以指向文档中的某个更具体的位置，如 Excel 工作表或工作簿中特定的单元格或命名区域，或者指向 Word 文档中的书签。路径可以指向储存在硬盘驱动器上的文件，或者是 Internet 或网络服务器上的 URL 路径。

friendly_name 为单元格中显示的跳转文本值或数字值，可以是数值、文本字符串、名称，或者包含跳转文本或数值的单元格。如果省略，第一个参数显示为跳转文本。

3. 利润表的填制方法

利润表的计算公式如下。

$$营业收入=主营业务收入+其他业务收入$$

$$营业成本=主营业务成本+其他业务成本$$

$$税金及附加=消费税+城市维护建设税+资源税+土地增值税+教育费附加等$$

$$营业利润=营业收入-营业成本-税金及附加-管理费用-销售费用-财务费用$$

$$利润总额=营业利润+投资净收益+营业外收支净额+补贴收入$$

其中

$$投资净收益=投资收益-投资损失$$

$$营业外收支净额=营业外收入-营业外支出$$

$$净利润=利润总额-所得税费用$$

三、任务实施

1. 输入并计算相应数据

Step1　打开 "账务处理" 工作簿，选中 Sheet4 工作表，将其重命名为 "利润表"。把项目三 "素材表" 文件夹中的利润表模板复制并粘贴到 "账务处理" 工作簿中的 "利润表" 工作表，如图 3-56 所示。

图 3-56　创建 "利润表" 工作表

Step2　打开 "科目汇总表" 工作表。在 "利润表" 工作表中选中 C4 单元格，输入 "="，然后在 "科目汇总表" 工作表中选中 E39 单元格，返回 "利润表" 工作表，在 C4 单元格输入 "+"，再在 "科目汇总表" 工作表中选中 E40 单元格，再次返回 "利润表" 工作表，按 Enter 键，计算营业收入的相关数据。用同样的操作在 "利润表" 工作表中输入其他数据，如图 3-57 所示。

图 3-57　输入本年金额

Step3 在 C13 单元格中输入公式 "=C4-C5-C6-C7-C8-C9-C10+C11+C12"，按 Enter 键，得出营业利润，如图 3-58 所示。

图 3-58　计算营业利润

Step4 在 C17 单元格中输入公式 "=C13+C14-C15"，按 Ctrl+Enter 组合键，得出利润总额。在 C19 单元格中输入公式 "=C17-C18"，按 Ctrl+Enter 组合键，得出净利润。结果分别如图 3-59 和图 3-60 所示。

图 3-59　计算利润总额

Step5 打开 2022 年 12 月的"利润表"工作表，将相应的数据输入 2023 年"利润表"工作表中的"上年金额"一列，如图 3-61 所示。

	C19	fx	=C17-C18	
	A	B	C	D
1	利润表			
2	编制单位:鹏程公司		2023年1月	单位:元
3	项目	行数	本年金额	上年金额
4	一、营业收入	1	555,800.00	
12	投资净收益(净损失以"-"号填列)	9	–	
13	二、营业利润（亏损以"-"号填列）	10	339,622.42	
14	加:营业外收入	11	–	
15	减:营业外支出	12	–	
16	其中:非流动资产处置净损失(净收益以"-"号填列)	13	–	
17	三、利润总额（亏损总额以"-"号填列）	14	339,622.42	
18	减: 所得税费用	15	86,015.18	
19	四、净利润（净亏损以"-"号填列）	16	253,607.24	
20	五、每股收益:	17		

图 3-60 计算净利润

	A	B	C	D	E
1	利润表				
2	编制单位:鹏程公司		2023 年1月	单位:元	
3	项目	行数	本年金额	上年金额	
4	一、营业收入	1	555800	856934.12	
5	减: 营业成本	2	124000	78291.25	
6	营业税金及附加	3	4438.31	26154.89	
7	销售费用	4	20840.52	64872	
8	管理费用	5	66482.75	336285.3	
9	财务费用	6	416	248.06	
10	资产减值损失	7			
11	加:公允价值变动净收益(净损失以"-"号填列)	8			
12	投资净收益(净损失以"-"号填列)	9			
13	二、营业利润（亏损以"-"号填列）	10	339622.42	351082.62	
14	加:营业外收入	11			
15	减:营业外支出	12			
16	其中:非流动资产处置净损失(净收益以"-"号填列)	13			
17	三、利润总额（亏损总额以"-"号填列）	14	339622.42	351082.62	
18	减:所得税费用	15	86015.18	15493.03	
19	四、净利润（净亏损以"-"号填列）	16	253607.24	335589.59	

图 3-61 输入上年金额

Step6 选中 C4:D19 单元格区域，按照前文所述步骤，在【设置单元格格式】对话框中单击【数字】选项卡，在【分类】列表中选择【会计专用】选项，如图 3-62 所示。

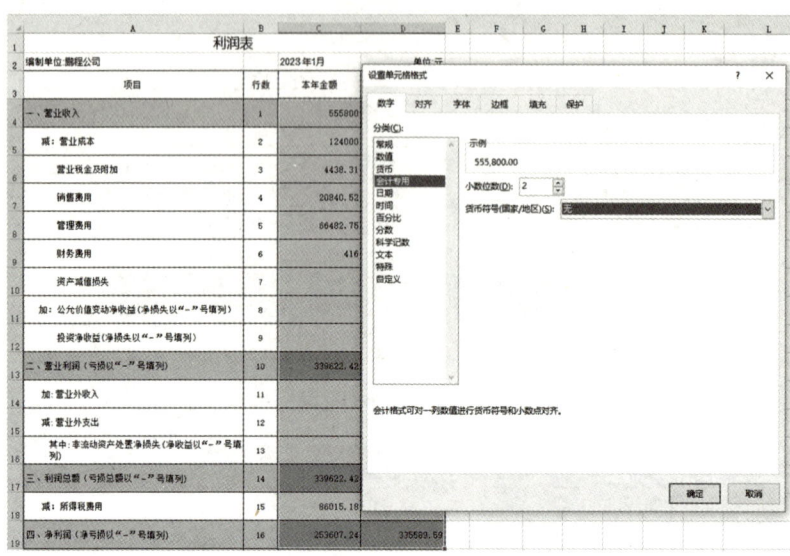

图 3-62　设置单元格格式

2. 设置定位条件

Step1 单击【自定义快速访问工具栏】下拉按钮，在弹出的下拉菜单中选择【其他命令】命令，如图 3-63 所示。

图 3-63　调用自定义快速工具栏功能

Step2 打开"Excel 选项"对话框，单击左侧的【快速访问工具栏】选项卡，在【从下列位置选择命令】下列列表中选择【所有命令】选项，如图 3-64 所示。

图 3-64 选择【所有命令】选项

Step3 在显示的列表框中选择【定位条件】选项，单击【添加】按钮，如图 3-65 和图 3-66所示。

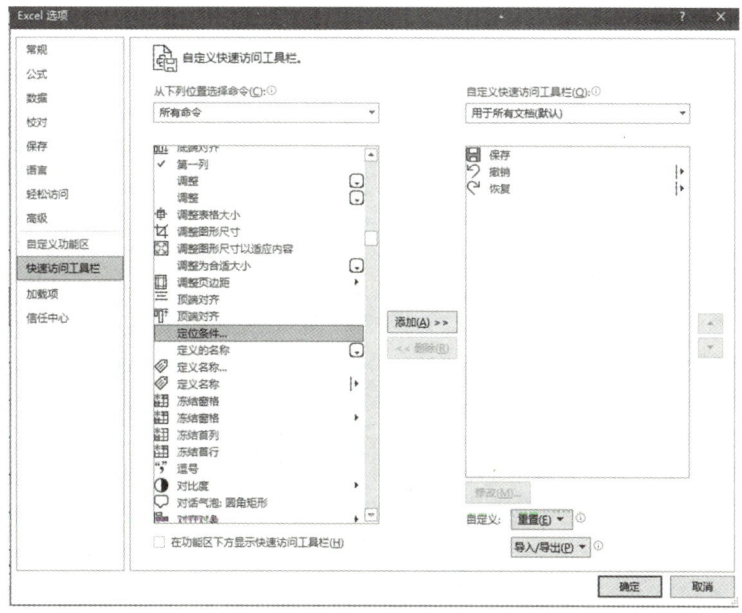

图 3-65 选择【定位条件】选项

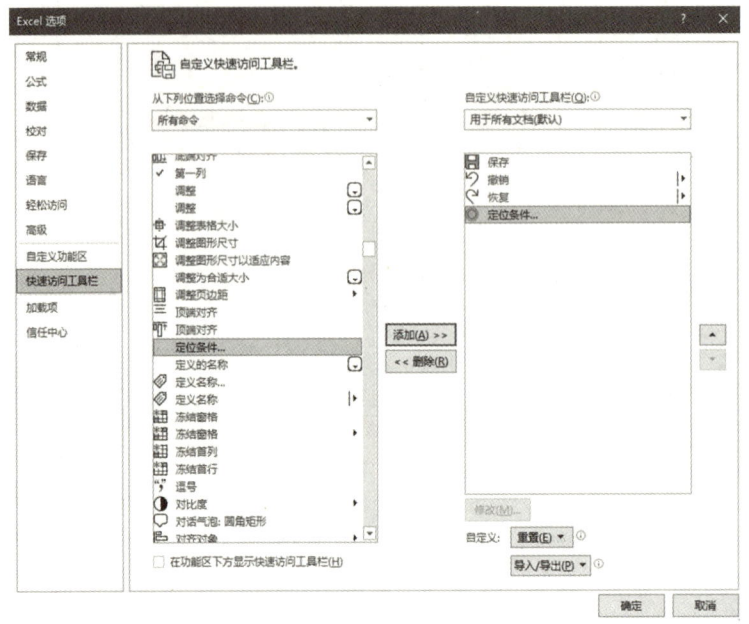

图 3-66　添加【定位条件】选项

Step4　单击【确定】按钮，关闭"Excel 选项"对话框，完成设置。选中 C4:D19 单元格区域，在快速访问工具栏单击【定位条件】按钮◎，打开【定位条件】对话框，在【定位】选项卡的【选择】选区选中【空值】单选按钮，再单击【确定】按钮，效果如图 3-67 所示。

A	B	C	D	E
利润表				
编制单位:鹏程公司		2023年1月	单位:元	
项目	行数	本年金额	上年金额	
一、营业收入	1	555,800.00	856,934.12	
减：营业成本	2	124,000.00	78,291.25	
营业税金及附加	3	4,438.31	26,154.89	
销售费用	4	20,840.52	64,872.00	
管理费用	5	66,482.75	336,285.30	
财务费用	6	416.00	248.06	
资产减值损失	7			
加：公允价值变动净收益(净损失以"–"号填列)	8			
投资净收益(净损失以"–"号填列)	9			
二、营业利润（亏损以"–"号填列)	10	339,622.42	351,082.62	
加：营业外收入	11			
减:营业外支出	12			
其中:非流动资产处置净损失(净收益以"–"号填列)	13			
三、利润总额（亏损总额以"–"号填列)	14	339,622.42	351,082.62	
减：所得税费用	15	86,015.18	15,493.03	
四、净利润（净亏损以"–"号填列)	16	253,607.24	335,589.59	

图 3-67　选择空值的效果

Step5 在编辑区的【*fx*】文本框中输入数值"0"，按 Ctrl+Enter 组合键，完成设置，效果如图 3-68 所示。

	项目	行数	本年金额	上年金额
	利润表			
	编制单位:鹏程公司		2023 年1月	单位:元
	一、营业收入	1	555,800.00	856,934.12
	减:营业成本	2	124,000.00	78,291.25
	营业税金及附加	3	4,438.31	26,154.89
	销售费用	4	20,840.52	64,872.00
	管理费用	5	66,482.75	336,285.30
	财务费用	6	416.00	248.06
	资产减值损失	7	–	–
	加:公允价值变动净收益(净损失以"–"号填列)	8	–	–
	投资净收益(净损失以"–"号填列)	9	–	–
	二、营业利润(亏损以"–"号填列)	10	339,622.42	351,082.62
	加:营业外收入	11	–	–
	减:营业外支出	12	–	–
	其中:非流动资产处置净损失(净收益以"–"号填列)	13	–	–
	三、利润总额(亏损总额以"–"号填列)	14	339,622.42	351,082.62
	减:所得税费用	15	86,015.18	15,493.03
	四、净利润(净亏损以"–"号填列)	16	253,607.24	335,589.59

图 3-68 在【*fx*】文本框中输入数值"0"后的效果

Tips

设置定位条件还有以下两种方法。

方法一:单击【开始】选项卡，在【编辑】组单击【查找和选择】下拉按钮，在弹出的下拉列表中选择【定位条件】选项，打开【定位条件】对话框，然后进行设置。

方法二:按 Ctrl+G 组合键，在打开的【定位】对话框中进行设置。

Step6 在"期初余额表"工作表前插入一张新的工作表，命名为"目录"。单击【开始】选项卡，在【视图】组单击【显示】按钮，去掉网格线。在 B2 单元格输入"基本信息"，按照前文所述步骤，设置字体为黑体，字号为 14 号，填充色为浅灰色。在 B3~B7 单元格分别输入"编制单位:""所属财务期间:""填表日期:""财务负责人:""制表人:"，设置字体为黑体，字号为 12 号，填充色为浅蓝色。在 C3~C7 单元格分别输入"鹏程公司""2023 年 1 月""2023 年1 月 31 日""王辉""肖小雪"，设置字体为黑体，字号为 14 号，填充色为白色，边框为浅蓝色细框线。将 B2:C2 单元格区域设置为合并居中。选中 B2:C7 单元格区域，将外边框设置为黑色粗实线。最终效果如图 3-69 所示。

Step7 在 E2 单元格输入"报表目录"，设置字体为黑体，字号为 14 号，填充色为浅灰色。在 E3~E7 单元格分别输入数字 1~5，设置字体为黑体，字号为 16 号，填充色为浅蓝色。将 F3~F7

单元格的边框设置为浅蓝色细框线。将 E2:F2 单元格区域设置为合并居中。选中 E2:F7 单元格区域，将外边框设置为黑色粗实线。最终效果如图 3-70 所示。

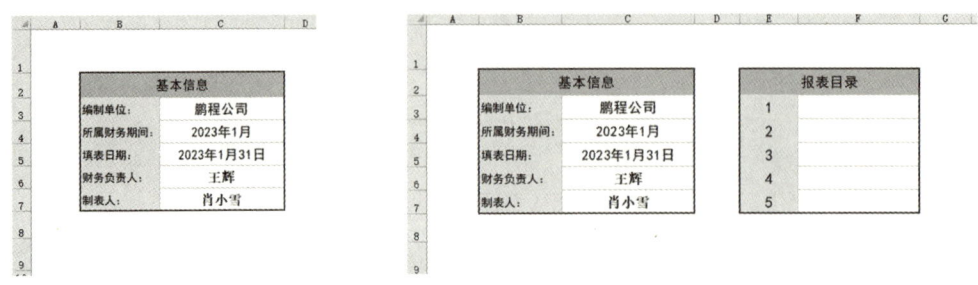

图 3-69　输入基本信息　　　　　　　图 3-70　输入报表目录

Step8　用 HYPERLINK 函数给报表目录设置公式，建立链接。在 F3 单元格中输入公式"=HYPERLINK("#"&"期初余额表!E1","期初余额表")"，在 F4 单元格中输入公式"=HYPERLINK("#"&"凭证明细查询表!H2","凭证明细查询表")"，在 F5 单元格中输入公式"=HYPERLINK("#"&"科目汇总表!J2","科目汇总表")"，在 F6 单元格中输入公式"=HYPERLINK("#"&"资产负债表!J4","资产负债表")"，在 F7 单元格中输入公式"=HYPERLINK("#"&"利润表!F3","利润表")"，并分别按 Enter 键。最终效果如图 3-71 所示。

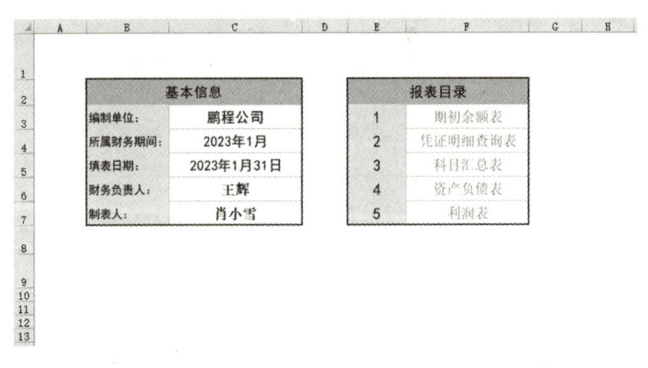

图 3-71　给报表目录设置公式

Step9　在"期初余额表"工作表的 E1 单元格中输入 "=HYPERLINK("#"&"目录!G3","返回目录")"，让其建立链接，并把 E1 单元格填充为浅蓝色，如图 3-72 所示。

Step10　在"凭证明细查询表"工作表的 H2 单元格中输入"=HYPERLINK("#"&"目录!G4","返回目录")"，在"科目汇总表"工作表的 J3 单元格中输入"=HYPERLINK("#"&"目录!G5","返回目录")"，在"资产负债表"工作表的 J3 单元格中输入"=HYPERLINK("#"&"目录!G6","返回目录")"，在"利润表"工作表的 F3 单元格中输入 "=HYPERLINK("#"&"目录!G7","返回目录")"，并分别按 Enter 键。把以上各单元格填充为浅蓝色，如图 3-73~图 3-76 所示。

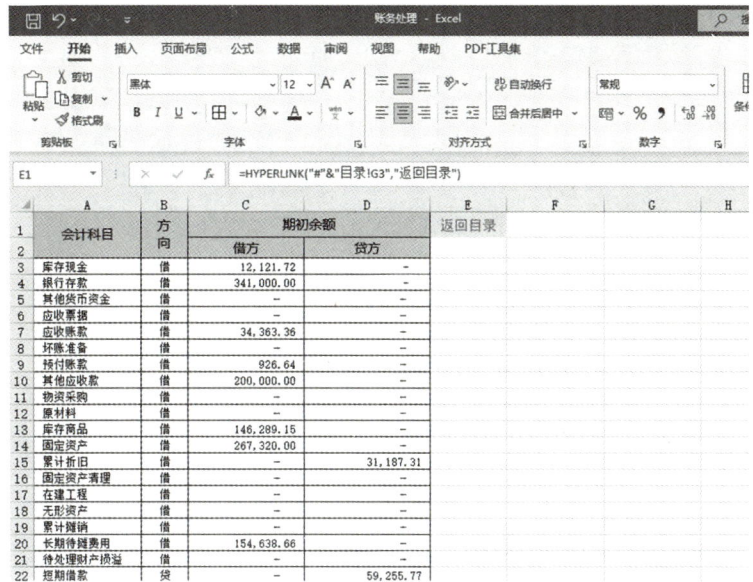

图 3-72 在"期初余额表"工作表中设置链接公式

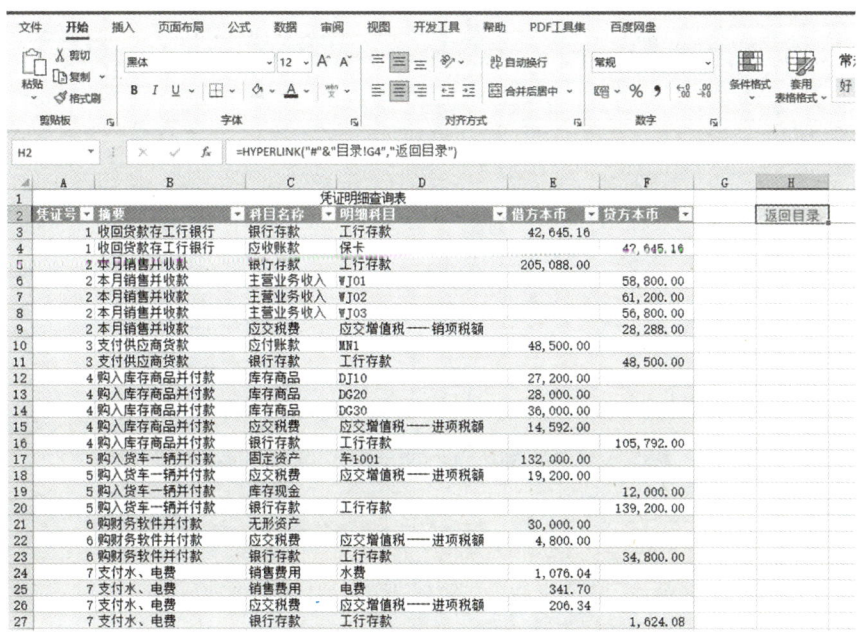

图 3-73 在"凭证明细查询表"工作表中设置链接公式

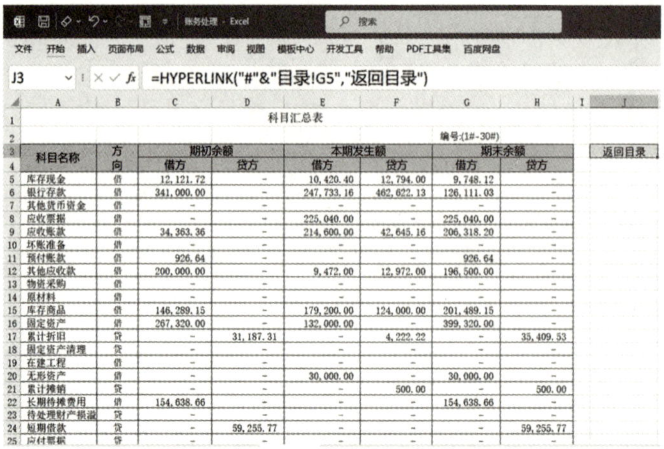

J3 =HYPERLINK("#"&"目录!G5","返回目录")

科目汇总表

编号:(1#-30#)

科目名称	方向	期初余额		本期发生额		期末余额	
		借方	贷方	借方	贷方	借方	贷方
库存现金	借	12,121.72	-	10,420.40	12,794.00	9,748.12	-
银行存款	借	341,000.00	-	247,733.16	462,622.13	126,111.03	-
其他货币资金	借	-	-	-	-	-	-
应收票据	借	-	-	225,040.00	-	225,040.00	-
应收账款	借	34,363.36	-	214,600.00	42,645.16	206,318.20	-
坏账准备	借	-	-	-	-	-	-
预付账款	借	926.64	-	-	-	926.64	-
其他应收款	借	200,000.00	-	9,472.00	12,972.00	196,500.00	-
物资采购	借	-	-	-	-	-	-
原材料	借	-	-	-	-	-	-
库存商品	借	146,289.15	-	179,200.00	124,000.00	201,489.15	-
固定资产	借	267,320.00	-	132,000.00	-	399,320.00	-
累计折旧	贷	-	31,187.31	-	4,222.22	-	35,409.53
固定资产清理	贷	-	-	-	-	-	-
在建工程	借	-	-	-	-	-	-
无形资产	借	-	-	30,000.00	-	30,000.00	-
累计摊销	贷	-	-	-	500.00	-	500.00
长期待摊费用	借	154,638.66	-	-	-	154,638.66	-
待处理财产损溢	贷	-	-	-	-	-	-
短期借款	贷	-	59,255.77	-	-	-	59,255.77
应付票据	贷	-	-	-	-	-	-

返回目录

图 3-74　在“科目汇总表”工作表中设置链接公式

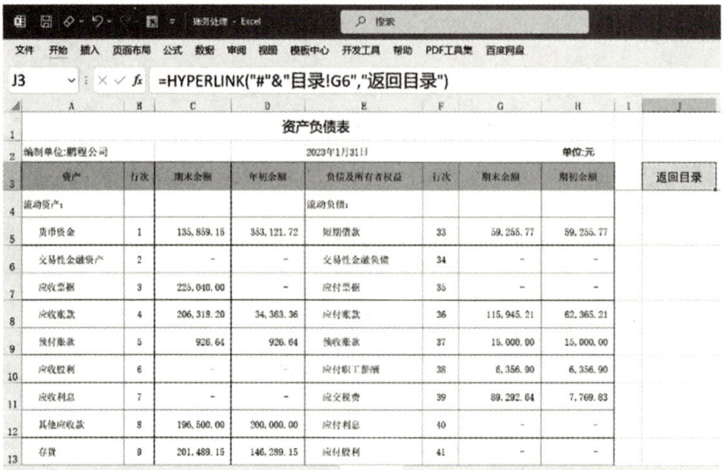

J3 =HYPERLINK("#"&"目录!G6","返回目录")

资产负债表

编制单位:鹏程公司　2023年1月31日　单位:元

资产	行次	期末余额	年初余额	负债及所有者权益	行次	期末余额	期初余额
流动资产:				流动负债:			
货币资金	1	135,859.15	353,121.72	短期借款	33	59,255.77	59,255.77
交易性金融资产	2	-	-	交易性金融负债	34	-	-
应收票据	3	225,040.00	-	应付票据	35	-	-
应收账款	4	206,318.20	34,363.36	应付账款	36	115,945.21	62,365.21
预付账款	5	926.64	926.64	预收账款	37	15,000.00	15,000.00
应收股利	6	-	-	应付职工薪酬	38	6,356.90	6,356.90
应收利息	7	-	-	应交税费	39	89,292.64	7,769.83
其他应收款	8	196,500.00	200,000.00	应付利息	40	-	-
存货	9	201,489.15	146,289.15	应付股利	41	-	-

返回目录

图 3-75　在“资产负债表”工作表中设置链接公式

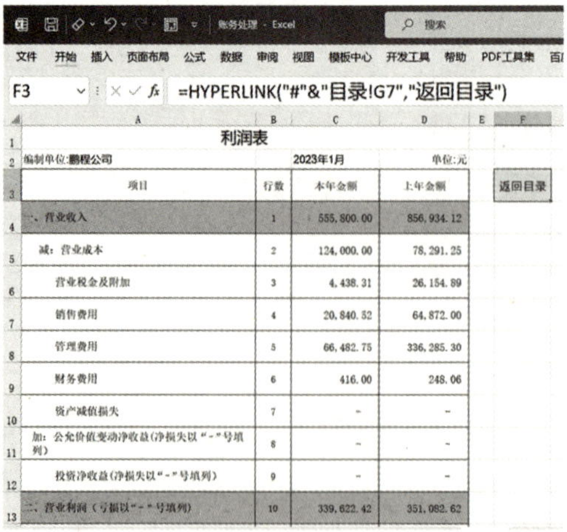

F3 =HYPERLINK("#"&"目录!G7","返回目录")

利润表

编制单位:鹏程公司　2023年1月　单位:元

项目	行数	本年金额	上年金额
一、营业收入	1	555,800.00	856,934.12
减：营业成本	2	124,000.00	78,291.25
营业税金及附加	3	4,438.31	26,154.89
销售费用	4	20,840.52	64,872.00
管理费用	5	66,482.75	336,285.30
财务费用	6	416.00	248.06
资产减值损失	7	-	-
加：公允价值变动净收益(净损失以“-”号填列)	8	-	-
投资净收益(净损失以“-”号填列)	9	-	-
二、营业利润（亏损以“-”号填列)	10	339,622.42	351,082.62

返回目录

图 3-76　在“利润表”工作表中设置链接公式

任务五　拓展应用——条件格式

条件格式能够以单元格的内容为基础，选择性地应用指定的单元格格式。在实际应用时，可以快速识别特定类型的数据，再使用指定格式对其加以认识。

一、设置条件格式

为某个单元格区域应用条件格式时，需要先选中该单元格区域，然后单击【开始】选项卡，在【样式】组单击【条件格式】下拉按钮，再从弹出的下拉列表中选择需要的选项。选项内容包括【突出显示单元格规则】【最前/最后规则】【数据条】【色阶】【图标集】【新建规则】【清除规则】【管理规则】，如图 3-77 所示。

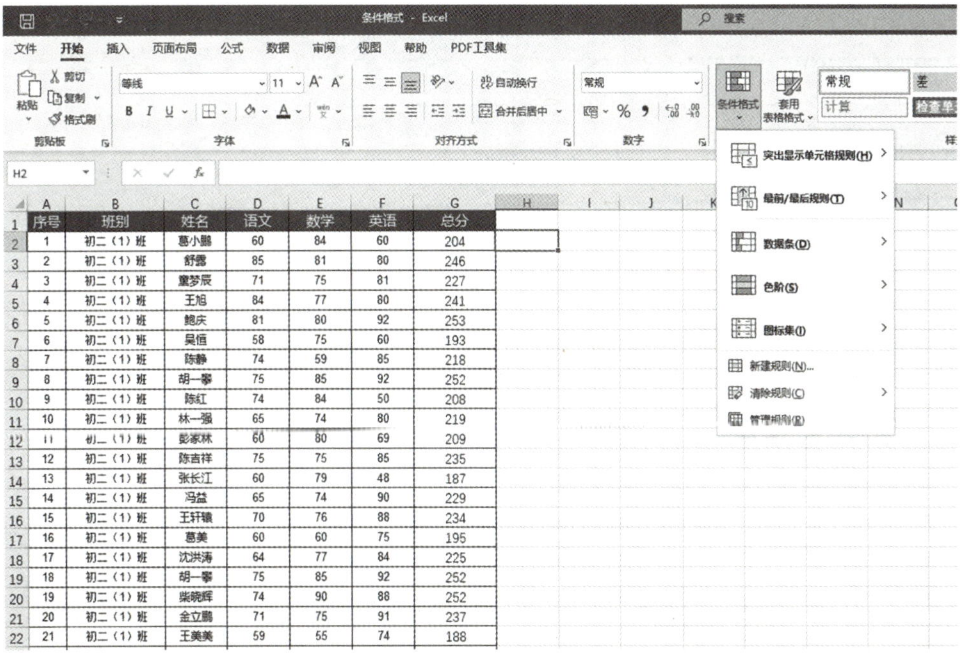

图 3-77　【条件格式】下拉列表中的选项

如果在下拉列表中选择【新建规则】命令，将打开【新建格式规则】对话框，并在【选择规则类型】列表框中默认选择【基于各自值设置所有单元格的格式】选项。在此对话框中可以创建功能区中的所有格式规则，也可以创建自定义的规则，如图 3-78 所示。

【选择规则类型】列表框中包含多个选项，不同选项的说明如表 3-3 所示。

当选择【基于各自值设置所有单元格的格式】选项时，在【编辑规则】选区的【格式样式】下拉列表中可以根据需要选择双色刻度、三色刻度、数据条和图标集 4 种样式。在【类型】下拉列表中包含 6 种类型的计算规则，不同类型的计算规则说明如表 3-4 所示。

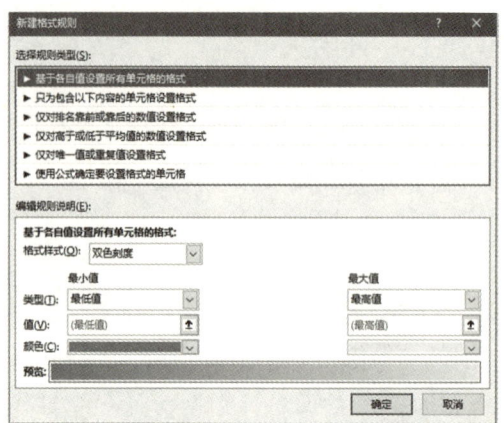

图 3-78　【新建格式规则】对话框

表 3-3　【选项规则类型】列表框中不同选项的说明

选　项	说　明
基于各自值设置所有单元格的格式	创建显示数据条、色阶或图标集的规则
只为包含以下内容的单元格设置格式	创建基于数值大小比较的规则，如大于、小于、不等于、介于等。也可以基于文本内容创建"文本包含"规则
仅对排名靠前或靠后的数值设置格式	创建可标记前 N 个、前百分之 N、后 N 个、后百分之 N 的规则
仅对高于或低于平均值的数值设置格式	创建可标记特定范围内数值的规则
仅对唯一值或重复值设置格式	创建可标记指定范围内的唯一值或重复值的规则
使用公式确定要设置格式的单元格	创建基于公式运算结果的规则

表 3-4　不同类型的计算规则说明

计算规则	说　明
最低值/最大值	数据序列中的最小值/最大值
数字	由用户直接输入的值
百分比	计算规则为（当前值-区域中最小值）/（区域中的最大值-区域中的最小值）
公式	通过公式计算出的值
百分点值	使用 PERCENTILE 函数规则计算出的第 K 个百分点的值

　　当在【选择规则类型】列表框中选择其他规则名称后，【编辑规则说明】选区将依据所选规则显示不同的选项，如图 3-79 所示。

　　规则设置完成后，单击【格式】按钮，打开【设置单元格格式】对话框，可以在该对话框中继续设置在符合条件时要应用的格式类型。

　　【设置单元格格式】对话框中包括【数字】【字体】【边框】【填充】4 个选项卡，每个选项卡中都包含用于清除所有已选定格式的【清除】按钮，如图 3-80 所示。另外，在【字体】选项卡中只可以选择字体样式、颜色、下画线和删除线效果，不能更改字体。

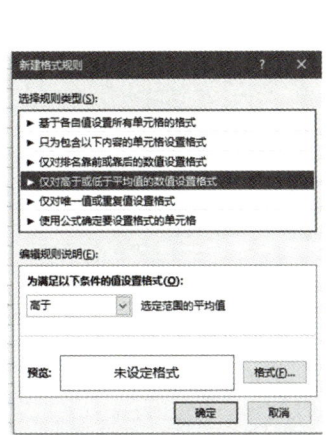

图 3-79　在【选择规则类型】列表框中选择其他选项　图 3-80　【设置单元格格式】对话框中的选项卡

二、管理条件格式

1. 编辑条件格式规则

如需对已有的条件格式进行编辑修改，可以按以下步骤操作。

Step1　选中需要修改条件格式的单元格区域，按照前文所述步骤，单击【条件格式】下拉按钮，在弹出的下拉列表中选择【管理规则】选项，如图 3-81 所示。

Step2　打开【条件格式规则管理器】对话框，在该对话框中选中需要编辑的规则项目，单击【编辑规则】按钮，如图 3-82 所示。打开【编辑格式规则】对话框，用户可以对已设置的条件格式进行修改。

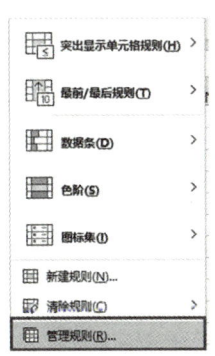
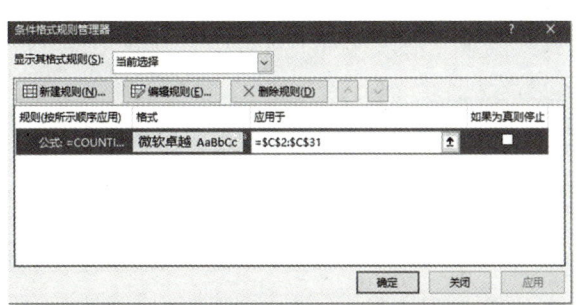

图 3-81　选择【管理规则】选项　　　　图 3-82　【条件格式规则管理器】对话框

2. 清除条件格式

要清除某个单元格的条件格式，可以先选中该单元格。如果是清除整个工作表所有单元格区域的条件格式，则可以单击工作表中的任意单元格。

按照前文所述步骤，单击【条件格式】下拉按钮，在弹出的下拉列表中选择【清除规则】选项，在展开的二级下拉列表中选择针对不同作用范围的清除选项，如图 3-83 所示。如果选择【清除所选单元格的规则】选项，则清除所选单元格的条件格式。如果选择【清除整个工作表的规则】选项，则清除当前工作表所有单元格区域的条件格式。

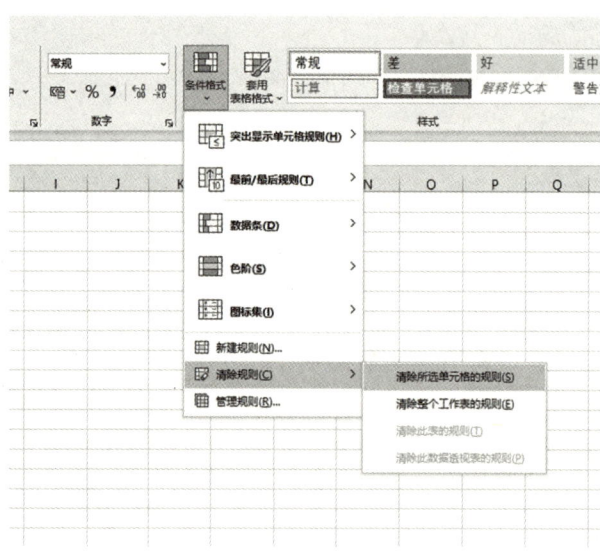

图 3-83　清除规则

三、任务实施

1. 突出显示重复输入的姓名

Step1　选中 C2:C30 单元格区域，单击【开始】选项卡，在【样式】组单击【条件格式】下拉按钮，在弹出的下拉列表中选择【新建规则】选项，如图 3-84 所示。

Step2　打开【新建格式规则】对话框，在【选择规则类型】列表框中选择【使用公式确定要设置格式的单元格】选项，然后在【为符合此公式的值设置格式】文本框中输入公式"=COUNTIF($C$2:C2,C2)>1"，如图 3-85 所示。

Step3　单击【格式】按钮，打开【设置单元格格式】对话框。在该对话框中单击【填充】选项卡，选择一种颜色，如橙色，单击【确定】按钮，如图 3-86 所示。

> COUNTIF 函数第一参数使用$C$2:C2，用来形成一个从$C$2 单元格开始到公式所在行的动态统计范围，在此范围中统计 C 列中的姓名个数是否大于 1。如果重复输入了姓名，会对出现重复姓名的单元格应用指定的突出显示规则。

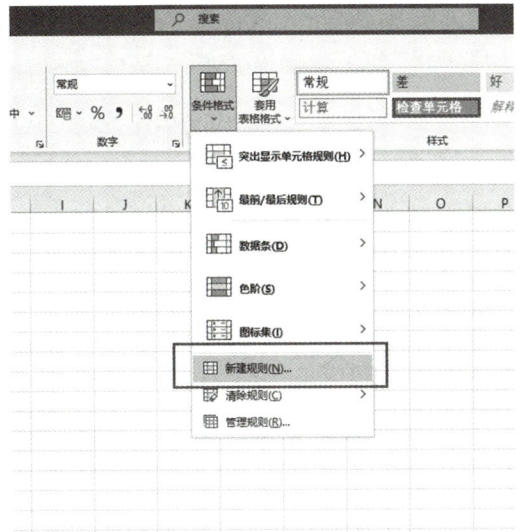

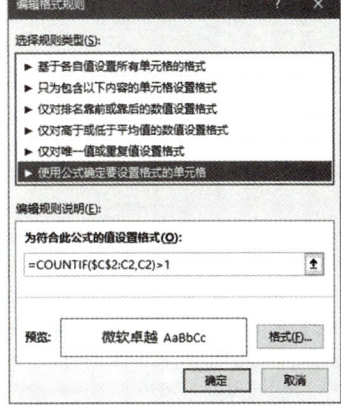

图 3-84　设置新建规则　　　　　　　　　　　图 3-85　编辑格式规则

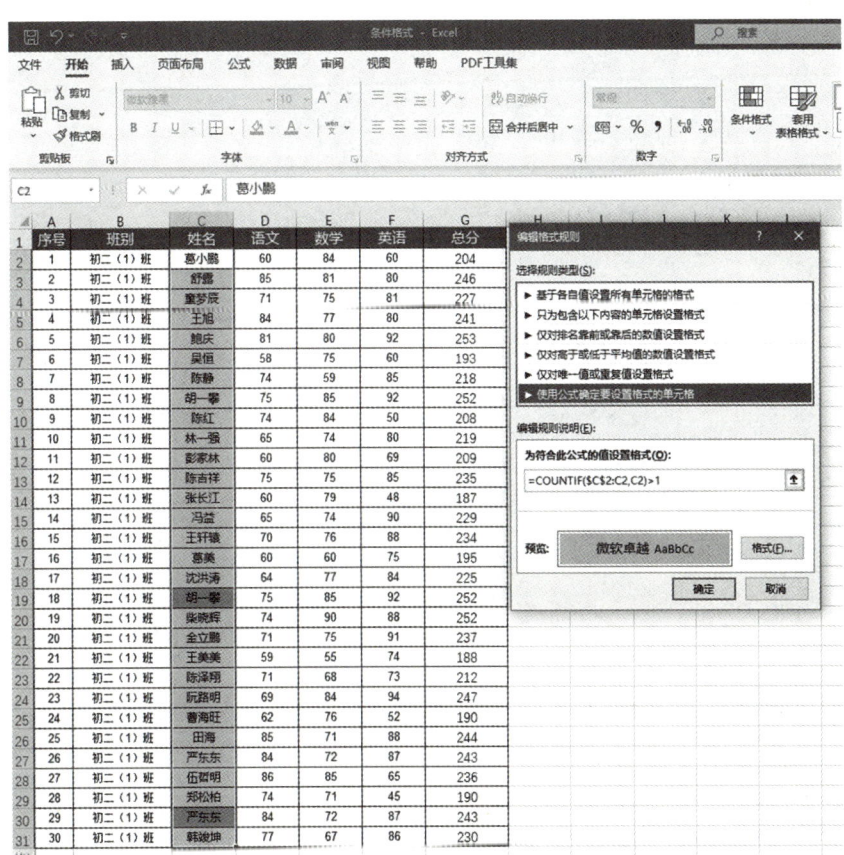

图 3-86　突出显示重复输入的姓名最终效果

2. 突出显示第一行最低值

Step1 选中 D2:F31 单元格区域，按照前文所述步骤打开【新建格式规则】对话框。

Step2 在【新建格式规则】对话框中的【选择规则类型】列表框中选择【使用公式确定要设置格式的单元格】选项，然后在【为符合此公式的值设置格式】文本框中输入公式"=D2=MIN($D2:$F2)"。

Step3 单击【格式】按钮，打开【设置单元格格式】对话框。在该对话框中单击【填充】选项卡，选择一种颜色，如蓝色，单击【确定】按钮，如图 3-87 所示。

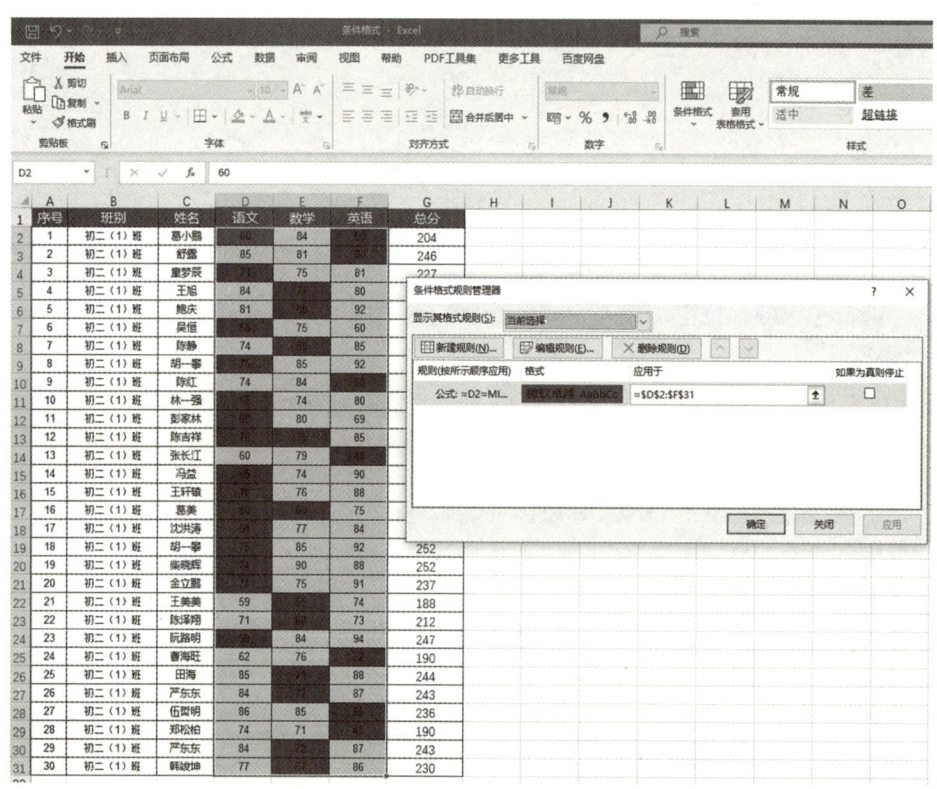

图 3-87　突出显示第一行最低值最终效果

Tips

> 　　使用 MIN($D2:$F2) 计算出公式所在行的最小值，然后判断 D2（活动单元格）的值是否等于公式所在行的最小值。
>
> 　　在条件格式中使用公式，需要注意公式的引用方式，一般以选中区域的活动单元格为参数进行设置。设置完成后，即可将条件格式规则应用于所选区域的每个单元格。

3. 使用数据条展示数据差异

Step1 选中 E3:E14 单元格区域，按照前文所述步骤，单击【条件格式】下拉按钮，在弹出的下拉列表中选择【数据条】选项，在展开的二级下拉列表中选择【其他规则】选项，打开【新建格式规则】对话框，如图 3-88 和图 3-89 所示。

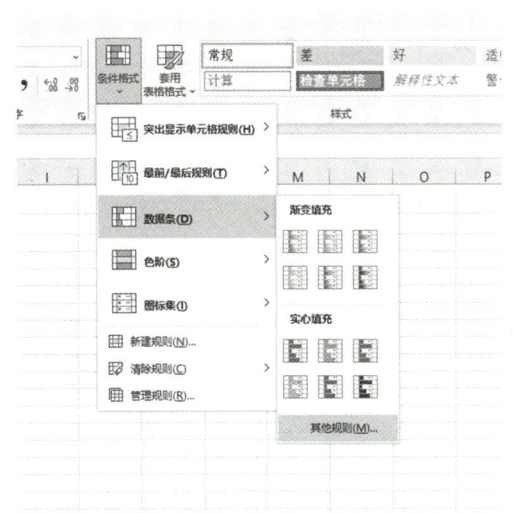

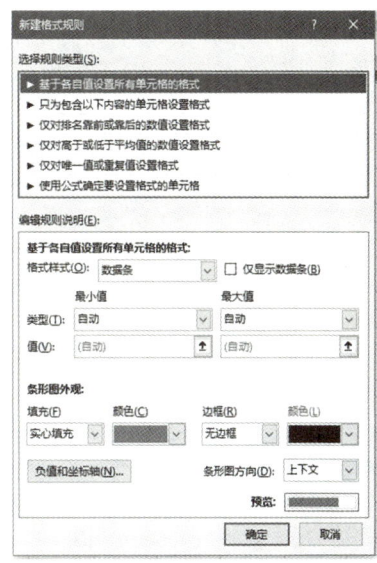

图 3-88　设置数据条　　　　　　　　　　　图 3-89　打开【新建格式规则】对话框

Step2　在【新建格式规则】对话框中的【编辑规则说明】选区勾选【仅显示数据条】复选框。在【填充】下拉列表中选择【实心填充】选项。在【颜色】下拉列表中选择橙色条块。最后单击【负值和坐标轴】按钮，如图 3-90 所示

Step3　打开【负值和坐标轴设置】对话框，在【负值条形图填充颜色】选区选中【填充颜色】单选按钮，单击右侧的下拉按钮，在弹出的下拉列表中选择橙色条块。在【坐标轴设置】选区选中【单元格中点值】单选按钮，如图 3-91 所示。单击【确定】按钮返回【新建格式规则】对话框，再次单击【确定】按钮关闭对话框，最终效果如图 3-92 所示。

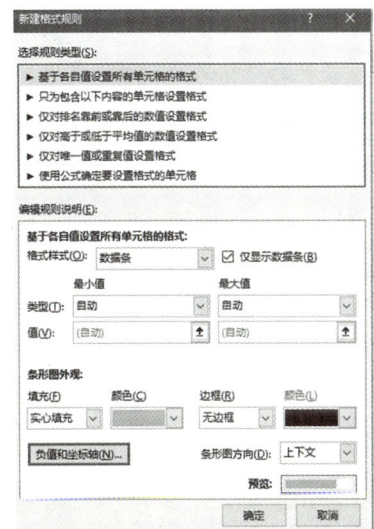

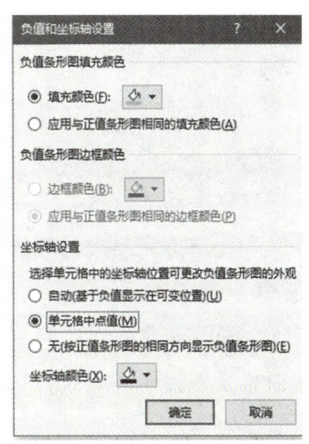

图 3-90　在【新建格式规则】对话框中设置相关内容　　　　图 3-91　设置负值和坐标轴

2022—2023年期中考试成绩语文平均分分析

序号	班别	2023	2022	差异
1	初二（1）班	86	74	
2	初二（2）班	85	80	
3	初二（3）班	79	85	
4	初二（4）班	86	77	
5	初二（5）班	81	85	
6	初二（6）班	90	85	
7	初二（7）班	88	79	
8	初二（8）班	75	85	
9	初二（9）班	93	84	
10	初二（10）班	90	74	
11	初二（11）班	88	80	
12	初二（12）班	78	75	

图 3-92　使用数据条展示数据差异最终效果

素养修习

传统手工会计与会计电算化的比较

党的二十大报告强调，坚持创新在我国现代化建设全局中的核心地位。在高速发展的信息社会，计算机的运用已渗透各个领域，以电子计算机为载体的当代电子技术和信息技术被应用到会计实务中，会计电算化应运而生。传统手工会计模式转变为会计电算化模式是典型的创新之举。我们可以从这两种模式的比较中更好地窥见会计电算化在创新领域实现的突破：传统手工会计的基本模式是“会计凭证→账簿→会计报表”，会计电算化的基本模式可概括为“会计凭证→账簿”“会计凭证→会计报表”。具体而言，传统手工会计模式与会计电算化模式的区别如下。

1. 运算工具不同

传统手工会计的运算工具是算盘或电子计算器等。在计算过程中，每运算一次都要重复一次。由于不能存储运算结果，会计人员要边算边记录，工作量大，速度慢。因此，会计人员要有足够的耐心、细心，要具备强大的责任意识和精益求精的敬业精神。会计电算化的运算工具是电子计算机，数据处理由计算机完成，能自动、及时地存储运算结果，会计人员只要输入原始数据便能得到所希望的信息，效率更高，结果更精准。

2. 信息载体不同

传统手工会计中的所有信息都以纸张为载体，占用空间大，不易保管，查找困难。会计电算化除了必要的会计凭证，其他信息均可用磁盘、磁带作为载体，占用空间小，保管容易，查找方便。同时也要注意，在运用会计电算化中的信息载体时，必须履行维护国家信息网络安全的责任和义务，遵守网络中的职业道德规范，不做违法乱纪的事情。

3. 账簿规则不同

传统手工会计规定日记账、总账要用订本式账册，明细账要用活页式账册；账簿记录中的错误要用画线法和红字法更正；账页中的空行、空页要用红线画消。会计电算化不采用传统手工会计的这套改错方案，凡是登记过账的数据，不得更改（当然还要辅以技术控制），即使有错，也只能采用输入“更改凭证”的方法加以改正，以留下改动痕迹。会计人员要遵循会计电算化中相关程序的具体要求，有较强的账簿规则意识和思维。

4. 账务的处理程序（会计核算形式）不同

传统手工会计处理账务的程序有 4 种，但都避免不了重复转抄与计算的根本弱点，随之而来的是人员、环节和差错的增多。成熟的会计电算化的账务处理程序用同一种模式来处理不同企业的会计业务，从会计凭证到会计报表的制作过程都由计算机处理完成，任何要求的输出都能得到满足。

5. 内部控制不同

传统手工会计一般从摘要内容、数量、单价、金额、会计科目等项目来审核会计凭证的正确性，对账户的正确性一般通过三套账的相互核对来验证，还通过账证相符、账账相符、账实相符等内部控制方式来保证数据的正确性，堵塞漏洞。而会计电算化由于账务处理程序和会计工作组体制的变化，除原始数据的收集、审核、编码由原会计人员进行外，其余工作的处理都由计算机部门负责。内部控制方式部分被计算机技术替代，由手工控制转为人机控制，这是手工会计所望尘莫及的。

守正才能不迷失方向，不犯颠覆性错误，创新才能把握时代、引领时代。我们要以科学的态度对待科学，以真理的精神追求真理，以新的理论指导新的实践。

岗位能力测评

打开项目三"素材表"文件夹中的实训作业，运用切片器添加"报表快速查询"功能，效果如图 3-93 所示。

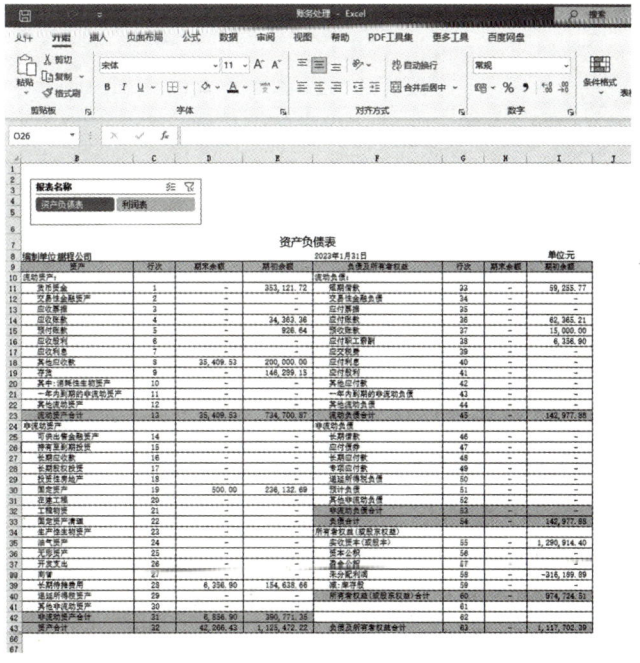

图 3-93　快速查看报表实训作业效果

项目四
往来账款管理

学习目标

知识学习目标：

- 掌握数据透视表功能的应用方法。
- 掌握数据透视图功能的应用方法。
- 掌握自动筛选和高级筛选功能。
- 掌握 EOMONTH 函数的使用方法。

技能训练目标：

- 能编制应收账款账龄分析表。
- 能编制应付账款付款测算表。

素养修习目标：

- 弘扬社会主义法治精神。
- 引导学生诚实守信，不做"老赖"。

工作任务：

- 任务一：编制应收账款账龄分析表。
- 任务二：编制应付账款付款测算表。
- 任务三：拓展应用——数据透视表。

任务一　编制应收账款账龄分析表

一、任务情境

　　账龄是指负债人欠款的时间。一般来说，账龄越长，发生坏账损失的可能性越大。账龄分析法是根据应收账款的时间长短来估计坏账损失的一种方法，又称应收账款账龄分析法。采用账龄分析法时，将不同账龄的应收账款进行分组，可以将账龄段划分为 0～30 天、31～60 天、

61～90 天、91～120 天、121～180 天、180 天以上等。

　　今天，小肖接到的任务是编制应收账款账龄分析表。他首先从系统中导出逾期应收账款清单，然后从信用部门得到各个客户的信用期清单，之后运用 VLOOKUP 函数、IF 函数、数据透视表等功能创建了鹏程公司应收账款账龄分析表。

　　任务效果及关键知识点如图 4-1 和图 4-2 所示。

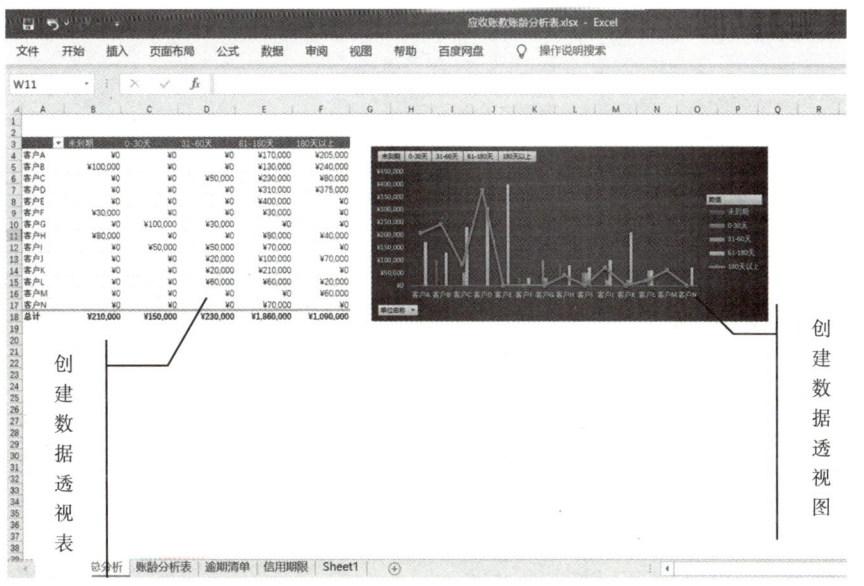

图 4-1　项目四之任务一的任务效果及关键知识点 1

图 4-2　项目四之任务一的任务效果及关键知识点 2

二、任务知识

1. 数据透视表

数据透视表是一种可以快速将大量数据转换成用不同方式汇总的交互式报表，其有机结合了数据排序、筛选、分类汇总的优点，可以随时选择页、行和列中的不同元素，让用户方便地调整分类汇总的方式，灵活地以多种不同的方式展示数据的不同统计结果，随意显示和打印自己感兴趣的明细数据，是 Excel 中使用较广泛、功能较强大的工具之一。

为了能够制作数据透视表，并对数据进行正确的分析，要特别注意以下几点。

- 如果明细表有标题为空，将无法制作数据透视表，需要将标题补充完整。
- 如果存在相同的列标题，数据透视表会自动添加序号加以区分，所以尽量不要存在相同的列标题。
- 如果存在合并单元格，除第 1 个单元格外，其他均作为空值处理，所以尽量取消合并的单元格，填充完整。
- 如果存在非法日期，在生成的数据透视表中，将无法按日期格式进行年、月、日格式的筛选和组合，应尽量将其转换成 Excel 认可的日期格式。
- 如果存在文本型数字，将无法在数据透视表中正确求和。需要将文本转换成数值型数字才可以进行相关的汇总统计。

（1）数据透视表的结构。数据透视表主要由行区域、列区域、筛选区域和值区域等组成，如图 4-3 所示。

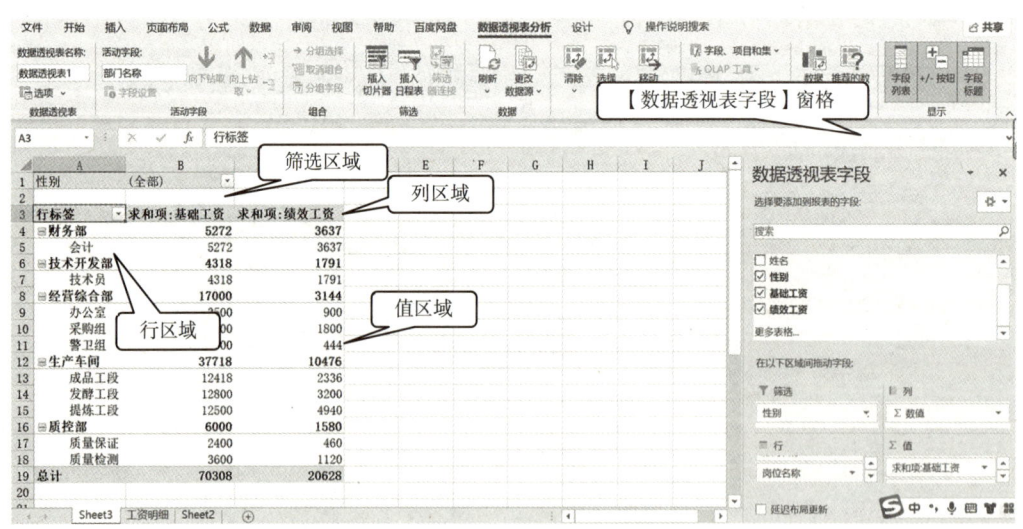

图 4-3　数据透视表的结构

- 行区域：数据透视表中最左侧的标题，称为行字段，对应【数据透视表字段】窗格中【行】下拉列表中的内容。可以拖曳字段名到数据透视表中的最左侧，也可以拖曳字段名到【数据透视表字段】窗格中的【行】下拉列表中。

- 列区域：数据透视表中值区域对应的标题，称为列字段，对应【数据透视表字段】窗格中【列】下拉列表中的内容。可以拖曳字段名到数据透视表中对应的区域，也可以拖曳字段名到【数据透视表字段】窗格中的【列】下拉列表中。

- 筛选区域：数据透视表中顶部的标题，称为筛选字段，对应【数据透视表字段】窗格中【筛选】下拉列表中的内容。单击【筛选】文本框右侧的下拉按钮，选择【选择多项】选项，可以选择全部或其中几个字段项在数据透视表中显示。

- 值区域：所筛选字段在数据透视表中显示的数字区域，称为值字段，执行计算功能，默认数值显示求和项。

（2）创建数据透视表。数据透视表的创建方法很简单，步骤如下。

Step1 打开"工资明细"工作表，选中要作为数据透视表数据源的单元格区域，单击【插入】选项卡，在【表格】组单击【数据透视表】按钮，如图 4-4 所示。

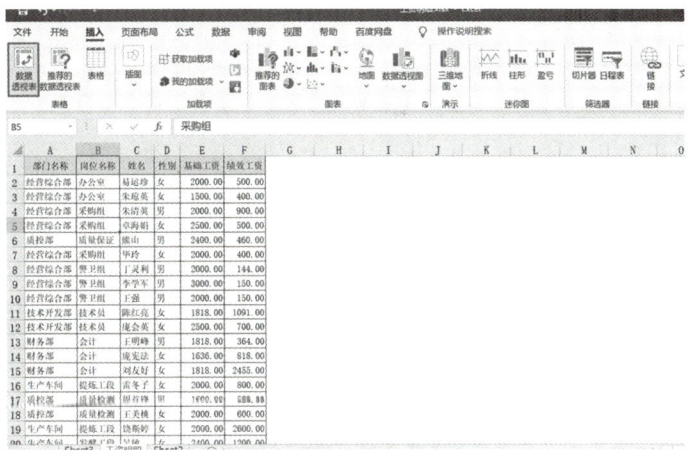

图 4-4 调用数据透视表功能

Step2 打开【创建数据透视表】对话框，此时在【请选择要分析的数据】选区，系统将自动选中【选择一个表或区域】单选按钮，且在【表/区域】文本框中自动显示相应的单元格区域，其他选项保持默认设置，单击【确定】按钮，如图 4-5 所示。

图 4-5 在【创建数据透视表】对话框中设置相关内容

Step3 此时系统将自动在当前工作表中创建一个空白的数据透视表，并打开【数据透视表字段】窗格，按需要，将"性别"字段拖曳到【筛选】下拉列表中，将"部门名称""岗位名称"字段拖曳到【行】下拉列表中，将"基础工资""绩效工资"字段拖曳到【值】下拉列表中，即可创建所需数据汇总表，如图 4-6 所示。

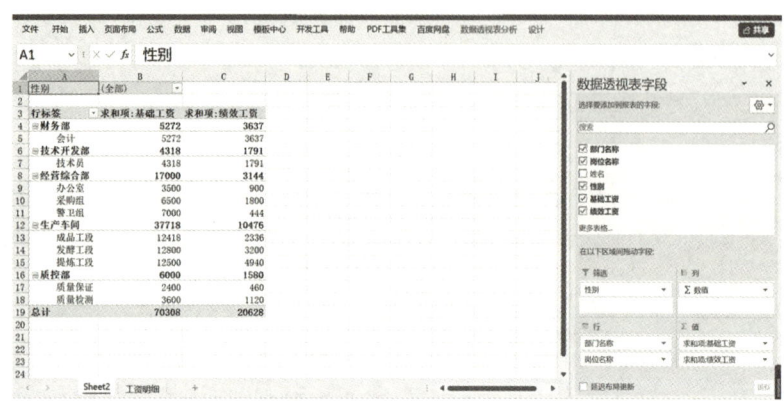

图 4-6 在【数据透视表字段】窗格设置相关内容

2. 数据透视图

数据透视图是数据透视表中数据的图形表示形式。与数据透视表一样，数据透视图也是交互式的。创建数据透视图时，数据透视图将筛选的内容显示在图表区中，以便排序和筛选数据透视图中的基本数据。相关联的数据透视表中任何字段和数据更改都将立即在数据透视图中反映出来。

创建数据透视图的方法有两种，一种是利用源数据创建，一种是根据数据透视表创建。

（1）利用源数据创建数据透视图。方法如下。

Step1 选中需要创建数据透视图的单元格区域，单击【插入】选项卡，在【图表】组单击【数据透视图】下拉按钮，在打开的下拉列表中选择【数据透视图】选项，如图 4-7 所示。

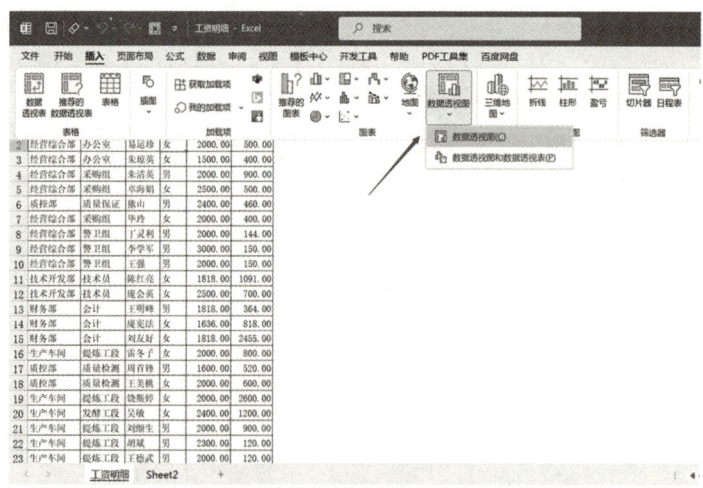

图 4-7 调用数据透视图功能

Step2　打开【创建数据透视图】对话框，选择数据区域和图表位置，如果保持默认设置，单击【确定】按钮即可，如图 4-8 所示。

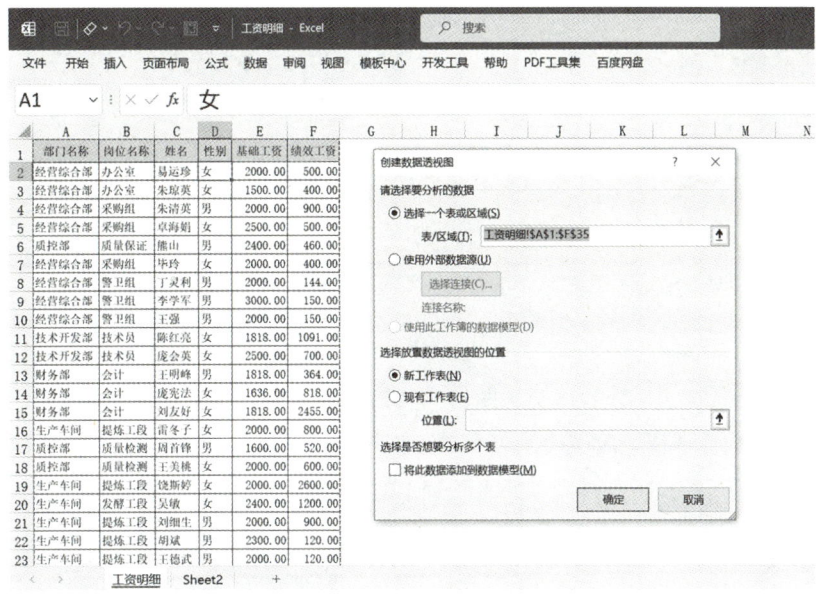

图 4-8　打开【创建数据透视图】对话框

Step3　打开数据透视表的编辑界面，工作表中会出现数据透视表 1 和图表 1，并打开【数据透视图字段】窗格，如图 4-9 所示。

图 4-9　数据透视图编辑界面

Step4　在【数据透视图字段】窗格中，将相应的字段拖曳到对应的【筛选】【图例（系列）】【轴（类别）】【值】文本框中，即可得到一个数据透视表与一个数据透视图，如图 4-10 所示。

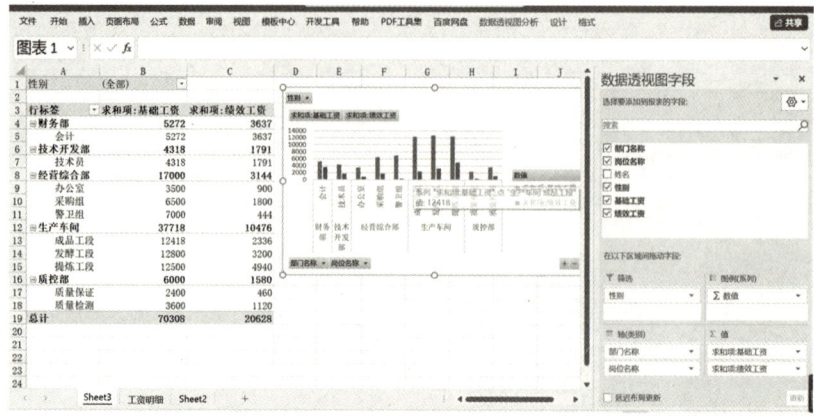

图 4-10　编辑后的数据透视表和数据透视图

（2）根据数据透视表创建数据透视图。方法如下。

Step1　选中数据透视表区域中的一个单元格，单击【数据透视表分析】选项卡，在【工具】组单击【数据透视图】按钮，打开【插入图表】对话框，如图 4-11 和图 4-12 所示。

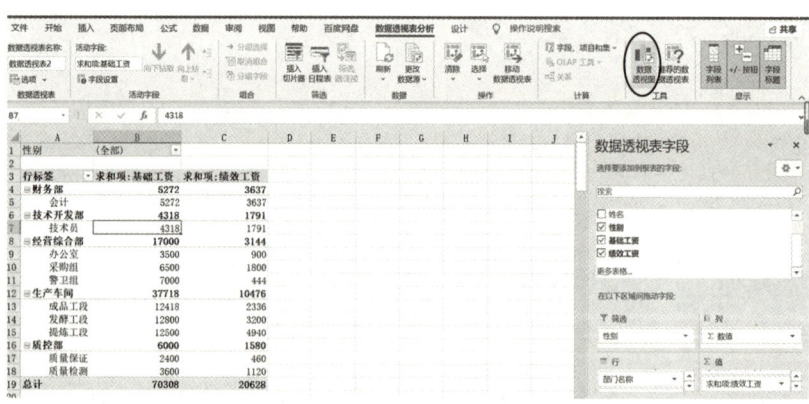

图 4-11　调用插入图表功能

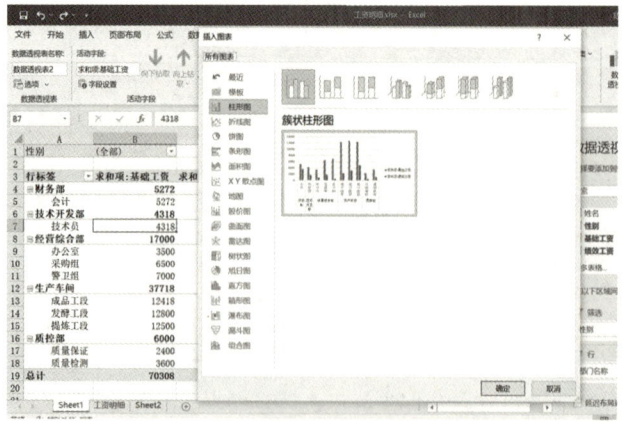

图 4-12　打开【插入图表】对话框

Step2　选择一种图表类型后，单击【确定】按钮，即可创建一个数据透视图，如图 4-13 所示。

Tips

> 在使用数据透视图时，存在如下一些限制。
> （1）在数据透视图中，不能使用散点图和股价图。
> （2）在数据透视表中添加、删除计算字段或计算项后，数据透视图中添加的趋势线会丢失。
> （3）无法直接调整数据标签、图表标题、坐标轴标题的大小，但可以通过改变字体的大小间接调整这几项。

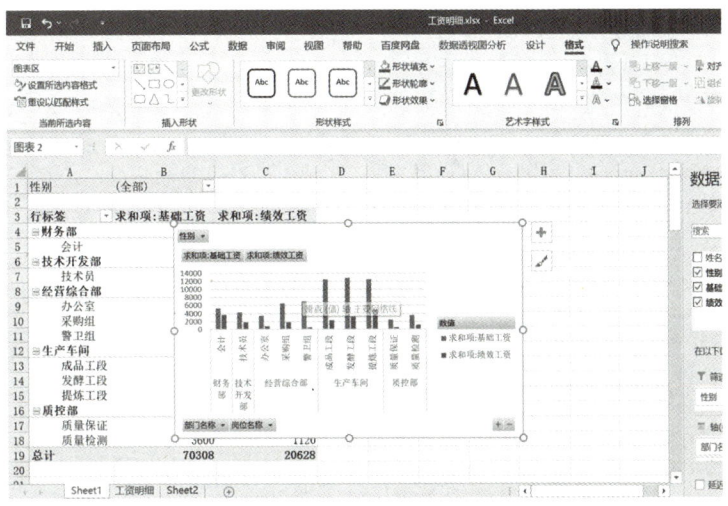

图 4-13　选择图表类型从而创建数据透视图

三、任务实施

1. 创建应收账款账龄分析表

Step1　将从系统中导出的"发票信息"与从信用部门取得的"信用期限"两个工作表放到同一个工作簿中（见项目四"素材表"文件夹），然后将工作簿改名为"应收账款账龄分析表"，如图 4-14 所示。

Step2　按住 Ctrl 键，单击"发票信息"工作表标签，将其拖曳到新的工作表位置，释放鼠标左键，即可得到"发票信息（2）"工作表，如图 4-15 所示。

Step3　将"发票信息（2）"工作表重命名为"账龄分析表"，并按住鼠标左键不放，将该工作表拖曳到"发票信息"工作表前面，如图 4-16 所示。

Step4　在"账龄分析表"工作表中输入所需的列标题，然后在标题行上方插入两行，第一行输入报表名称"鹏程公司应收账款账龄分析表"，使其跨列居中，第二行输入"当前日期："及"单位：元"，如图 4-17 所示。

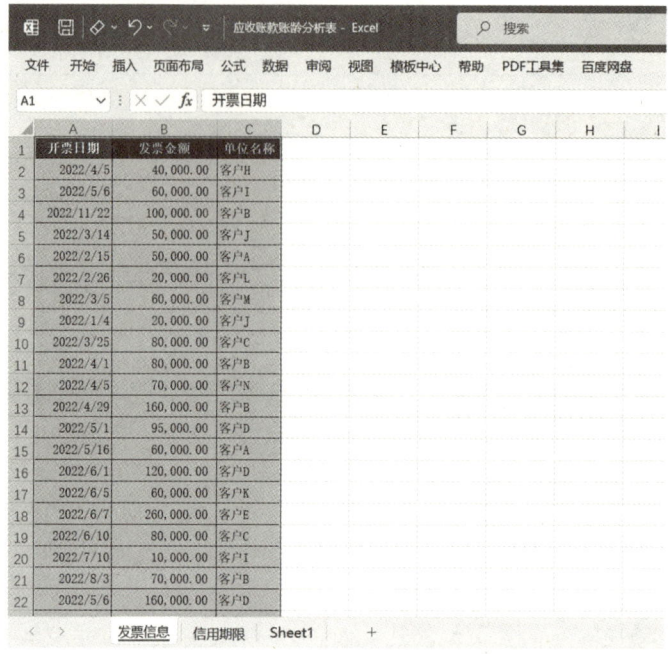

图 4-14　从系统中导出相关信息

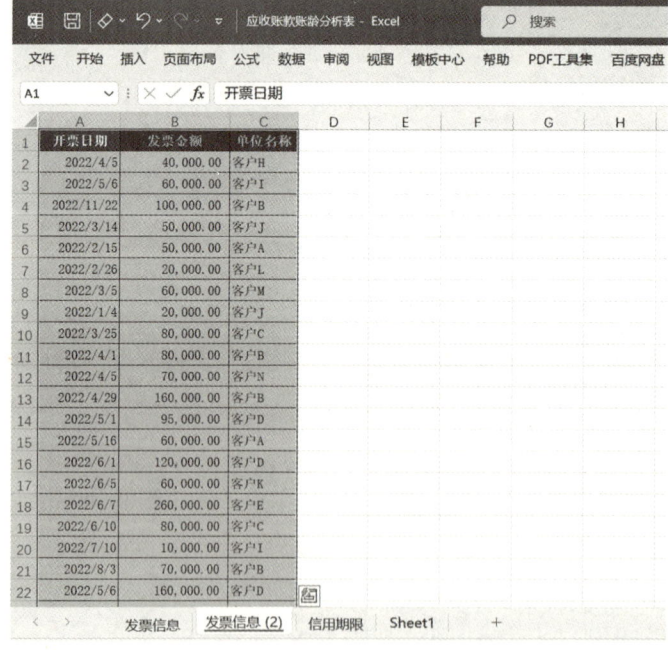

图 4-15　得到"发票信息 2"工作表

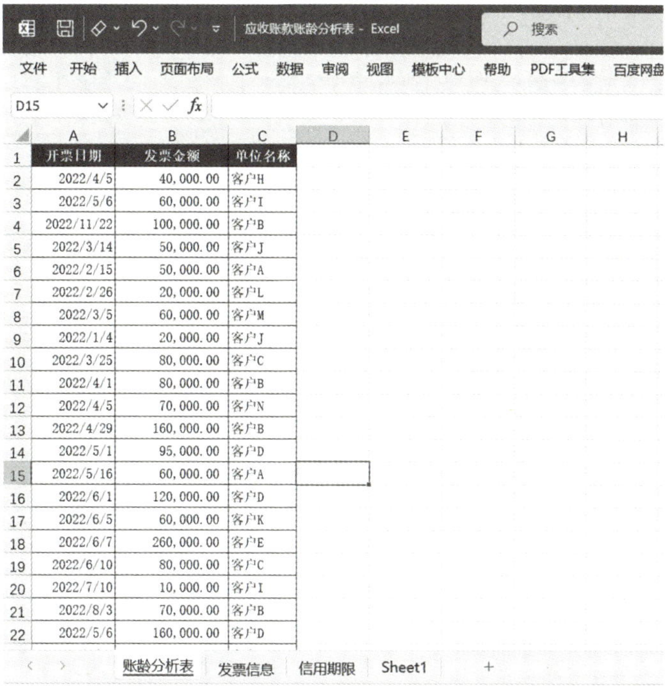

图 4-16　将"发票信息 2"工作表重命名为"账龄分析表"并移动位置

图 4-17　在"账龄分析表"工作表中输入标题及插入行

Step5　在"账龄分析表"工作表中填充"信用期限"字段的信息时，需要先编辑"信用期限"工作表。利用 Ctrl+C 和 Ctrl+V 组合键将信用期限的信息从横向排列变成纵向排列，如图

4-18 所示。

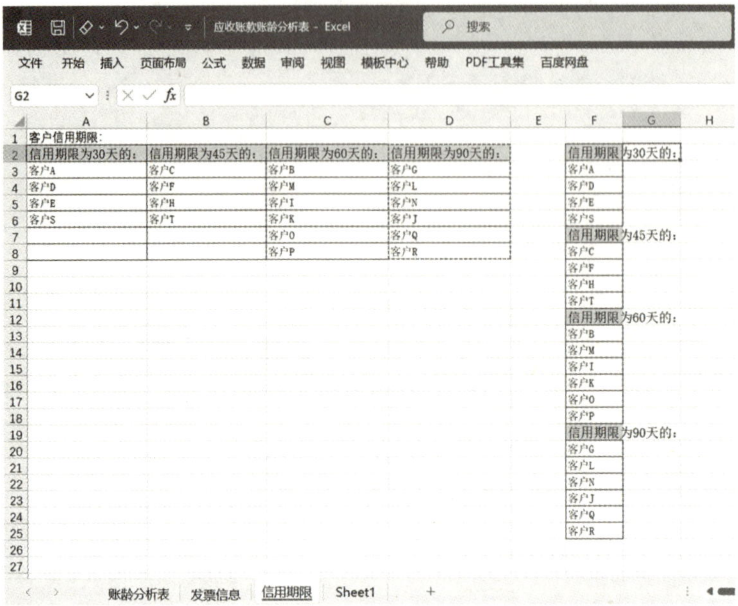

图 4-18　编辑"信用期限"工作表

Step6　选中 G3:G6 单元格区域，输入数字"30"，按 Ctrl+Enter 组合键填充该单元格区域。以同样的方式将 G8:G11、G13:G18、G20:G25 单元格区域陆续填充完整，如图 4-19 所示。

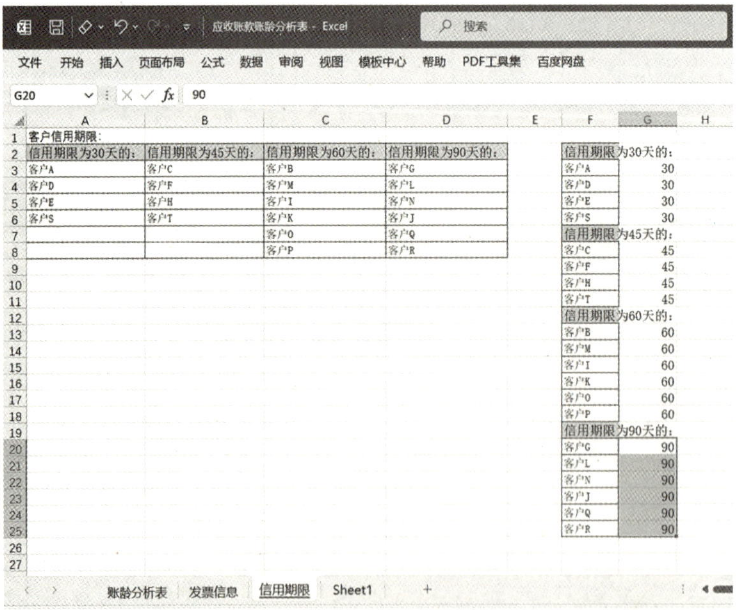

图 4-19　编辑信用天数

Step7　切换到"账龄分析表"工作表，选中 D4 单元格，输入公式"=VLOOKUP(C4,信用期限!F:G,2,0)”，按 Enter 键，如图 4-20 所示。

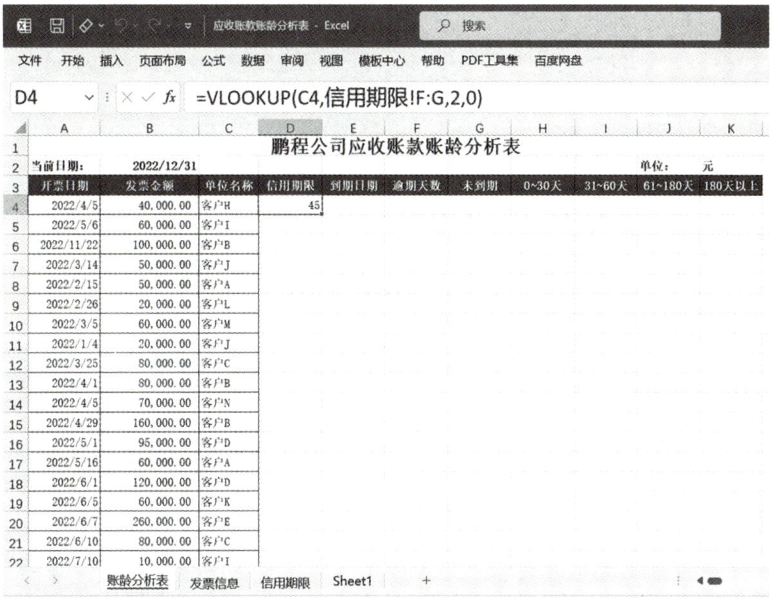

开票日期	发票金额	单位名称	信用期限	到期日期	逾期天数	未到期	0~30天	31~60天	61~180天	180天以上
2022/4/5	40,000.00	客户H	45							
2022/5/6	60,000.00	客户I								
2022/11/22	100,000.00	客户B								
2022/3/14	50,000.00	客户J								
2022/2/15	50,000.00	客户A								
2022/2/26	20,000.00	客户L								
2022/3/5	60,000.00	客户M								
2022/1/4	20,000.00	客户J								
2022/3/25	80,000.00	客户C								
2022/4/1	80,000.00	客户B								
2022/4/5	70,000.00	客户N								
2022/4/29	160,000.00	客户B								
2022/5/1	95,000.00	客户D								
2022/5/16	60,000.00	客户A								
2022/6/1	120,000.00	客户D								
2022/6/5	60,000.00	客户K								
2022/6/7	260,000.00	客户E								
2022/6/10	80,000.00	客户C								
2022/7/10	10,000.00	客户I								

图 4-20　通过 VLOOKUP 函数输入信用期限

Step8　根据“到期日期=赊销日期+信用期限”，选中 E4 单元格，输入公式“=A4+D4”，按 Enter 键，并将单元格格式修改为日期格式，如图 4-21 所示。

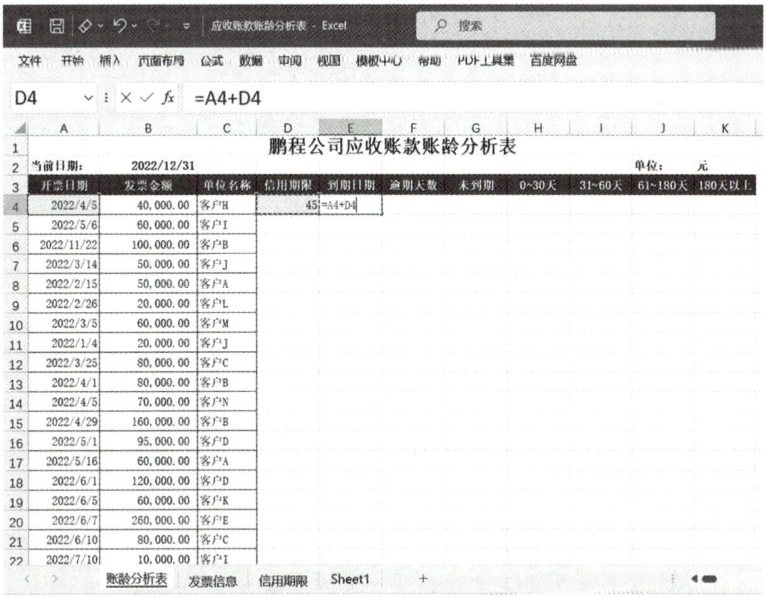

开票日期	发票金额	单位名称	信用期限	到期日期	逾期天数	未到期	0~30天	31~60天	61~180天	180天以上
2022/4/5	40,000.00	客户H	45	=A4+D4						
2022/5/6	60,000.00	客户I								
2022/11/22	100,000.00	客户B								
2022/3/14	50,000.00	客户J								
2022/2/15	50,000.00	客户A								
2022/2/26	20,000.00	客户L								
2022/3/5	60,000.00	客户M								
2022/1/4	20,000.00	客户J								
2022/3/25	80,000.00	客户C								
2022/4/1	80,000.00	客户B								
2022/4/5	70,000.00	客户N								
2022/4/29	160,000.00	客户B								
2022/5/1	95,000.00	客户D								
2022/5/16	60,000.00	客户A								
2022/6/1	120,000.00	客户D								
2022/6/5	60,000.00	客户K								
2022/6/7	260,000.00	客户E								
2022/6/10	80,000.00	客户C								
2022/7/10	10,000.00	客户I								

图 4-21　设置“到期日期”字段列的计算公式

Step9　根据“逾期天数=当前日期–到期日期”，选中 F4 单元格，输入公式“=$B$2-E4”，按 Enter 键，并将单元格格式修改为数值格式，如图 4-22 所示。

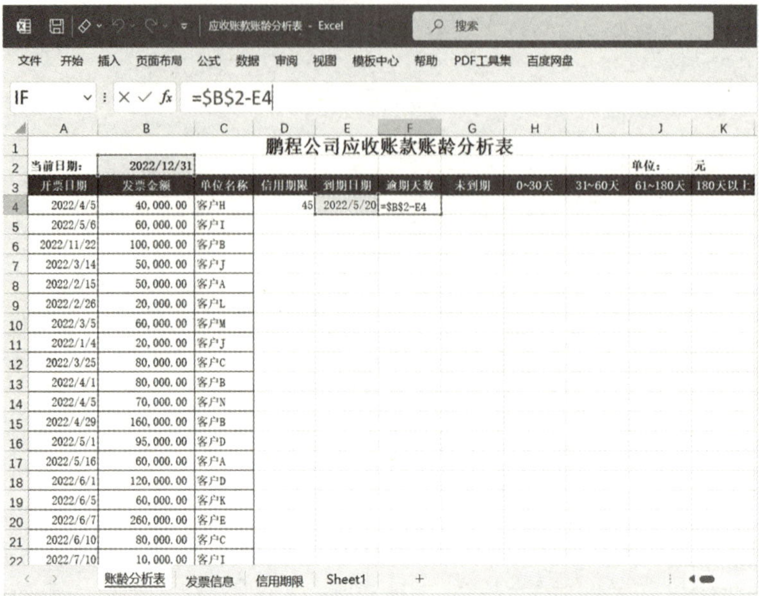

图 4-22 设置"逾期天数"字段列的计算公式

Step10 "未到期"字段列代表该项应收账款尚未到期，即逾期天数小于 0。选中 G4 单元格，输入公式"=IF($F4<0,$B4,0)"，按 Eneter 键，如图 4-23 所示。

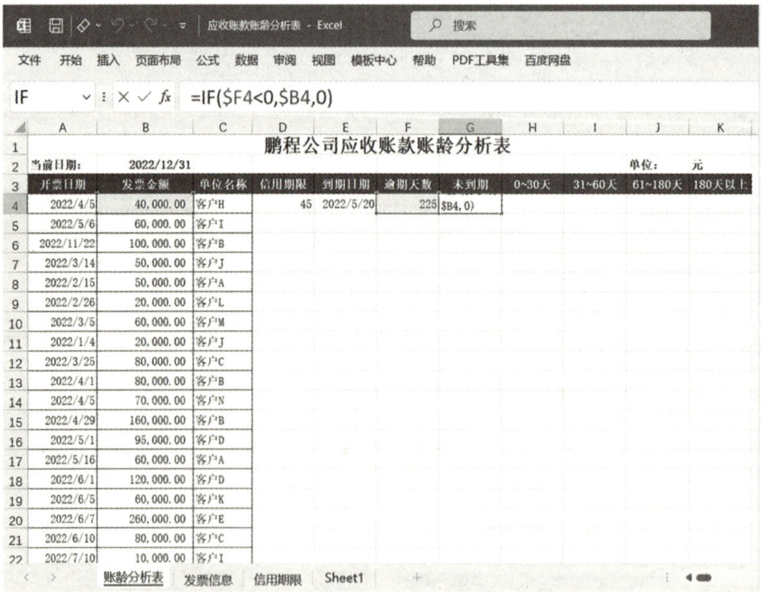

图 4-23 设置"未到期"字段列的计算公式

Step11 将 G4 单元格中的公式复制到 H4:K4 单元格区域，然后选中 H4 单元格，修改公式为"=IF(AND($F4>=0,$F4<=30),$B4,0)"，按 Enter 键，如图 4-24 所示。

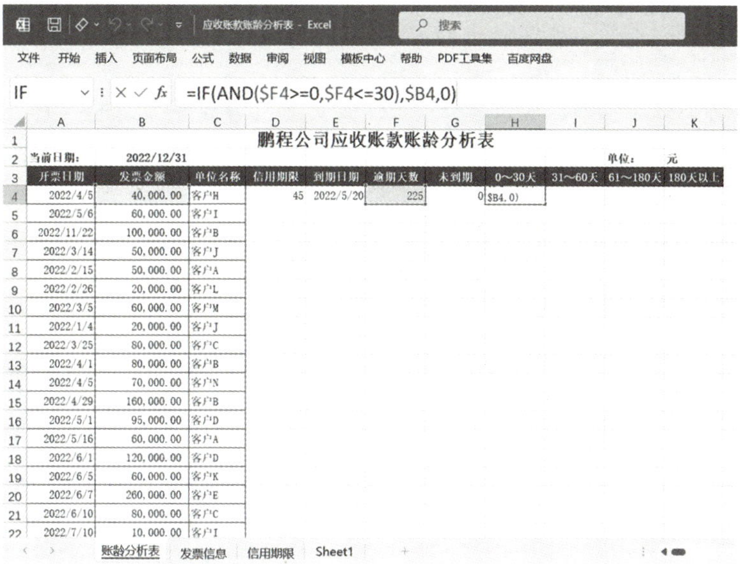

图 4-24　设置"0~30 天"字段列的计算公式

Step12　将 H4 单元格的公式复制到 I4:J4 单元格区域，然后选中 I4 单元格，修改公式为"=IF(AND($F4>=31,$F4<=60),$B4,0)"，按 Enter 键；选中 J4 单元格，修改公式为"=IF(AND($F4>=61,$F4<=180),$B4,0)"，按 Enter 键；选中 K4 单元格，修改公式为"=IF($F4>180,$B4,0)"，按 Enter 键，如图 4-25 和图 4-26 所示。

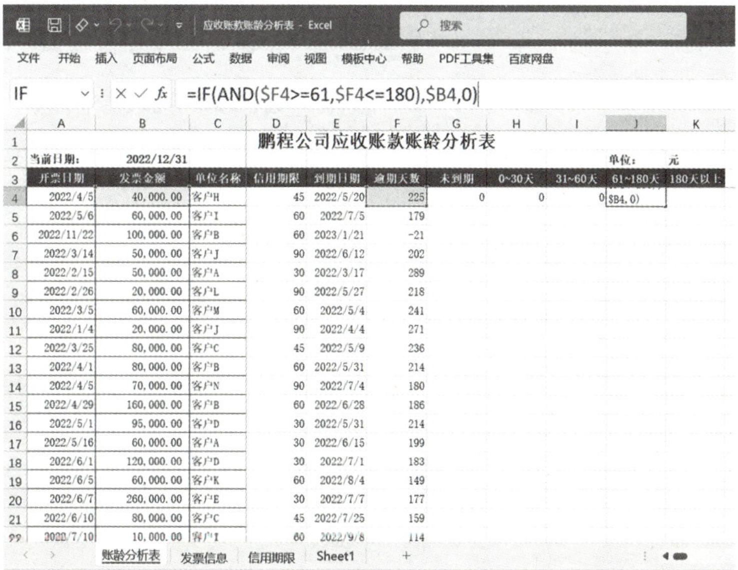

图 4-25　设置"31~60 天"和"61~180 天"字段列的计算公式

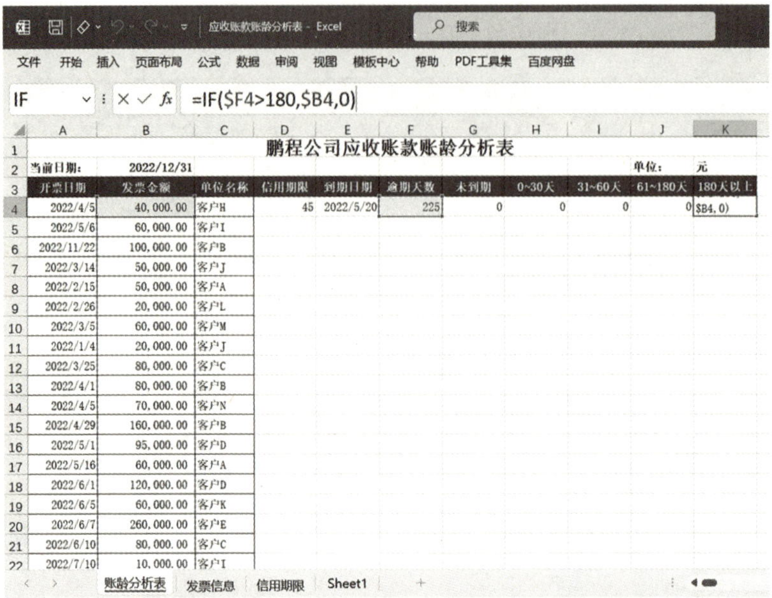

图 4-26　设置"180 天以上"字段列的计算公式

Step13　选中 D4:K4 单元格区域，将光标放在该单元格区域的右下角，待光标的形状变成 "+"后，双击，D4:K4 单元格区域的公式将自动填充到 D5:K54 单元格区域，如图 4-27 和图 4-28 所示。

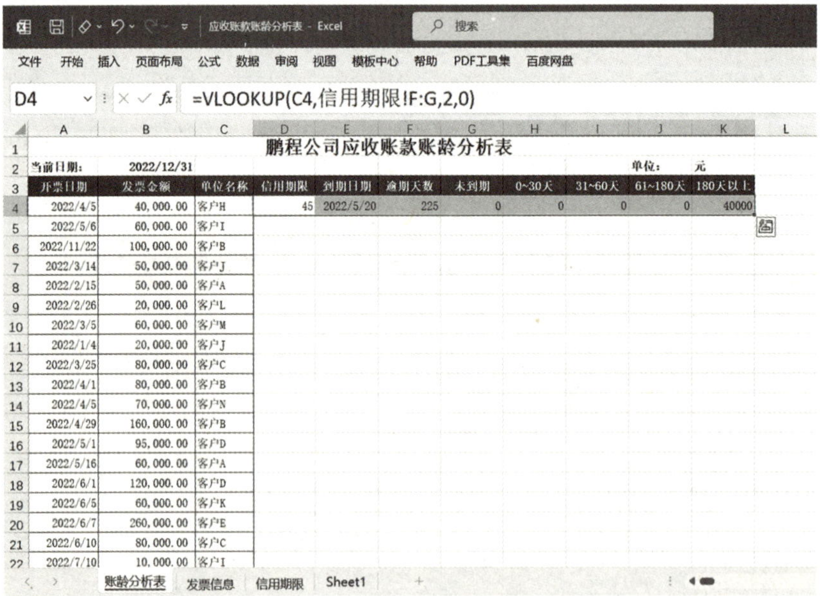

图 4-27　选中 D4:K4 单元格区域

Step14　选中 G55 单元格，同时按 Alt+=键，即可在 G55 单元格中自动填充公式 "=SUM(G4:G54)"，然后将公式复制到 H55:K55 单元格区域。此时 G55:K55 单元格区域已经填充了求和公式。在工作簿的右下角会出现 G55:K55 单元格区域的求和数"3540000"，与 B55 单元格中的发票金额合计数一致。具体操作如图 4-29 和图 4-30 所示。

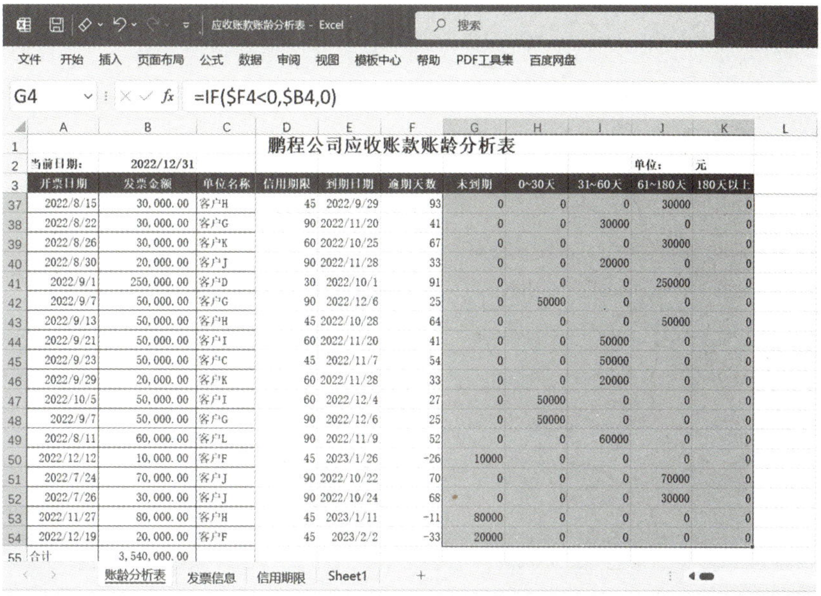

图 4-28　复制公式到 D5:K54 区域

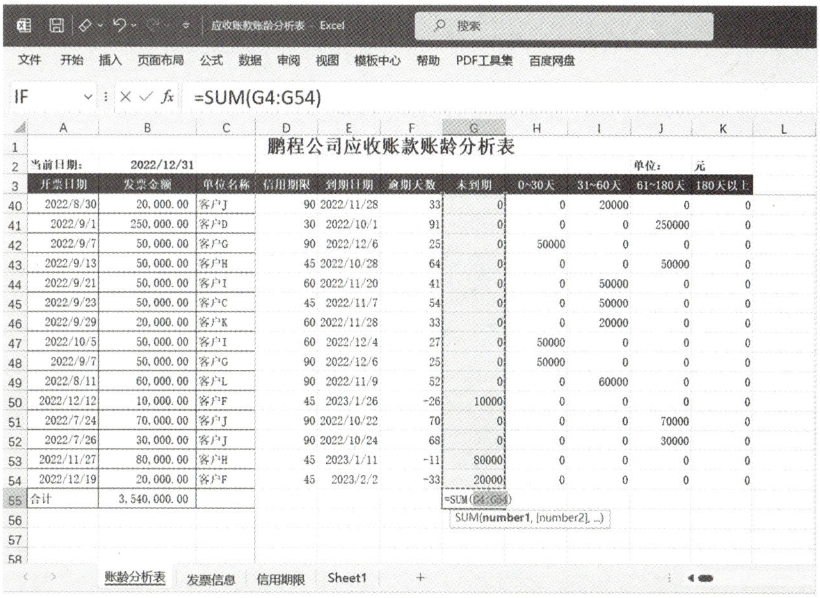

图 4-29　在 G55 单元格中输入合计公式

Step15　选中 D4:K55 单元格区域，单击【开始】选项卡，在【字体】组单击【边框】按钮⊞右边的下拉按钮，在弹出的下拉列表中选择【所有框线】选项，将所选单元格区域的框线补充完整，如图 4-31 所示。

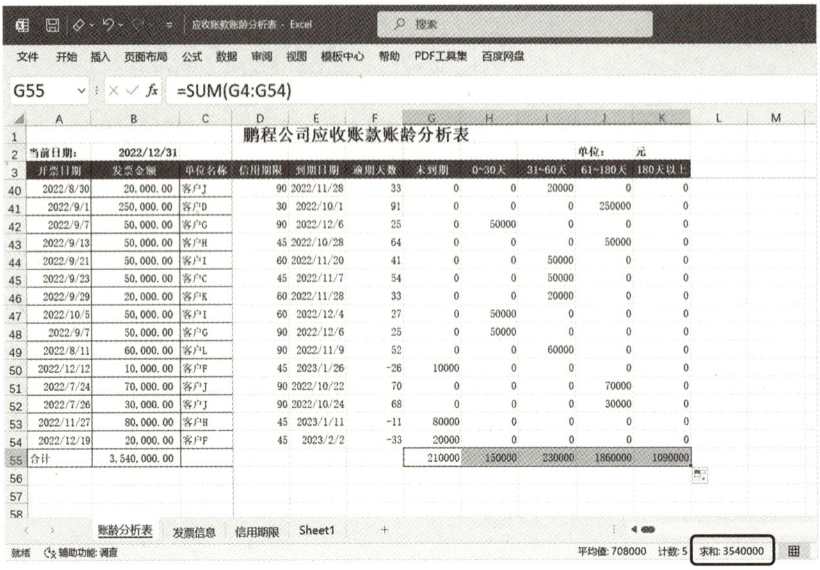

图 4-30　复制公式到 H55:K55 单元格区域

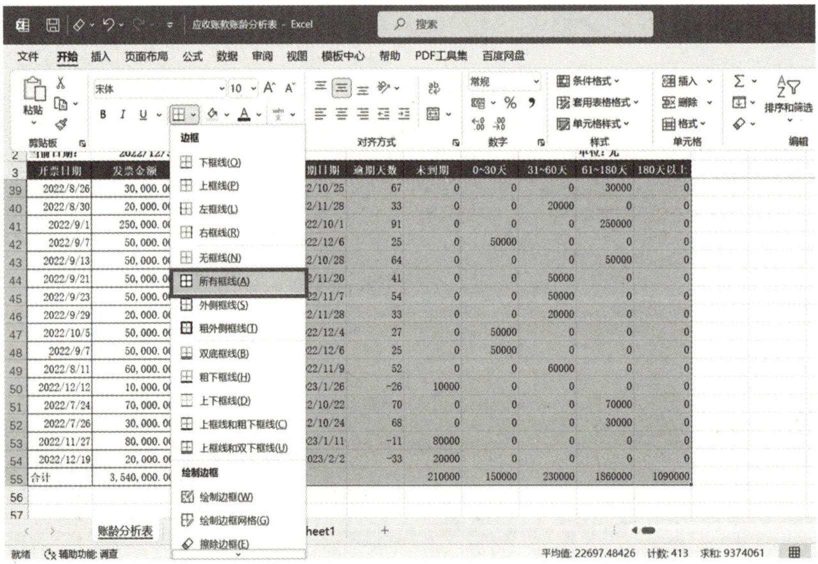

图 4-31　添加框线

2．利用数据透视表功能创建汇总分析表

Step1　选中需要创建汇总分析表的源数据单元格区域 A3:K54，单击【插入】选项卡，在【表格】组单击【数据透视表】按钮，打开【创建数据透视表】对话框，保持默认设置，单击【确定】按钮，如图 4-32 所示。

Step2　在添加的数据透视表中，需要汇总分析各个客户的各项账龄时间段的逾期账款总额。在右侧的【数据透视表字段】窗格，将"单位名称"字段拖曳到【行】下拉列表中，将"未到期""0~30 天""31~60 天""61~180 天""180 天以上"字段拖曳到【值】下拉列表中，如图

4-33 所示。

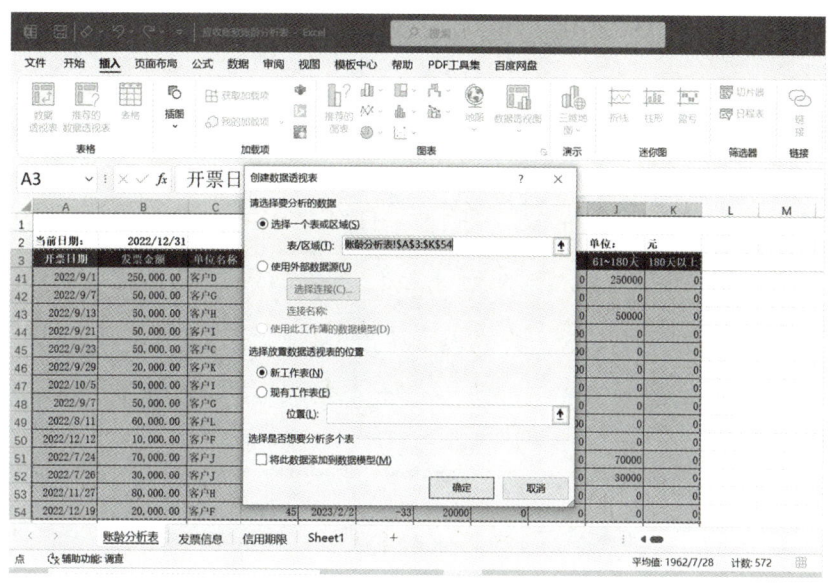

图 4-32　调用数据透视表功能

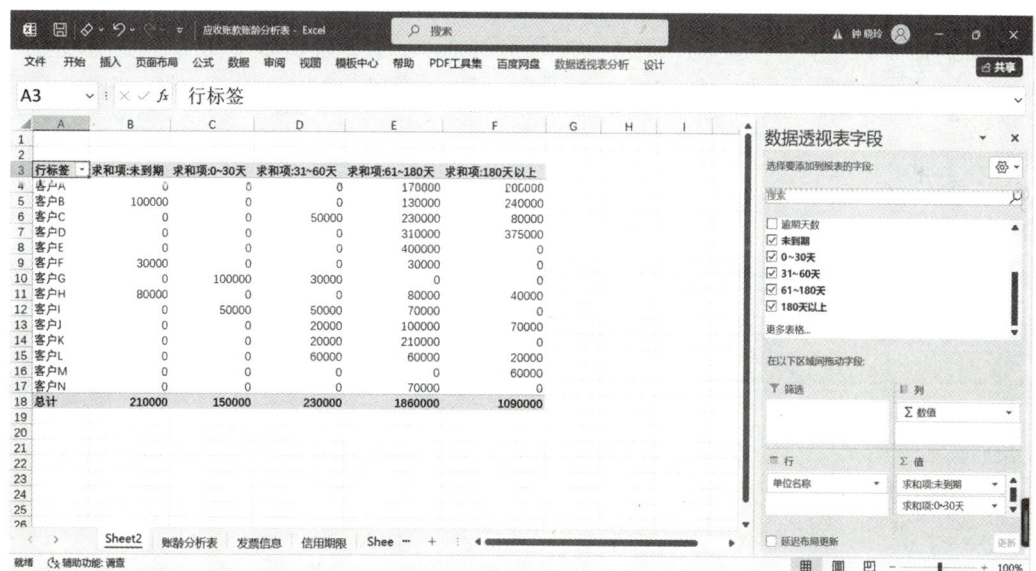

图 4-33　编辑【数据透视表字段】窗格

3. 重命名数据透视表的字段

Step1　按 Cul+H 组合键，打开【查找和替换】对话框，在工作表中复制"求和项:"，粘贴在【查找内容】文本框中，在【替换为】文本框中输入一个空格，单击【全部替换】按钮，如图 4-34 所示。

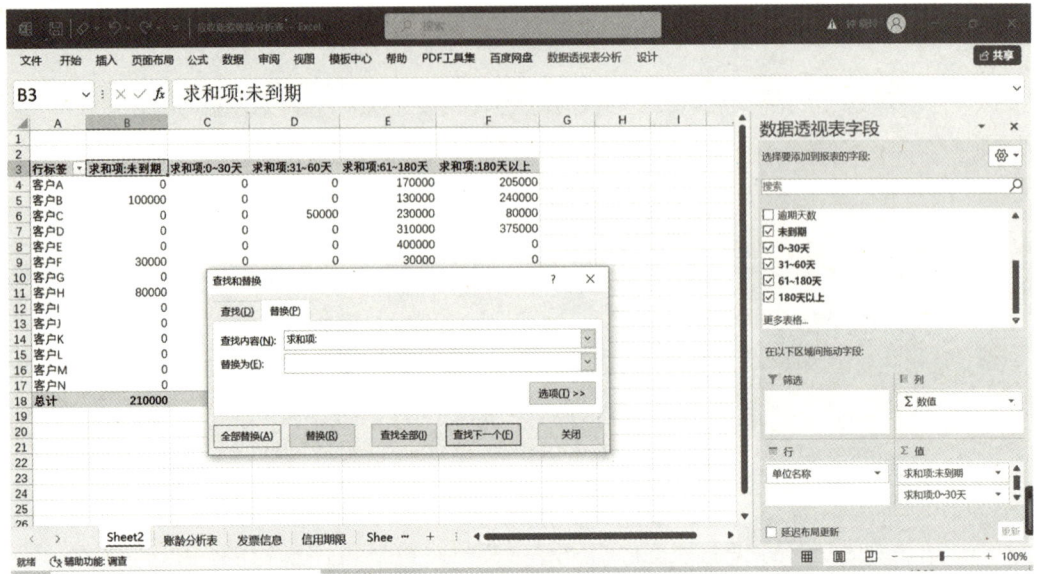

图 4-34　将"求和项："替换为空格

Step2 　打开【Microsoft Excel】对话框，提示已完成替换，单击【确定】按钮，可以看到列字段中的"求和项："被删除，如图 4-35 和图 4-36 所示。

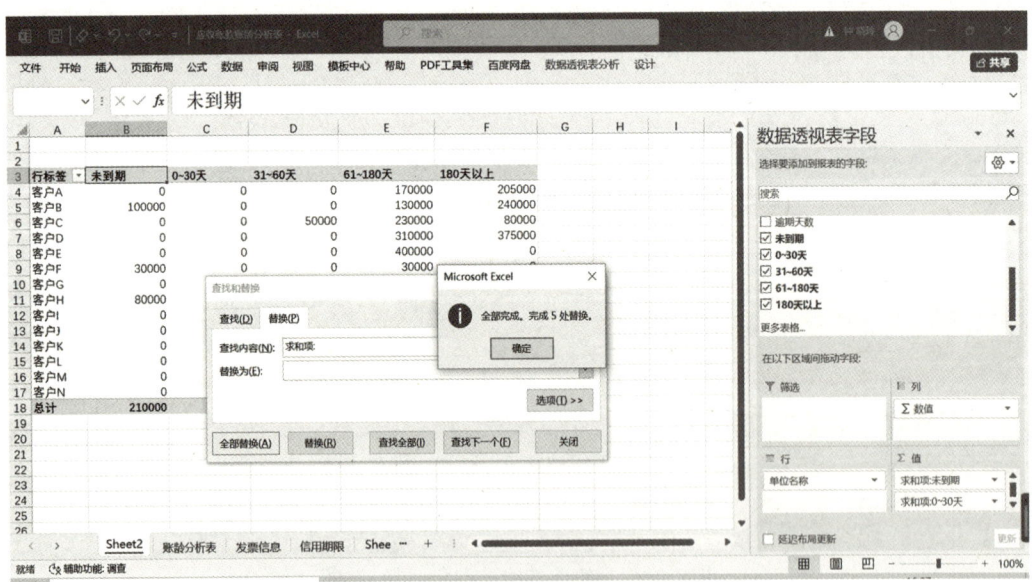

图 4-35　完成替换

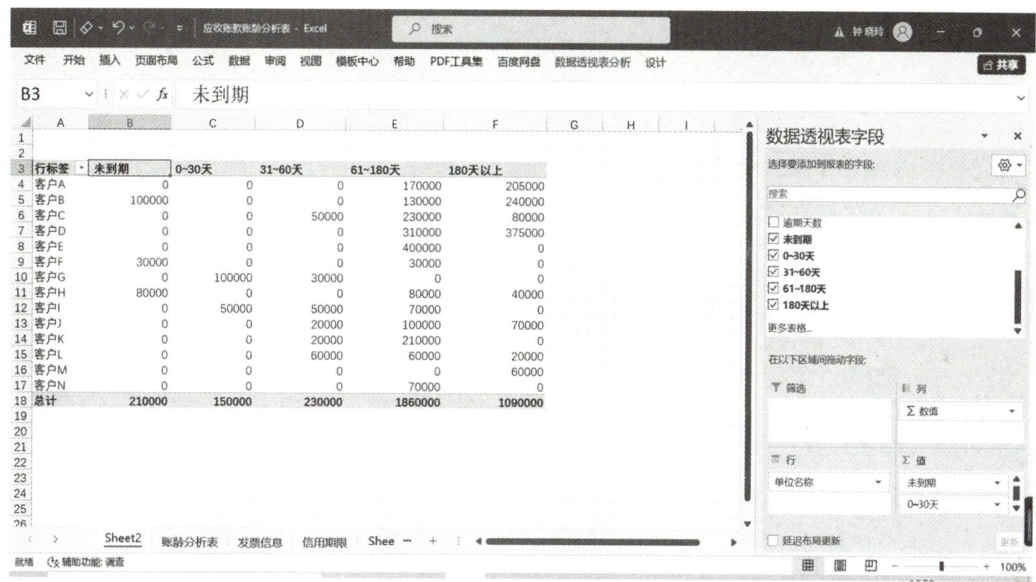

图 4-36 替换后效果

4．使用表样式功能格式化数据透视表

选中数据透视表中的任意单元格，单击【设计】选项卡，在【数据透视表样式】组单击下拉按钮，在打开的下拉列表中选择需要的外观样式选项，完成设置，如图 4-37~图 4-39 所示。

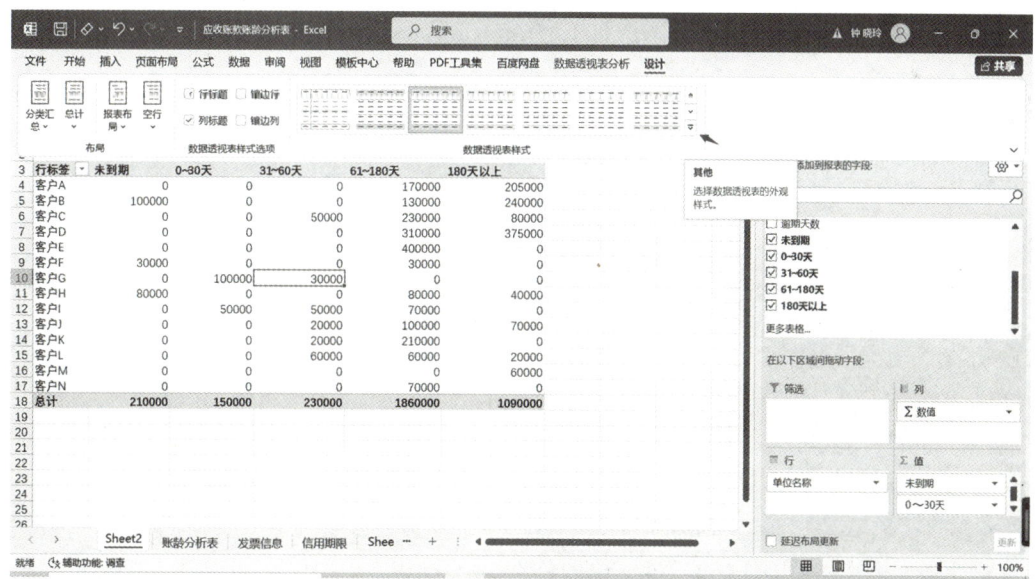

图 4-37 调用数据透视表样式功能

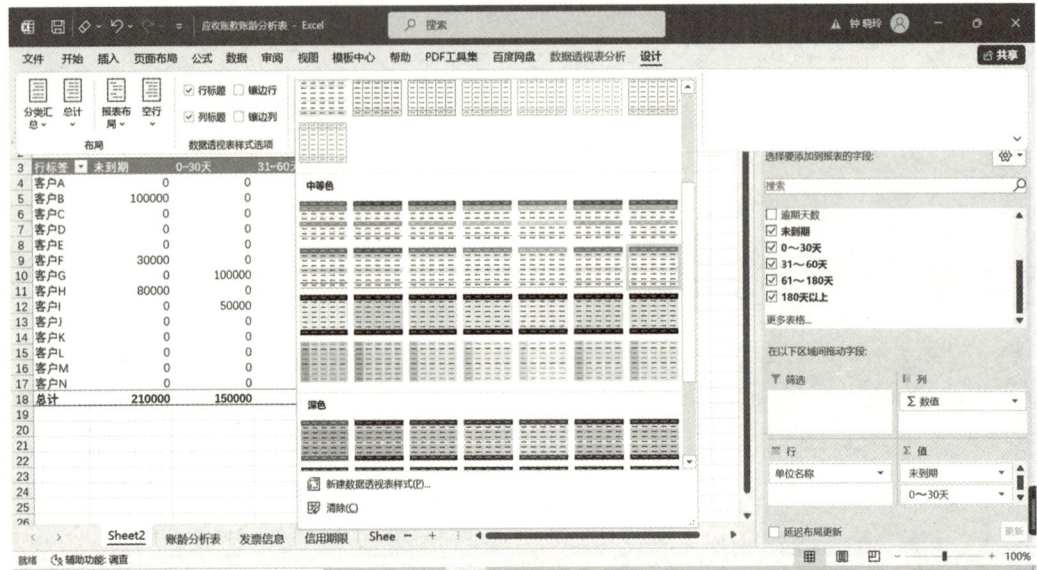

图 4-38　选择合适的样式

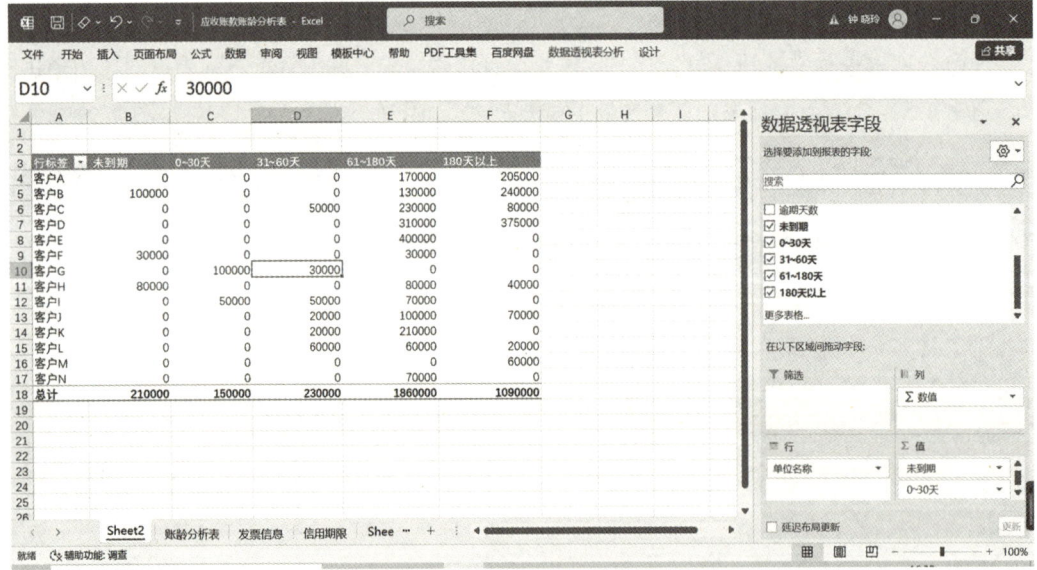

图 4-39　更换样式后效果

5. 创建数据透视图

　　选中数据透视表中的任意单元格，单击【插入】选项卡，在【图表】组单击【数据透视图】按钮，打开【插入图表】对话框，在该对话框中的【所有图表】选区单击左侧底部的【组合图】按钮，单击【确定】按钮，如图 4-40~图 4-42 所示。

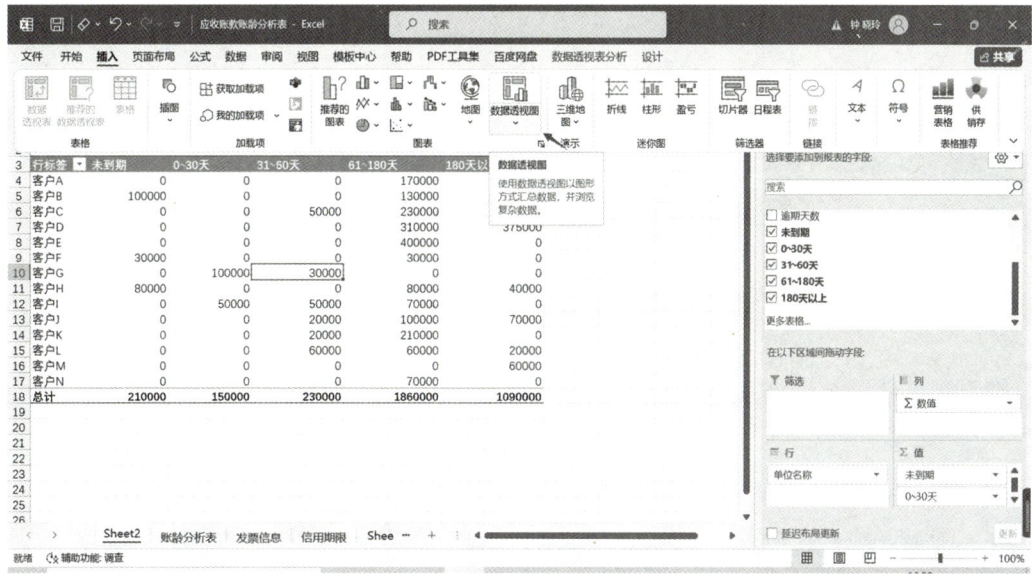

图 4-40 调用数据透视图功能

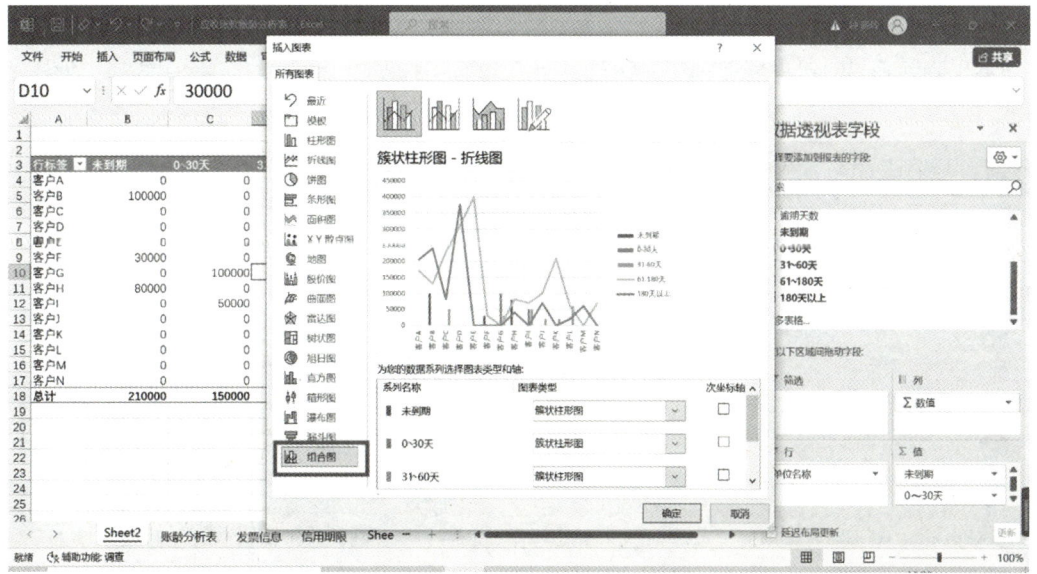

图 4-41 选择图形

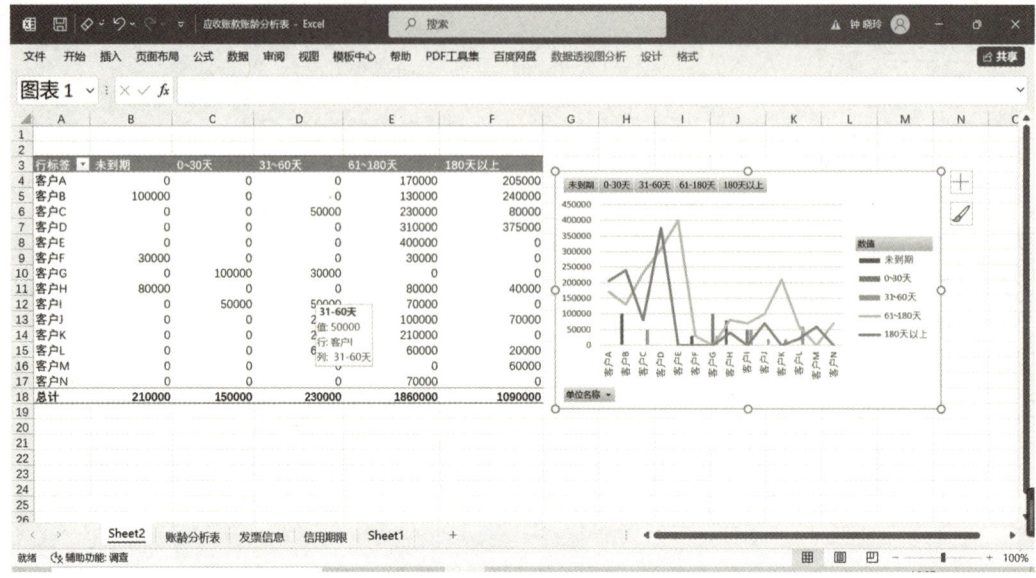

图 4-42　插入图表效果

6. 设置数据透视图样式

选中数据透视图，单击【设计】选项卡，在【图表样式】组单击【样式 6】按钮，如图 4-43 所示。

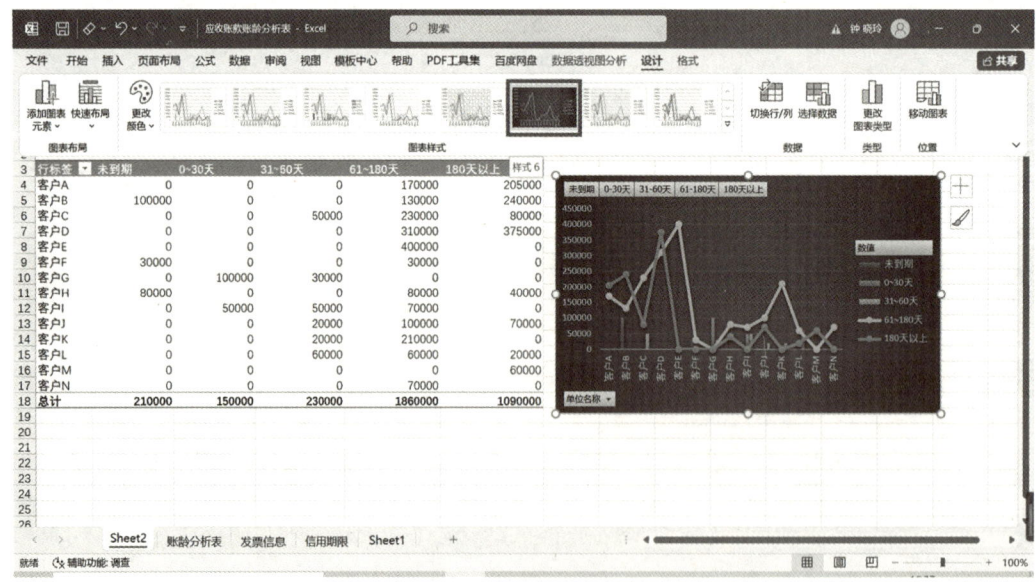

图 4-43　设置图表样式 6

任务二 编制应付账款付款测算表

一、任务情境

今天，财务经理王总要求小肖编制一份应付账款付款测算表。这份测算表应提供下个月各供应商的付款信息。另外，由于近期公司资金比较紧张，付款总额限制在 70 万元左右，尽量优先支付到期的款项或涉及尽可能多的供应商。

任务效果及关键知识点如图 4-44 所示。

图 4-44 项目四之任务二的任务效果及关键知识点

二、任务知识

数据筛选是指只显示符合用户设置的条件的数据信息，同时隐藏不符合条件的数据信息。用户可以根据需要进行自动筛选或高级筛选。

1. 自动筛选

使用自动筛选功能时，其操作步骤如下。

Step1 选择工作表内任一单元格，单击【数据】选项卡，在【排序和筛选】组单击【筛选】按钮，工作表进入自动筛选状态。此时标题行每列右侧出现一个下拉箭头。具体操作如图 4-45 和图 4-46 所示。

操作技巧

按 Ctrl+Shift+L 组合键也可以直接调用自动筛选功能。

在调用了自动筛选功能后，再按 Ctrl+Shift+L 组合键，可取消筛选结果。

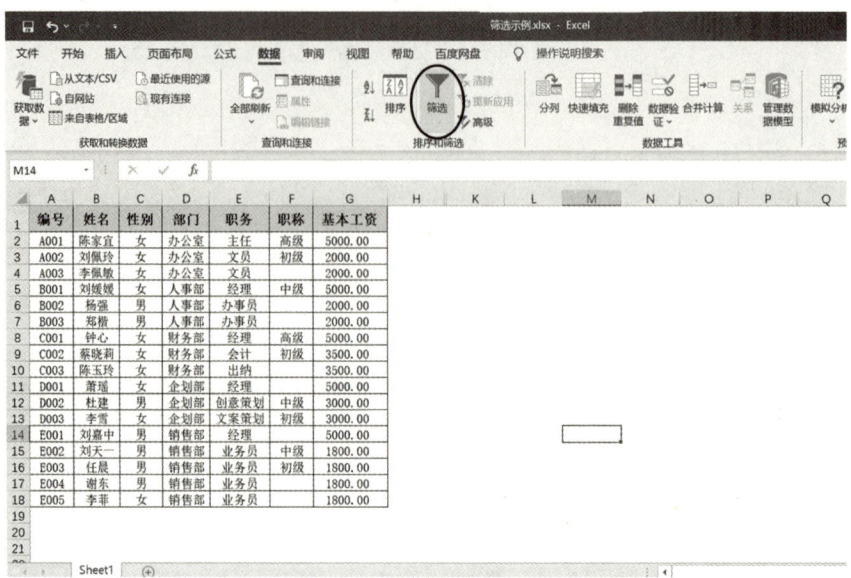

图 4-45　调用自动筛选功能

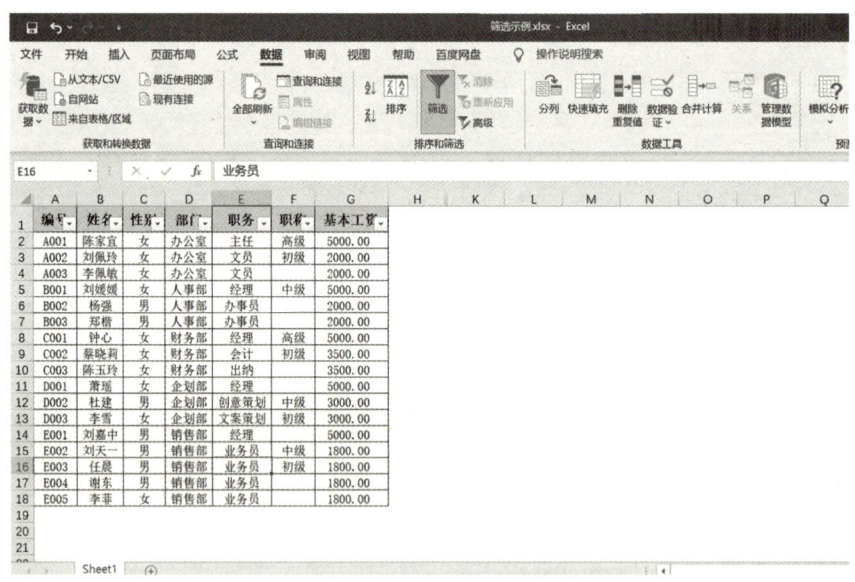

图 4-46　设置自动筛选功能后效果

Step2　若要筛选出所有性别为"女"的职员，则只需要单击"性别"标题旁边的下拉箭头，在打开的下拉列表中取消勾选【全选】复选框，勾选【女】复选框，单击【确定】按钮即可。具体操作如图 4-47 和图 4-48 所示。

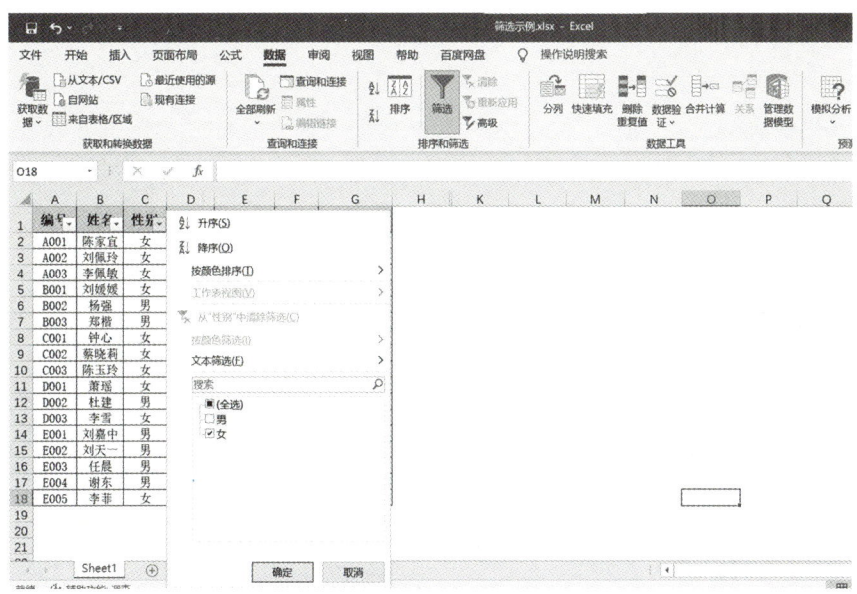

图 4-47　筛选女性职员

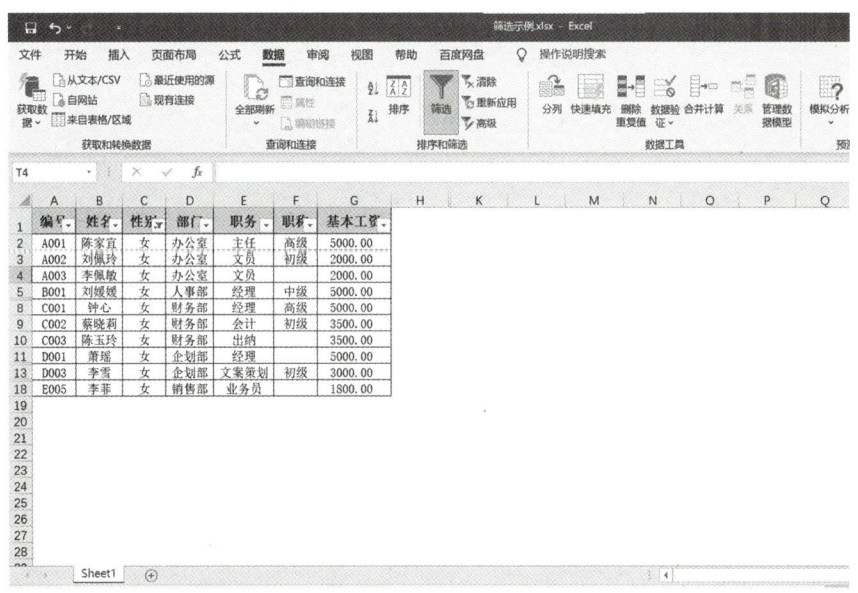

图 4-48　筛选女性职员后效果

Tips

　　自动筛选功能还可以使用通配符进行模糊筛选，可以使用的通配符有"？""*"，其中
"？"代表单个字符，"*"代表任意多个字符。

2. 高级筛选

若要进行多个条件的筛选，可以使用高级筛选功能。其操作步骤如下。

Step1　在工作表中的空白处设置一个带有标题的条件区域，如要显示性别是女性，且基本工资在 5 000 元以上的职员，则分别复制标题"性别""基本工资"粘贴到 I1 和 J1 单元格，然后在 I2 单元格中输入公式"女"，在 J2 单元格中输入公式">=5000"，按 Enter 键，如图 4-49 所示。

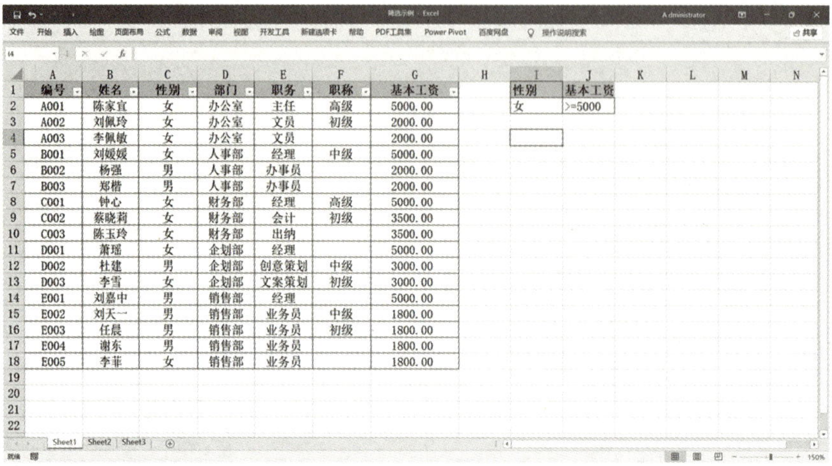

图 4-49　设置高级筛选条件

Step2　单击【数据】选项卡，在【排序和筛选】组单击【高级】按钮，打开【高级筛选】对话框，如图 4-50 和图 4-51 所示。

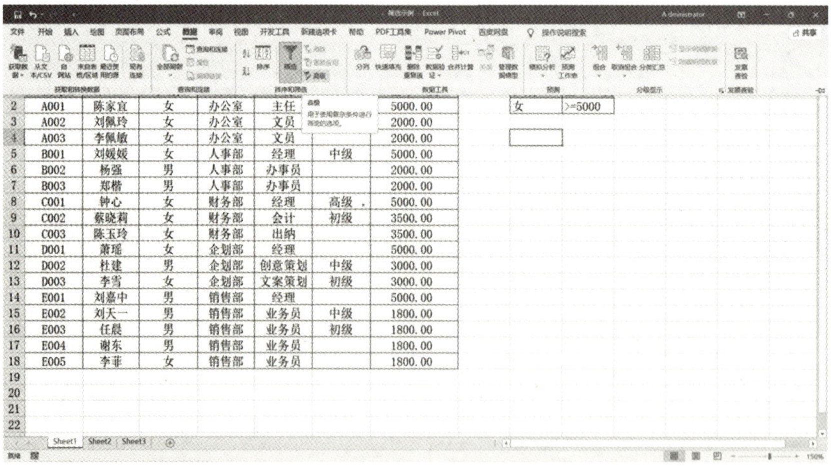

图 4-50　调用高级筛选功能

Step3　在【高级筛选】对话框中，分别单击【列表区域】和【条件区域】文本框右侧的【折叠】按钮 ▲，设置列表区域和条件区域，然后单击【确定】按钮，即可筛选出符合条件的数据，如图 4-52 和图 4-53 所示。

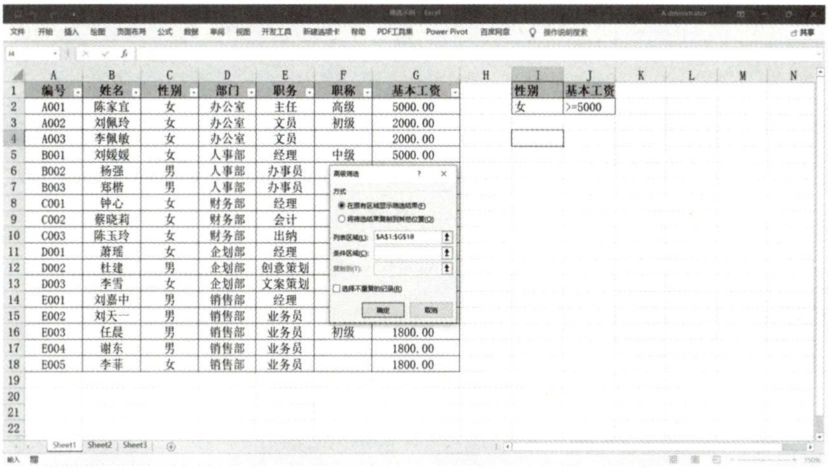

图 4-51　打开【高级筛选】对话框

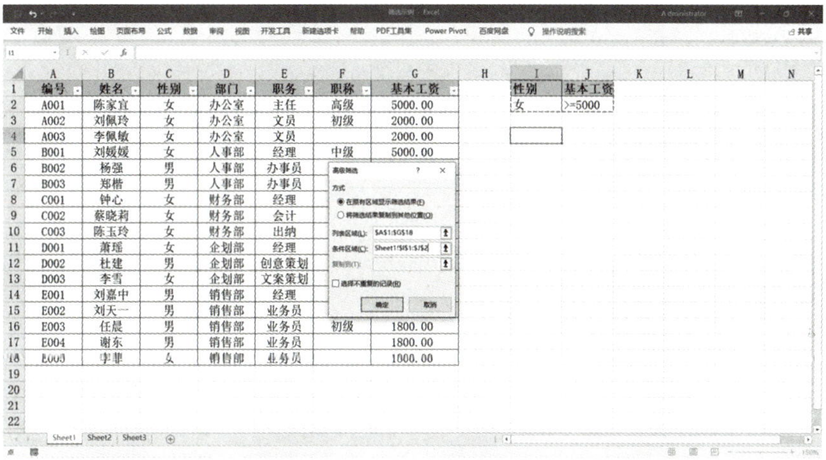

图 4-52　编辑【高级筛选】对话框中的内容

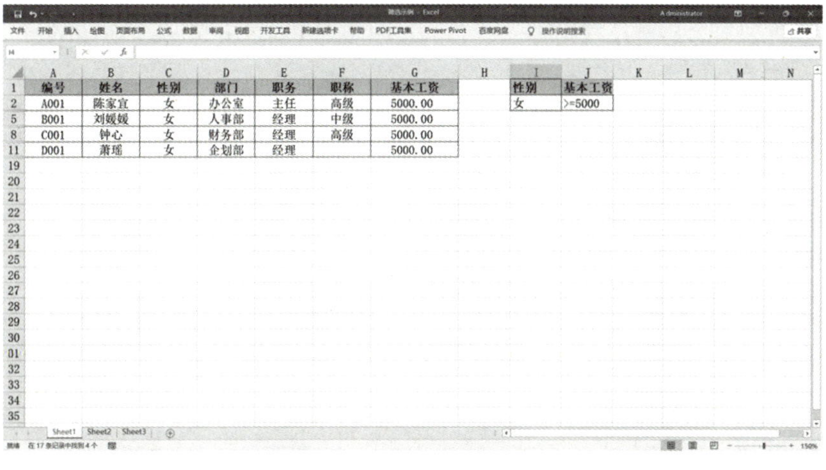

图 4-53　高级筛选后效果

Step4 若要取消高级筛选，可单击【数据】选项卡，在【排序和筛选】组单击【清除】按钮，如图 4-54 所示。

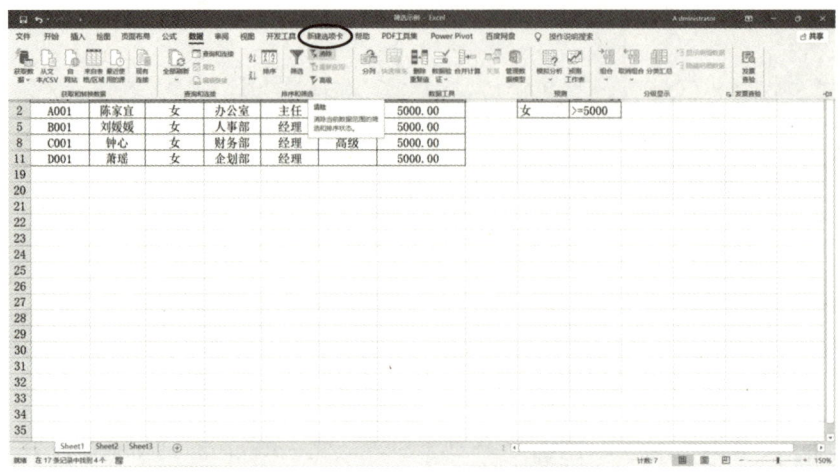

图 4-54　调用清除筛选功能

Tips

> 进行高级筛选的前提是在工作表的空白处设置一个带有标题的条件区域，设置这个条件区域时有 3 个注意要点。
> - 条件的标题要与工作表中原有标题完全一致。
> - 多字段间的条件若为"与"关系，则写在一行。
> - 多字段间的条件若为"或"关系，则写在下一行。

3. EOMONTH 函数

EOMONTH 函数的语法为"EOMONTH(start date ,months)"。

该函数的作用是，返回 start date 之前或之后指定月份中最后一天的日期。正数表示未来日期，负数表示过去日期。举例如下。

（1）输入公式"=EOMONTH("2022-8-1",-2)"，返回的结果是"2022 年 6 月 30 日"。

（2）输入公式"=EOMONTH("2022-9-10",1)"，返回的结果是"2022 年 10 月 31 日"。

另外，由于该函数返回的是日期型数据，因此需要将涉及的单元格格式设置为日期型，否则将看不到正确结果。

三、任务实施

1. 创建应付账款付款测算表

Step1 打开"应付账款清单"工作簿（见项目四"素材表"文件夹），然后将工作簿重命名为"应付账款付款测算表"。在"发票清单"工作表中输入所需的列标题，然后在标题行之上插入两行，第一行输入报表名称"鹏程公司应付账款付款测算表"，使其跨列居中，第二行输入

"当前日期："及"单位：元"，如图 4-55 所示。

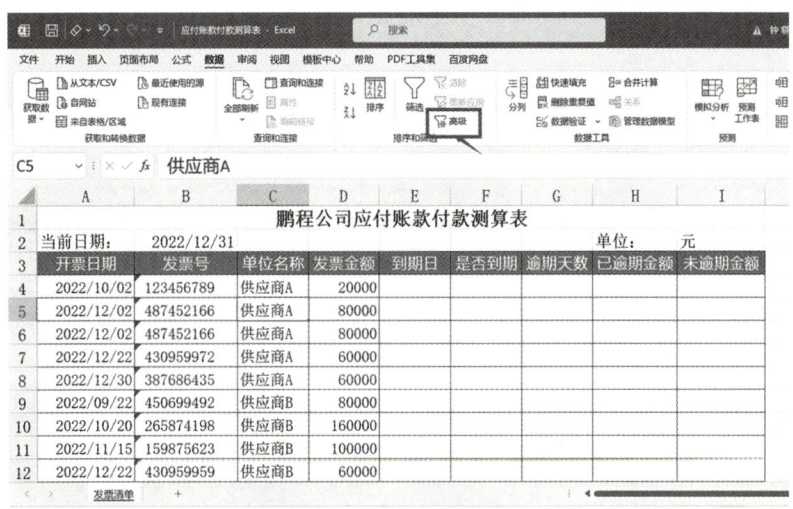

图 4-55　创建应付账款付款测算表

Tips

　　单击□按钮可为所选单元格或单元格区域添加当前显示的边框样式，单击□按钮右侧的小三角按钮，在弹出的下拉列表中可任意选择一种边框样式，若选择【无边框】选项，则撤销边框样式的显示状态。

Step2　发现工作表中有重复的数据，如第 5 行和第 6 行的数据重复。需要先将源数据中的重复项筛选出来。选中 A3:D28 单元格区域，单击【数据】选项卡，在【排序和筛选】组单击【高级】按钮，打开【高级筛选】对话框，如图 4-56 和图 4-57 所示。

图 4-56　调用高级筛选功能

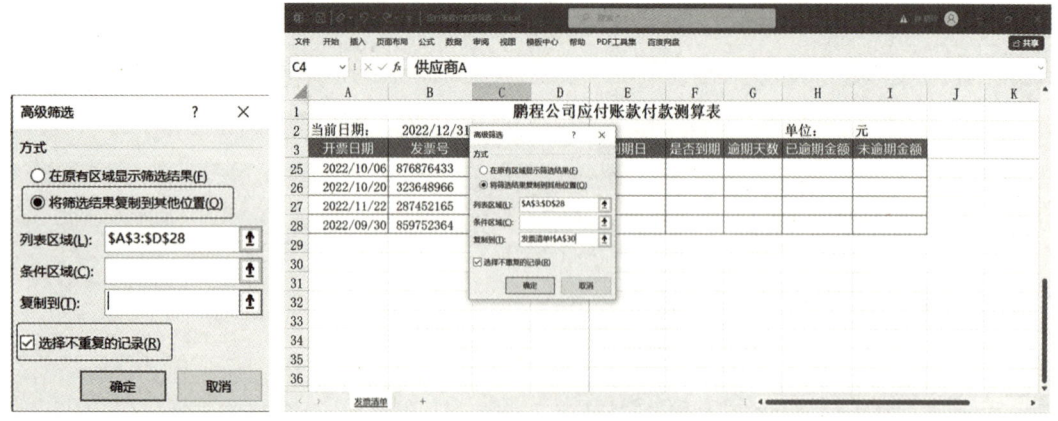

图 4-57　【高级筛选】对话框

Step3　在【高级筛选】对话框中的【方式】选区选中【将筛选结果复制到其他位置】单选按钮，勾选【选择不重复的记录】复选框。然后单击【复制到】文本框右侧的按钮，选中 A30 单元格，筛选后的结果将复制到该单元格。单击【确定】按钮，即可将不重复的记录复制到 A30:D52 单元格区域，将工作表中的 A3:D29 单元格区域删除。具体操作如图 4-58~图 4-60 所示。

Step4　按照鹏程公司的付款政策，该公司应付账款的付款到期日为合同生效（或发票开票日期）2 个月后的下个月 7 日。选中 E4 单元格，输入公式"=EOMONTH(A4,2)+7"，按 Enter 键，如图 4-61 所示。

Step5　将"当前日期"与"到期日"进行对比，若"当前日期"大于"到期日"，则为到期，否则是未到期。选中 F4 单元格，输入公式"=IF($B$2>E4,"到期","未到期")"，按 Enter 键，如图 4-62 所示。

图 4-58　编辑【高级筛选】对话框　　　　　图 4-59　将筛选后的结果复制到 A30 单元格

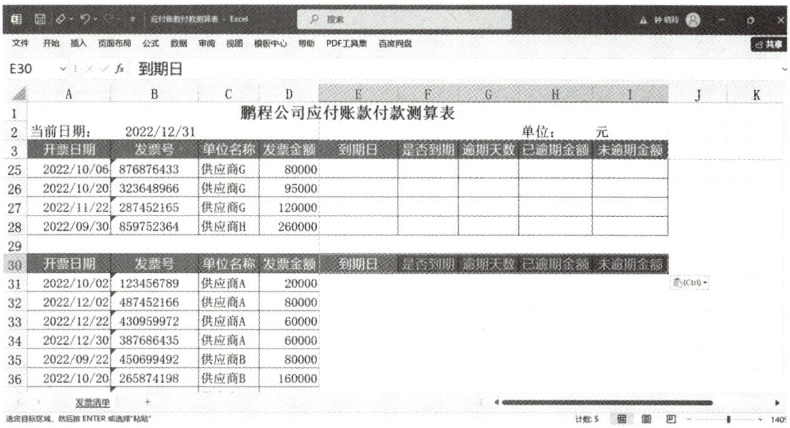

E30　到期日

	A	B	C	D	E	F	G	H	I
1			鹏程公司应付账款付款测算表						
2	当前日期：	2022/12/31					单位：	元	
3	开票日期	发票号	单位名称	发票金额	到期日	是否到期	逾期天数	已逾期金额	未逾期金额
25	2022/10/06	876876433	供应商G	80000					
26	2022/10/20	323648966	供应商G	95000					
27	2022/11/22	287452165	供应商G	120000					
28	2022/09/30	859752364	供应商H	260000					
29									
30	开票日期	发票号	单位名称	发票金额	到期日	是否到期	逾期天数	已逾期金额	未逾期金额
31	2022/10/02	123456789	供应商A	20000					
32	2022/12/02	487452166	供应商A	80000					
33	2022/12/22	430959972	供应商A	60000					
34	2022/12/30	387686435	供应商A	60000					
35	2022/09/22	450699492	供应商B	80000					
36	2022/10/20	265874198	供应商B	160000					

图 4-60　筛选后结果

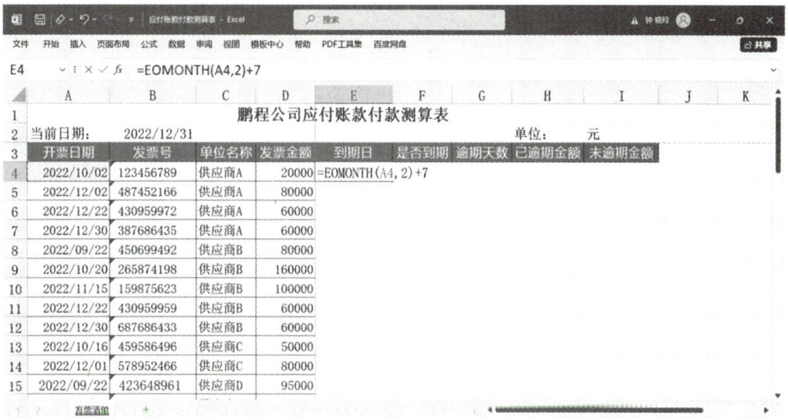

E4　=EOMONTH(A4,2)+7

	A	B	C	D	E	F	G	H	I
1			鹏程公司应付账款付款测算表						
2	当前日期：	2022/12/31					单位：	元	
3	开票日期	发票号	单位名称	发票金额	到期日	是否到期	逾期天数	已逾期金额	未逾期金额
4	2022/10/02	123456789	供应商A	20000	=EOMONTH(A4, 2)+7				
5	2022/12/02	487452166	供应商A	80000					
6	2022/12/22	430959972	供应商A	60000					
7	2022/12/30	387686435	供应商A	60000					
8	2022/09/22	450699492	供应商B	80000					
9	2022/10/20	265874198	供应商B	160000					
10	2022/11/15	159875623	供应商B	100000					
11	2022/12/22	430959959	供应商B	60000					
12	2022/12/30	687686433	供应商B	60000					
13	2022/10/16	459586496	供应商C	50000					
14	2022/12/01	578952466	供应商C	80000					
15	2022/09/22	423648961	供应商D	95000					

图 4-61　设置“到期日”字段列的计算公式

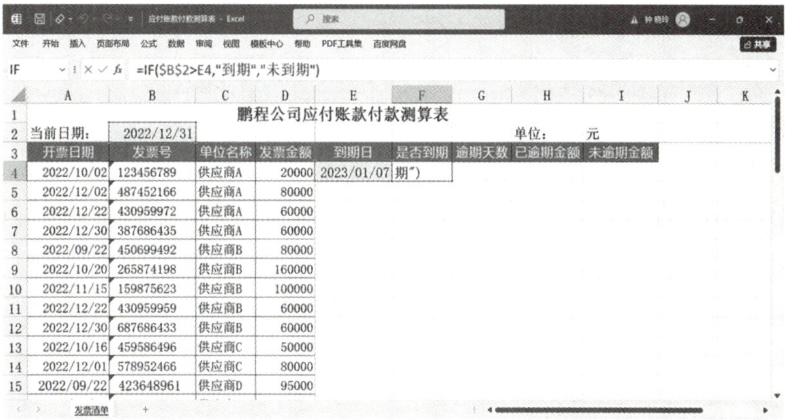

IF　=IF($B$2>E4,"到期","未到期")

	A	B	C	D	E	F	G	H	I
1			鹏程公司应付账款付款测算表						
2	当前日期：	2022/12/31					单位：	元	
3	开票日期	发票号	单位名称	发票金额	到期日	是否到期	逾期天数	已逾期金额	未逾期金额
4	2022/10/02	123456789	供应商A	20000	2023/01/07	期")			
5	2022/12/02	487452166	供应商A	80000					
6	2022/12/22	430959972	供应商A	60000					
7	2022/12/30	387686435	供应商A	60000					
8	2022/09/22	450699492	供应商B	80000					
9	2022/10/20	265874198	供应商B	160000					
10	2022/11/15	159875623	供应商B	100000					
11	2022/12/22	430959959	供应商B	60000					
12	2022/12/30	687686433	供应商B	60000					
13	2022/10/16	459586496	供应商C	50000					
14	2022/12/01	578952466	供应商C	80000					
15	2022/09/22	423648961	供应商D	95000					

图 4-62　设置“是否到期”字段列的计算公式

Step6　根据公式“逾期天数=当前日期−到期日”，选中 G4 单元格，输入公式“=$B$2-E4”，按 Enter 键，如图 4-63 所示。

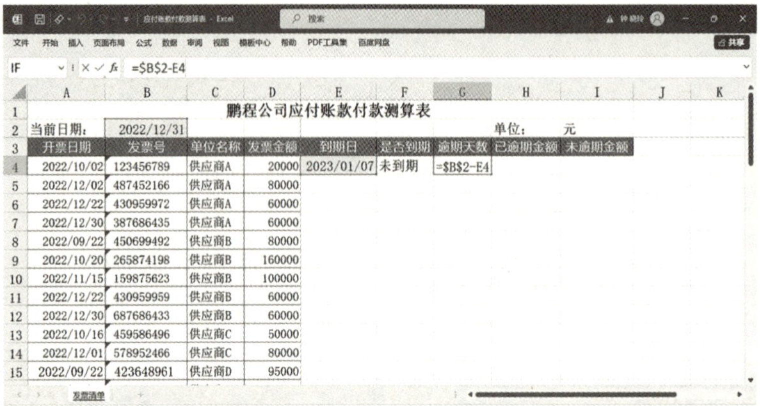

图 4-63　设置"逾期天数"字段列的计算公式

Step7　若应付账款已到期，则在"已逾期金额"列显示到期的发票金额，否则在"未逾期金额"列显示未到期的发票金额。选中 H4 单元格，输入公式"=IF($G4>0,$D4,0)"，按 Enter 键；选中 I4 单元格，输入公式"=IF($G4<=0,$D4,0)"，按 Enter 键，如图 4-64 和图 4-65 所示。

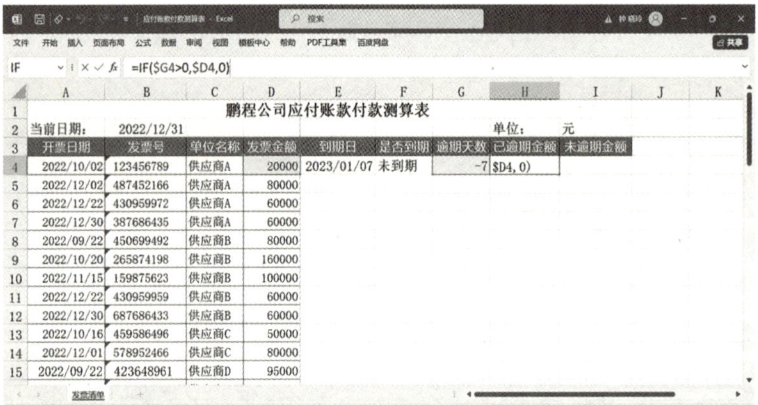

图 4-64　设置"已逾期金额"字段列的计算公式

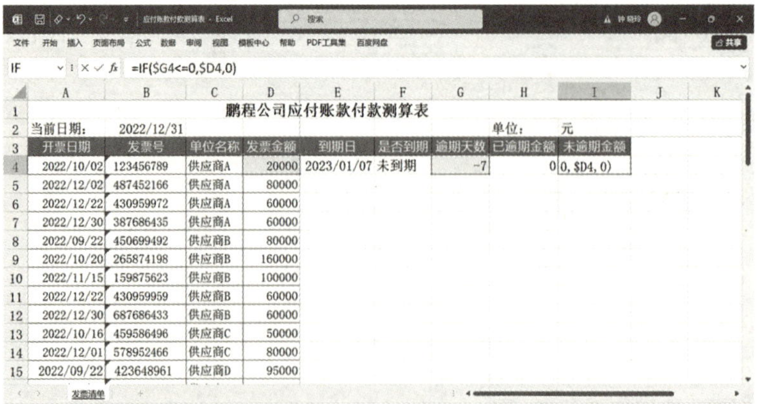

图 4-65　设置"未逾期金额"字段列的计算公式

Step8　选中 E4:I4 单元格区域,将光标移至该单元格区域的右下角,待光标形状变成"+"后,双击左键,E4:I4 单元格区域的公式将自动填充到 E5:I25 单元格区域,如图 4-66 所示。

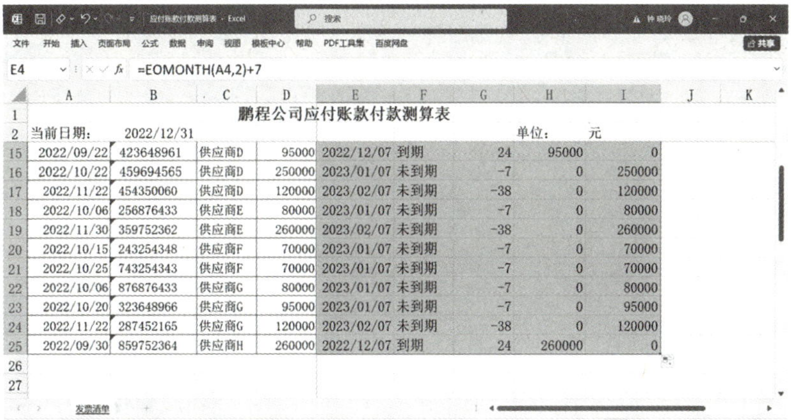

图 4-66　将相关计算公式复制到其他单元格区域

Step9　选中 E5:I25 单元格区域,单击【开始】选项卡,在【字体】组单击田按钮右侧的下拉按钮,在弹出的下拉列表中选择【所有框线】选项,为所选单元格区域补充框线,如图 4-67 所示。

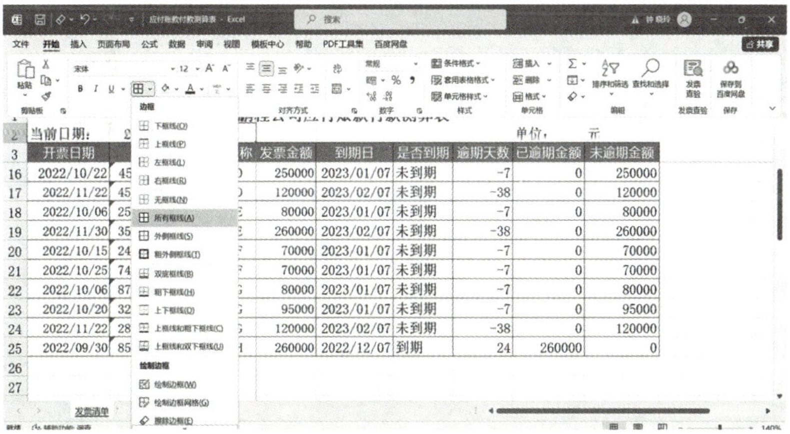

图 4-67　为选中的单元格区域添加所有框线

2．使用条件格式设置提前提醒

Step1　现在对已经到期或下个月到期的账款进行提醒,将已逾期天数大于 0 的单元格填充为暗红色,将逾期天数大于–30 的单元格填充为暗绿色。选中 A4:I25 单元格区域,单击【开始】选项卡,在【样式】组单击【条件格式】下拉按钮,在弹出的下拉列表中选择【新建规则】选项,如图 4-68 所示。

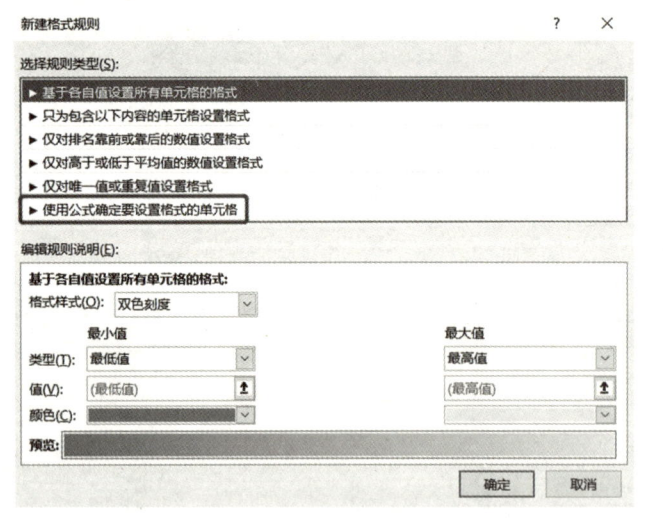

图 4-68　调用条件格式功能

Step2　打开【新建格式规则】对话框，在该对话框中的【选择规则类型】列表框中选择【使用公式确定要设置格式的单元格】选项，如图 4-69 所示。

Step3　在【编辑规则说明】选区的【为符合此公式的值设置格式】文本框中输入公式"=$G4>0"。单击【格式】按钮，打开【设置单元格格式】对话框，按照前文所述步骤将背景色填充为暗红色，单击【确定】按钮，如图 4-70 和图 4-71 所示。

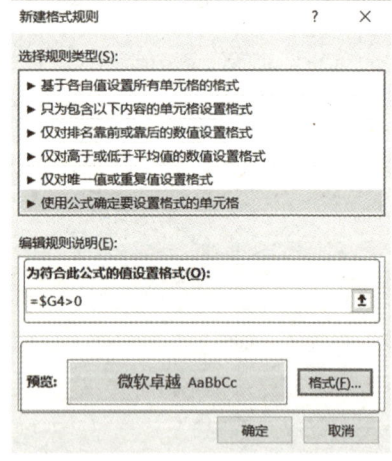

图 4-69　【新建格式规则】对话框　　　　图 4-70　设置规则公式

Step4　单击【开始】选项卡，在【样式】组单击【条件格式】下拉按钮，在弹出的下拉列表中选择【管理规则】选项，如图 4-72 所示。

Step5　打开【条件格式规则管理器】对话框。在该对话框中，单击【新建规则】按钮，如图 4-73 所示。

Step6　打开【新建格式规则】对话框。在【编辑规则说明】选区的【为符合此公式的值设置格式】文本框中输入公式"=and($G4>-30,$G4<0)"。单击【格式】按钮，按照前文所述步骤，

将背景填充为暗绿色。单击【确定】按钮，回到【条件格式规则管理器】对话框，再单击【确定】按钮。具体操作如图 4-74~图 4-76 所示。

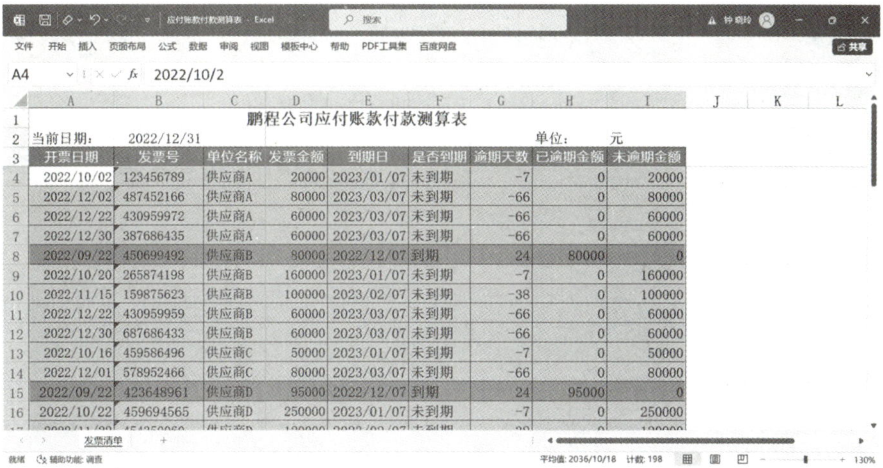

图 4-71　设置条件格式后效果

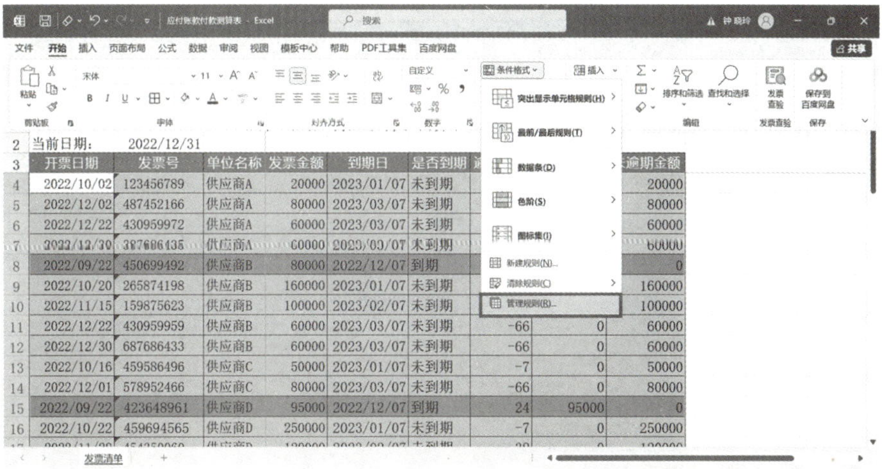

图 4-72　调用管理规则功能

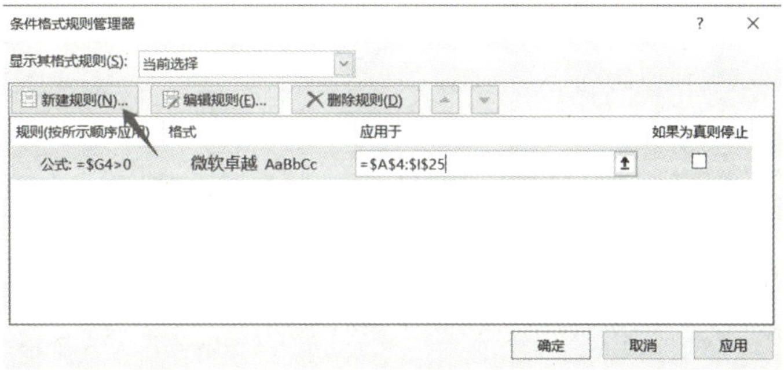

图 4-73　新建规则

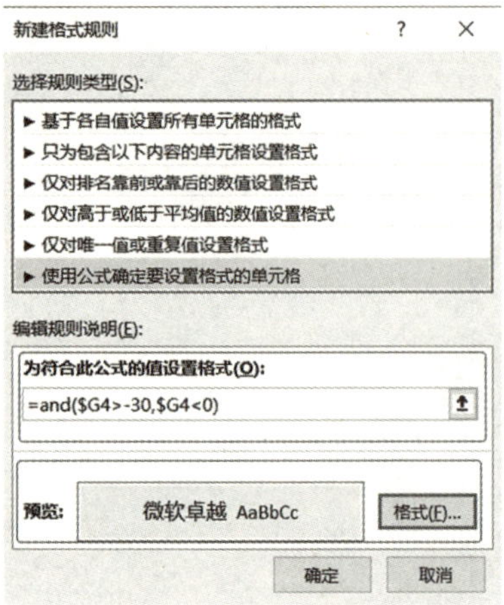

图 4-74　设置规则公式

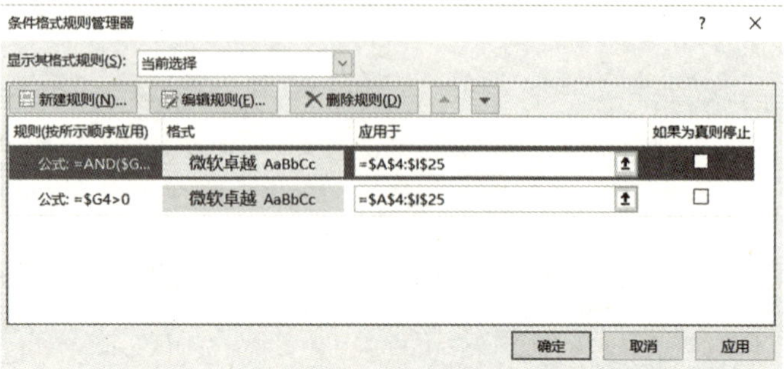

图 4-75　返回【条件格式规则管理器】对话框

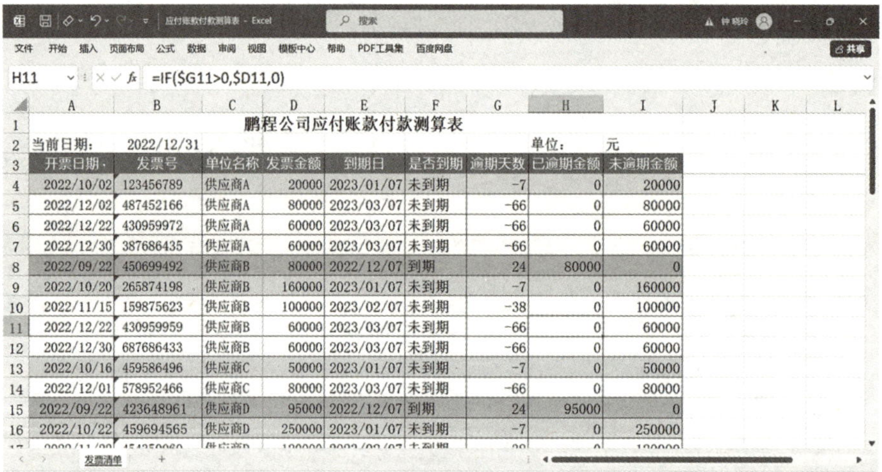
H11　=IF($G11>0,$D11,0)

	A	B	C	D	E	F	G	H	I
1				鹏程公司应付账款付款测算表					
2	当前日期:	2022/12/31						单位:	元
3	开票日期	发票号	单位名称	发票金额	到期日	是否到期	逾期天数	已逾期金额	未逾期金额
4	2022/10/02	123456789	供应商A	20000	2023/01/07	未到期	-7	0	20000
5	2022/12/02	487452166	供应商A	80000	2023/03/07	未到期	-66	0	80000
6	2022/12/22	430959972	供应商A	60000	2023/03/07	未到期	-66	0	60000
7	2022/12/30	387686435	供应商A	60000	2023/03/07	未到期	-66	0	60000
8	2022/09/22	450699492	供应商B	80000	2022/12/07	到期	24	80000	0
9	2022/10/20	265874198	供应商B	160000	2023/01/07	未到期	-7	0	160000
10	2022/11/15	159875623	供应商B	100000	2023/02/07	未到期	-38	0	100000
11	2022/12/22	430959959	供应商B	60000	2023/03/07	未到期	-66	0	60000
12	2022/12/30	687686433	供应商B	60000	2023/03/07	未到期	-66	0	60000
13	2022/10/16	459586496	供应商C	50000	2023/01/07	未到期	-7	0	50000
14	2022/12/01	578952466	供应商C	80000	2023/03/07	未到期	-66	0	80000
15	2022/09/22	423648961	供应商D	95000	2022/12/07	到期	24	95000	0
16	2022/10/22	459694565	供应商D	250000	2023/01/07	未到期	-7	0	250000

发票清单

图 4-76　设置条件格式后效果

3. 运用高级筛选功能制作付款方案

结合付款总额限制在 70 万元左右，尽量优先支付到期的款项或涉及尽可能多的供应商的要求，小肖设计了两个付款方案：一个是全额支付已逾期或下个月到期，但金额在 100 000 元以下的款项；另一个是减半（按发票金额的 50%）支付已逾期或下个月到期的款项。

Step1　在工作表中的空白单元格建立第一个筛选条件。选中 K4:L4 单元格区域，分别输入“发票金额”“逾期天数”两个字段名。然后选中 K5:L5 单元格区域，输入筛选条件“<=100000>=-30”，表示筛选发票金额小于等于 100 000 元且逾期天数大于等于–30 天的账款，如图 4-77 所示。

Step2　在工作表中的空白单元格建立第二个筛选条件。选中 K8 单元格，输入“逾期天数”字段名，然后在 K9 单元格中输入筛选条件“>=-30”，表示逾期天数大于等于–30 天的账款，如图 4-78 所示。

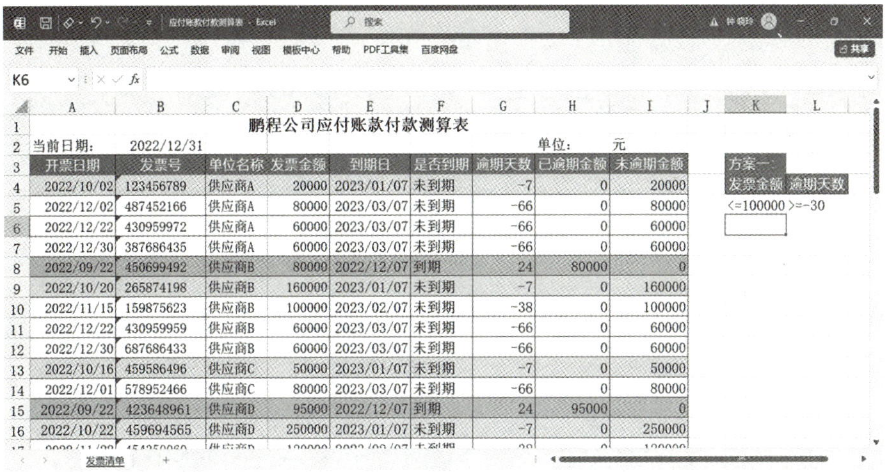

图 4-77　设置方案一的筛选条件

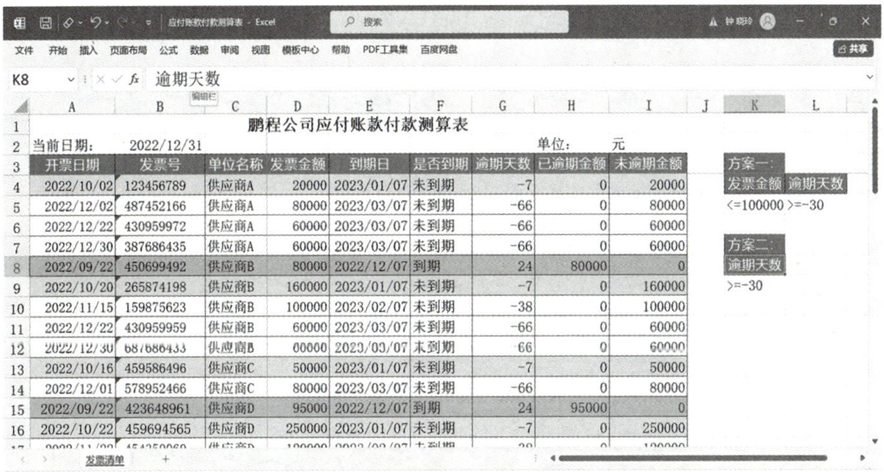

图 4-78　设置方案二的筛选条件

Step3　新增一个工作表，重命名为"付款方案"，如图 4-79 所示。

Step4　在"发票清单"工作表中选中 A3:I25 单元格区域，单击【数据】选项卡，在【排序和筛选】组单击【高级】按钮，打开【高级筛选】对话框。在该对话框的【条件区域】文本框中输入方案一条件位置，单击【确定】按钮。具体操作如图 4-80 和图 4-81 所示。

Step5　运用 Ctrl+C、Ctrl+V 组合键将筛选结果复制到"付款方案"工作表中。选中 A:I 列，将光标放到 I 列右边框的分列线上。待光标形状变成"✛"时，双击鼠标左键即可将两列统一调到合适的列宽，如图 4-82 所示。

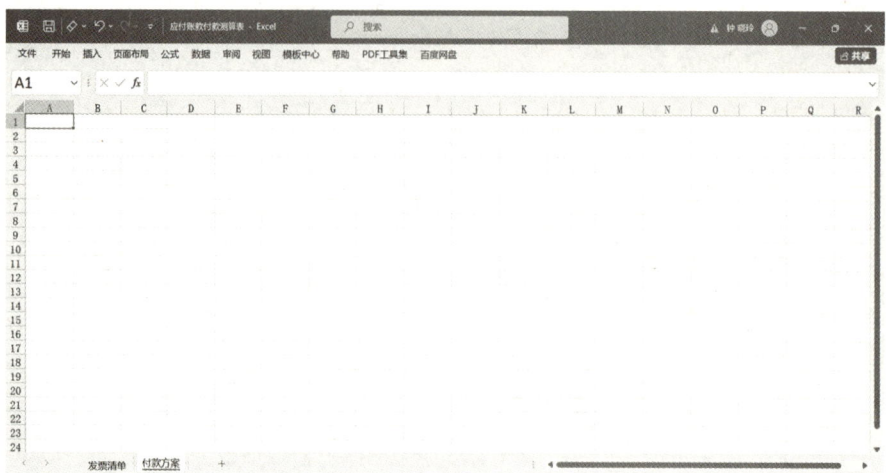

图 4-79　新建"付款方案"工作表

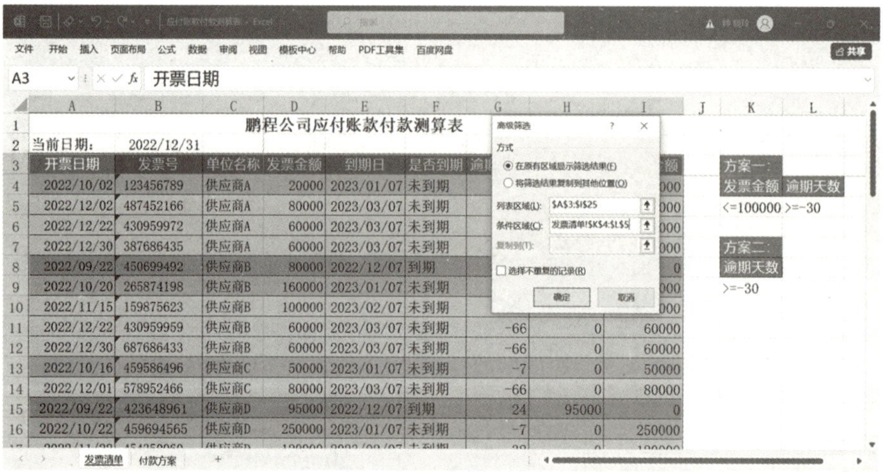

图 4-80　调用高级筛选功能

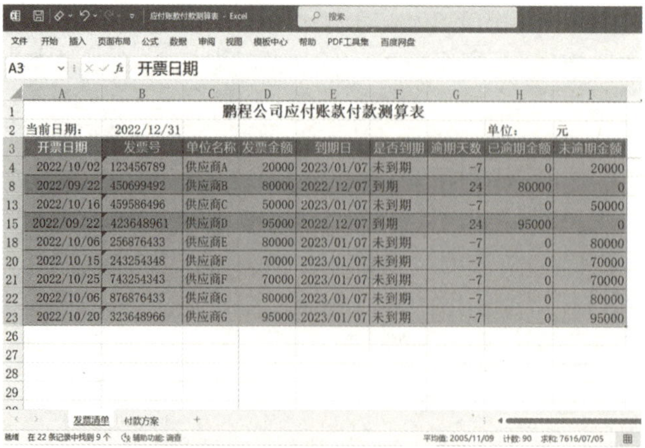

图 4-81　筛选出方案一的数据

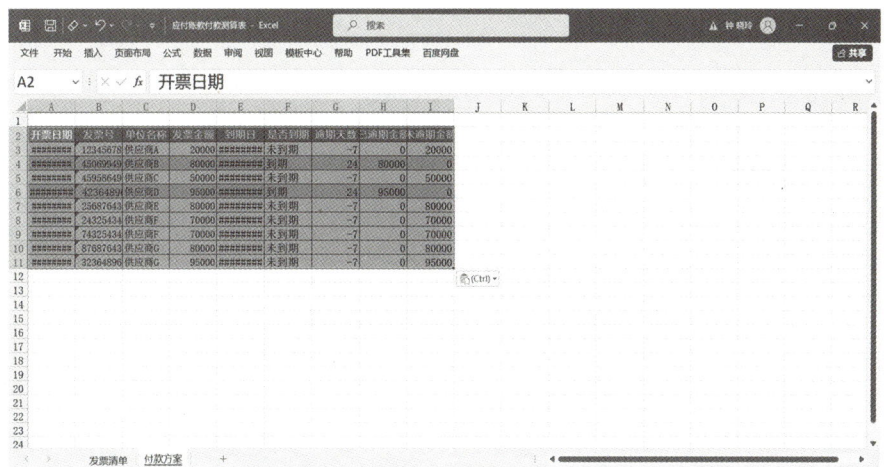

图 4-82 将筛选出的数据复制到"付款方案"工作表中并调整列宽

Step6 选中"发票清单"工作表,单击【数据】选项卡,在【排序和筛选】组单击【清除】按钮,将之前的筛选操作清除,如图 4-83 所示。

图 4-83 清除筛选操作

Step7 使用同样的操作筛选出符合方案二条件的数据并复制到"付款方案"工作表中,如图 4-84 和图 4-85 所示。

Step8 方案一是全额支付,所以选中"付款方案"工作表中的 J2 单元格,输入"支付额 100%"字段名,在 J3 单元格中输入公式"=D3",然后将公式填充到 J4:J11 单元格区域,增加合计行,计算出方案一的付款总额。具体操作如图 4-86 和图 4-87 所示。

Step9 方案二是按发票金额的 50%支付,所以选中"付款方案"工作表中的 J15 单元格,输入"支付额 50%"字段名,在 J3 单元格中输入公式"=D16*50%",然后将公式填充到 J17:J27 单元格区域,增加合计行,计算出方案二的付款总额。具体操作如图 4-88 和图 4-89 所示。

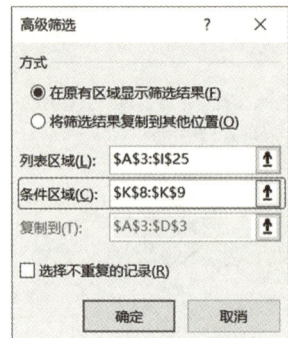

图 4-84　在【高级筛选】对话框中设置方案二的筛选条件

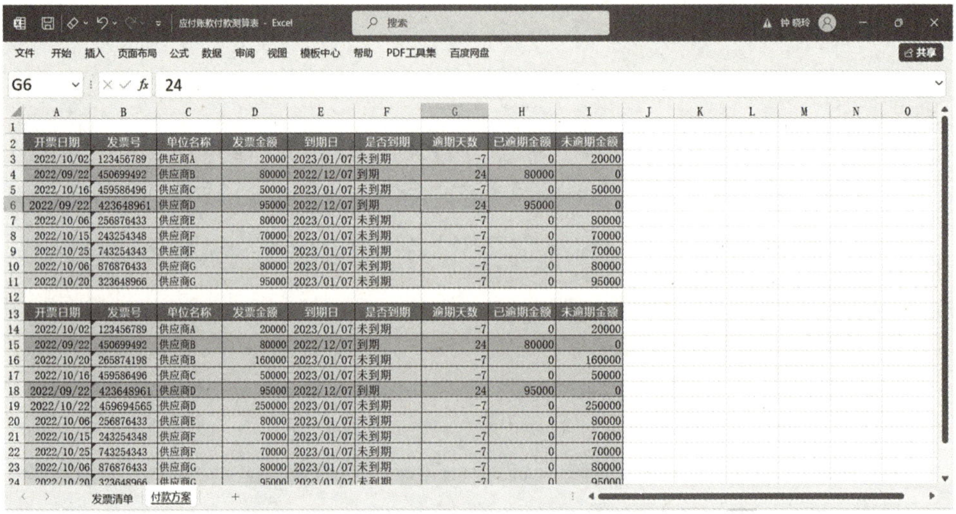

图 4-85　将筛选后的数据复制到"付款方案"工作表中

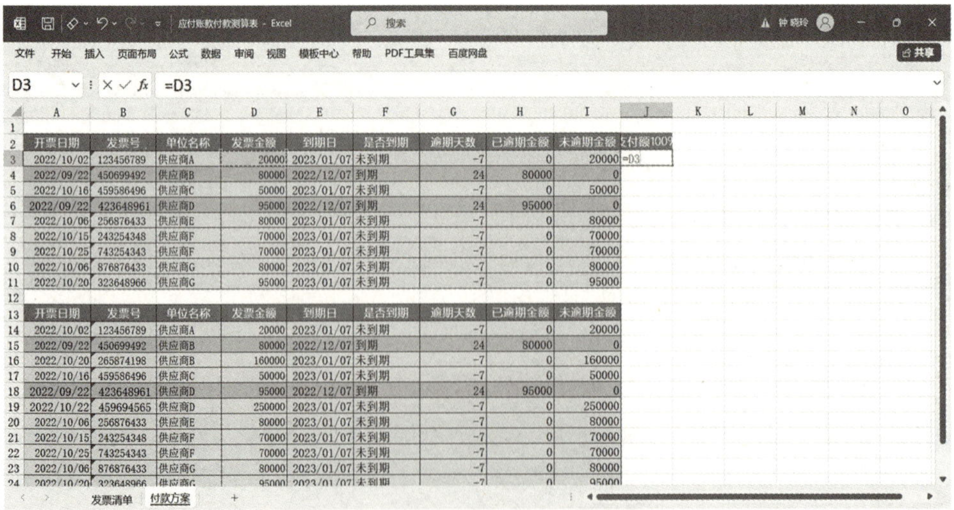

图 4-86　设置"支付额 100%"字段列的计算公式

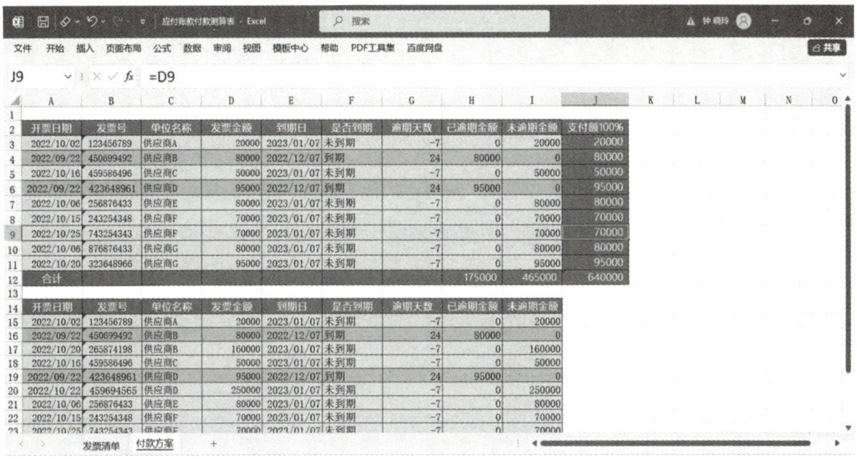

图 4-87　将公式复制到 J4:J12 单元格区域

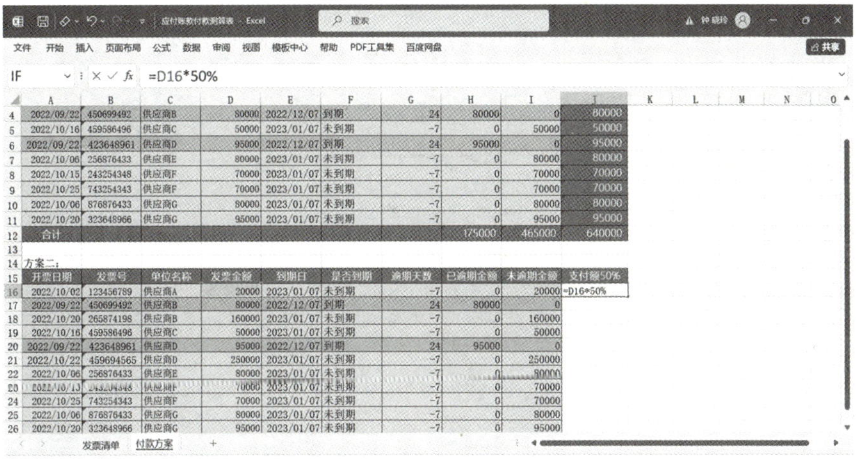

图 4-88　设置"支付额 50%"字段列的计算公式

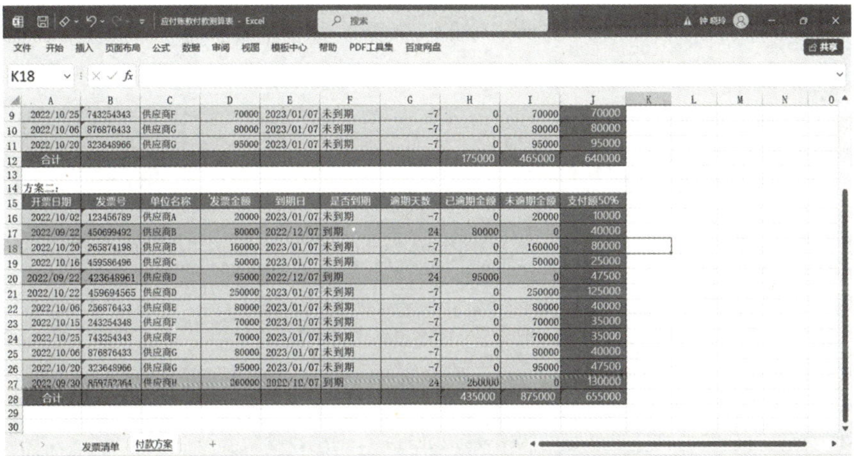

图 4-89　将公式复制到 J17:J28 单元格区域

任务三　拓展应用——数据透视表

一、通过设置字段汇总的方式进行统计分析

数据透视表提供了比较强大的数据统计分析功能，用户可以通过设置字段的值汇总依据，计算其最大值、最小值、平均值、计数、求和等。

在下面的例子中，要求统计出每个地区总划（总部划拨）性质和自筹（自己筹集）性质下的办事处数、最低销售费用额、最高销售费用额、平均销售费用额、销售费用总额及其占销售费用总额的百分比，如图 4-90 所示。

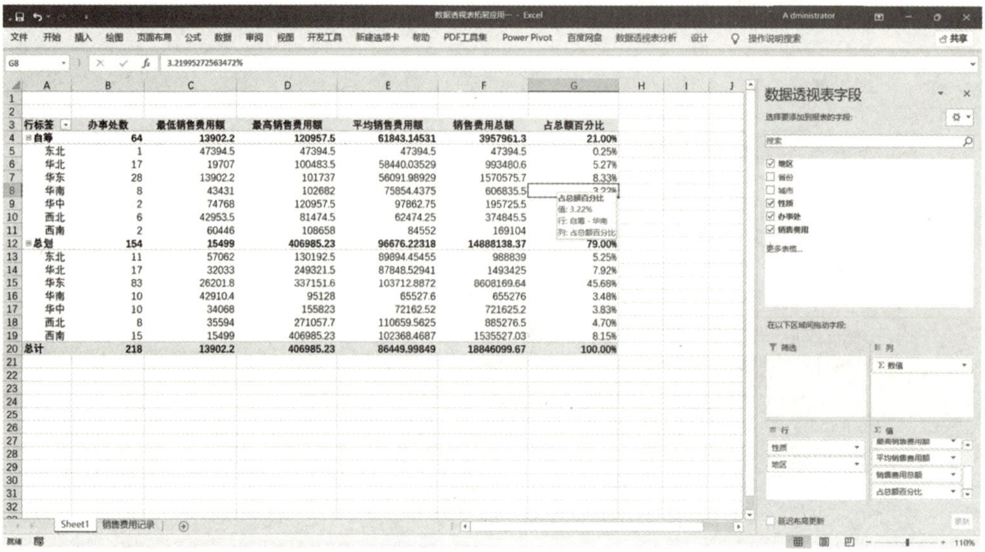

图 4-90　通过设置字段汇总的方式进行统计分析的效果

操作步骤如下。

Step1　打开项目四"素材表"文件夹中的"数据透视表拓展应用—素材"工作簿，在"销售费用记录"工作表中选中任一单元格。单击【插入】选项卡，在【表格】组单击【数据透视表】按钮，如图 4-91 所示。

Step2　打开【创建数据透视表】对话框，保持默认设置，单击【确定】按钮，如图 4-92 所示。

Step3　在【数据透视表字段】窗格中，将"性质""地区"字段拖曳到【行】下拉列表中，将"办事处""销售费用"字段拖曳到【值】下拉列表中，并且"销售费用"字段要拖曳 5 次，如图 4-93 所示。

Step4　选中 H4 单元格（"求和项：销售费用"），单击【数据透视表分析】选项卡，在【活动字段】组单击【字段设置】按钮，如图 4-94 所示。

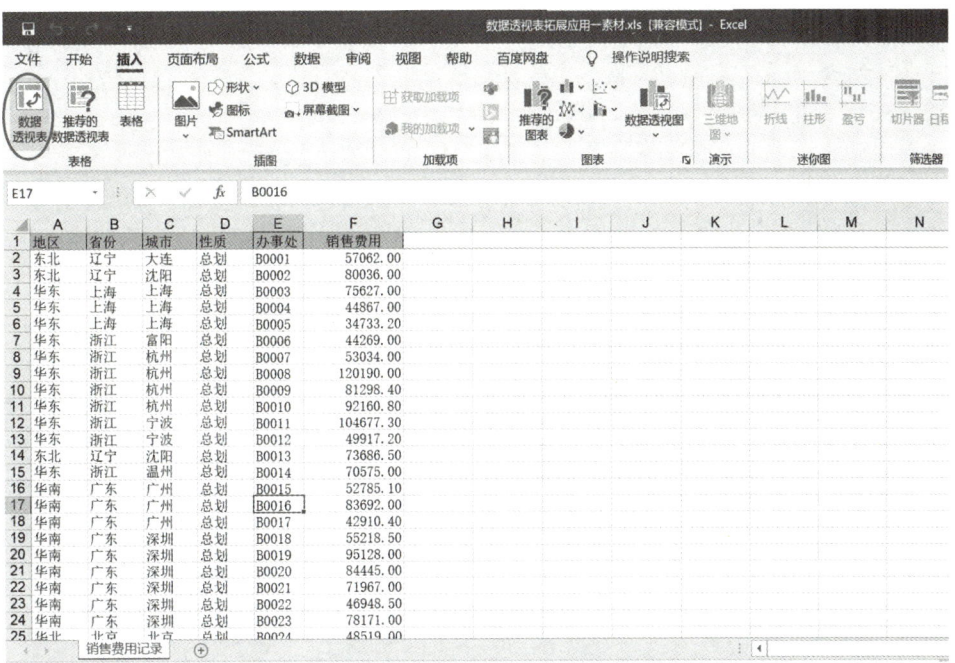

图 4-91　调用数据透视表功能

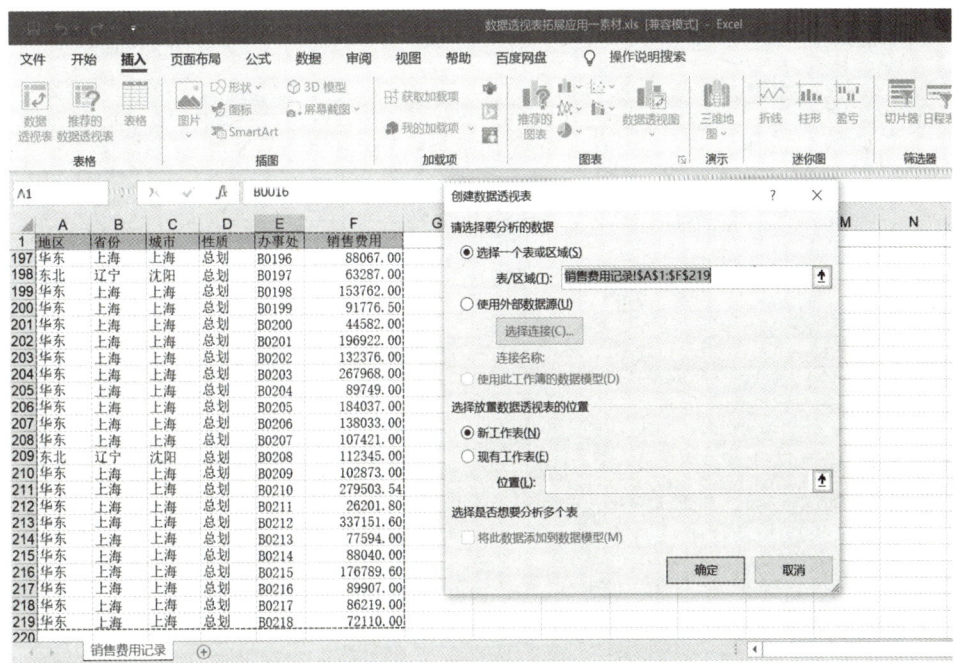

图 4-92　打开【创建数据透视表】对话框

Step5　打开【值字段设置】对话框，在【计算类型】下拉列表中选择【最小值】选项，单击【确定】按钮，如图 4-95 所示。

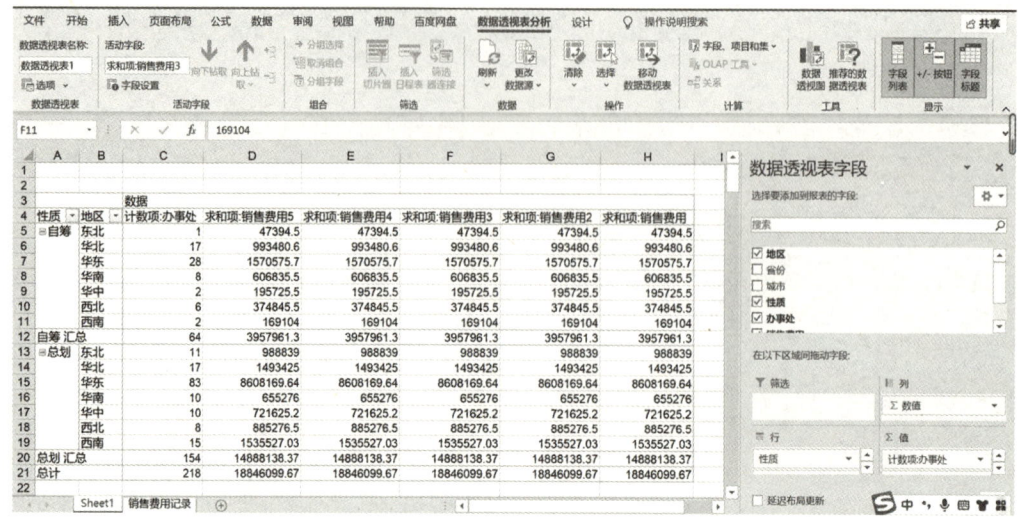

图 4-93　编辑【数据透视表字段】窗格

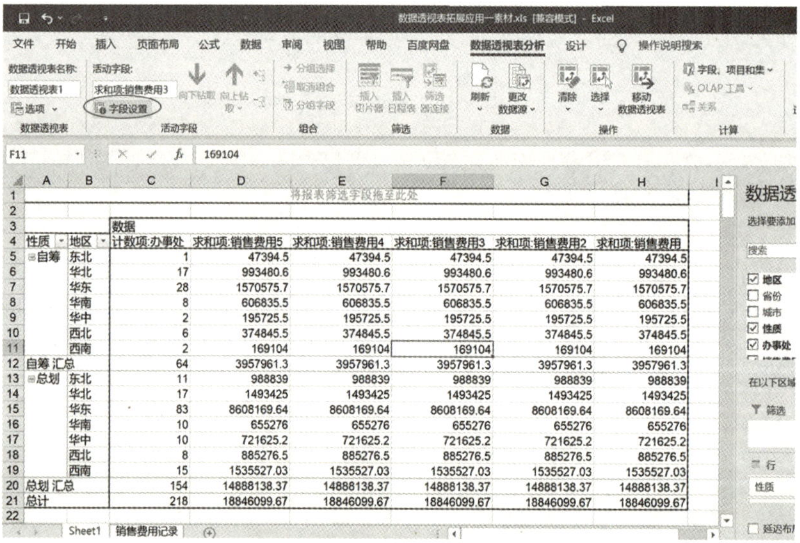

图 4-94　调用字段设置功能

Step6　返回工作表，即可看到"求和项：销售费用"已更改为"最小值项：销售费用"，汇总方式也变为显示最小值，如图 4-96 所示。

Step7　采用同样的方法，将"求和项：销售费用 2""求和项：销售费用 3"改为"最大值项：销售费用 2""平均值项：销售费用 3"，如图 4-97 所示。

 操作技巧

也可以选中要更改的字段所在的单元格，右击，在弹出的快捷菜单中选择【值汇总依据】或【值字段设置】命令，更改字段。

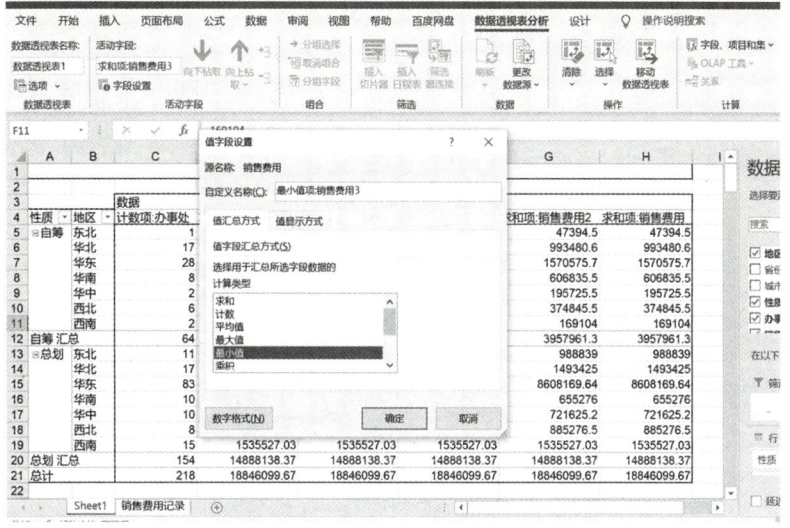

图 4-95　选择值汇总方式为最小值

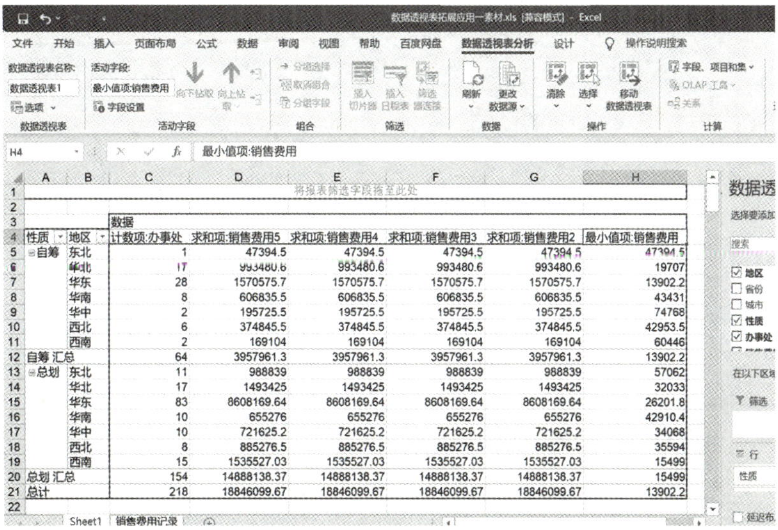

图 4-96　最小值显示效果

Step8　选中 E4 单元格（"求和项：销售费用 4"），右击，在弹出的快捷菜单中选择【值显示方式】命令，然后在展开的二级下拉菜单中选择【总计的百分比】命令，即可看到"求和项：销售费用 4"所在列的数据变为同列数据总和的百分比数据，如图 4-98 和图 4-99 所示。

Step9　按照前文所述步骤将 E4 单元格中的字段改为"占总额百分比"，如图 4-100 所示。

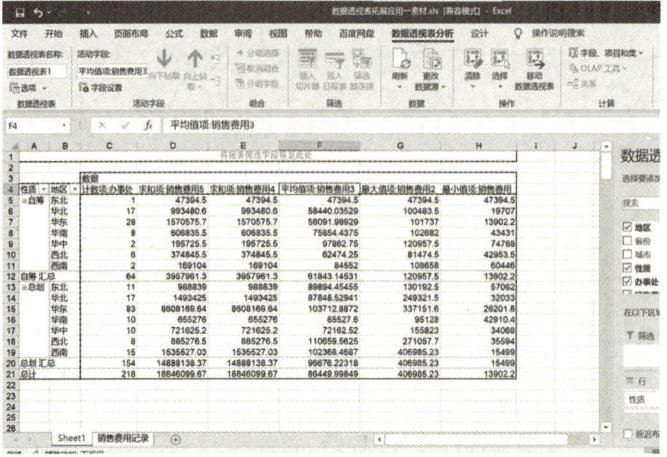

图 4-97 最大值、平均值显示效果

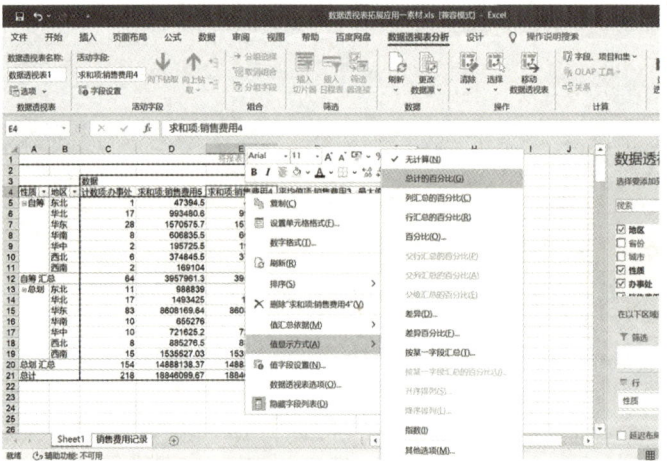

图 4-98 选择值显示方式为总计的百分比

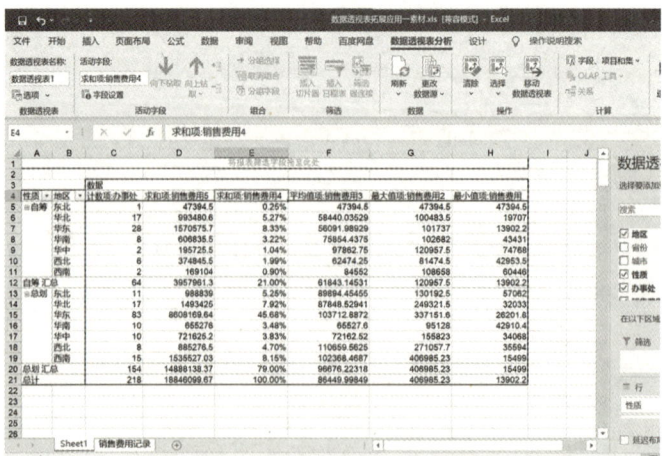

图 4-99 总计的百分比显示效果

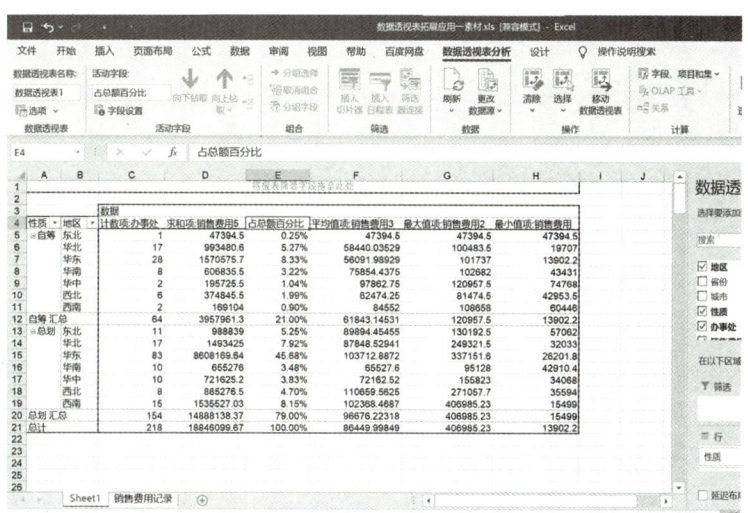

图 4-100　改字段名

二、添加计算字段进行统计分析

数据透视表创建完成，不允许手工更改或移动数据透视表中的任何区域，也不能在数据透视表中插入单元格。如果要对数据透视表中当前的字段执行计算功能，必须添加计算字段。

例如，接上文，需要在当年各地区的销售费用总额基础上增加10%作为第二年的销售费用预算，则其操作步骤如下。

Step1　选择数据透视表中的任意单元格，单击【开始】选项卡，在【单元格】组单击【插入】下拉按钮，在弹出的下拉列表中选择【插入计算字段】选项，如图 4-101 所示。

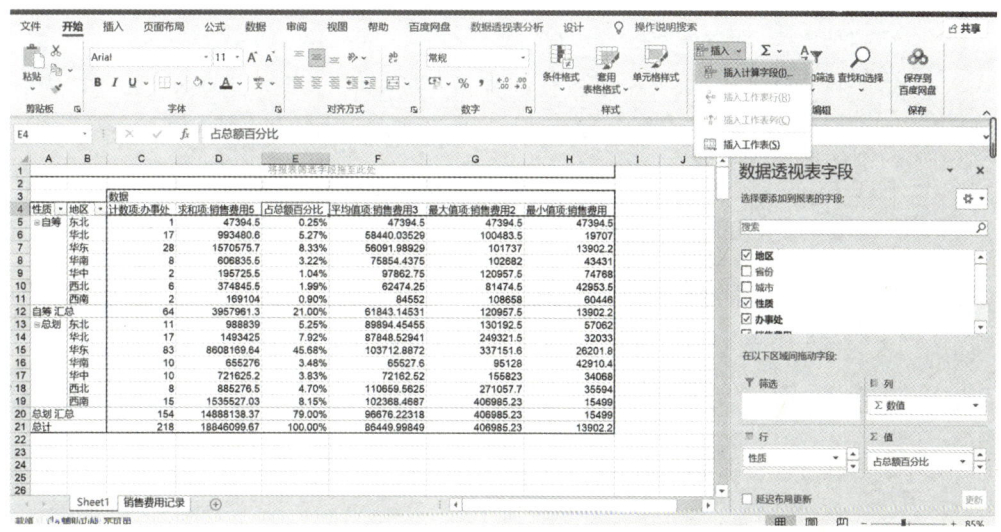

图 4-101　调用插入计算字段功能

Step2　打开【插入计算字段】对话框，在【名称】文本框中输入"销售费用预算"。然后将光标定位到【公式】文本框，删除原有数据后双击【字段】列表框中的"销售费用"选项，将该字段添加到【公式】文本框中，在字段后输入"*1.1"，单击【添加】按钮，单击【确定】按钮，如图 4-102 所示。

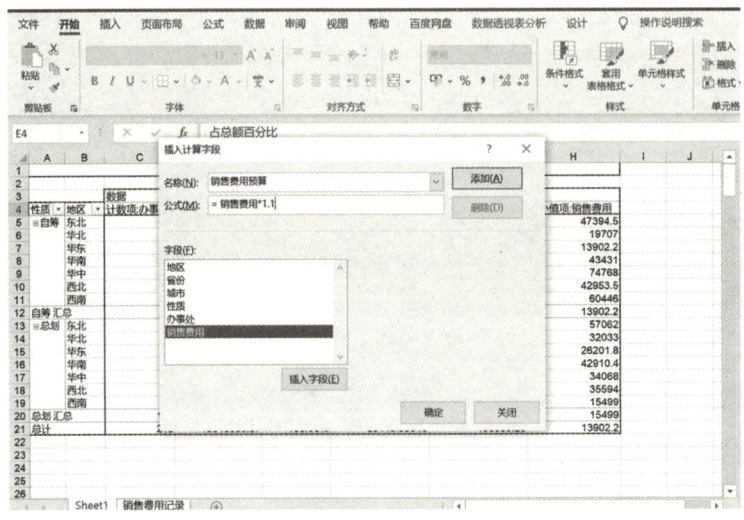

图 4-102　编辑【插入计算字段】对话框

Step3　返回工作表，即可看到数据透视表中新增了"求和项：销售费用预算"字段，并已按销售费用总额的 110%算出了各地区的销售费用预算，如图 4-103 所示。

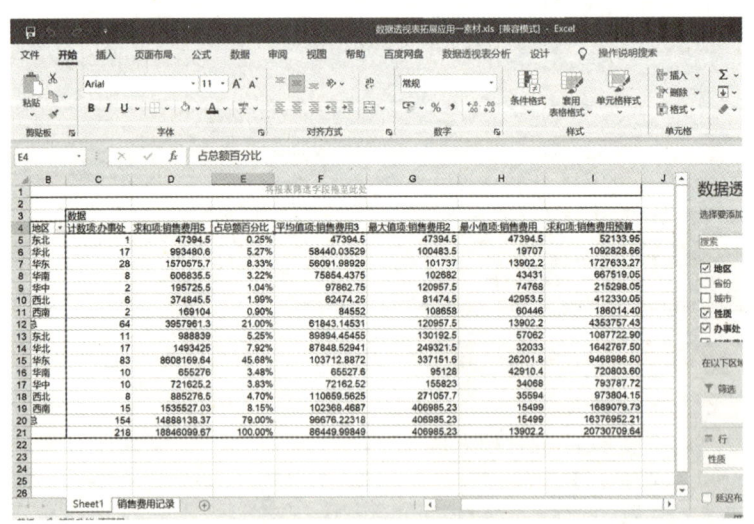

图 4-103　新增"求和项：销售费用预算"字段

　　需要删除添加的字段时，单击【开始】选项卡，在【单元格】组单击【插入】下拉按钮，在弹出的下拉列表中选择【插入计算字段】选项，打开【插入计算字段】对话框。在该对话框的【名称】下拉列表中选中需要删除的字段，单击【删除】按钮即可。

三、通过组合字段进行统计分析

数据透视表可以对字段的项目进行组合，以便进行分组查看。例如，可以对日期按年、季、月进行组合，得到按年、按季度、按月的汇总分析报告；可以对产品按不同的种类进行组合，得到各种类组合的汇总分析报告。

在下面的例子中，要求按季度、按月统计出"五谷类""肉类""奶类"三大类明细产品的销售金额，如图 4-104 所示。

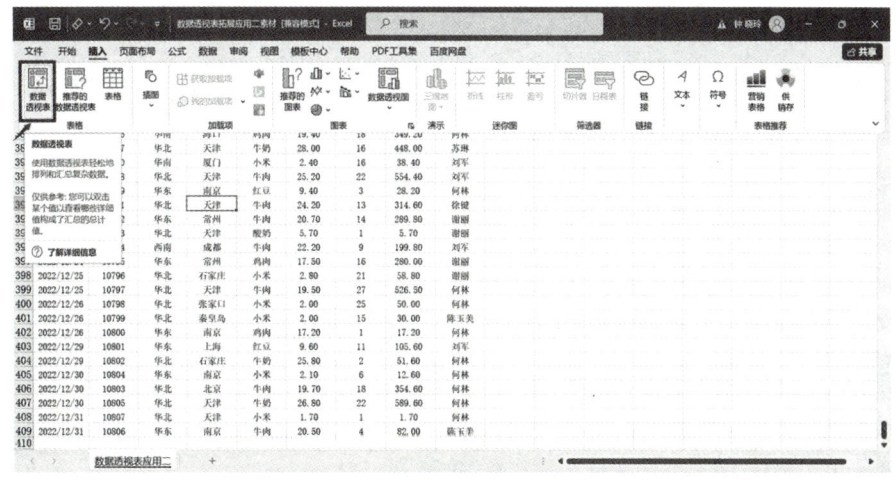

图 4-104　通过组合字段进行统计分析的效果

Step1　打开项目四"素材表"文件夹中的"数据透视表拓展应用二素材"工作簿，在"数据透视表应用二"工作表中单击任一单元格，单击【插入】选项卡，在【表格】组单击【数据透视表】命令，如图 4-105 所示。

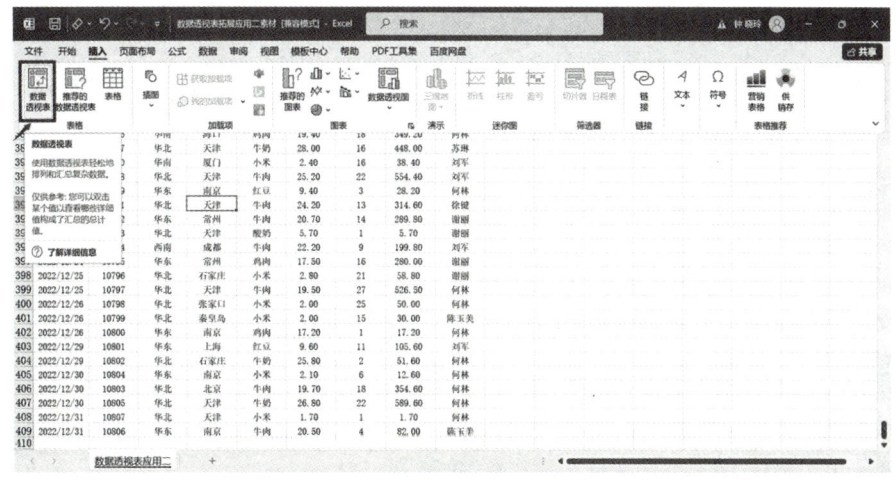

图 4-105　调用数据透视表功能

Step2 打开【创建数据透视表】对话框，保持默认设置，单击【确定】按钮，如图 4-106 所示。

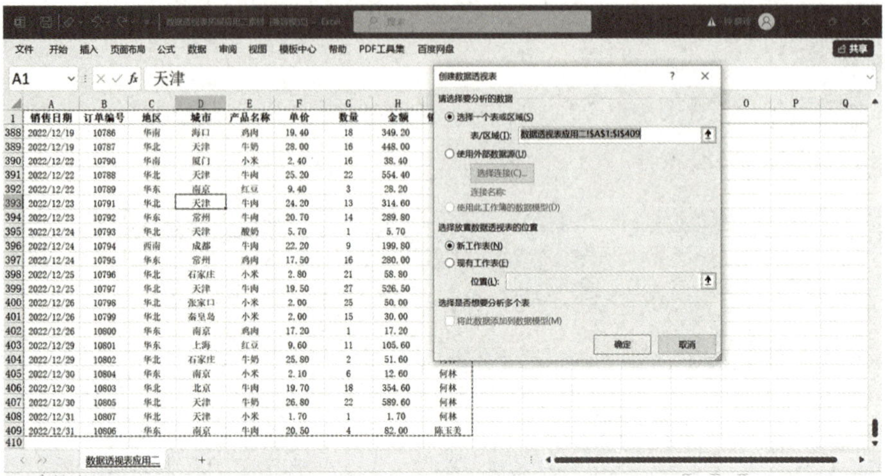

图 4-106　打开【创建数据透视表】对话框

Step3 在【数据透视表字段】窗格，将"销售日期"字段拖曳到【行】下拉列表中，将"产品名称"字段拖曳到【列】下拉列表中，将"金额"字段拖曳到【值】下拉列表中，如图 4-107 所示。

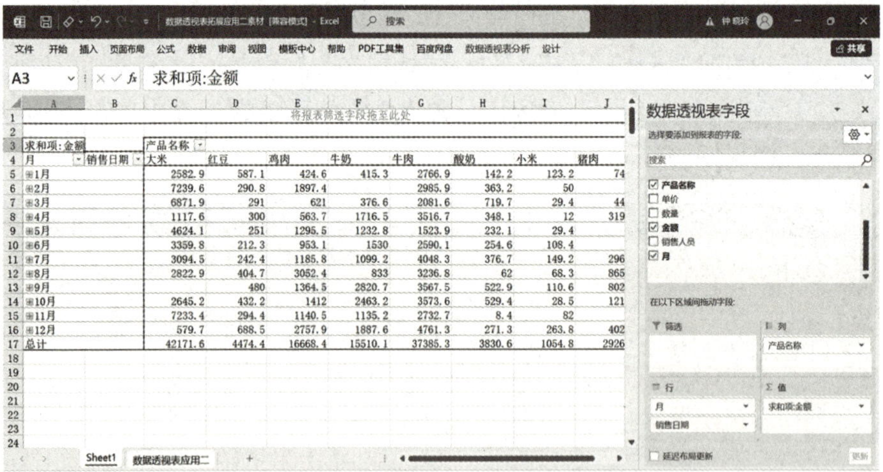

图 4-107　编辑【数据透视表字段】窗格

Step4 由于报告需要展示的是每季度、每月的产品销售金额，所以要将报告中按日显示的数据汇总成按季度、按月显示的数据。选中"销售日期"字段列中的任一单元格，右击，在弹出的快捷菜单中选择【组合】命令，如图 4-108 所示。

Step5 打开【组合】对话框，在【步长】列表框中选择【月】【季度】选项，单击【确定】按钮，返回工作表，即可将数据显示为按季度、按月汇总后的数据，如图 4-109 和图 4-110 所示。

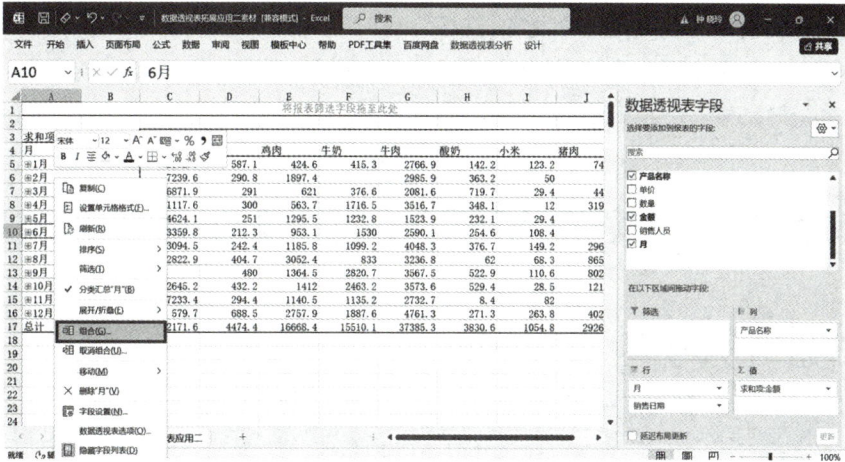

图 4-108 调用组合功能

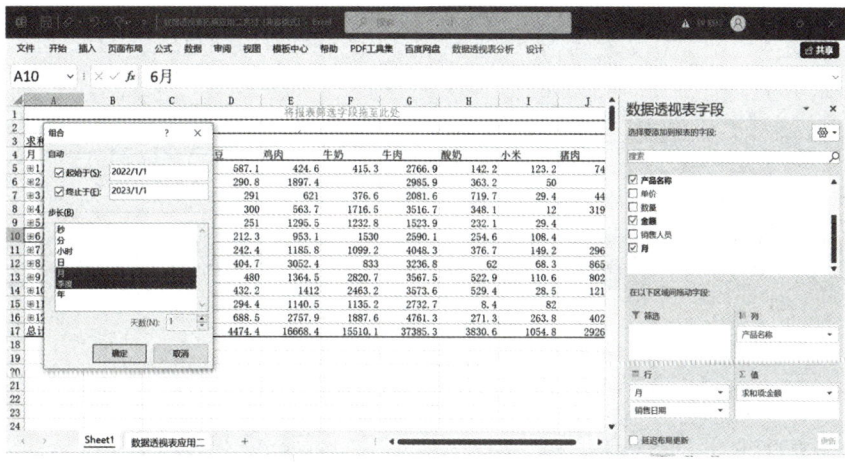

图 4-109 在【步长】列表框中选择【月】【季度】选项

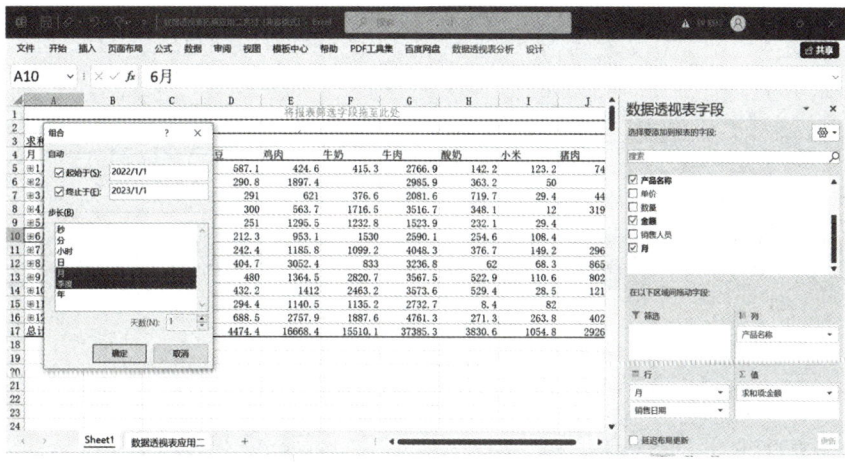

图 4-110 按季度、按月汇总后效果

Step6 报告要求按"奶类""肉类""五谷类"将产品按种类进行汇总，即"大米""红豆" "小米"为五谷类，应该放在一起，然后新增一个"五谷类"组合。将光标移动到"小米"字段 上，即 I4 单元格，右击，在弹出的快捷菜单中选择【移动】命令，在展开的二级下拉菜单中选 择【将"小米"移至开头】命令，如图 4-111 和图 4-112 所示。

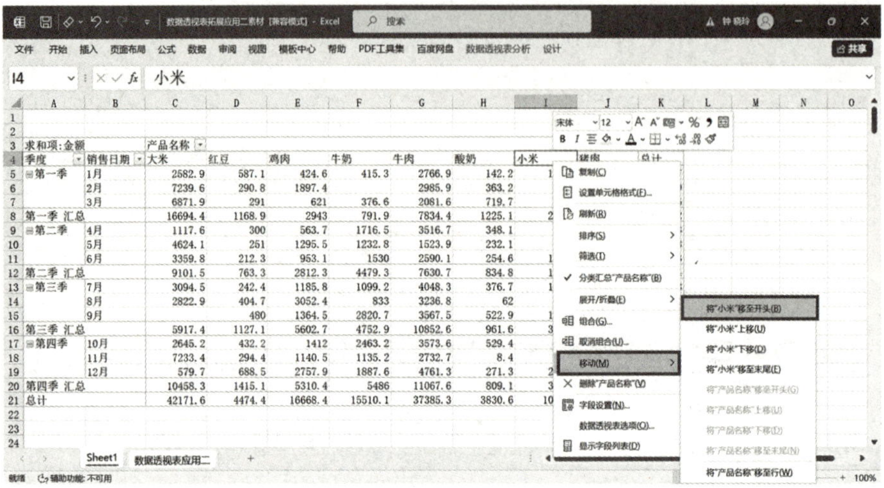

图 4-111　调用字段移动功能

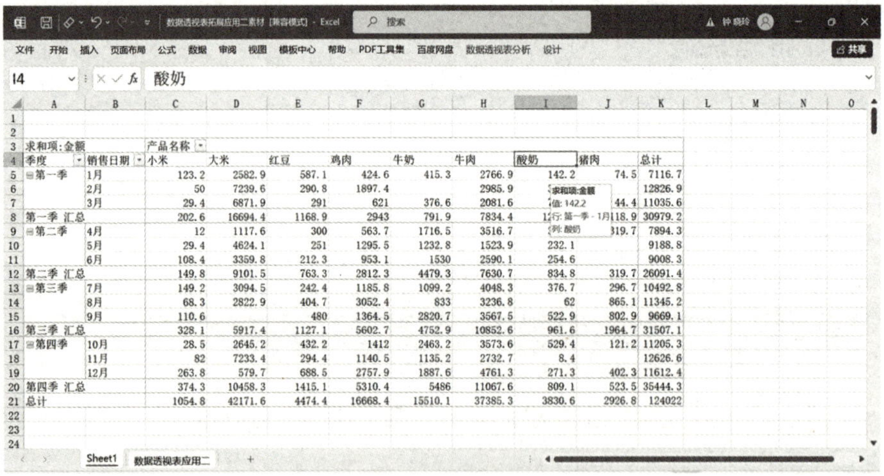

图 4-112　移动"小米"字段后效果

Step7 用同样的方法，将"鸡肉""牛肉""猪肉"放在一起，将"牛奶""酸奶"放在一 起，如图 4-113 所示。

Step8 选中 C4:E4 单元格区域，右击，在弹出的快捷菜单中选择【组合】命令，即可在所 选单元格区域上方添加一个"数据组 1"组合，如图 4-114 和图 4-115 所示。

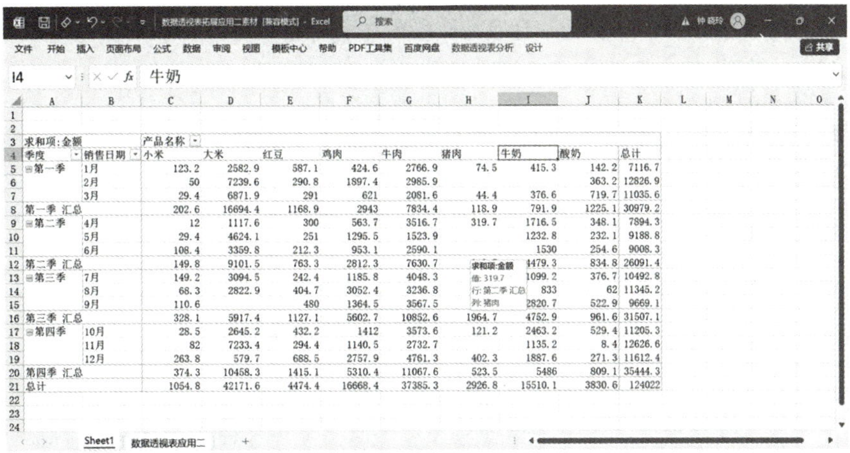

图 4-113 移动其他字段后效果

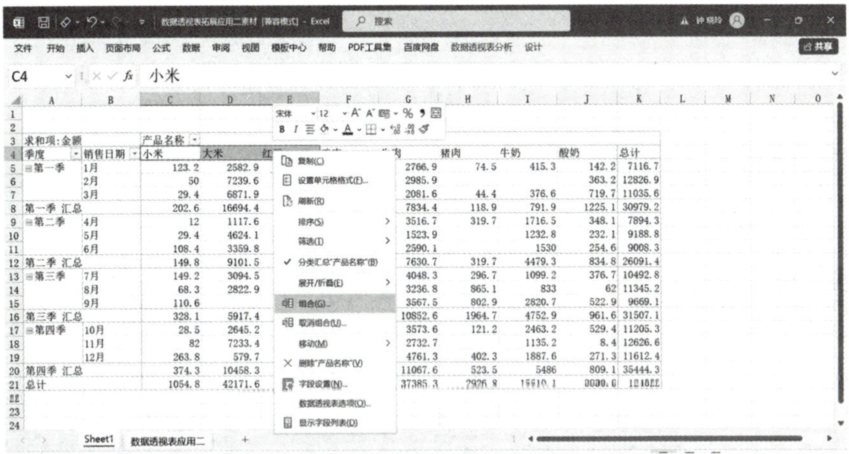

图 4-114 调用组合功能

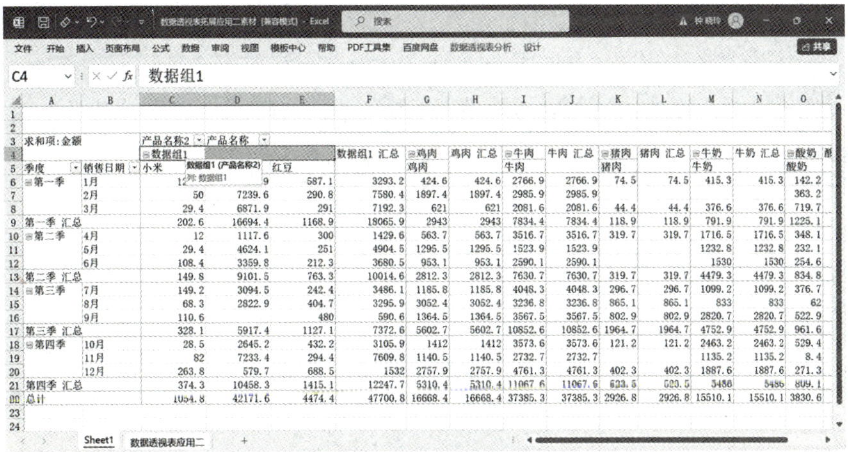

图 4-115 创建"数据组 1"组合

Step9 选中"数据组 1"字段，直接在编辑框中将字段名改为"五谷类"，如图 4-116 和图 4-117 所示。

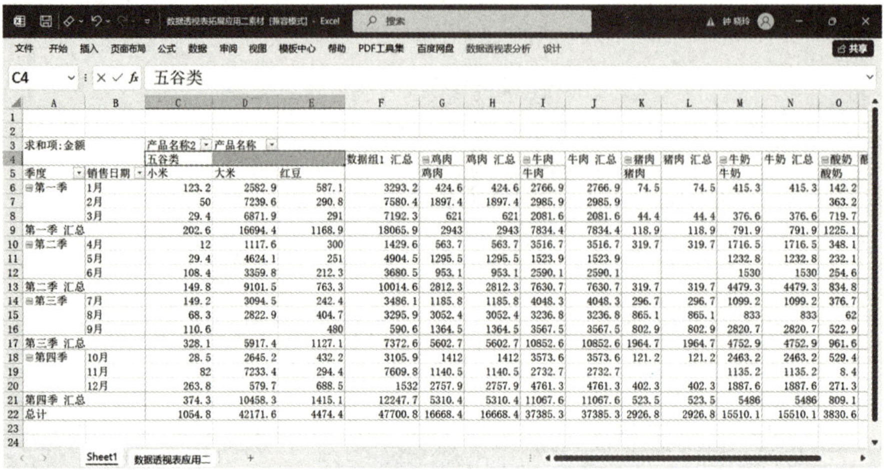

图 4-116 将"数据组 1"改为"五谷类"

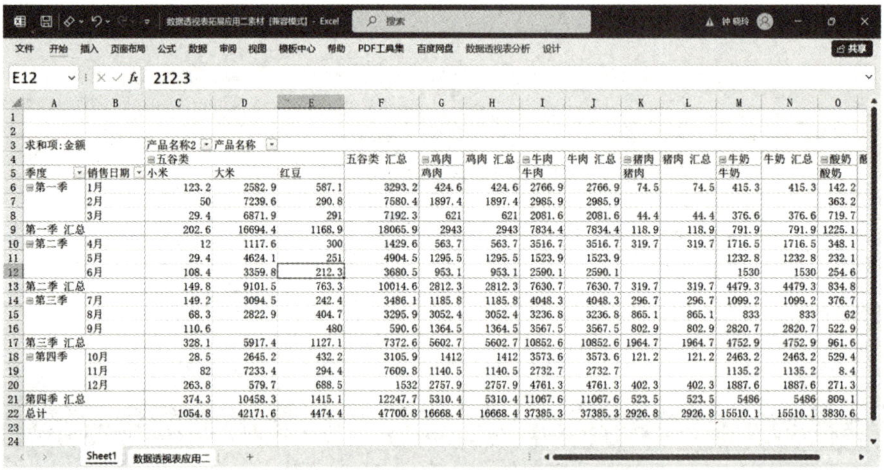

图 4-117 更名为"五谷类"组合后效果

Step10 采用同样的方法，将"鸡肉""牛肉""猪肉"汇总为"肉类"，将"牛奶""酸奶"汇总为"奶类"，如图 4-118 所示。

Step11 单击数据透视表中的任一单元格，单击【设计】选项卡，在【数据透视表样式】组中选择任一样式，即可对数据透视表进行美化，如图 4-119 和图 4-120 所示。

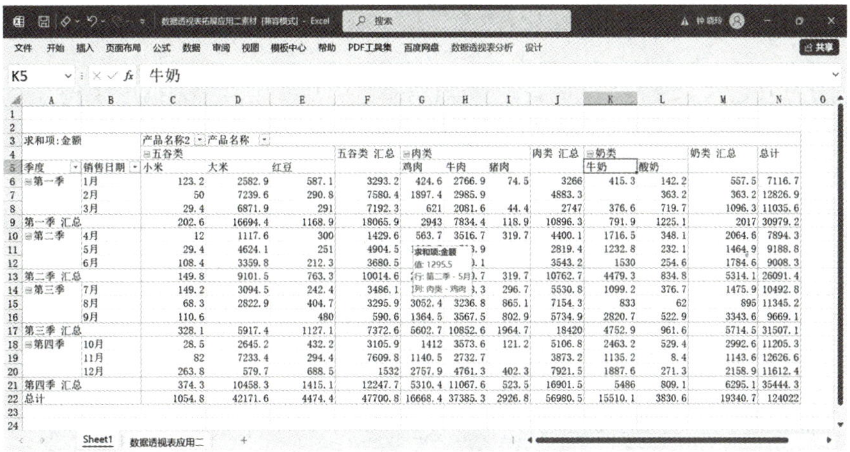

图 4-118　添加"肉类""奶类"组合后效果

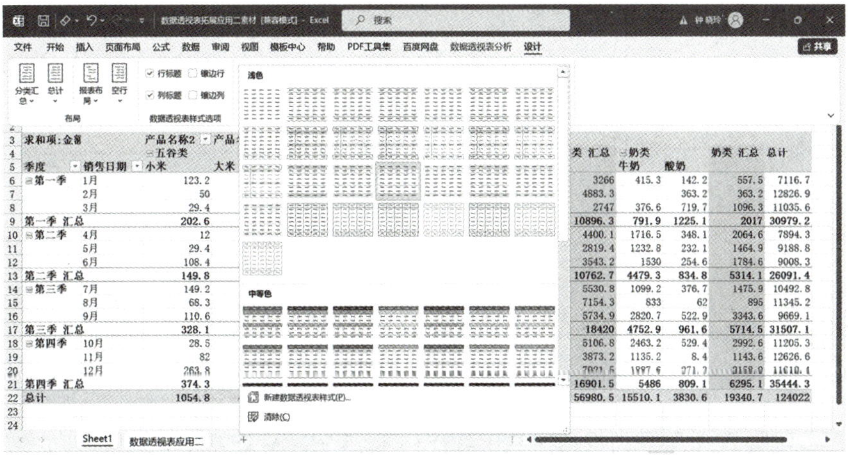

图 4-119　选择样式

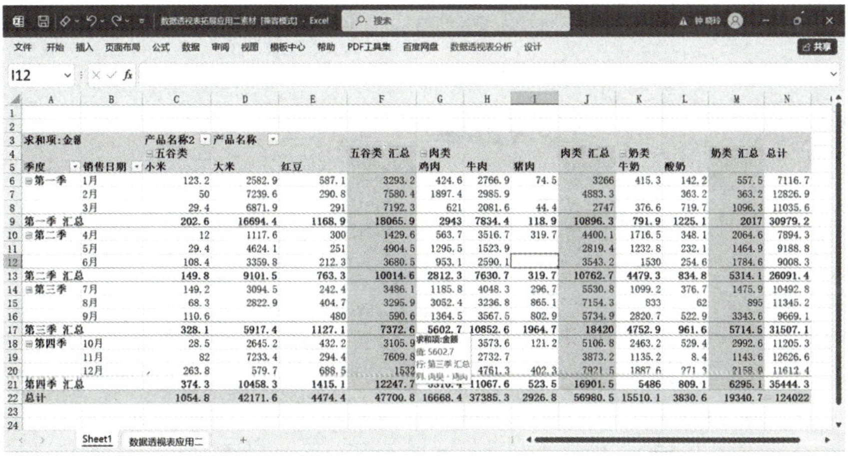

图 4-120　更改样式后效果

四、通过多重合并计算数据区域功能汇总两个工作表中的数据

多重合并计算数据区域的数据透视表，可简单地将其理解为多张或多个区域数据的集合分析。

在下面的例子中，要求使用多重合并计算数据区域的数据透视表对两个工作表中的数据进行快速汇总。操作步骤如下。

Step1 打开项目四"素材表"文件夹中的"数据透视表拓展应用三素材"工作表。由于 Excel 2021 的功能区没有多重合并计算数据区域数据透视表的按钮，所以要先将该按钮添加到快速访问工具栏中。在快捷自定义工具栏单击【自定义快速访问工具栏】下拉按钮 ，在弹出的下拉列表中选择【其他命令】选项，如图 4-121 所示。

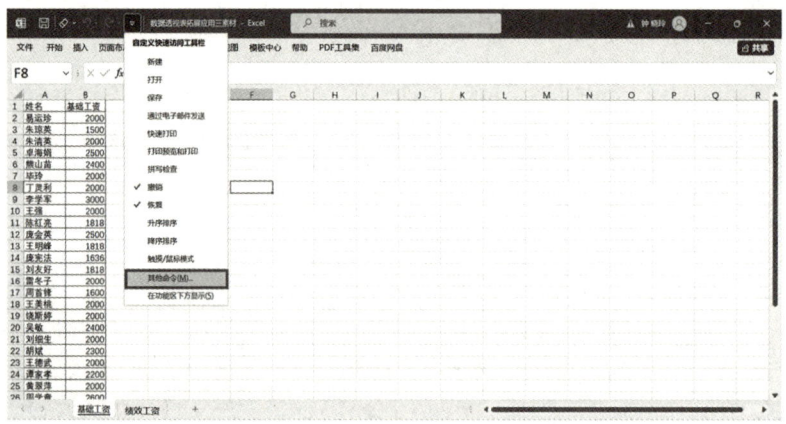

图 4-121　调用自定义快速访问工具栏功能

Step2 打开【Excel 选项】对话框，在【从下列位置选择命令】下拉列表中选择【不在功能区的命令】选项，然后拉动下方的垂直滚动条，选择【数据透视表和数据透视图向导】选项，单击【添加】按钮，将其添加到【自定义快速访问工具栏】列表框中。具体操作如图 4-122~图 4-124 所示。

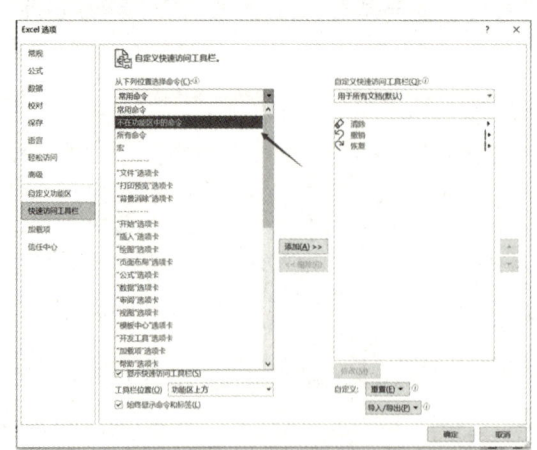

图 4-122　选择【不在功能区的命令】选项

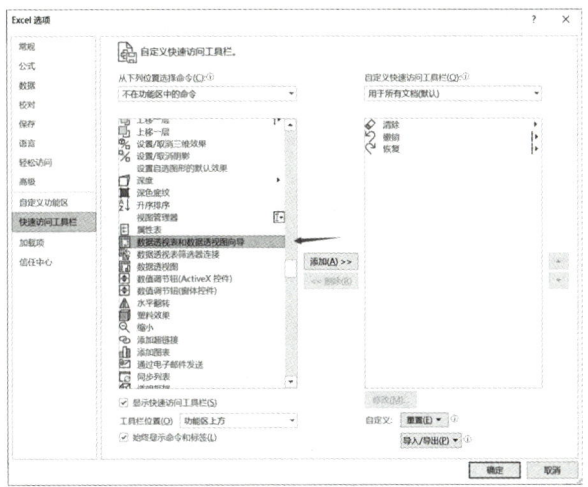

图 4-123　选择【数据透视表和数据透视图向导】选项

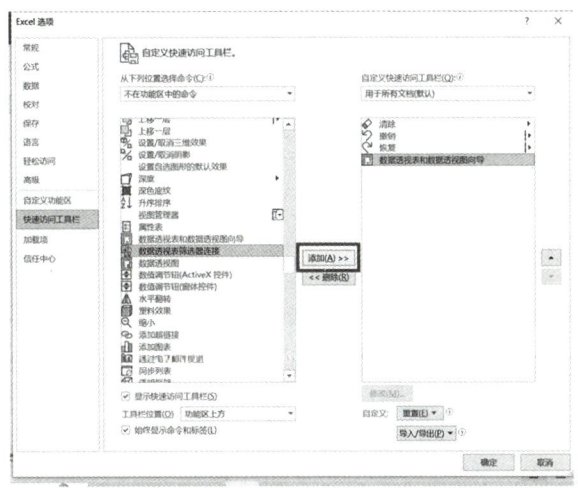

图 4-124　添加【数据透视表和数据透视图向导】选项到【自定义快速访问工具栏】列表框

Step3　单击【确定】按钮，工作簿中的快速访问工具栏中显示【数据透视表和数据透视图向导】按钮，如图 4-125 所示。

图 4-125　在工作簿的快速访问工具栏中添加【数据透视表和数据透视图向导】按钮

Step4　单击工作表中的任一单元格，然后单击自定义快速访问工具栏中的【数据透视表和数据透视图向导】按钮，如图 4-126 所示。

Step5　打开【数据透视表和数据透视图向导–步骤 1（共 3 步）】对话框，在【请指定待分析数据的数据源类型】选区选中【多重合并计算数据区域】单选按钮，然后单击【下一步】按钮，如图 4-127 所示。

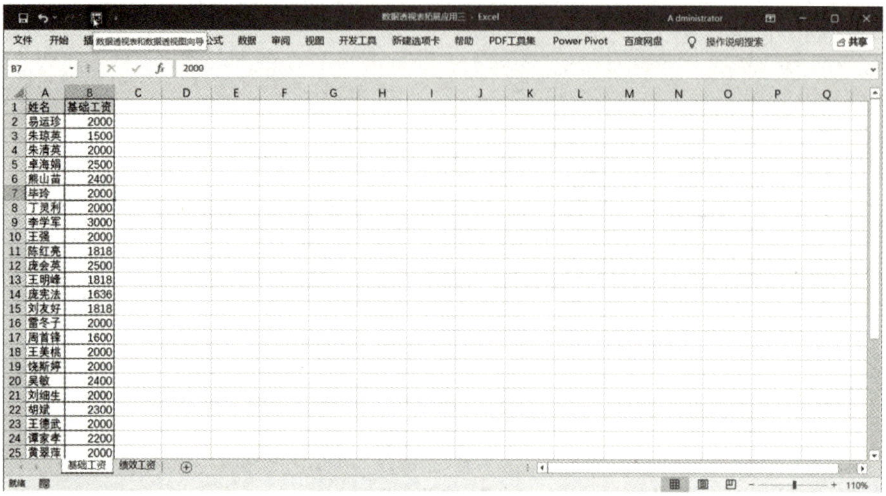

图 4-126　调用数据透视表和数据透视图向导功能

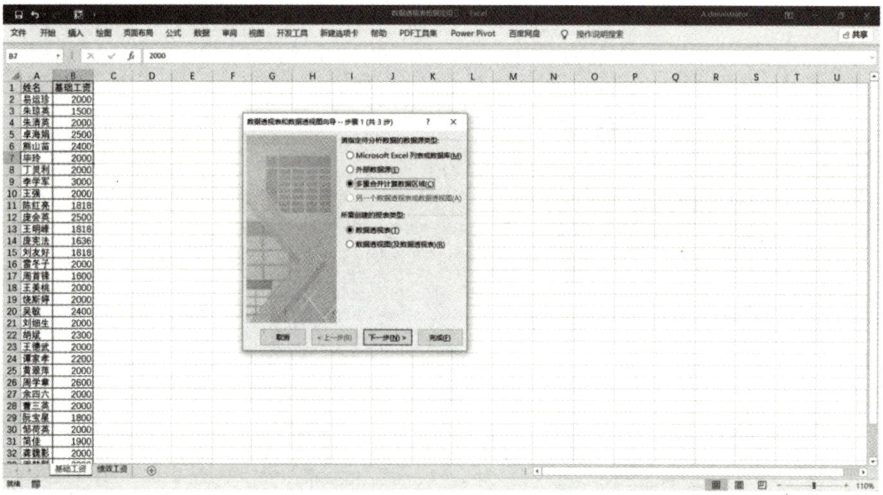

图 4-127　【数据透视表和数据透视图向导–步骤 1（共 3 步）】对话框

Step6　打开【数据透视表和数据透视图向导–步骤 2a（共 3 步）】对话框，保持默认设置，单击【下一步】按钮，如图 4-128 所示。

Step7　打开【数据透视表和数据透视图向导–第 2b 步（共 3 步）】对话框。单击【选定区域】文本框右边的【折叠】按钮 ，在工作表中选中"基础工资"工作表中的 A:B 列，单击【展开】按钮 ，返回对话框，单击【添加】按钮。具体操作如图 4-129~图 4-131 所示。

Step8　使用同样的方法添加"绩效工资"工作表中的 A:B 列单元格区域，单击【下一步】按钮，如图 4-132 所示。

Step9　打开【数据透视表和数据透视图向导–步骤 3（共 3 步）】对话框，在【数据透视表显示位置】选区选中【新工作表】单选按钮，单击【完成】按钮，系统自动在一个新的工作表中创建多区域合并的数据透视表，如图 4-133 和图 4-134 所示。

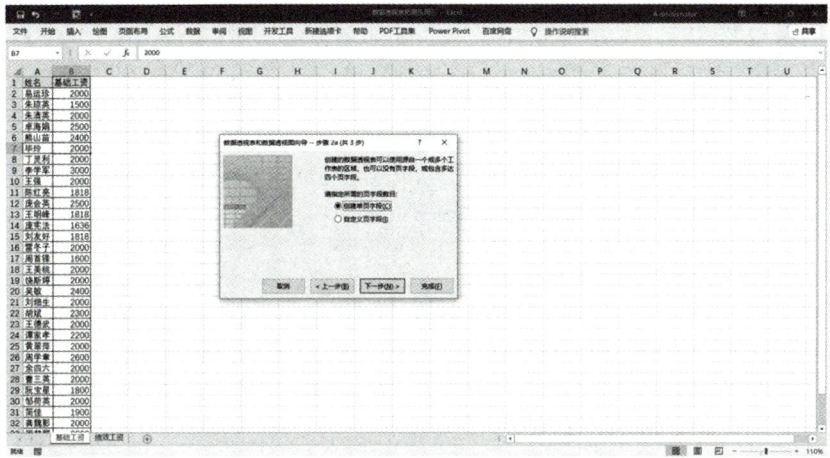

图 4-128　【数据透视表和数据透视图向导–步骤 2a（共 3 步）】对话框

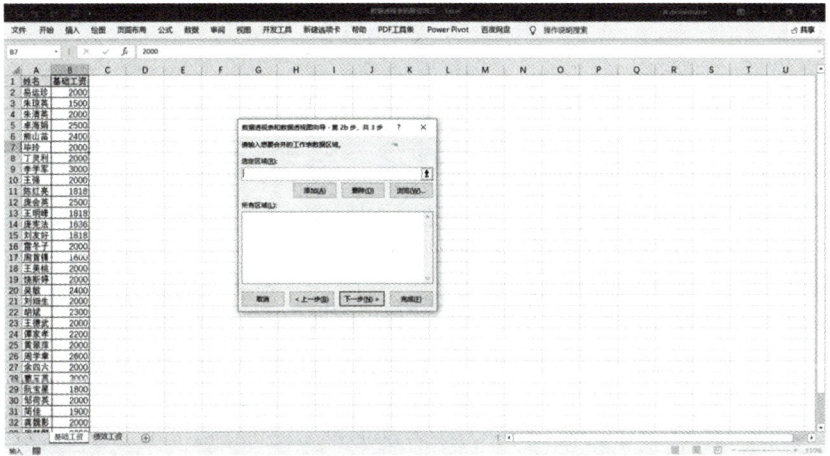

图 4-129　【数据透视表和数据透视图向导–第 2b 步（共 3 步）】对话框

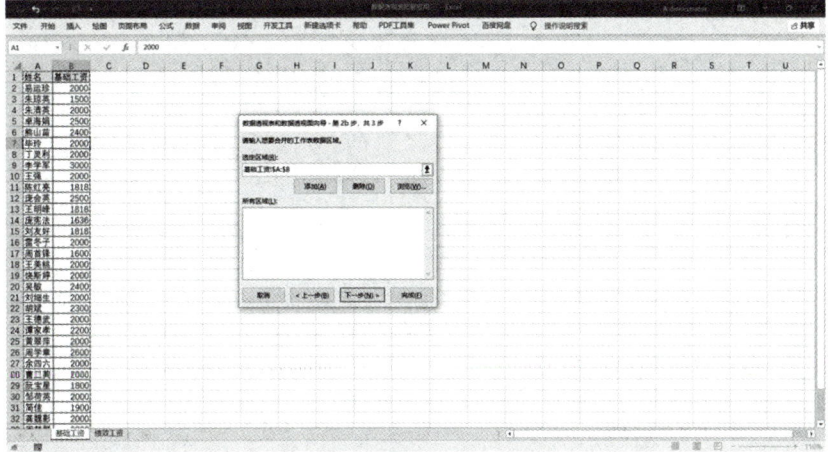

图 4-130　选中【基础工资】工作表中的单元格区域

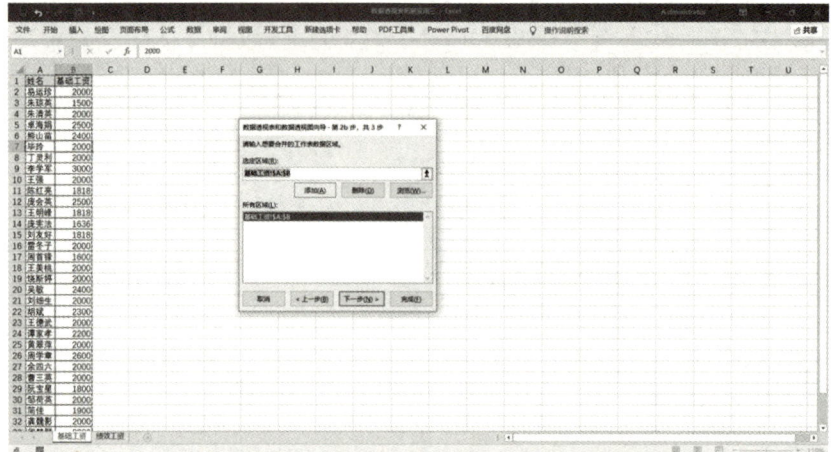

图 4-131　添加【基础工资】工作表中的单元格区域

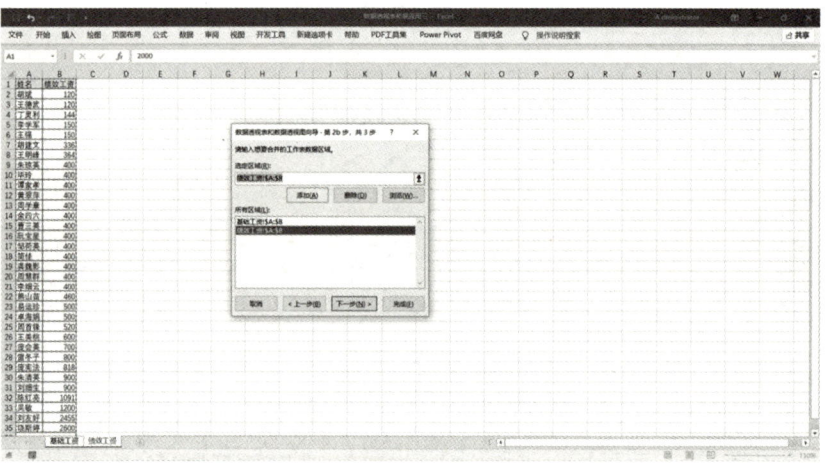

图 4-132　添加【绩效工资】工作表中的单元格区域

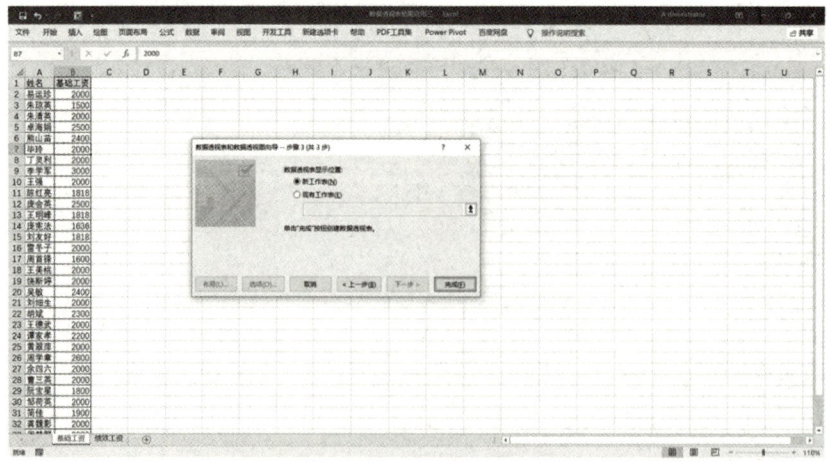

图 4-133　选中【新工作表】单选按钮

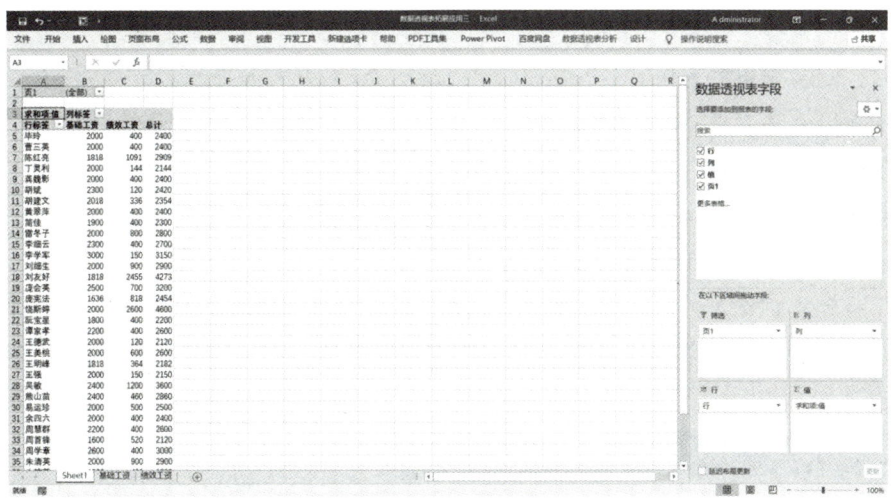

图 4-134 创建多区域合并的数据透视表

诚实守信，不做"老赖"

"老赖"就是平常所说的失信被执行人，是指根据《最高人民法院关于公布失信被执行人名单信息的若干规定》第一条规定，被认定为"有履行能力而拒不履行生效法律文书确定的义务的"人员。根据相关规定，所有被人民法院纳入"失信被执行人名单"的人员，将在高消费、出行、贷款、资金等多方面受到限制。

被执行人符合以下 5 种情形之一者，即可被纳入"失信被执行人名单"。

- 被执行人有履行能力，但不履行。例如，被执行人住高档住宅、开高档汽车，却不履行义务，就属于典型的有履行能力而不履行。
- 被执行人与申请执行人达成和解协议后，无正当理由拒不履行的。
- 被执行人采用一些手段妨碍、抗拒、规避执行的。
- 被执行人违反财产报告制度的。
- 法院对被执行人采取限制消费后，其违反限制消费令，又进行高消费的。

被执行人为自然人的，一旦被纳入"失信被执行人名单"，除受到信用惩戒外，人民法院依申请或职权还可能对其采取限制高消费措施，被执行人诸多方面都会受到限制。

- 法院可拍卖其唯一住房。
- 法院可查封、冻结其支付宝账户。
- 法院可一键网上冻结、划扣其财产。
- "失信被执行人名单"同步芝麻信用，被执行人网购受限。
- 被执行人不得担任老板、董事、监事、高管。

- 禁止高消费。
- 水、陆、空出行受阻。
- 子女不允许上重点私立学校。
- 限制炒股、买房、出境。
- 养老金可直接划扣。
- 最高可判 7 年有期徒刑。

法治社会是构筑法治国家的基础。广大青年应弘扬社会主义法治精神，传承中华优秀传统法律文化，引导全体人民做社会主义法治的忠实崇尚者、自觉遵守者、坚定捍卫者。

岗位能力测评

完成应收账款统计表的编制，效果如图 4-135 所示。

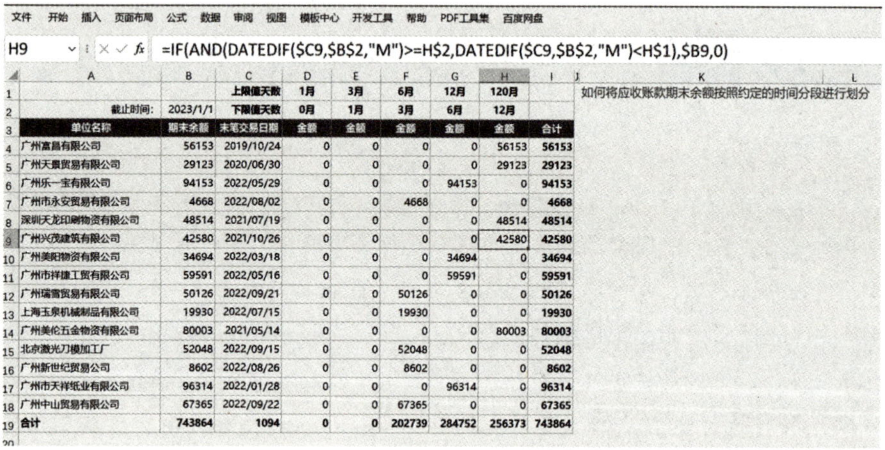

	A	B	C	D	E	F	G	H	I
1			上限值天数	1月	3月	6月	12月	120月	
2	截止时间:	2023/1/1	下限值天数	0月	1月	3月	6月	12月	
3	单位名称	期末余额	末笔交易日期	金额	金额	金额	金额	金额	合计
4	广州富昌有限公司	56153	2019/10/24	0	0	0	0	56153	56153
5	广州天鼎贸易有限公司	29123	2020/06/30	0	0	0	0	29123	29123
6	广州乐一宝有限公司	94153	2022/05/29	0	0	0	94153	0	94153
7	广州市永安贸易有限公司	4668	2022/08/02	0	0	4668	0	0	4668
8	深圳天龙印刷物资有限公司	48514	2021/07/19	0	0	0	0	48514	48514
9	广州兴茂建筑有限公司	42580	2021/10/26	0	0	0	0	42580	42580
10	广州美阳物资有限公司	34694	2022/03/18	0	0	0	34694	0	34694
11	广州市祥捷工贸有限公司	59591	2022/05/16	0	0	0	59591	0	59591
12	广州瑞雪贸易有限公司	50126	2022/09/21	0	0	50126	0	0	50126
13	上海玉泉机械制品有限公司	19930	2022/07/15	0	0	19930	0	0	19930
14	广州美伦五金物资有限公司	80003	2021/05/14	0	0	0	0	80003	80003
15	北京激光刀模加工厂	52048	2022/09/15	0	0	52048	0	0	52048
16	广州新世纪贸易公司	8602	2022/08/26	0	0	8602	0	0	8602
17	广州市天祥纸业有限公司	96314	2022/01/28	0	0	0	96314	0	96314
18	广州中山贸易有限公司	67365	2022/09/22	0	0	67365	0	0	67365
19	合计	743864	1094	0	0	202739	284752	256373	743864

图 4-135 应收账款统计表实训作业效果

项目五
固定资产管理

学习目标

知识学习目标：
- 巩固数据有效性功能的运用方法。
- 掌握折旧函数的使用方法。

技能训练目标：
- 能创建固定资产清单。

素养修习目标：
- 培养学生改革创新的精神。
- 引导学生自觉拥护党的创新驱动发展战略。

工作任务：
- 任务一：创建固定资产清单。
- 任务二：拓展应用——高级筛选。

任务一　创建固定资产清单

一、任务情境

固定资产在企业的资产总额中一般占有较大的份额，单件资产的金额较大，使用年限较长，所以日常管理与核算比较复杂。企业一般需要建立固定资产管理体制，以便明晰产权关系，合理配置固定资产，随时更新固定资产的增加、减少、修理情况，保证固定资产的安全、完好。另外，还需要每个月计算固定资产折旧，以便计算出准确的成本。

基于此，今天，经理让小肖编制一份固定资产清单，加强对固定资产的增加、减少、使用状况的管理，同时能在工作表中自动计算出当月固定资产的折旧计提情况。

任务效果及关键知识点如图 5-1 所示。

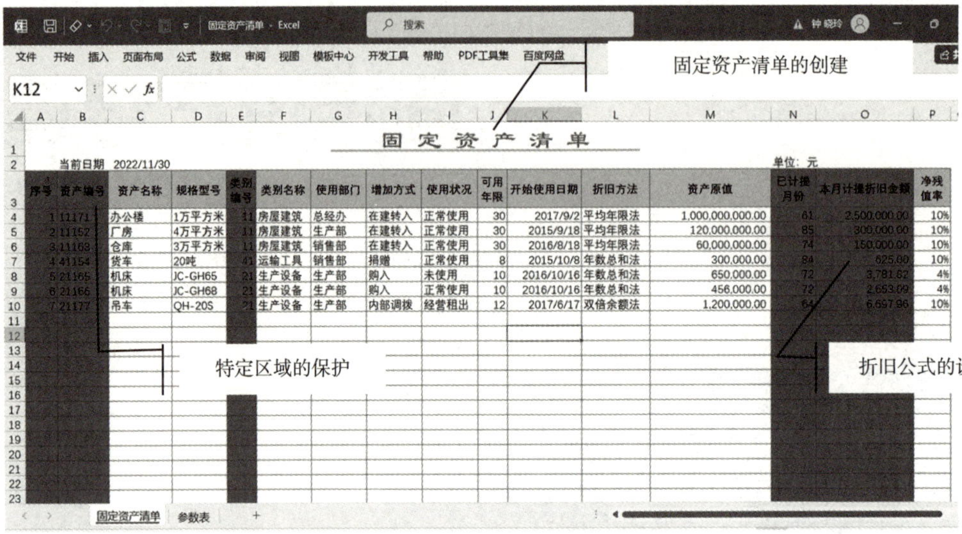

图 5-1　项目五之任务一的任务效果及关键知识点

二、任务知识

实务中，手动计算固定资产折旧金额的过程比较复杂，且容易出错。Excel 提供了折旧函数，可以快速计算出固定资产折旧值。表 5-1 介绍了几种常用的折旧函数。

表 5-1　常用的折旧函数

函数介绍	语法结构	参数含义	说　　明
SLN 函数：计算年限平均法下某项资产在某一期间的折旧值	SLN(cost,salvage,life)	cost：资产原值 salvage：残值 life：资产的使用年限或折旧期数	其公式表示为：（资产原值–残值）/折旧年限
DDB 函数：计算双倍余额递减法或其他指定方法下某项资产在某一期间的折旧值	DDB(cost,salvage,life,period,factor)	cost,salvage,life 参数说明同 SLN 函数 period：需要计算折旧值的期间，使用时，period 与 life 的单位需要一致 factor：余额递减速率。当 factor 被省略时，则默认为 2	其公式表示为：（资产原值–前期的折旧总值）*（2/折旧年限）

续表

函数介绍	语法结构	参数含义	说　明
VDB 函数：计算双倍余额递减法或其他指定的方法下资产的折旧值。VDB 函数代表可变余额递减法	VDB(cost,salvage,life,start_period,end_period,factor,no_switch)	cost,salvage,life 参数说明同 SLN 函数，factor 参数说明同 DDB 函数 start_period：进行折旧计算的起始期间，start_period 必须与 life 的单位相同 end_period：进行折旧计算的截止期间，end_period 必须与 life 的单位相同 no_switch：一个逻辑值，指定当折旧值大于余额递减计算值时，是否转用直线折旧	如果 no_switch 为 TRUE，即使折旧值大于余额递减计算值，也不转用直线折旧法 如果 no_switch 为 FALSE 或被忽略，且折旧值大于余额递减计算值，将转用线性折旧法
SYD 函数：计算年数总和法下某项资产在某一期间的折旧值	SYD(cost,salvage,life,period)	cost,salvage,life,period 参数说明同 DDB 函数	其公式表示为：（资产原值−残值）*尚可使用年限/预计可使用年限之和

三、任务实施

1. 创建固定资产清单

Step1　启动 Excel，将新建的工作簿以"固定资产清单"为名进行保存，然后在该工作簿中输入项目标题，并设置单元格格式，画出表格框架，取消网格线，如图 5-2 所示。

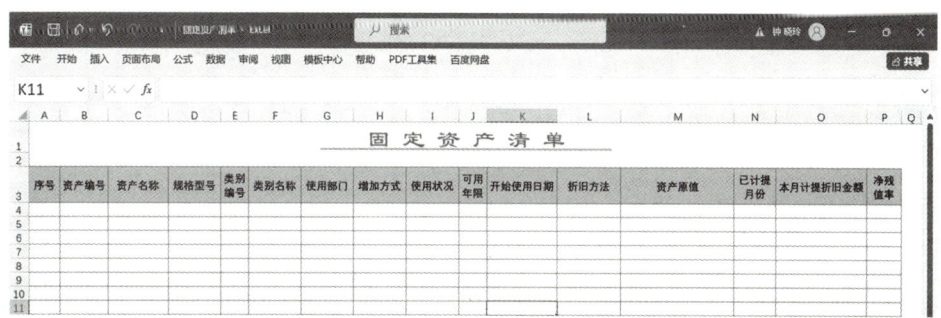

图 5-2　创建"固定资产清单"工作簿

Step2　选中 B2 单元格，输入"当前日期"，选中 B3 单元格，输入公式"=TODAY()"，选中 N2 单元格，输入"单位：元"，如图 5-3 所示。

图 5-3　输入当前日期及单位

Step3　选中 A4 单元格，输入公式 "=IF($C4="","",ROW(A1))"，设置序号的自动填充功能。当"资产名称"字段列为空时，无序号；当"资产名称"字段列填入信息时，自动添加序号，并将公式复制到本列其他单元格，如图 5-4 所示。

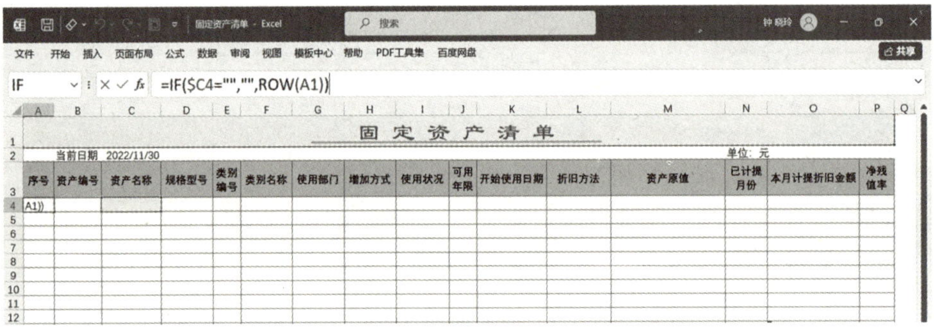

图 5-4　设置序号公式

Step4　选中 B4 单元格，输入公式 "=IF($C4="","",E4&TEXT(K4,"yy")&A4)"，设置资产编号的自动填充功能，即当"资产名称"字段列为空时，无资产编号；当"资产名称"字段列填入信息时，按"类别编号+使用年份（2 位数）+序号"的形式自动添加资产编号，并将公式复制到本列其他单元格，如图 5-5 所示。

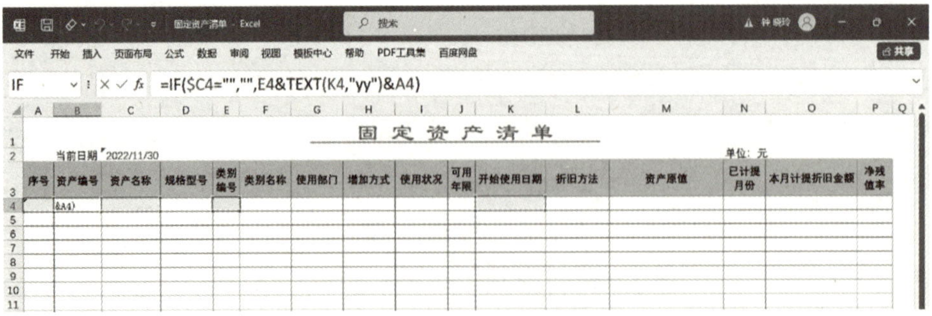

图 5-5　设置资产编号公式

2. 运用数据有效性限定数据的输入

Step1 选中 F4:F25 单元格区域，单击【数据】选项卡，在【数据工具】组单击【数据验证】下拉按钮，在弹出的下拉列表中选择【数据验证】选项，如图 5-6 所示。

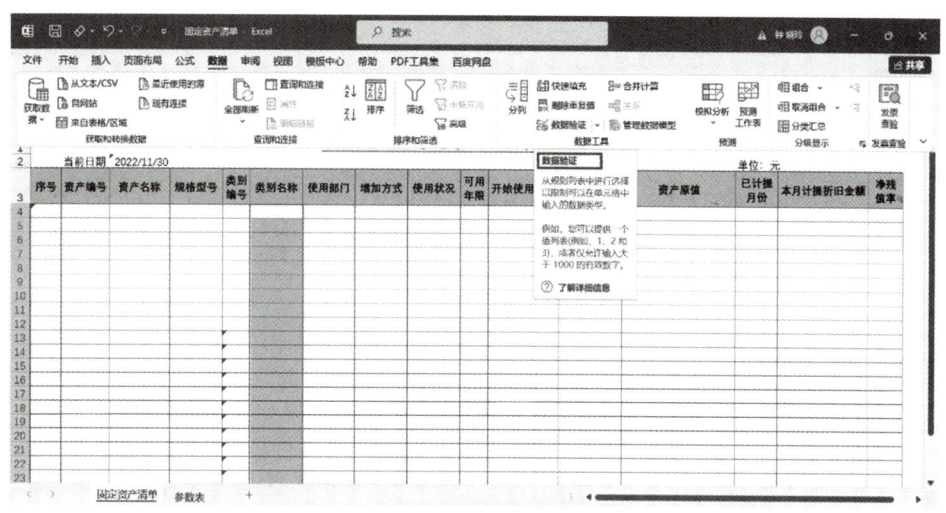

图 5-6　调用数据验证功能

Step2 打开【数据验证】对话框，在该对话框中单击【设置】选项卡，在【验证条件】选区的【允许】下拉列表中选择【序列】选项，在【来源】文本框中选择"参数表"工作表中的 A2:A6 单元格区域，或者直接输入"房屋建筑,办公设备,生产设备,运输工具,其他"，然后单击【确定】按钮，如图 5-7 所示。

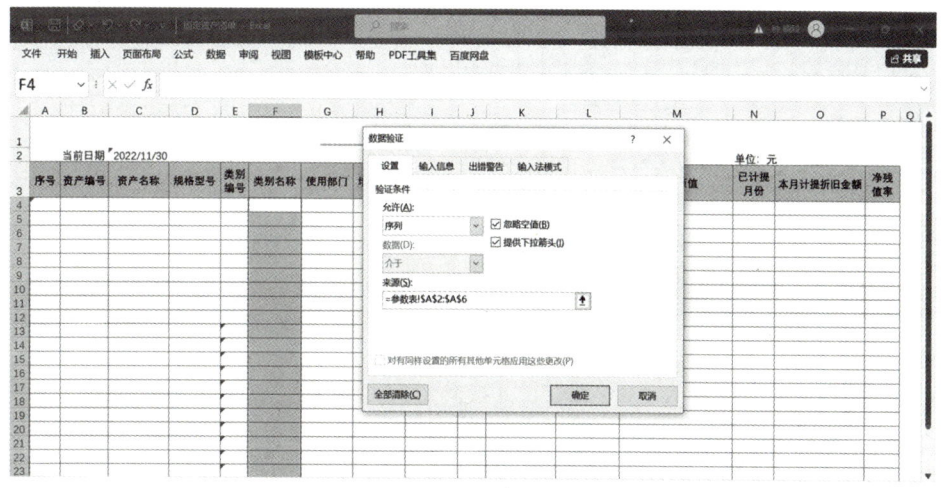

图 5-7　限制类别名称的输入

Step3 返回工作表，选中 F4:F25 单元格区域中的任一单元格，在单元格字段右侧有一个下拉按钮，单击下拉按钮，可在打开的下拉列表中选择所需选项，如图 5-8 所示。

图 5-8   设置数据验证后效果

Step4   用同样的方法，将"使用部门"字段列的数据有效性设为序列数据"总经办,销售部,财务部,行政部,人事部,生产部","增加方式"字段列的数据有效性设为序列数据"购入,在建转入,捐赠,盘盈,内部调拨,其他","使用状况"字段列的数据有效性设为序列数据"正常使用,未使用,已提足折旧,经营租出,大修理停用,报废","折旧方法"字段列的数据有效性设为序列数据"平均年限法,年数总和法,双倍余额法"，如图 5-9~图 5-12 所示。

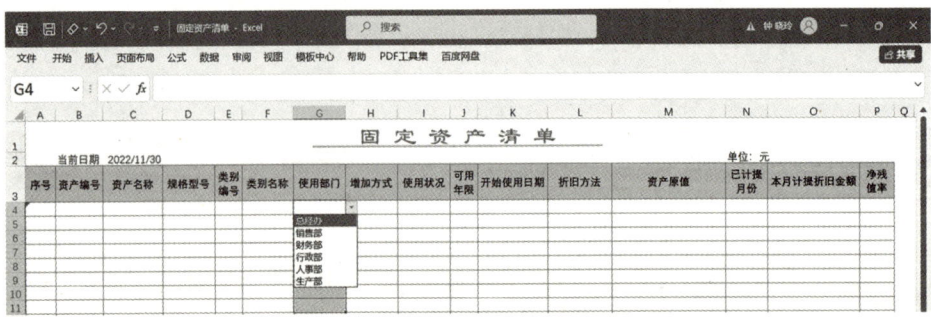

图 5-9   设置"使用部门"字段列的数据验证

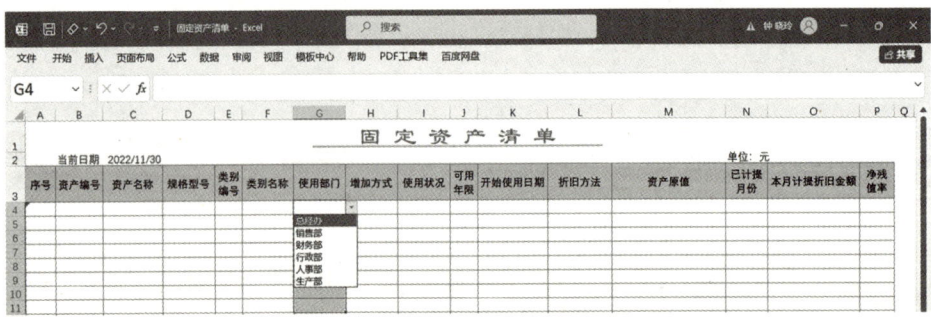

图 5-10   设置"增加方式"字段列的数据验证

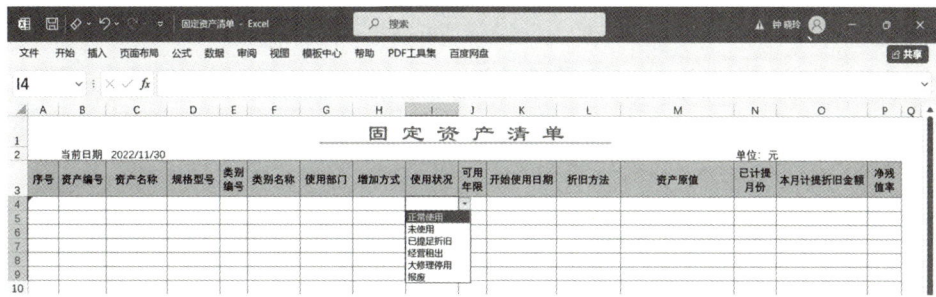

图 5-11 设置"使用状况"字段列的数据验证

图 5-12 设置"折旧方法"字段列的数据验证

Step5 选中 E4 单元格,输入公式"=IF(F4="房屋建筑","11",IF(F4="生产设备","21",IF(F4=" 办公设备","31",IF(F4="运输工具","41",IF(F4="其他","51"),""))))",设置类别编号的自动填充 功能,如图 5-13 所示。类别编号随着所选的类别名称不同而不同。

图 5-13 设置"类别编号"字段列的计算公式

Step6 选中 N4 单元格,输入公式"=IF(C4="","",IF(MONTH($C$2)>MONTH(K4),(YEAR ($C$2)-YEAR(K4))*12+MONTH($C$2)-MONTH(K4)-1,(YEAR($C$2)-YEAR(K4)-1)*12+(12- MONTH(K4))+(MONTH($C$2)-1)))",设置已计提月份的自动计算功能,即当"资产名称"字段 列为空时,已计提月份为空;当"资产名称"字段列填入信息时,公式自动算出截至当日已计 提月份数,并将公式复制到本列其他单元格,如图 5-14 所示。

3. 设置计提折旧的公式

Step1 选中 J4 单元格,输入公式"=IF(L4="平均年限法",SLN(M4,M4*P4,J4*12),IF(L4=

"双倍余额法",IF(INT(N4/12)<=J4-2,DDB(M4,M4*P4,J4,INT(N4/12)+1)/12,(M4-VDB(M4,M4*P4,J4*12,0,N4,2)-M4*P4)/2),IF(L4="年数总和法",SYD(M4,M4*P4,J4,INT(N4/12)+1)/12,"")))"，设置不同折旧方法下当月计提的折旧金额，并将公式复制到本列其他单元格，如图 5-15 所示。

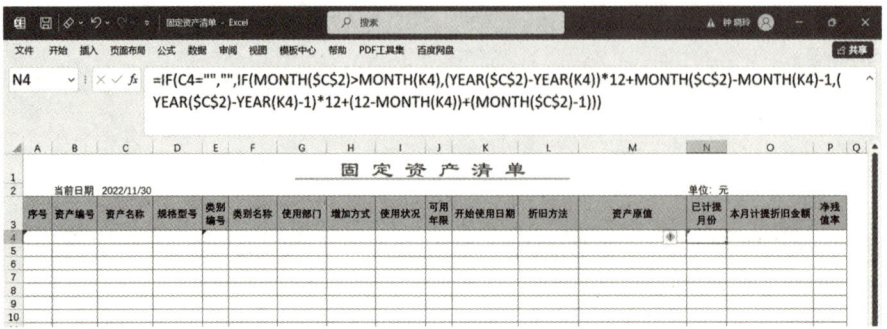

图 5-14　设置"已计提月份"字段列的计算公式

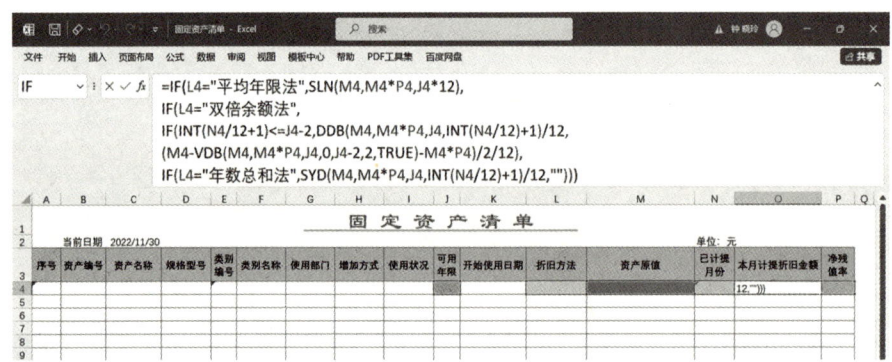

图 5-15　设置"本月计提折旧金额"字段列的计算公式

Step2 设置完成后，输入表 5-2 中的数据，以验证公式的正确性，如图 5-16 所示。

表 5-2　输入的数据

资产名称	规格型号	类别名称	使用部门	增加方式	使用状况	可用年限（年）	开始使用日期	折旧方法	资产原值（元）	净残值率
办公楼	1 万平方米	房屋建筑	总经办	在建转入	正常使用	30	2017/9/2	平均年限法	1,000,000,000.00	10%
厂房	4 万平方米	房屋建筑	生产部	在建转入	正常使用	30	2018/9/18	平均年限法	120,000,000.00	10%
仓库	3 万平方米	房屋建筑	销售部	在建转入	正常使用	30	2018/8/18	平均年限法	60,000,000.00	10%
货车	20 吨	运输工具	销售部	捐赠	正常使用	8	2016/10/8	年数总和法	300,000.00	10%

续表

资产名称	规格型号	类别名称	使用部门	增加方式	使用状况	可用年限（年）	开始使用日期	折旧方法	资产原值（元）	净残值率
机床	JC-GH65	生产设备	生产部	购入	未使用	10	2020/10/16	年数总和法	650,000.00	4%
机床	JC-GH68	生产设备	生产部	购入	正常使用	10	2020/10/16	年数总和法	456,000.00	4%
吊车	QH-20S	生产设备	生产部	内部调拨	经营租出	12	2021/6/17	双倍余额法	1,200,000.00	10%

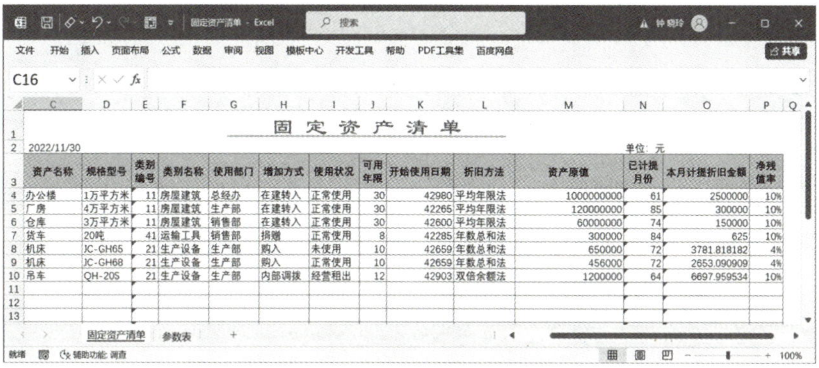

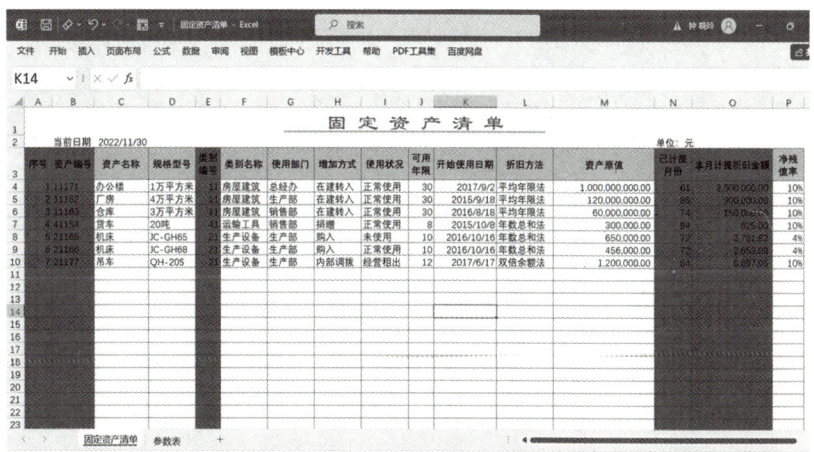

图 5-16　输入数据后效果

Step3　选中 A3:B25 单元格区域，将其背景颜色填充为"绿色，个性色 6，深色 25%"；选中 E3:E25 单元格区域，按 F4 键，重复以上操作，填充同样的颜色；选中 N3:O25 单元格区域，同样按 F4 键，重复以上操作，填充同样的颜色，如图 5-17 所示。

图 5-17　填充颜色

4．保护特定的单元格区域

Step1 为了防止他人篡改公式，需要对设置了公式的部分单元格进行加密。首先单击工作表左上角或按 Ctrl+A 组合键，选中整个工作表，然后右击，在弹出的快捷菜单中选择【设置单元格格式】命令，如图 5-18 和图 5-19 所示。

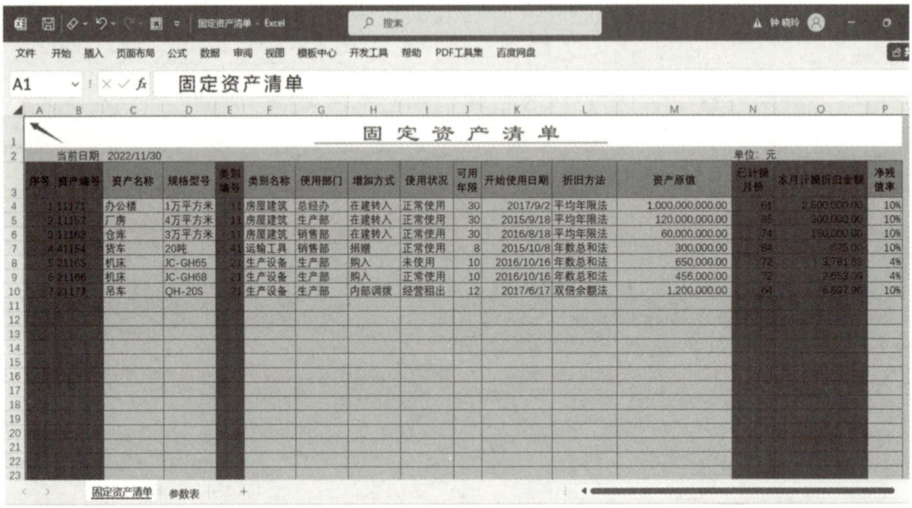

图 5-18　选中整个工作表

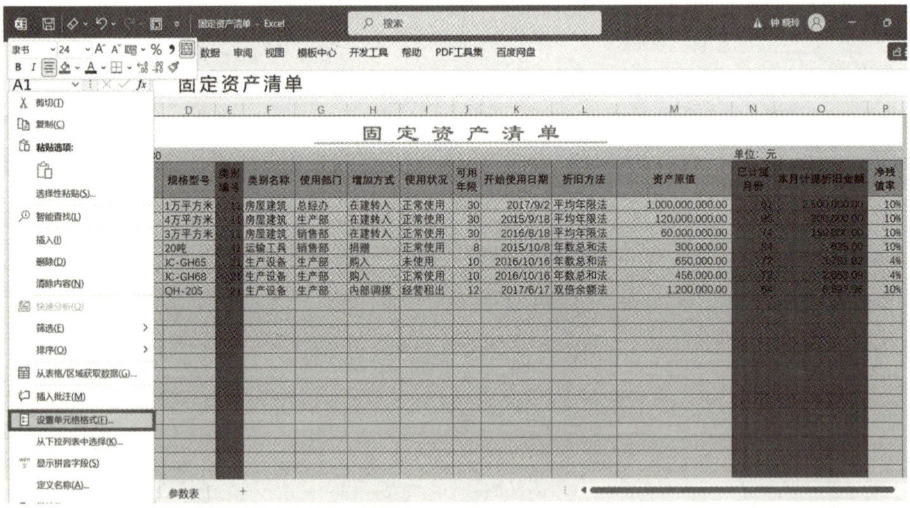

图 5-19　调用设置单元格格式功能

Step2 打开【设置单元格格式】对话框，单击【保护】选项卡，取消勾选【锁定】复选框，然后单击【确定】按钮，如图 5-20 所示。

Step3 返回工作表，单击【开始】选项卡，在【编辑】组单击【查找和选择】下拉按钮，在弹出的下拉列表中选择【公式】选项，即可将工作表中所有填充了公式的单元格区域选中，如图 5-21 和图 5-22 所示。

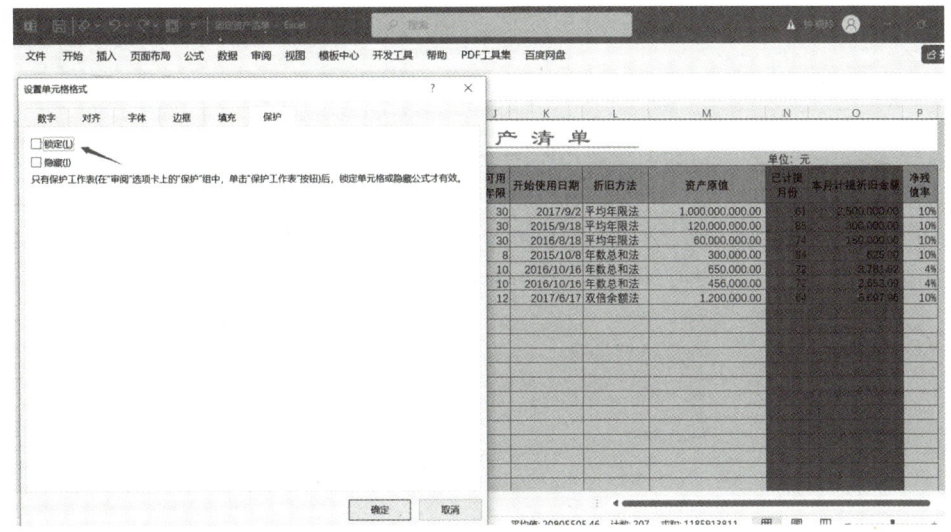

图 5-20　撤销锁定

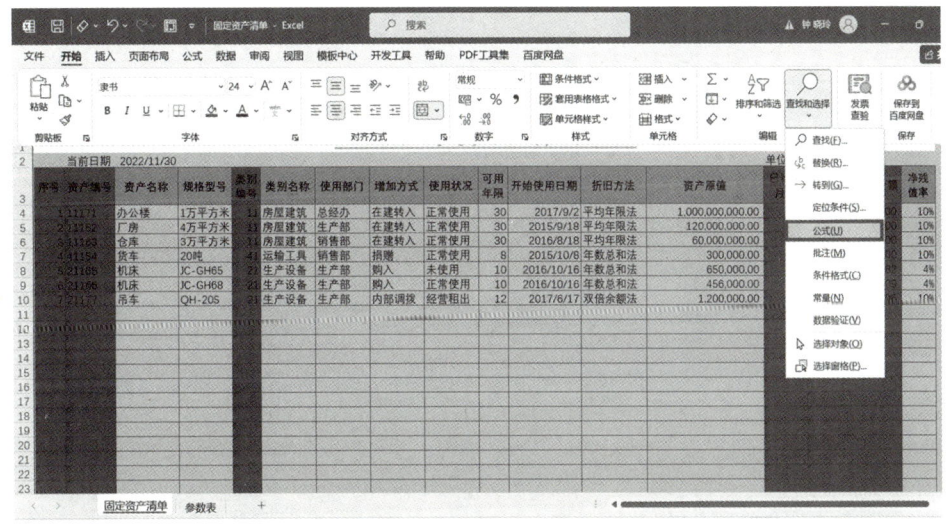

图 5-21　调用公式功能

Step4　右击，在弹出的快捷菜单中选择【设置单元格格式】命令，打开【设置单元格格式】对话框。在该对话框中单击【保护】选项卡，勾选【锁定】复选框，使该工作表中只有设置了公式的区域才具备锁定属性，其他单元格都是非锁定属性。单击【确定】按钮，如图 5-23 所示。

Step5　单击【审阅】选项卡，在【保护】组单击【保护工作表】按钮，打开【保护工作表】对话框，在【允许此工作表的所有用户进行】列表框中仅勾选【选定解除锁定的单元格】复选框，然后在【取消工作表保护时使用的密码】文本框中输入密码，如 123，再次输入密码后即可对设置了公式的单元格区域进行保护，用户无法再对该单元格区域进行选定操作。具体操作如图 5-24~图 5-26 所示。

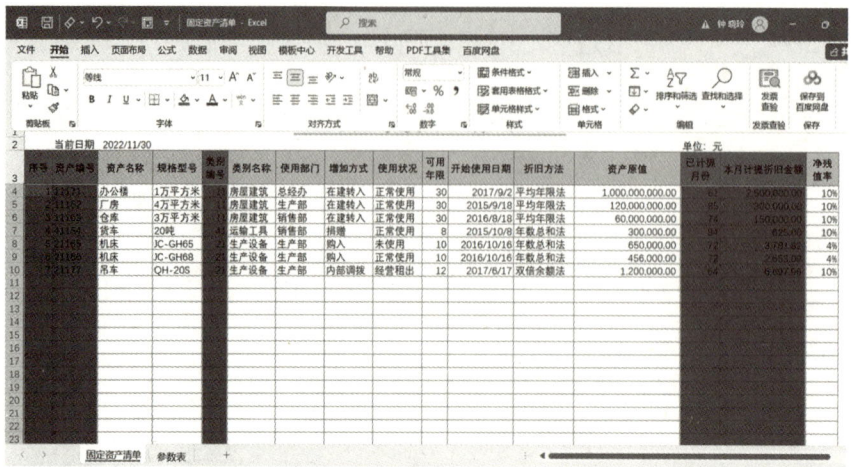

图 5-22　选中所有填充了公式的单元格区域

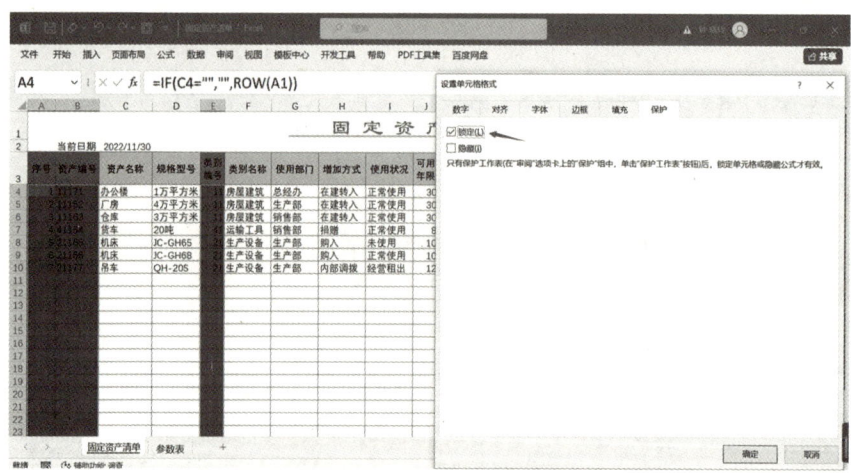

图 5-23　勾选【锁定】复选框

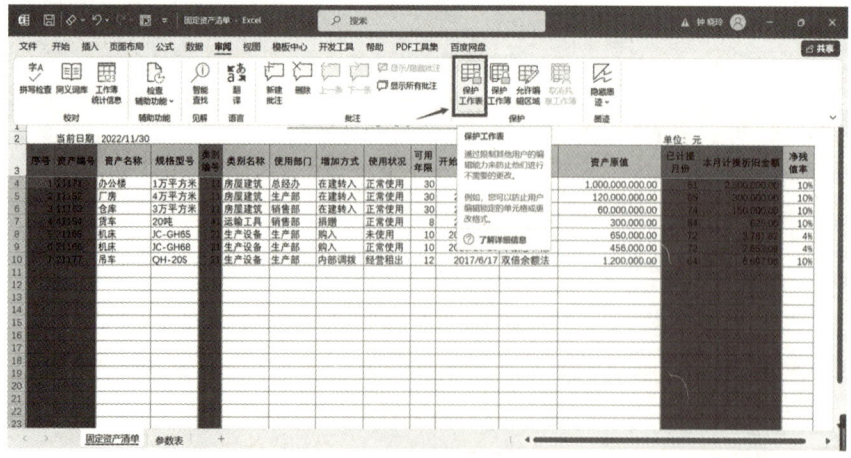

图 5-24　调用保护工作表功能

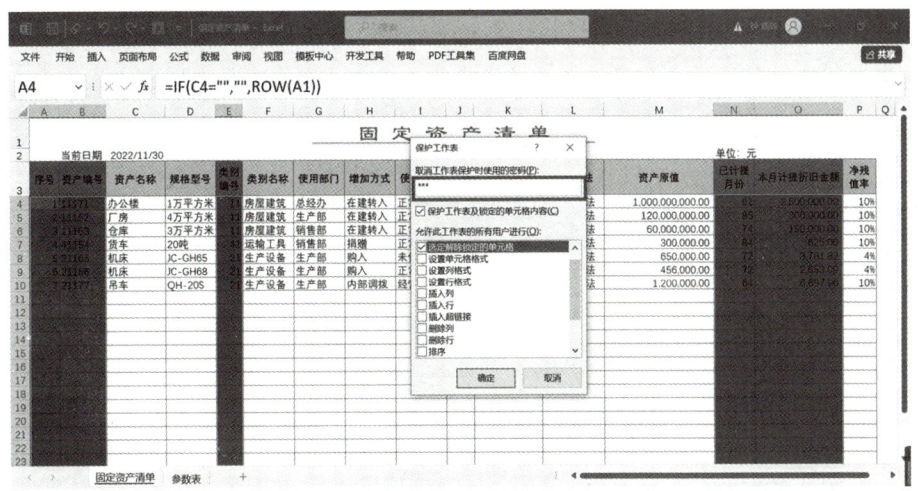

图 5-25　输入密码，选定解除锁定的单元格

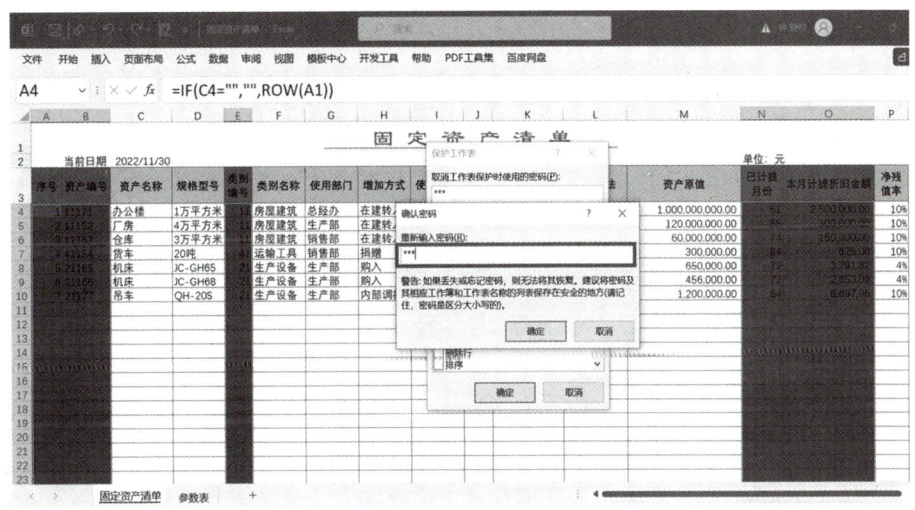

图 5-26　再次输入密码，完成保护工作表操作

任务二　拓展应用——高级筛选

有时候，我们需要将符合某些条件的数据筛选出来，如将最近一个月的数据筛选出来、将金额为 10 000~30 000 元的数据筛选出来等。这时可以使用高级筛选功能。

在调用高级筛选功能之前，一般会先建立一个筛选条件区域。这些条件既可以是"与"条件，也可以是"或"条件，或者两者组合使用。

在下面这个例子中，需要筛选员工中姓朱和姓王的员工，其中姓朱的员工还要求选择基础工资为 1800~2500 元，考勤天数在 22 天以上的。操作步骤如下。

Step1　打开项目五"素材表"文件夹中的"高级筛选"工作簿，在 K1:N1 单元格区域输入本次筛选条件的标题，如图 5-27 所示。

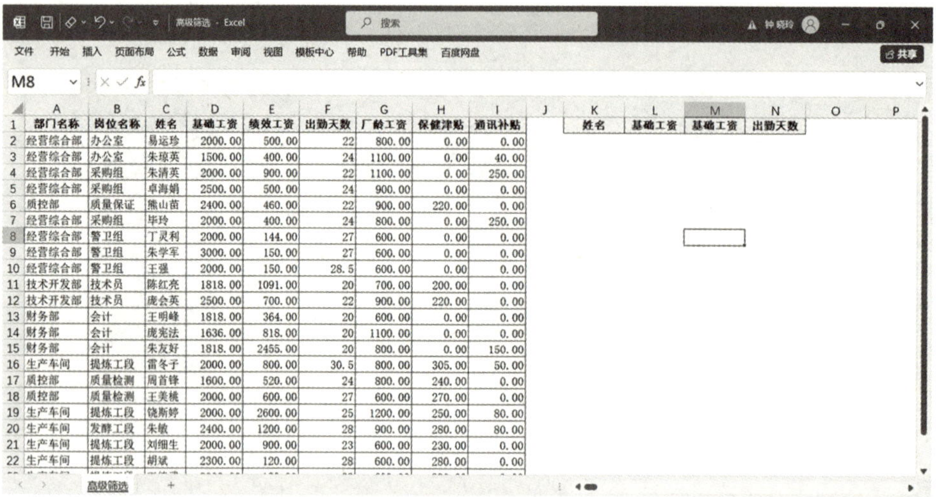

图 5-27　设置筛选条件的标题

Step2　在 K2:N3 单元格区域输入本次筛选的条件，如图 5-28 所示。

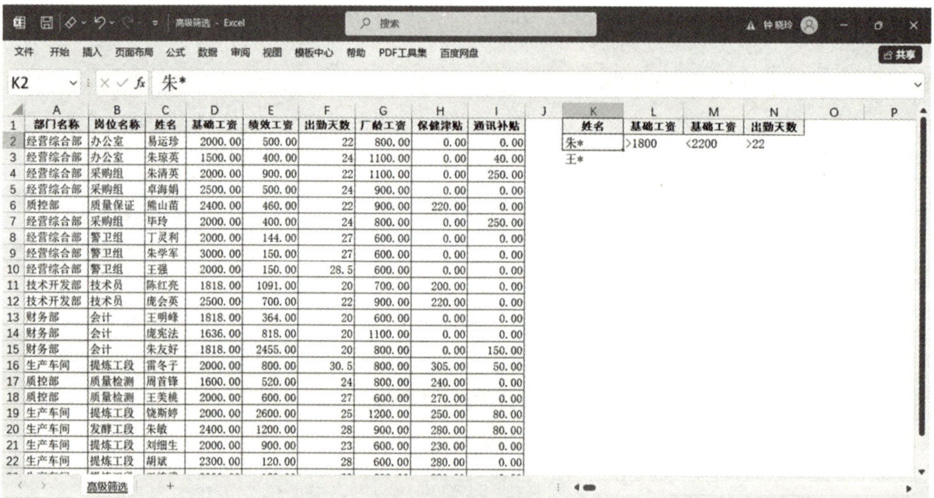

图 5-28　设置筛选条件

Step3　单击【数据】选项卡，在【排序和筛选】组单击【高级】按钮，打开【高级筛选】对话框。在该对话框中的【方式】选区选择默认的方式。单击【列表区域】文本框右侧的 ▲ 按钮，选中 A1:I24 单元格区域，单击【条件区域】文本框右侧的 ▲ 按钮，选中 K1:N3 单元格区域，单击【确定】按钮，返回工作表，即可得到满足筛选条件的数据，如图 5-29~图 5-31 所示。

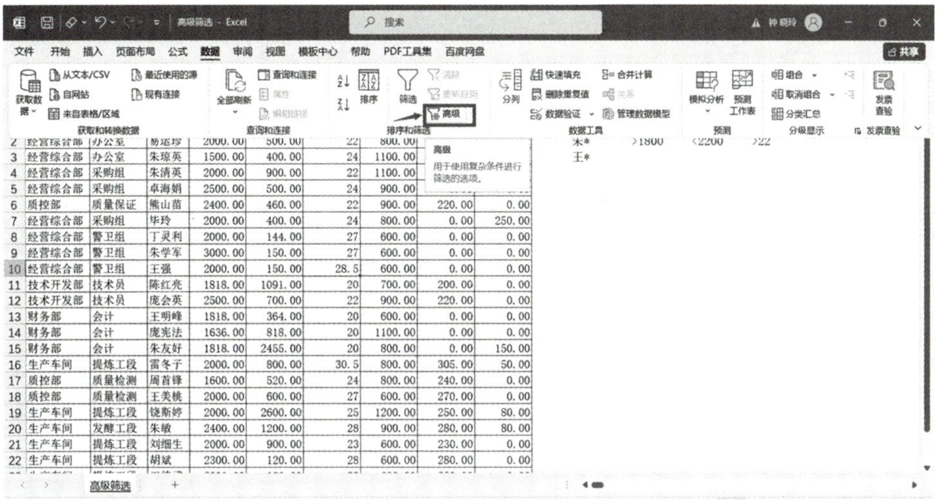

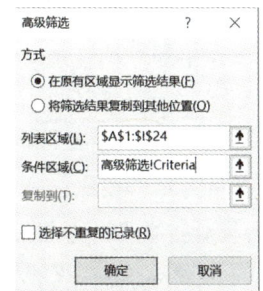

图 5-29 调用高级筛选功能

图 5-30 设置【高级筛选】对话框

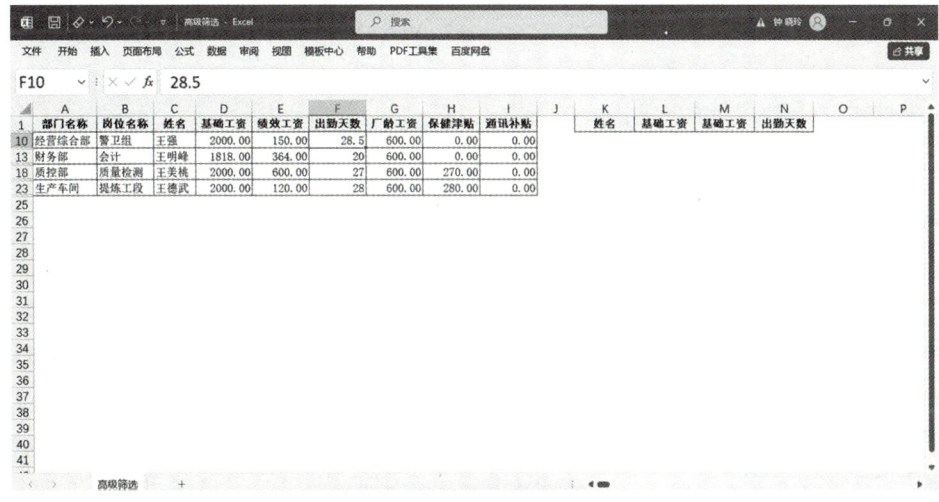

图 5-31 筛选数据后的效果

资产盘点方式的改革创新

资产盘点主要是指通过对固定资产的实物盘点进行账实核对，真实地反映资产的实际数量和分布，如有盘盈或盘亏，则要找出原因所在。定期盘点固定资产对企业而言是一项必不可少的工作，有利于企业把日常固定资产管理工作落到实处，发现固定资产管理中存在的问题，降低固定资产的闲置率和丢失率，提升固定资产的利用率，为企业降本增效。

目前，随着科技的发展，企业的固定资产盘点有以下几种方式。

1. 纸面人工清点方式

使用 Excel 工作表对固定资产进行登记，每次做固定资产盘点时，固定资产管理员需将所有的固定资产清单表格打印出来，然后抱着一摞打印好的表格对固定资产进行逐一核对、打钩。如果发现固定资产的信息有变更，则先手工在纸质表格上进行记录，然后在固定资产盘点完毕时，将纸质表格上的更改信息更新到电子表格中。

2. PDA 扫码盘点

这种盘点方式是将固定资产信息导入 PDA 中，然后使用 PDA 对固定资产标签上的条形码进行逐一扫描，这样就省去了使用纸质表格的烦恼。如果固定资产信息需要修改，直接扫描完毕后在 PDA 上修改即可。扫码盘点完毕后，直接提交盘点结果，修改的固定资产信息也会同步更新。此方式相比手动打钩确认的方式，效率略有提升，但 PDA 界面狭窄，查看盘点也不方便。

3. 手机扫描二维码和员工自助盘点相结合

通过一个基于 SAAS 云的固定资产管理系统，可在手机上下载 App，在 App 中直接创建盘点单。在进行固定资产盘点时，可由管理员对盘点单中的固定资产逐一扫描二维码进行盘点。如果需要对固定资产信息进行修改，直接在 App 上修改即可，数据可同步到云端。也可以使用全员盘点。员工可盘点自己名下的固定资产，管理员可盘点闲置的固定资产，最后提交盘点结果，系统可自动生成盘点报告，盘亏、盘盈一目了然。这种方式极大地提升了固定资产盘点的效率和准确率。

4. RFID 散步式盘点海量固定资产

通过给每个固定资产贴一个 RFID 标签，可实现海量固定资产的批量读取和快速盘点。RFID 手持终端可对固定资产进行远距离识别，从而大幅提升固定资产盘点效率。扫描距离可达到 6 米左右，一秒钟可读取上百个 RFID 标签。也就是说，固定资产管理员拿着手持 RFID 扫码终端在需要盘点的区域内行走，即可完成固定资产的盘点。扫码后，如果有需要修改信息的固定资产，直接修改后保存提交即可。

科技的发展让固定资产盘点工作可选择的方法更多了，所以财务工作者也要坚持面向世界科技前沿、面向经济主战场、面向国家重大需求、面向人民生命健康，加快实现高水平科技自立自强。我们要以国家战略需求为导向，集聚力量进行原创性、引领性科技攻关，坚决打赢关键核心技术攻坚战。

岗位能力测评

完成折旧表的编制，效果如图 5-32 所示。

图 5-32　折旧表实训作业效果

项目六
进销存数据分析

学习目标

知识学习目标：

- 熟练掌握窗体控件和图表的使用方法。
- 熟练掌握通过添加趋势线分析数据的方法。
- 熟练掌握规划求解的方法。
- 了解工作中进销存数据分析的基本流程。

技能训练目标：

- 能创建采购成本动态分析表。
- 能创建销售预测分析表。
- 能创建材料成本汇总表。

素养修习目标：

- 加强对学生关键岗位廉洁从业的教育。
- 引导学生坚守底线思维。

工作任务：

- 任务一：制作采购成本动态分析表。
- 任务二：制作销售预测分析表。
- 任务三：制作材料成本汇总表。
- 任务四：拓展应用——规划求解。

任务一　制作采购成本动态分析表

一、任务情境

公司近期销售形势良好，需要不断采购原材料等生产物资以保障生产的顺利进行。原材料的采购每次都要付出采购成本，若每次采购的量大，可以减少采购次数，节约采购费用，但增加了储存费用；若每次采购的量小，虽然可以减少储存费用，但是增加了采购次数，导致采购费用增长。如何决定每次采购的量和采购次数成了一件让人头疼的事情，王总决定与小肖一起用 Excel 建立一个能动态且直观分析公司采购成本的工具——采购成本动态分析表。

任务效果及关键知识点如图 6-1 所示。

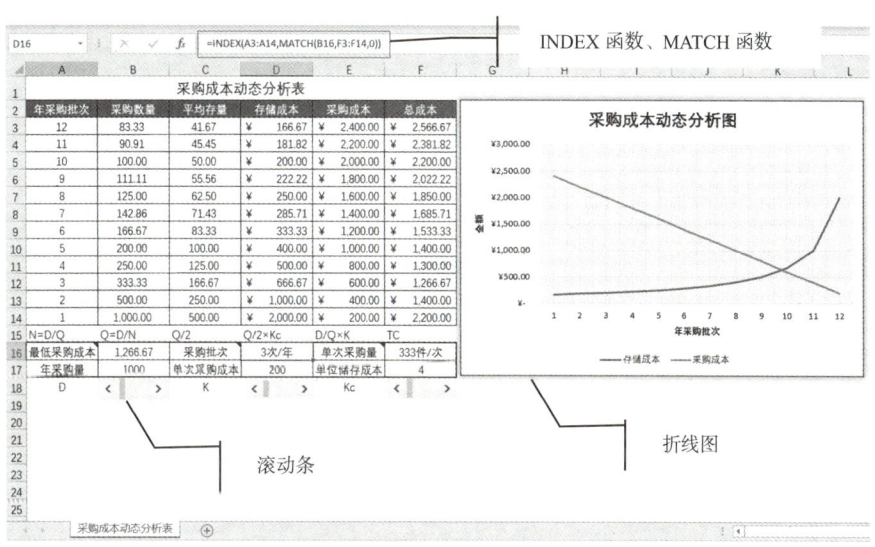

图 6-1　项目六之任务一的任务效果及关键知识点

二、任务知识

要制作采购成本动态分析表，需要用到 Excel 中的滚动条窗体控件和图表。下面先了解并认识滚动条窗体控件和图表，然后掌握采购成本分析所需的公式与函数。

1. 认识滚动条窗体控件

滚动条窗体控件可以非常方便地改变它所链接的单元格中的数值，从而让用户直观地观察到由此产生的一系列变化，这些变化对问题的理解、分析、决策具有决定性的帮助作用。在本例中将结合相关函数介绍如何灵活自如地对分析对象的各种影响因素进行变动分析。

滚动条窗体控件在 Excel 2021 工作簿的常用功能区中默认是不列出的，要使用该控件，需要将其添加到菜单栏中。具体操作是单击【文件】按钮，在下拉菜单中选择【选项】命令，打开【Excel 选项】对话框。在该对话框中单击【自定义功能区】选项卡，在【主选项卡】列表框中勾选【开发工具】复选框，单击【确定】按钮，如图 6-2 所示。

如图 6-3 所示，菜单栏多了一个【开发工具】选项卡。单击该选项卡，在【控件】组单击【插入】下拉按钮，在弹出的下拉列表中的【表单控件】选区单击【滚动条（窗体控件）】按钮，就可以在 Excel 工作表中使用滚动条窗体控件了。

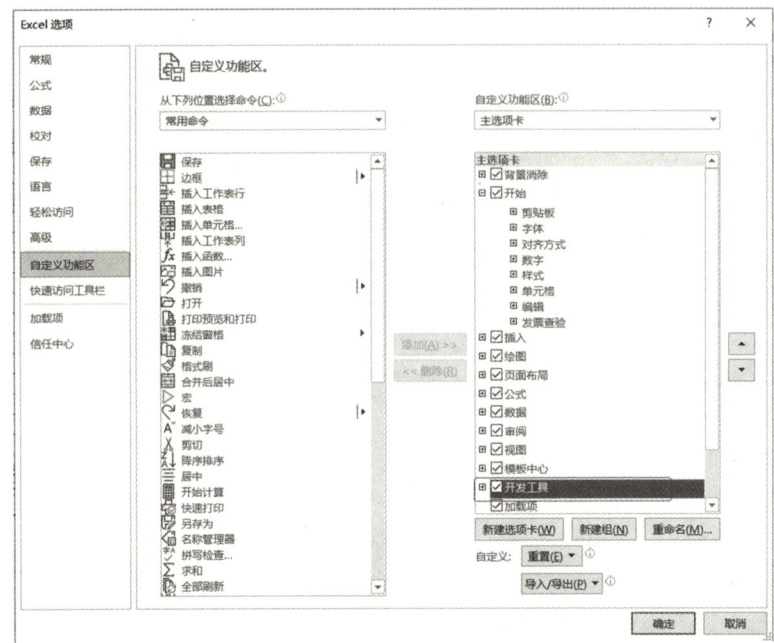

图 6-2　勾选【开发工具】复选框

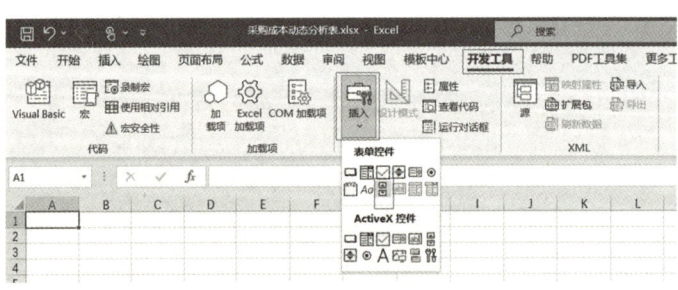

图 6-3　单击【滚动条（窗体控件）】按钮

使用滚动条窗体控件的时候，单击【开发工具】选项卡，在【控件】组单击【插入】下拉按钮，在弹出的下拉列表中的【表单控件】选区单击【滚动条（窗体控件）】按钮，光标的形状将会变成"+"。此时便可以在任意单元格中绘制滚动条了，如图 6-4 所示。绘制好的滚动条还可以进行形状大小及位置的调整。需要注意的是，正常情况下要对滚动条进行形状和位置的调整时，要先右击，然后才可以进行调整。

在绘制好的滚动条上右击，在弹出的快捷菜单中选择【设置控件格式】命令，打开【设置控件格式】对话框。在该对话框中可以根据需要设置滚动条与"微调项"窗体控件的属性，并链接到相应的单元格，如图 6-5 所示。完成各项设置后便可应用该窗体控件。

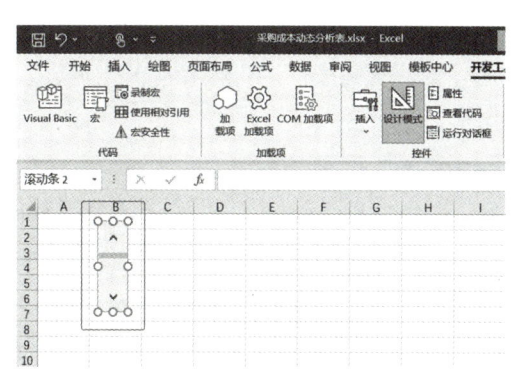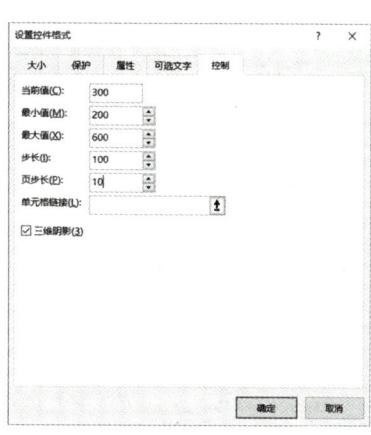

图 6-4　绘制滚动条　　　　　　　图 6-5　"设置控件格式"对话框

2．认识图表

图表是 Excel 2021 中重要的数据分析工具，通过它可清楚地显示各个数据的大小和变化情况，以帮助用户分析数据，查看数据的差异、走势，预测发展趋势等。

利用图表可以使工作表中枯燥的数据具有良好的视觉效果，让数据更清楚，更容易理解。在工作表中，一张完整的图表主要由图表标题、图表区、坐标轴（分类轴和数值轴）、绘图区、数据系列、网格线、图例等部分组成。如图 6-6 所示为折线图的组成部分。

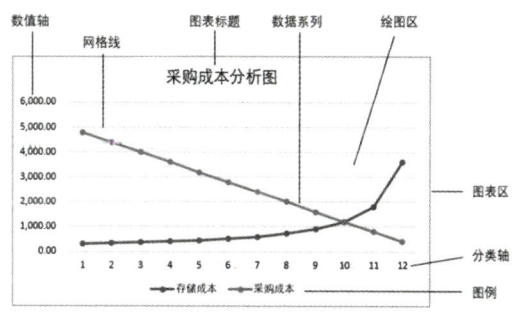

图 6-6　折线图的组成部分

3．采购成本分析所需的公式与函数

（1）公式。在企业年采购总量不变的情况下，采购次数越多，每批采购量越小，采购成本将上升，储存成本随之减少；反之，采购次数越少，每批采购量越大，采购成本将下降，而储存成本将随之增加。在分析采购成本时，相关数据的关系可用公式表示如下。

单次采购数量=年采购量÷年采购批次

平均存量=单次采购数量÷2

存储成本=平均存量×单位存储成本

采购成本=年采购批次×采购成本

总成本=存储成本+采购成本

（2）函数。在本例中将用到的相关函数如下。

- MIN 函数：用来返回一组值中的最小值。其语法结构为：MIN(numberl,number2,…)。其中，number1,number2,…表示要筛选 1~30 个数值或引用，引用的单元格区域中包含的文本、逻辑值或空门单元格都将被忽略。

- MATCH 函数：用来在指定方式下返回与指定数值匹配的数组中元素的相应位置。其语法结构为：MATCH(lookup_value, lookup_array, match_type)。其中，lookup_value 表示需要在数据表中查找的数值；lookup_array 表示要在其中查找数值的数据表；match_type 用于指明在 lookup_array 中以何种方式查找 lookup_value。当 match_type 值为 1 或省略时，表示查找小于或等于 lookup_value 的最大数值，lookup_array 必须按升序排列；当 match_type 值为 0 时，表示查找等于 lookup_value 的第一个数值，lookup_array 可以按任何顺序排列；当 match_type 值为−1 时，表示查找大于或等于 lookup_value 的最小数值，lookup_array 必须按降序排列。

- INDEX 函数：分为数组型和引用型两种形式。不同形式的函数，其语法结构不同，在使用方法上也有一定的差异。数组型 INDEX 函数用于返回列表或数组中的指定值，其语法结构为：INDEX(array,row_num,column_num)。其中，array 表示单元格区域或数组常量；row_num 表示数组中的行序号；column_num 表示数组中的列序号。引用型 INDEX 函数也用于返回列表或数组中的指定值，但通常返回的是引用，其语法结构为：INDEX(reference,row_num,column_num,area_num)。其中，reference 表示对一个或多个单元格区域的引用；row_num 和 column_num 分别表示引用中的行序号和列序号；area_num 用于有多个引用区域时，指定其中的某个引用区域。

Tips

> 如果 INDEX 函数中的每个区域都只包含一行或一列，则相应的参数 row_num 或 column_num 为可选参数。例如，在本例引用中的每个区域只包含一列，则可使用 INDEX(reference,row_num)。

三、任务实施

1. 创建采购成本动态分析表

下面首先创建采购成本和储存成本在不同批次下的采购成本动态分析表，然后利用公式与函数计算相应的数据，具体操作如下。

Step1 将新建的工作簿以"采购成本动态分析表"为名进行保存，然后在工作表中输入表题和表头数据，如图 6-7 所示。选中 A2:F14 单元格区域，按 Ctrl+T 组合键，打开"创建表"对话框，系统默认勾选【表包含标题】复选框，单击【确定】按钮，完成单元格样式设置，如图 6-8 所示。

Step2 在 B3 单元格中输入公式"=\$B\$17/A3"，按 Enter 键计算出结果。再选中 B3 单元格，将光标移到单元格右下角处。当光标形状变成"+"后双击，系统便会自动将 B3 单元格中的公式复制到 B4:B14 单元格区域，如图 6-9 所示。

图 6-7　在工作表中输入数据 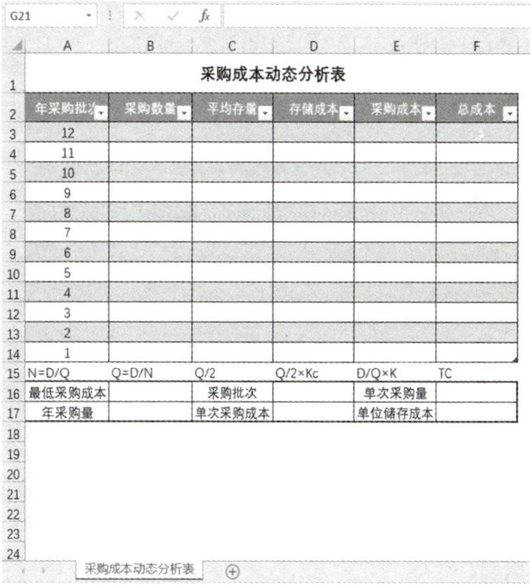　　　　图 6-8　单元格样式设置效果

Step3　在 C3 单元格中输入公式"=B3/2"，按 Enter 键计算出结果。再选中 C3 单元格，将光标移到单元格右下角处。当光标形状变成"+"后双击，将 C3 单元格中的公式复制到 C4:C14 单元格区域，如图 6-10 所示。

图 6-9　设置"采购数量"字段列的计算公式 　图 6-10　设置"平均存量"字段列的计算公式

Step4　在 D3 单元格中输入公式"=C3*$F$17"，按 Enter 键计算出结果。再选中 D3 单元格，将光标移到单元格右下角处。当光标形状变成"+"后双击，将 D3 单元格中的公式复制到 D4:D14 单元格区域，如图 6-11 所示。

Step5 在 E3 单元格中输入公式"=A3*$D$17"，按 Enter 键计算出结果。再选中 E3 单元格，将光标移到单元格右下角处。当光标形状变成"+"后双击，将 E3 单元格中的公式复制到 E4:E14 单元格区域，如图 6-12 所示。

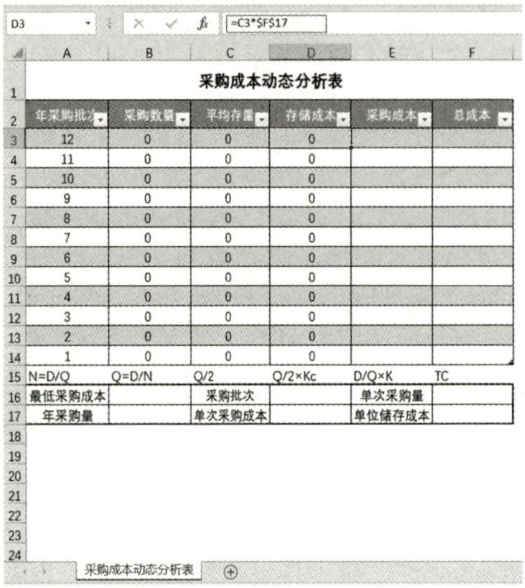

图 6-11　设置"存储成本"字段列的计算公式 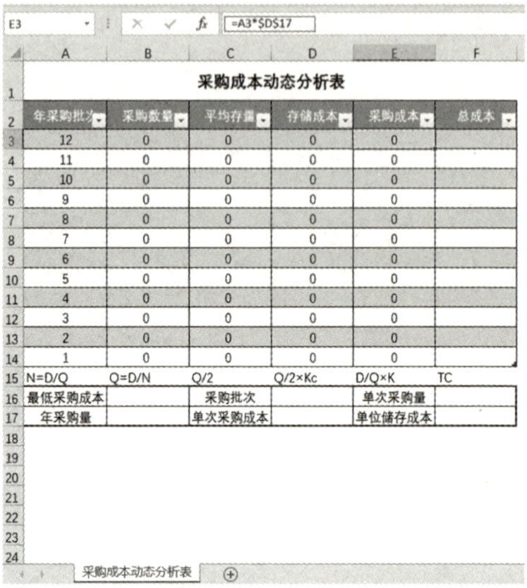　　图 6-12　设置"采购成本"字段列的计算公式

Step6 在 F3 单元格中输入公式"=D3+E3"，按 Enter 键计算出结果。再选中 F3 单元格，将光标移到单元格右下角处。当光标形状变成"+"后双击，将 F3 单元格中的公式复制到 F4:F14 单元格区域，如图 6-13 所示。

Step7 选中 B16 单元格，输入公式"=MIN(F3:F14)"，按 Enter 键计算最低采购成本，如图 6-14 所示。

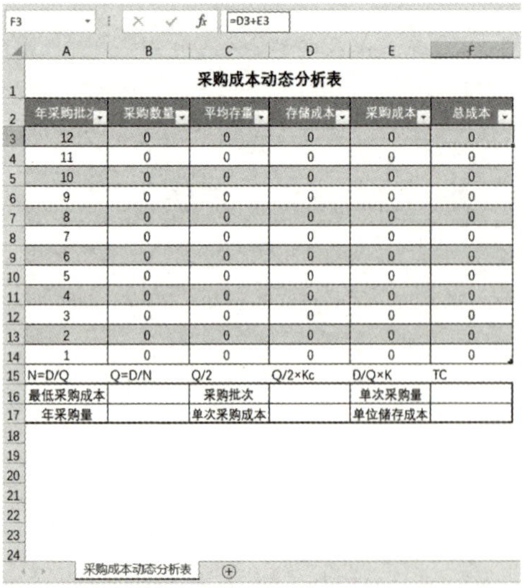

图 6-13　设置"总成本"字段列的计算公式 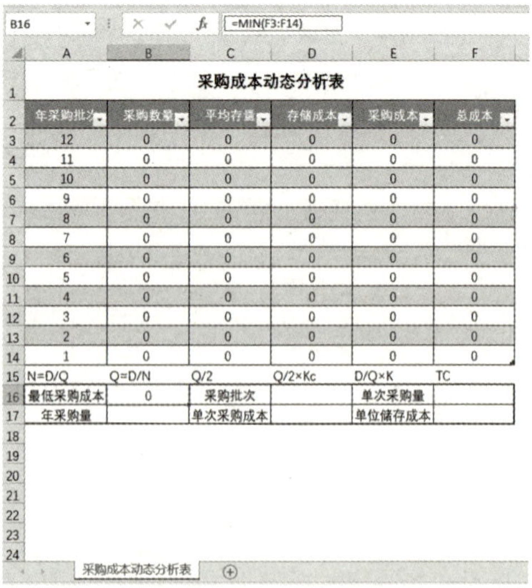　　图 6-14　设置最低采购成本的计算公式

Step8　选中 D16 单元格，输入公式"=INDEX(A3:A14,MATCH(B16,F3:F14,0))"，按 Enter 键计算最低采购成本对应的采购批次，如图 6-15 所示。

> 公式"=INDEX(A3:A14,MATCH(B16,F3:F14,0))"表示在 F3:F14 单元格区域查询 B16 单元格中的"最低采购成本"，返回查找到的总成本的相对行号，用此值作为 INDEX 函数的第 2 个参数，返回 A3:A14 单元格区域的相应值。

Step9　选中 F16 单元格，输入公式"=INDEX(B3:B14,MATCH(B16,F3:F14,0))"，按 Enter 键计算最小采购成本下的单次采购量，如图 6-16 所示。

图 6-15　设置"采购批次"的计算公式　　　图 6-16　设置"单次采购量"的计算公式

Step10　选中 B16 单元格，按 Ctrl+1 组合键，打开"单元格格式"对话框。单击"数字"选项卡，在【分类】列表框中选择【自定义】选项，在【类型】文本框中输入"#,##0.00"，然后单击【确定】按钮，自定义 B16 单元格的数字格式为"#,##0.00"。用相同的方法自定义 D16 单元格的数字格式为"0"次/年""，F16 单元格的数字格式为"0"件/次""，如图 6-17 所示。

2. 添加滚动条窗体控件

接下来分别为"年采购量""单次采购成本""单位储存成本"字段的数据创建滚动条窗体控件。

Step1　在工作簿中单击【开发工具】选项卡，在【控件】组单击【插入】下拉按钮，在弹出的下拉

图 6-17　自定义数字格式

列表中的【表单控件】选区选择【滚动条（窗体控件）】按钮🔼（操作此步骤须提前在工作簿中的菜单栏添加【开发工具】选项卡），如图 6-18 所示。

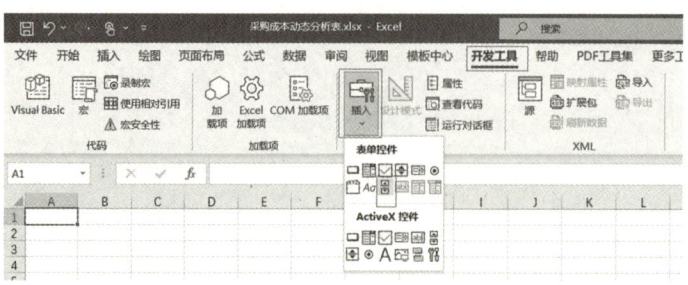

图 6-18　选择【滚动条（窗体控件）】按钮🔼

Step2　在 A19 单元格中输入"D"，为年采购量的简称。在 B19 单元格按住鼠标左键不放，拖曳鼠标绘制一个大小合适的滚动条。如图 6-19 所示。

Step3　右击绘制的滚动条，在弹出的快捷菜单中选择【设置控件格式】命令，如图 6-20 所示。

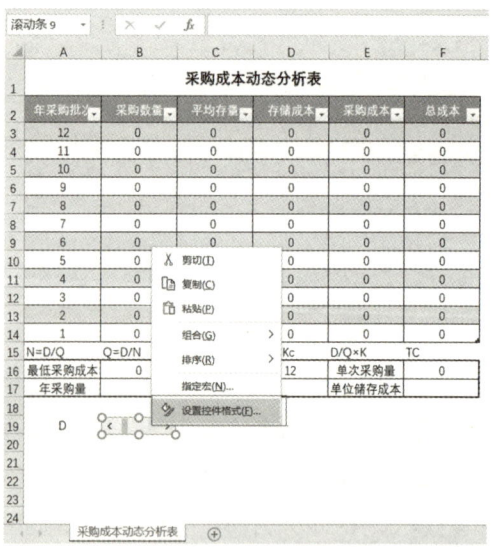

图 6-19　绘制滚动条　　　　　　　图 6-20　选择【设置控件格式】命令

Step4　在打开的【设置对象格式】对话框中单击【控制】选项卡，在【最小值】文本框中输入数据"1000"，在【最大值】文本框中输入数据"3000"，在【步长】文本框中输入数据"200"。单击【单元格链接】文本框右边的【折叠】按钮⬆，如图 6-21 所示。折叠对话框后选中工作表中的 B17 单元格，再单击【设置对象格式】对话框中的【展开】按钮⬇，返回【设置对象格式】对话框，如图 6-22 所示。

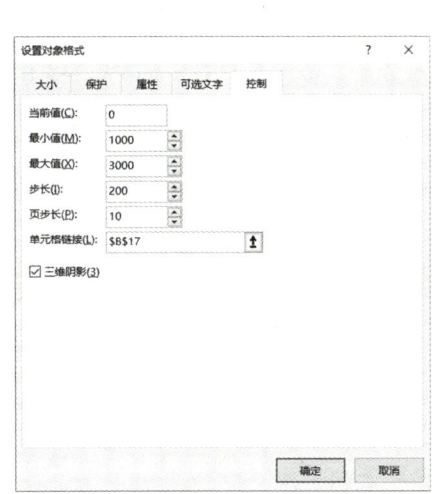
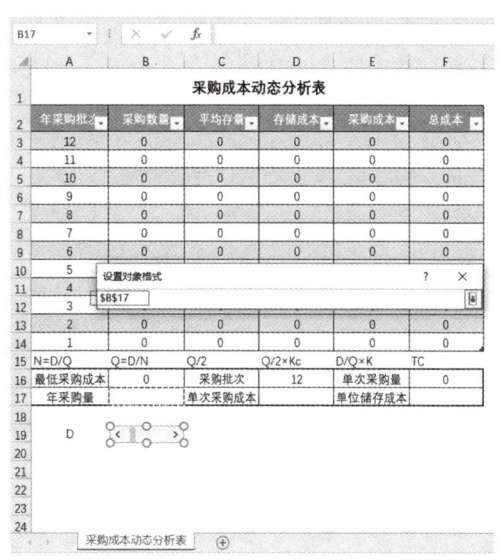

图 6-21　为"年采购量"设置滚动条窗体的格式　图 6-22　选择"年采购量"滚动条窗体的单元格链接

Step5　用相同的方法在 D19 单元格为"单次采购成本"绘制一个大小合适的滚动条，并设置控件格式的最小值为"200"，最大值为"600"，步长为"100"，再设置单元格链接为 D17 单元格，如图 6-23 所示。在 C19 单元格中输入"K"，为单次采购成本的简称。

Step6　用相同的方法在 F19 单元格为"单位储存成本"绘制一个大小合适的滚动条，并设置控件格式的最小值为"4"，最大值为"12"，步长为"1"，再设置单元格链接为 F17 单元格，如图 6-24 所示。在 E19 单元格中输入"KC"，为单位储存成本的简称。

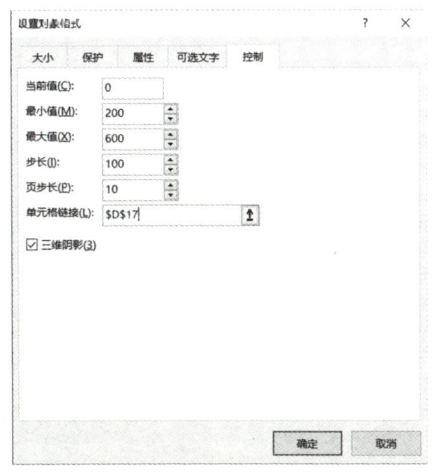
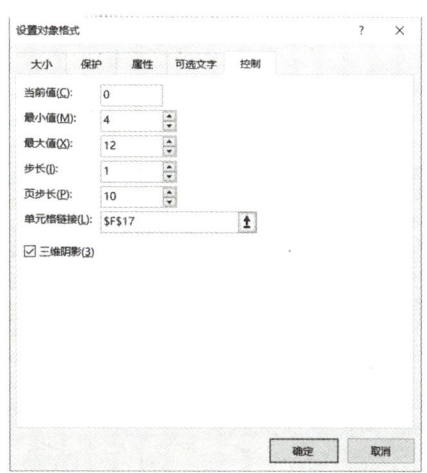

图 6-23　为"单次采购成本"设置滚动条窗体格式　图 6-24　为"单位储存成本"设置滚动条窗体格式

Step7　选中 B3:C14 单元格区域，右击，在弹出的快捷菜单中选择【设置单元格格式】命令，打开【设置单元格格式】对话框。在该对话框中单击【数字】选项卡，在【分类】列表框中选择【数值】选项，在【小数位数】数值框中设置数值为"2"，勾选【使用千位分隔符】复选框，单击【确定】按钮。选中 D3:F14 单元格区域，按照同样的步骤，在【设置单元格格式】对话框中单击【数字】选项卡，在【分类】列表框中选择【会计专用】选项，在【小数位数】数值框中设置数值为 "2"，在【货币符号（国家/地区）】下拉列表中选择【¥】选项，单击【确定】按钮。观察随着 3 个滚动条窗体的滚动，工作表内数据发生的动态变化，如图 6-25 所示。

图 6-25　查看数据的动态变化

3．创建和编辑折线图

折线图相比表格有更好的视觉效果，能为决策时带来更加直观的数据变动信息。下面为"存储成本"和"采购成本"字段列创建带数据标线的折线图。

Step1　选中 D2:E14 单元格区域，单击【插入】选项卡，在【图表】组单击【插入折线图或面积图】下拉按钮 ，如图 6-26 所示。在弹出的下拉列表中的【二维折线图】选区选择【带数据标记的折线图】选项，如图 6-27 所示。

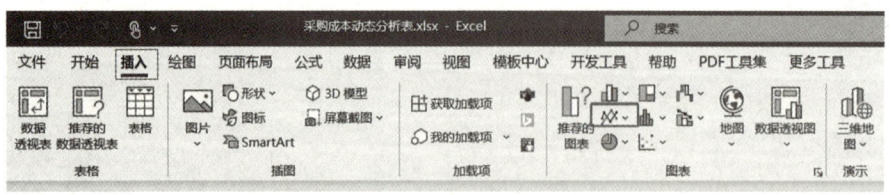

图 6-26　插入折线图或面积图

Step2　此时，工作表中已经自动创建了折线图，接下来对它进行调整。单击折线图区域的任意位置，单击其右边的【图表筛选器】按钮 ，打开【图表筛选器】对话框。单击该对话框中右下角的【选择数据】按钮，打开【选择数据源】对话框。在该对话框的【水平（分类）轴标签】选区单击【编辑】按钮，打开【轴标签】对话框。在该对话框中单击【轴坐标签区域】

文本框右边的【折叠】按钮![],在工作表中选中 A3:A14 单元格区域,单击【轴标签】对话框中的【展开】按钮![],如图 6-28 所示。回到【选择数据源】对话框,单击【确定】按钮。

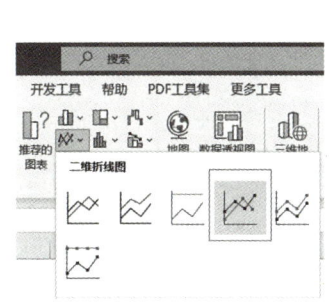

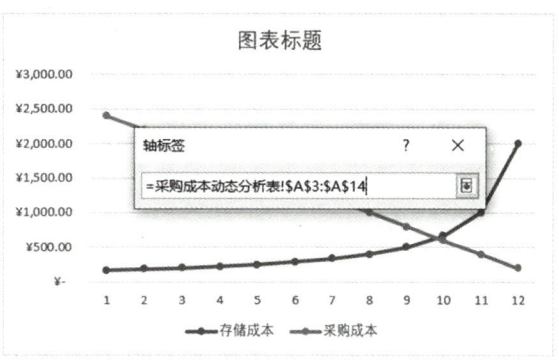

图 6-27　选择【带数据标记的折线图】选项　　图 6-28　选择轴标签中的单元格区域

操作技巧

　　在【选择数据源】对话框中单击【图例项(系列)】选区的【添加】按钮,可以添加数据系列。然后在打开的【编辑数据系列】对话框中单击【输入系列名称】文本框右边的【折叠】按钮![],可以选择数据来源。【图例项(系列)】选区还有【编辑】【删除】按钮,可对已选择的数据进行编辑或删除操作。

Step3　选中折线图中的"图表标题"并双击,可以对图表标题进行编辑,将图表标题改为"采购成本动态分析图",如图 6-29 所示。

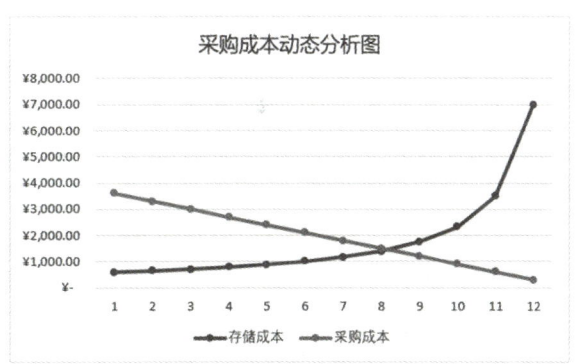

图 6-29　修改图表标题

Step4　选中折线图,单击其右边的【图表元素】按钮![],在打开的列表框中勾选【坐标轴标题】复选框,如图 6-30 所示。这时折线图的下边和左边分别出现了"坐标轴标题"字样,可对折线图的 X 轴和 Y 轴进行重命名。分别双击这两个"坐标轴标题"字段,将 X 轴重命名为

"年采购批次"，将 Y 轴重命名为"金额"，然后单击工作表中任意空白单元格即可，如图 6-29 和图 6-31 所示。

Step5 单击折线图区域的任意位置，其四周将出现控制点，将光标移动到折线图右下角的控制点上。当光标形状变成 ↖ 时，按住鼠标左键不放，向右下角拖曳到适当的位置，释放鼠标，以调整折线图大小，如图 6-32 所示。

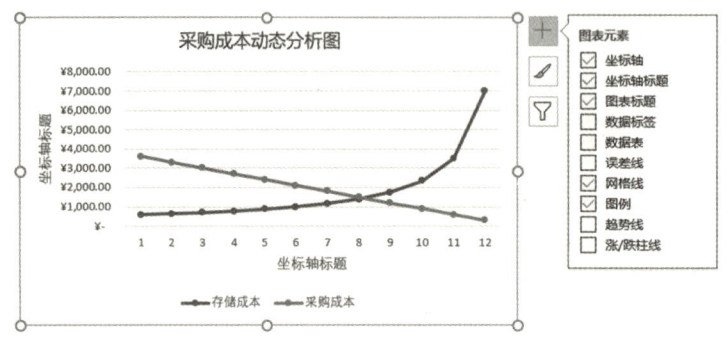

图 6-30　添加坐标轴标题

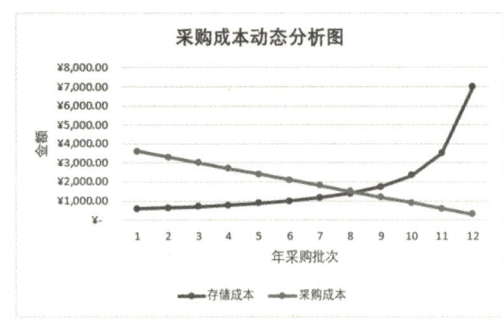

图 6-31　为折线图的 X 轴和 Y 轴重命名　　　　图 6-32　调整折线图大小

 操作技巧

在选中折线图的情况下，分别单击折线图上的绘图区、图例区、水平（类别）轴、水平（类别）轴标题、垂直（值）轴、垂直（值）轴标题、图表标题等各个部件，均会在相应部件的 4 个角出现控制点，可按照上述方法对各个部件的大小进行调节。

Step6 单击【图表设计】选项卡，在【图表样式】组单击【其他】按钮 ▾，如图 6-33 所示，然后选择【样式 5】选项，再单击【图标样式】组中的【更改颜色】下拉按钮，在弹出的下拉列表中选择【彩色调色板 3】色块。

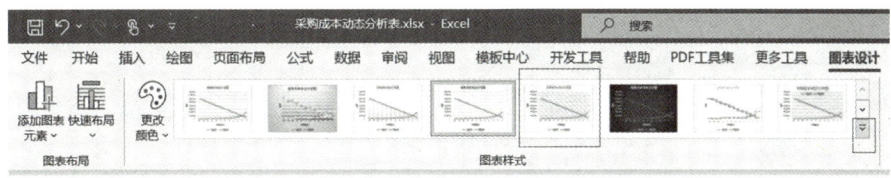

图 6-33　选择图表样式

Step7　单击【格式】选项卡，在【形状样式】组中选择【彩色轮廓-蓝色，强调颜色 1】选项，如图 6-34 所示。

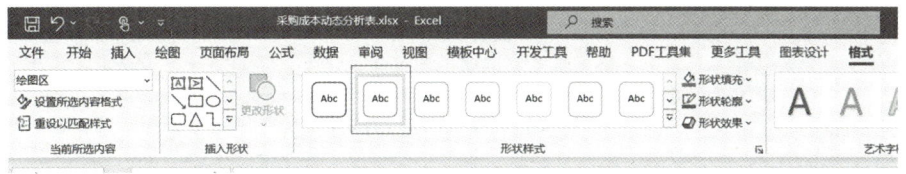

图 6-34　选择形状样式

Step8　在【形状样式】组单击【形状效果】下拉按钮，在弹出的下拉列表中选择【发光】选项，在展开的二级菜单中的【发光变体】选区选择【发光：8 磅；灰色，主题颜色 3】选项，如图 6-35 所示。

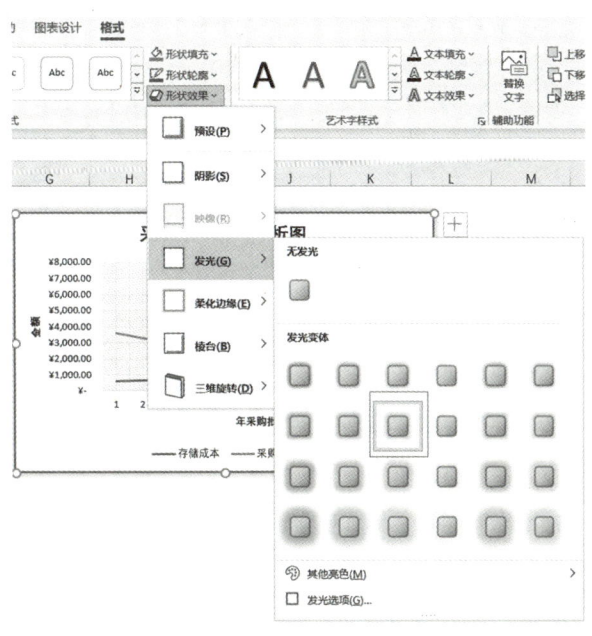

图 6-35　选择形状效果

Step9　将光标停留在折线图区域的任意位置，待光标形状变成 ✛ 时，按住鼠标左键，此时可以任意移动折线图，将折线图拖曳到合适的位置，如图 6-36 所示。

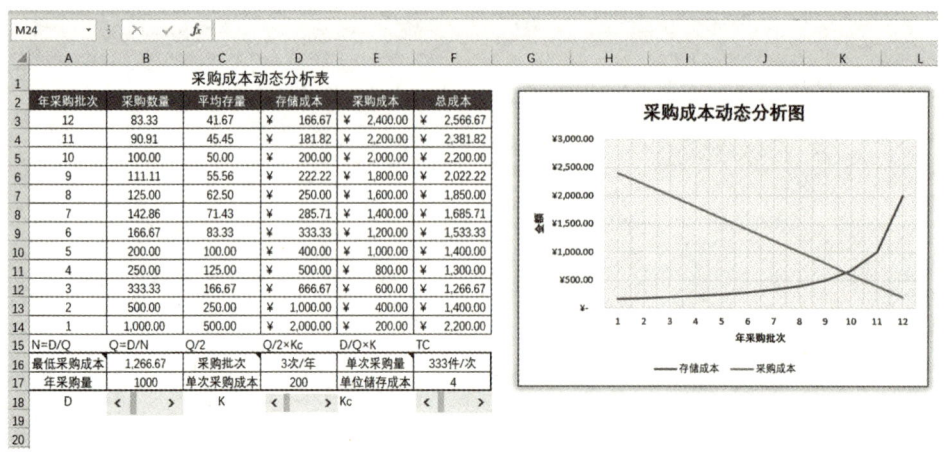

图 6-36　移动折线图位置

4．分析采购成本变化情况

下面分别拖动与"年采购量""单次采购成本""单位储存成本"字段列数据相关的滚动条滑块，分析"年采购量""单次采购成本""单位储存成本""最低采购成本""采购批次""单次采购量"与折线图之间的动态变化关系，具体操作如下。

Step1 将光标移动到 B17 单元格下方的滚动条滑块上，按住鼠标左键不放，向右拖动滚动条滑块，增大"年采购量"，此时"存储成本""总成本""最低采购成本""采购批次""采购数量"等随之增大，而"采购成本"不变。同时，折线图上的"存储成本"线发生变动，而"采购成本"线保持不变，如图 6-37 所示。

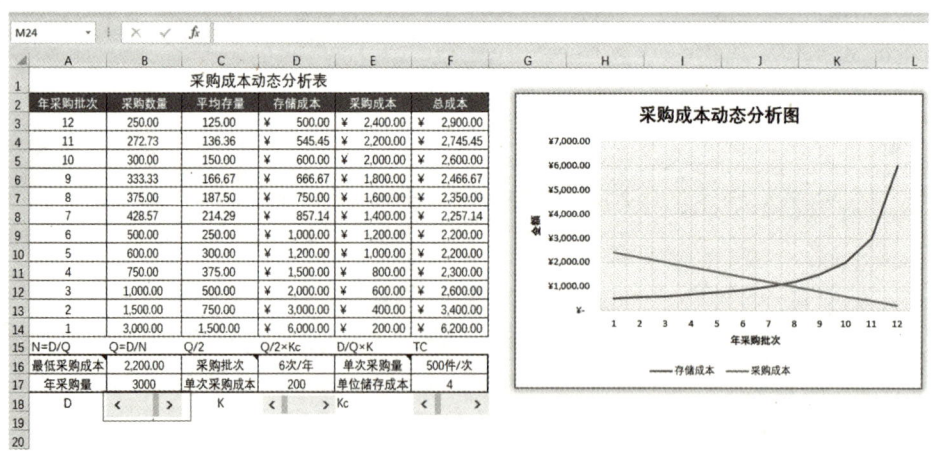

图 6-37　"年采购量"变动影响分析

Step2 将光标移动到 D17 单元格下方的滚动条滑块上，按住鼠标左键不放，向右拖动滚动条滑块，增大"单次采购成本"，此时"采购成本""总成本""最低采购成本""单次采购量"也随之增大，而"采购批次"变小，"存储成本"不变。同时，折线图上的"采购成本"线发生变动，而“存储成本”线保持不变，如图 6-38 所示。

年采购批次	采购数量	平均存量	存储成本	采购成本	总成本
12	250.00	125.00	¥ 500.00	¥ 7,200.00	¥ 7,700.00
11	272.73	136.36	¥ 545.45	¥ 6,600.00	¥ 7,145.45
10	300.00	150.00	¥ 600.00	¥ 6,000.00	¥ 6,600.00
9	333.33	166.67	¥ 666.67	¥ 5,400.00	¥ 6,066.67
8	375.00	187.50	¥ 750.00	¥ 4,800.00	¥ 5,550.00
7	428.57	214.29	¥ 857.14	¥ 4,200.00	¥ 5,057.14
6	500.00	250.00	¥ 1,000.00	¥ 3,600.00	¥ 4,600.00
5	600.00	300.00	¥ 1,200.00	¥ 3,000.00	¥ 4,200.00
4	750.00	375.00	¥ 1,500.00	¥ 2,400.00	¥ 3,900.00
3	1,000.00	500.00	¥ 2,000.00	¥ 1,800.00	¥ 3,800.00
2	1,500.00	750.00	¥ 3,000.00	¥ 1,200.00	¥ 4,200.00
1	3,000.00	1,500.00	¥ 6,000.00	¥ 600.00	¥ 6,600.00
N=D/Q	Q=D/N	Q/2	Q/2×Kc	D/Q×K	TC
最低采购成本	3,800.00	采购批次	3次/年	单次采购量	1000件/次
年采购量	3000	单次采购成本	600	单位储存成本	4
D		K		Kc	

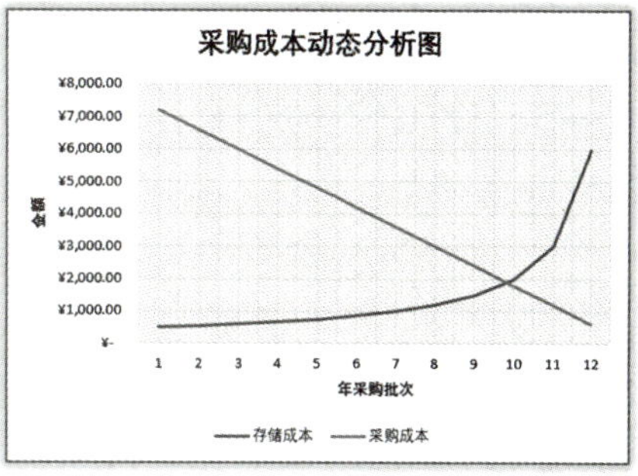

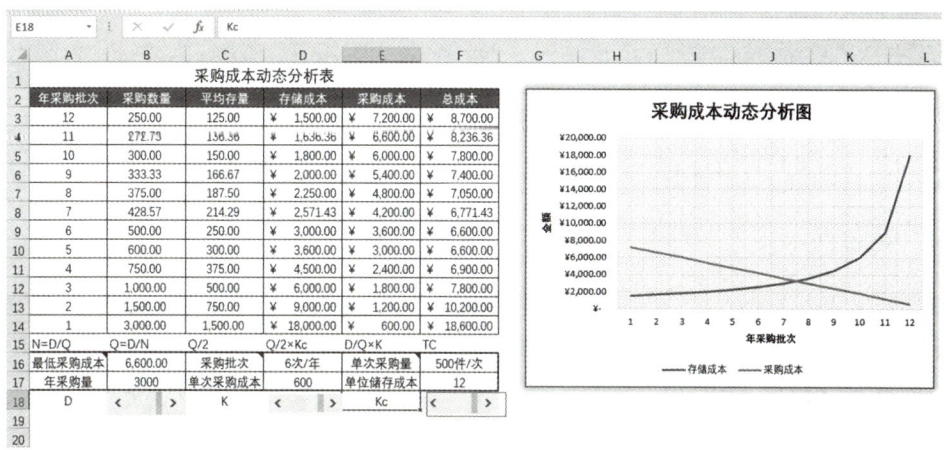

图 6-38　“单次采购成本”的变动影响分析

Step3　将光标移动到 F17 单元格下方的滚动条滑块上，按住鼠标左键不放，向右拖动滚动条滑块，增大“单位存储成本”，此时“存储成本”“总成本”“最低采购成本”“采购批次”随之增大，而“采购数量”不变，“采购成本”也不变。同时，折线图上的“存储成本”线发生变动，而“采购成本”线保持不变，如图 6-39 所示。

年采购批次	采购数量	平均存量	存储成本	采购成本	总成本
12	250.00	125.00	¥ 1,500.00	¥ 7,200.00	¥ 8,700.00
11	272.73	136.36	¥ 1,636.36	¥ 6,600.00	¥ 8,236.36
10	300.00	150.00	¥ 1,800.00	¥ 6,000.00	¥ 7,800.00
9	333.33	166.67	¥ 2,000.00	¥ 5,400.00	¥ 7,400.00
8	375.00	187.50	¥ 2,250.00	¥ 4,800.00	¥ 7,050.00
7	428.57	214.29	¥ 2,571.43	¥ 4,200.00	¥ 6,771.43
6	500.00	250.00	¥ 3,000.00	¥ 3,600.00	¥ 6,600.00
5	600.00	300.00	¥ 3,600.00	¥ 3,000.00	¥ 6,600.00
4	750.00	375.00	¥ 4,500.00	¥ 2,400.00	¥ 6,900.00
3	1,000.00	500.00	¥ 6,000.00	¥ 1,800.00	¥ 7,800.00
2	1,500.00	750.00	¥ 9,000.00	¥ 1,200.00	¥ 10,200.00
1	3,000.00	1,500.00	¥ 18,000.00	¥ 600.00	¥ 18,600.00
N=D/Q	Q=D/N	Q/2	Q/2×Kc	D/Q×K	TC
最低采购成本	6,600.00	采购批次	6次/年	单次采购量	500件/次
年采购量	3000	单次采购成本	600	单位储存成本	12
D		K		Kc	

图 6-39　“单位存储成本”的变动影响分析

任务二　制作销售预测分析表

产品的销售预测是指根据以往的销售情况，使用系统内置或用户自定义的销售预测模型获得对未来销售情况的预测。通过销售预测可以调动销售人员的积极性，促使产品尽早实现销售，还可以以销定产，即根据销售预测情况安排生产，避免产品积压等。

一、任务情境

由于销售预测分析是制订年度计划、年度考核指标的数据来源，因此王总安排小肖制作一张销售预测分析表，对某产品的销量进行预测分析，以保障经营计划的顺利实施。要完成该任务，首先应在工作簿中输入某产品销量历史数据，然后根据销量历史数据绘制数据点折线图，并在其中添加趋势线和趋势方程，完成后再依据趋势方程表达式对未来的销量进行预测。任务效果及关键知识点如图 6-40 所示。

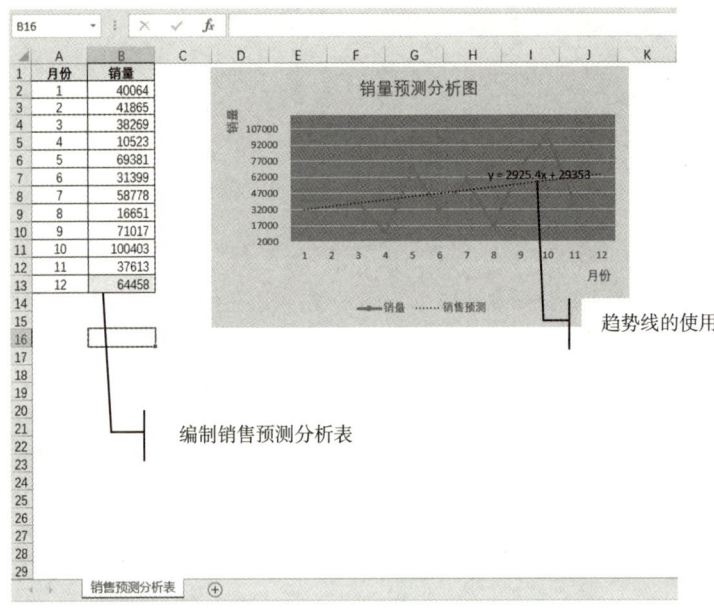

图 6-40　项目六之任务二的任务效果及关键知识点

二、任务知识

要制作销售预测分析表，可在图表中添加趋势线以实现对销量数据的预测分析。因此，了解趋势线和趋势线的类型，可以帮助用户更好地使用趋势线，以精确地计算出预测数据。

1. 趋势线的使用

Excel 中的趋势线是用图形的方式显示数据系列的预测趋势并可用于预测分析。在图表中要查看某一数据系列的变化趋势，可以为相应的数据系列添加趋势线，这样就可以清楚地观察到该数据系列的变化趋势。

添加趋势线的方法为：在图表中选中要为其添加趋势线的数据系列，右击，在弹出的快捷菜单中选择【添加趋势线】命令，打开【设置趋势线格式】窗格，在该窗格中的【类型】选项卡中选择所需的回归趋势线或移动平均的类型，完成后单击【确定】按钮即可。

2. 不同趋势线类型的特点

不同类型的数据，其趋势线的类型也不相同。要获得精确的预测数据，应为数据选择合适

的趋势线。在【设置趋势线格式】窗格中可看到 Excel 提供的
趋势线类型，如图 6-41 所示。

（1）指数趋势线。指数趋势线适用于增减速度越来越快的
数据。如果数据中含有 0 或负数，则不能使用该趋势线。

（2）线性趋势线。线性趋势线的增长或降低速率比较稳
定，适用于简单线性数据集的最佳拟合直线。若数据点构成的
趋势线接近一条直线，则说明数据是线性的。线性趋势线通常
表示数据以恒定的速率增加或减少。

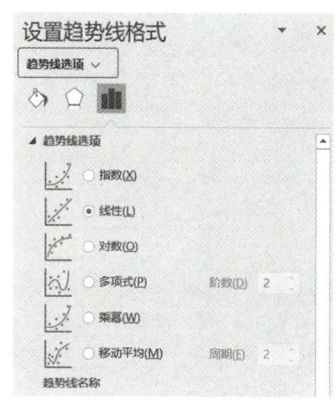

图 6-41　趋势线的类型

（3）对数趋势线。若数据的增加或减少速度很快，但又迅
速趋于平稳，那么对数趋势线是最佳的拟合曲线。对数趋势线
可以使用正值和负值。

（4）多项式趋势线。多项式趋势线适用于数据波动较大的曲线，可用于分析大量数据的偏
差。多项式的阶数可由数据波动的次数或曲线中拐点（峰和谷）的个数确定。

（5）乘幂趋势线。乘幂趋势线适用于以特定速度增加的数据集的曲线。若数据值中含有 0
或负数，则不能使用该趋势线。

（6）移动平均趋势线。移动平均趋势线使用特定数目的数据点（由【周期】选项设置），取
其平均值，然后将该平均值作为趋势线中的一个点。它可以处理数据中的微小波动，从而更清
晰地显示图案和趋势。

三、任务实施

Excel 2021 中趋势线功能的使用必须建立在图表的基础上，如折线图、散点图等。本任务
将通过折线图来添加趋势线进行销售预测。在绘制折线图进行销量预测分析之前，应先创建销
量历史数据表，具体操作如下。

1.创建销售预测分析表

Step1　将新建的工作簿以"销售预测分析表"为名进行保存，然后将 Sheet1 工作表重命
名为"销售预测分析表"，如图 6-42 所示。

Step2　在"销售预测分析表"工作表中输入相应的数据，并设置单元格格式，如图 6-43
所示。

Step3　选中 A1:B12 单元格区域，单击【插入】选项卡，在【图表】组单击【插入折线图
或面积图】下拉按钮 。在弹出的下拉列表中的【二维折线图】选区选择【带数据标记的折
线图】选项，如图 6-44 和图 6-45 所示。

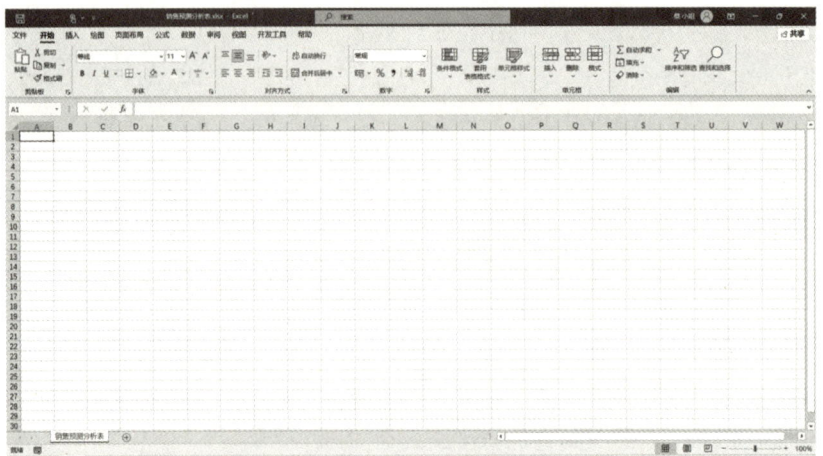

图 6-42　创建"销售预测分析表"工作表

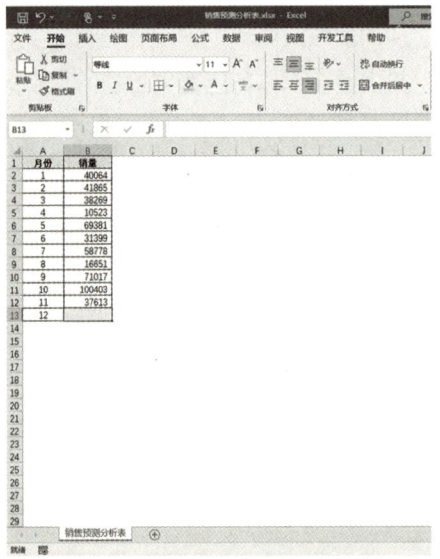

图 6-43　输入数据并设置单元格格式

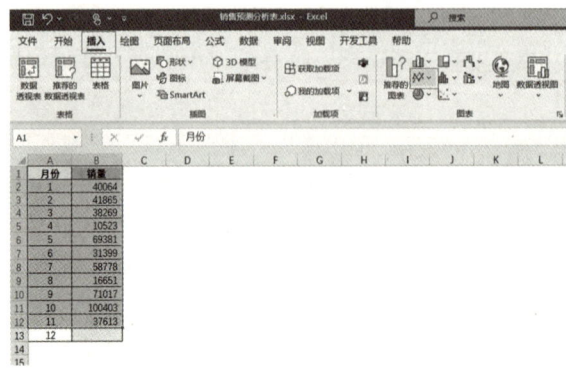

图 6-44　插入折线图

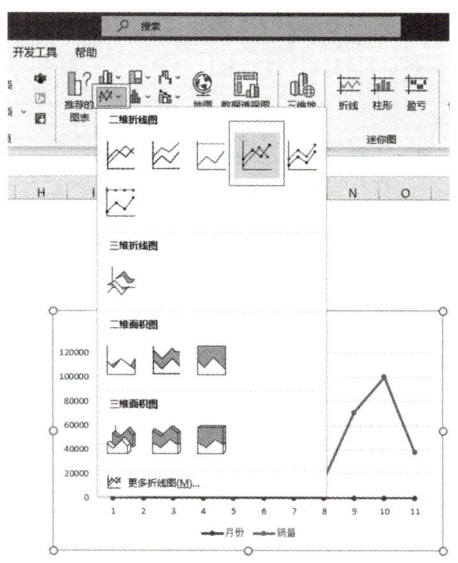

图 6-45　选择带数据标记的折线图

Step4　选中新插入的折线图，单击折线图右侧的【图表筛选器】按钮 ▽ ，在弹出的下拉列表中的【系列】选区取消勾选【月份】复选框，如图 6-46 所示，单击【应用】按钮，完成折线图中数据显示的选择。

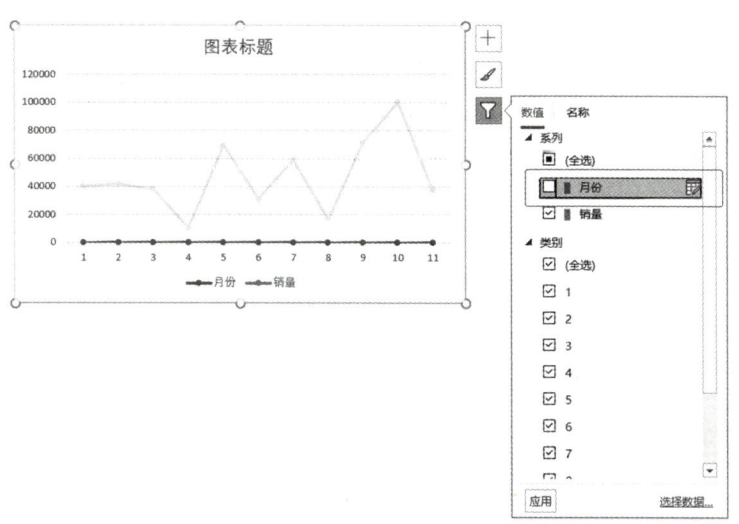

图 6-46　修改折线图的数据系列

Step5　单击折线图的任一区域，单击【图表设计】选项卡，在【图表布局】组单击【添加图表元素】下拉按钮，在弹出的下拉列表中选择【坐标轴标题】选项，在弹出的二级下拉列表中选择【主要横坐标轴】选项，回到折线图中。双击横坐标标题，将标题改为"月份"。用同样的方法为折线图添加纵坐标轴标题，并将纵坐标轴标题改为"销量"。横坐标轴标题和纵坐标轴标题添加完成后，将它们拖曳到合适的位置，如图 6-47 和图 6-48 所示。

Step6 双击折线图中的图表标题，将其重命名为"销量预测分析图"，如图 6-49 所示。

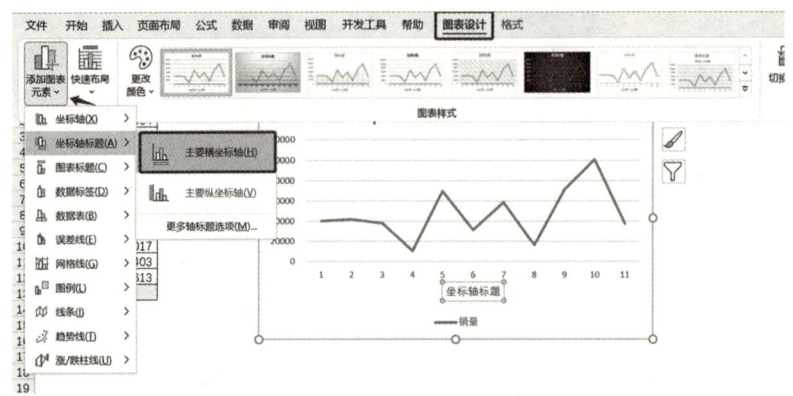

图 6-47 添加横坐标轴标题

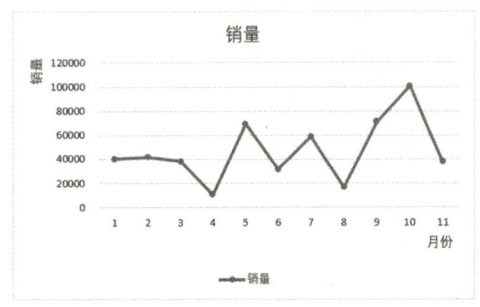

图 6-48 重命名坐标轴标题并调整位置

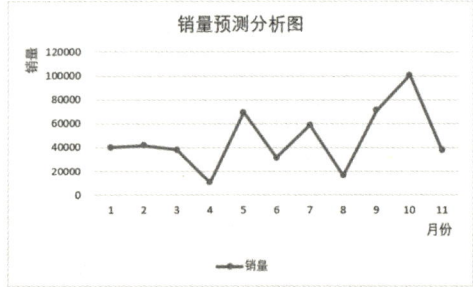

图 6-49 重命名图表标题

Step7 双击折线图中的空白区域，在工作表右侧打开【设置图表区格式】窗格。单击【图表选项】下拉按钮，在弹出的下拉列表中选择【图表区】选项，如图 6-50 所示。

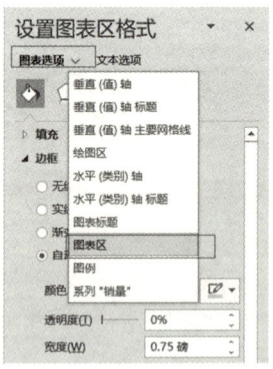

图 6-50 设置图表区格式

Step8 单击【填充】折叠按钮，在展开的选项中选中【纯色填充】单选按钮。单击【颜色】文本框右侧的下拉按钮，在打开的列表框中的【主题颜色】选区选择"蓝色，个性 1，淡色 80%"色块，如图 6-51 所示。

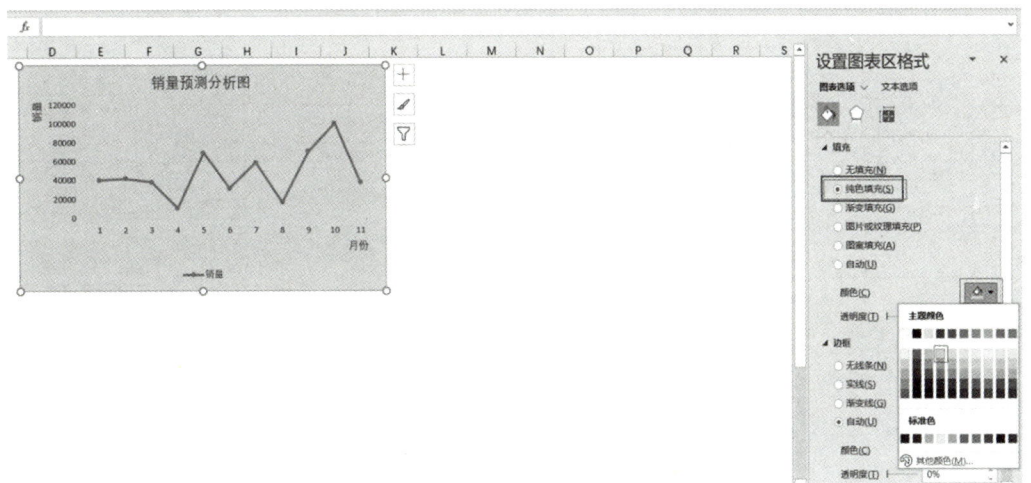

图 6-51　设置折线图填充颜色

Step9　单击【边框】折叠按钮，在展开的选项中选中【实线】单选按钮。单击【颜色】文本框右侧的下拉按钮，在打开的列表框中的【主题颜色】选区选择"浅灰色，背景 2，深色 50%"色块，并设置边框宽度为 1 磅，如图 6-52 所示。

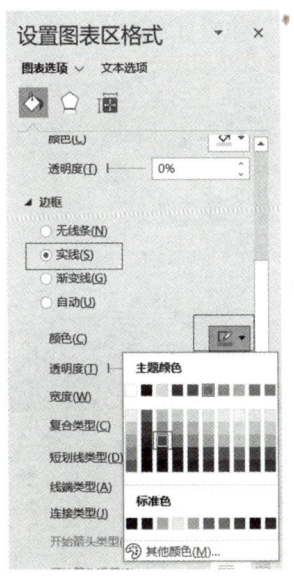

图 6-52　设置折线图边框颜色及宽度

Step10　单击【图表选项】下拉按钮，在弹出的下拉列表中选择【绘图区】选项。单击【填充】折叠按钮，在展开的选项中选中【纯色填充】单选按钮。单击【颜色】文本框右侧的下拉按钮，选择"蓝色，个性 1，淡色 40%"色块，如图 6-53 所示。

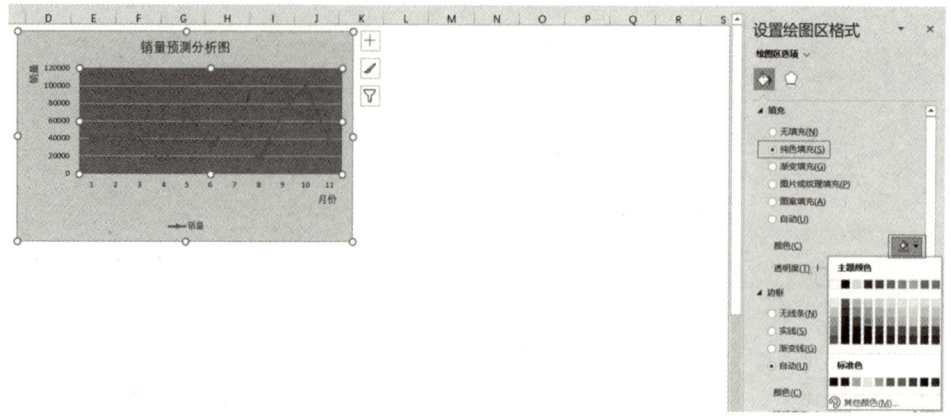

图 6-53　设置绘图区填充颜色

Step11　单击【图表选项】下拉按钮，在弹出的下拉列表中选择【垂直（值）轴】选项，在打开的【坐标轴选项】选项卡中单击【坐标轴】按钮▮▮。单击【坐标轴选项】折叠按钮，在【边界】选区的【最小值】文本框中输入"2000.0"，在【最大值】文本框中输入"120000.0"；在【单位】选区的【大】文本框中输入"15000.0"，如图 6-54 所示。

Step12　在折线图上任意位置单击，其四周将出现控制点，将光标移动到折线图右下角的控制点上，当光标形状变成 ↘ 时，按住鼠标左键，向右下角拖曳到适当的位置，释放鼠标，以调整折线图大小，如图 6-55 所示。

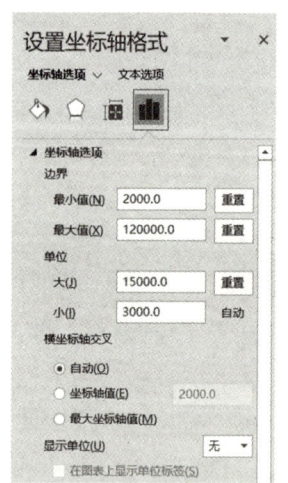

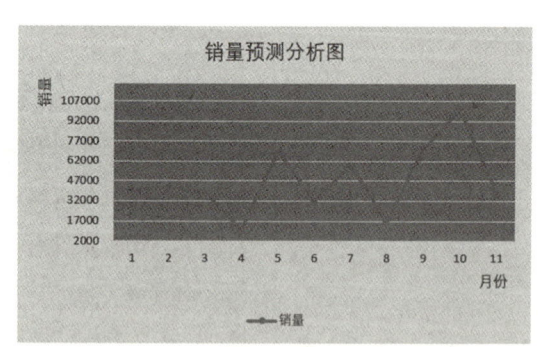

图 6-54　为纵坐标设置边界大小　　　　　图 6-55　调整折线图大小

Step13　将折线图移动到合适的位置，便完成了销量预测分析图的创建和编辑，效果如图 6-56 所示。

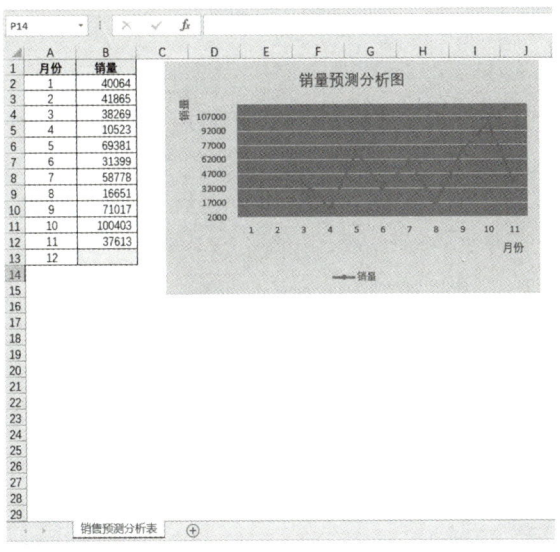

图 6-56　查看图表效果

2. 添加趋势线和趋势方程

为了利用历史数据对未来销量进行预测，接下来为折线图添加趋势线和趋势方程，具体操作如下。

Step1　单击折线图上任意位置，单击【图表设计】选项卡，在【图表布局】组单击【添加图表元素】下拉按钮，在弹出的下拉列表中选择【趋势线】选项，在弹出的二级下拉列表中选择【线性】选项，如图 6-57 所示。

图 6-57　添加线性趋势线

Step2 在折线图中右击新添加的趋势线，在弹出的下拉菜单中选择【设置趋势线格式】命令，如图 6-58 所示。

Step3 在工作表右侧打开【设置趋势线格式】窗格，单击【趋势线选项】折叠按钮，在展开的【趋势线名称】选区选中【自定义】单选按钮，并在其右侧的文本框中输入"销售预测"，对趋势线进行重命名，如图 6-59 所示。

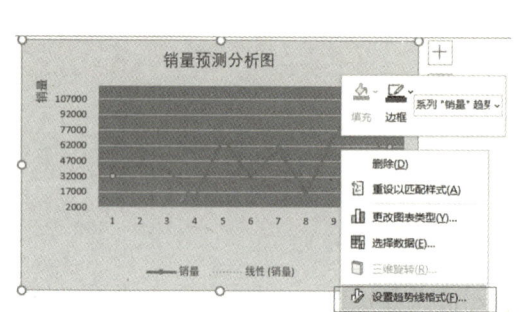
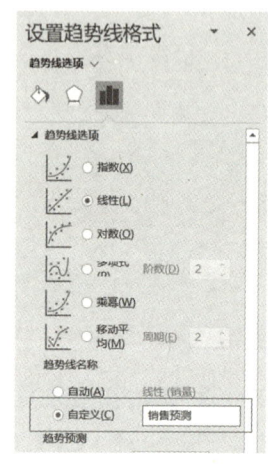

图 6-58 选择【设置趋势线格式】命令　　　图 6-59 将趋势线重命名为"销售预测"

Step4 在【趋势预测】选区的【前推】文本框中输入"1"，即可让趋势线预测往后一个周期的数据，如图 6-60 所示。

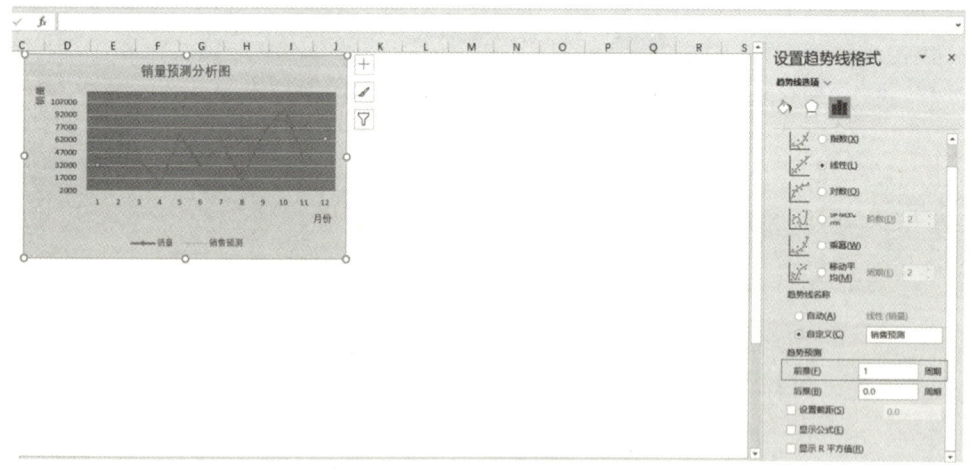

图 6-60 设置预测周期

Step5 勾选【显示公式】复选框，在趋势线旁显示公式，如图 6-61 所示。

Step6 在【设置趋势线格式】窗格中单击【填充与线条】按钮，单击【线条】折叠按钮，在展开的选项中选中【实线】单选按钮，并将颜色设置为"黑色，文字 1，淡色 5%"，如图 6-62 所示。

图 6-61　设置显示公式

图 6-62　设置趋势线线条格式

Step7　选中折线图中的公式，将公式字号设置为"10.5"，字体颜色设置为"黑色，文字1，淡色 5%"，如图 6-63 所示。

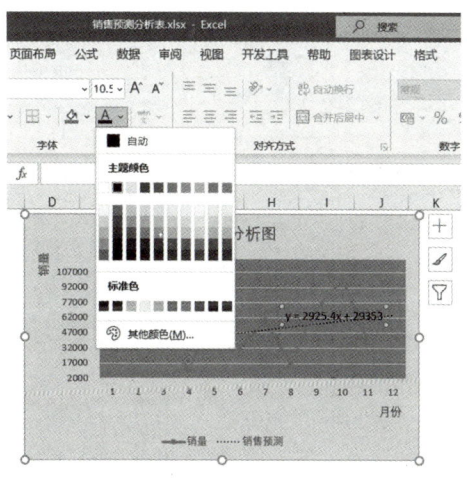

图 6-63　设置公式字号、字体和颜色

Step8　返回工作表，此时折线图中的趋势线和趋势公式都已添加和编辑完毕，最终效果如图 6-64 所示。

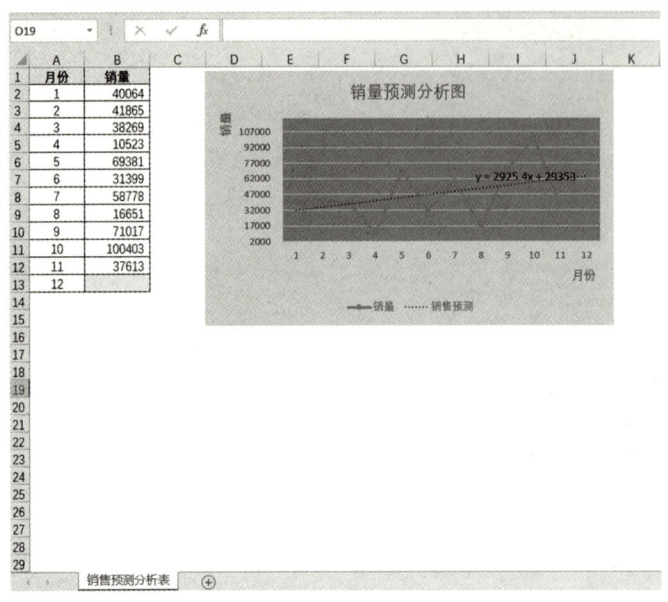

图 6-64　添加趋势线和趋势公式后效果

3. 预测销量

接下来可以根据趋势公式预测 12 月的销量，具体操作如下。

Step1　双击趋势线中的公式，进入编辑状态，选中公式"y = 2925.4x + 29353"，按 Ctrl+C 组合键复制公式，如图 6-65 所示。

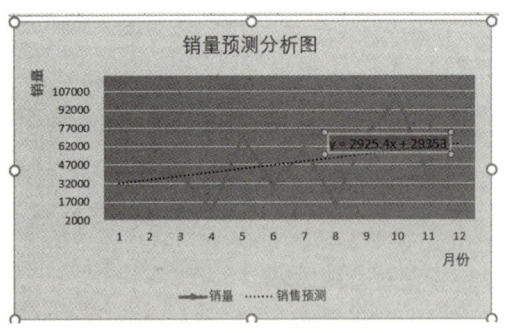

图 6-65　复制趋势线公式

Step2　将复制的公式粘贴到 B13 单元格，然后将"y"删除，将"x"改为"*A13"，再将公式中多余的空格删除，如图 6-66 所示。

Step3　编辑完成后按 Enter 键，此时便完成了对 12 月销量的预测，B13 单元格中显示预测的 12 月销量。接下来对数据格式进行进一步的规范。将 B2:B13 单元格区域的数字格式设置为"数值"，小数点位数设置为"0"，对齐方式设置为"右对齐"，如图 6-67 所示。

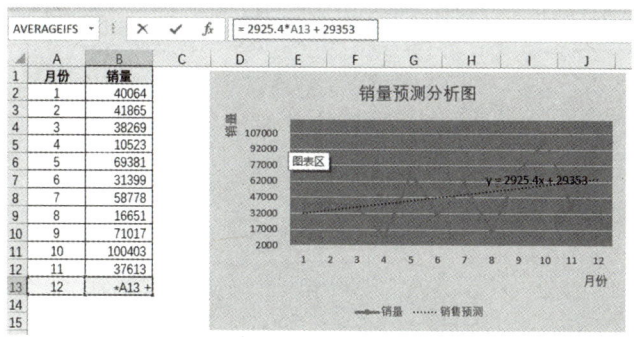

图 6-66　粘贴并编辑预测公式

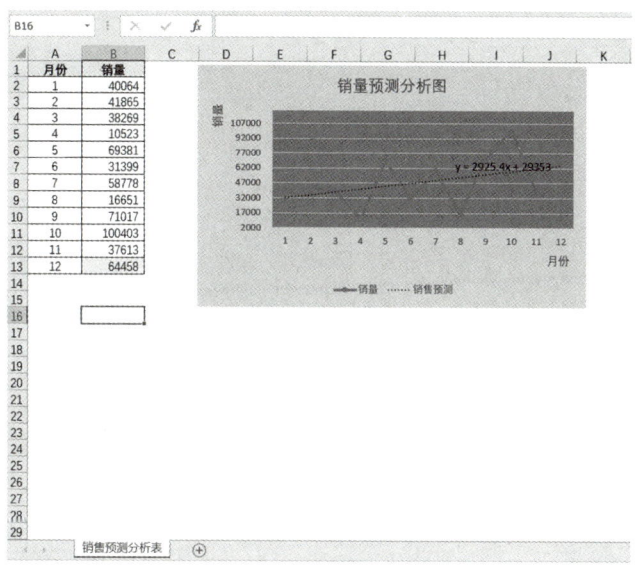

图 6-67　销量预测结果

任务三　制作材料成本汇总表

原材料作为企业存货的一项重要内容，如何对其进行科学、合理的管理对控制原材料成本非常重要。及时、快速地掌握原材料的使用情况是材料成本控制的重要基础，因此需要根据企业的情况建立分类管理原材料的管理控制系统，以保证材料的合理应用，节约企业成本。

一、任务情境

为实现在材料的使用过程中及时根据产品品种统计各类原材料的消耗情况，以及进行各项原材料消耗的汇总，王总决定让小肖编制一张材料成本汇总表，以便快速、准确地统计这两项数据，为管理者做决策提供支持数据。

任务效果及关键知识点如图 6-68 所示。

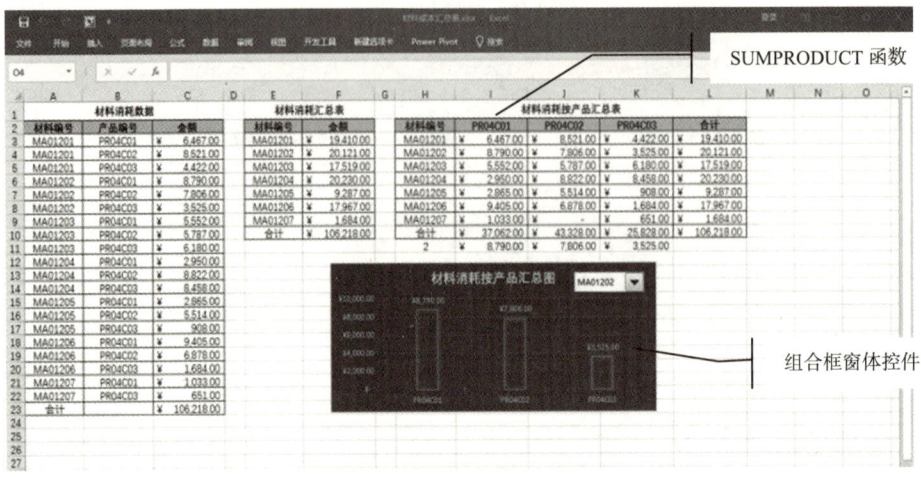

图 6-68　项目六之任务三的任务效果及关键知识点

二、任务知识

1．组合框

组合框是 Excel 工作表中的一个下拉列表，用户可以在列表中选择项目，选择的项目将出现在下拉列表上方的文本框中。Excel 2021 默认隐藏组合框窗体功能，要使用这项功能，需要添加【开发工具】选项卡，具体操作为，在工作簿中单击【文件】按钮，在弹出的下拉列表中选择【选项】命令，打开【Excel 选项】对话框。在该对话框中单击【自定义功能区】选项卡，在右边的【主选项卡】列表框中勾选【开发工具】复选框，如图 6-69 所示。

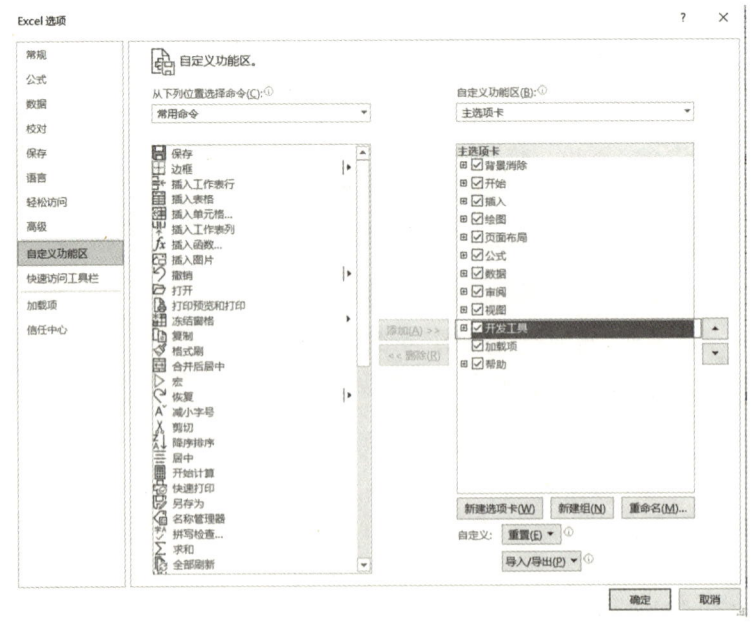

图 6-69　添加【开发工具】选项卡

然后单击【确定】按钮，这时工作簿中的菜单栏便出现了【开发工具】选项卡。单击该选项卡，在【控件】组单击【插入】下拉按钮，在弹出的下拉列表中的【表单控件】选区单击【组合框（窗体控件）】按钮，如图 6-70 所示。

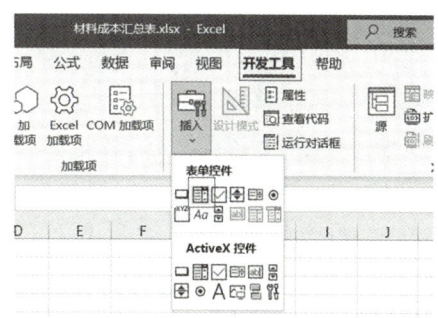

图 6-70　单击【组合框（窗体控件）】按钮

2. 柱形图

柱形图常用来展示数据量不是很大的情况下数据项之间的对比情况，用来描绘同一系列的不同数据点或多个系列相应数据点之间的不同之处。柱形图能把 Excel 工作表中的数据更加直观地展示出来，在工作中应用广泛。

Excel 2021 提供了多种类型的柱形图，方便使用者根据需要选择，包括簇状柱形图、堆积柱形图、百分比堆积柱形图、三维簇状柱形图、三维堆积柱形图、三维百分比堆积柱形图、三维柱形图，如图 6-71 所示。不管使用者选择哪种柱形图，都可以使用 Excel 2021 内置的 17 种配色方案和 16 种图表样式进行组合，以绘制不同的图表表现形式。此外，Excel 2021 还可快速地为柱形图添加图表元素、切换行/列、选择数据及调整柱形图内各元素的格式。具体操作方法将在后续的任务讲解中展示。

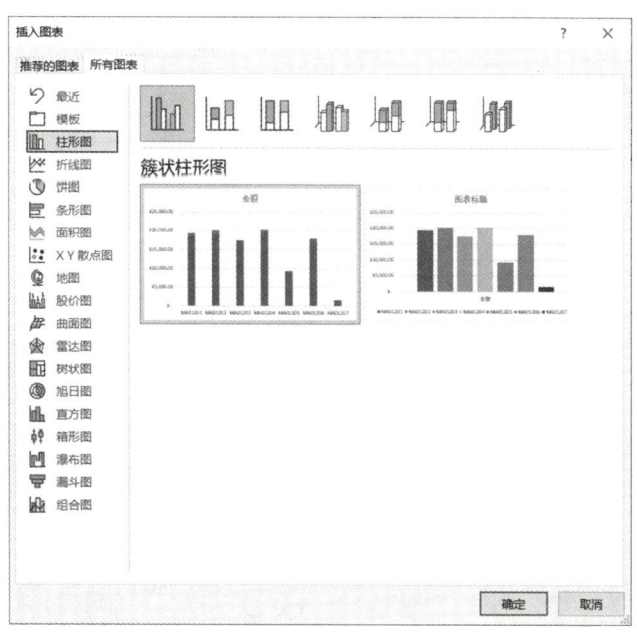

图 6-71　柱形图的类型

3. SUMPRODUCT 函数

SUMPRODUCT 函数可用于多条件求和。对于计算符合某个条件的数据求和，可以用 SUMIF 函数来解决，如果要计算符合 2 个以上条件的数据求和，用 SUMIF 函数就无法完成了，此时就可以用 SUMPRODUCT 函数。

用 SUMPRODUCT 函数计算符合多条件的数据和，其语法结构是：SUMPRODUCT（条件 1*条件 2*…，求和数据区域）。

例如，"=SUMPRODUCT((A3:A22=H6)*(B3:B22=I2)*(C3:C22))" 的含义是在工作表中找出在 A3:A22 单元格区域等于 H6 且在 B3:B22 单元格区域等于 I2 的数据项，然后对这些数据项在 C3:C22 单元格区域的数据进行求和。

三、任务实施

1. 运用 SUMIF、SUMPRODUCT 函数汇总材料成本

Step1 打开 Excel 2021，新建一个工作簿并命名为"材料成本汇总表"，将 Sheet1 工作表重命名为"材料成本汇总表"。在 A1:C23 单元格区域创建"材料消耗数据"表格，并输入相关数据，设置好单元格格式，如图 6-72 所示。

Step2 在 E1:F10 单元格区域创建"材料消耗汇总表"表格，并输入相关数据，设置好单元格格式，如图 6-73 所示。

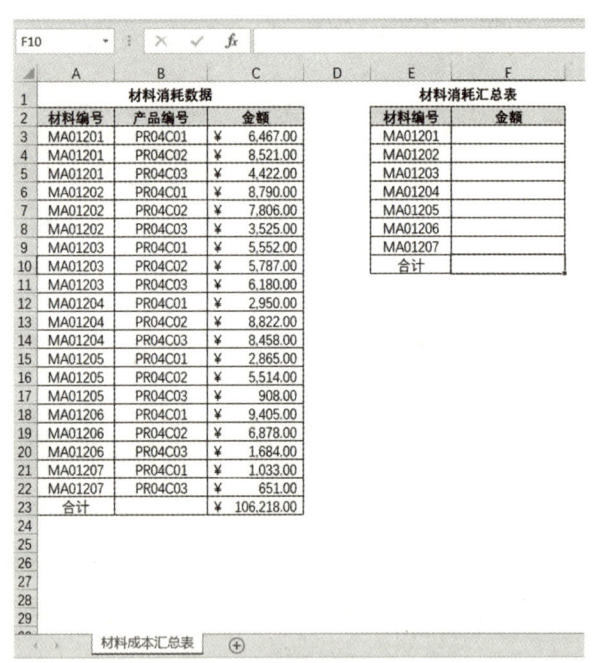

图 6-72　创建"材料消耗数据"表格并编辑内容　　图 6-73　创建"材料消耗汇总表"表格并编辑内容

Step3 在 H1:L10 单元格区域创建"材料消耗按产品汇总表"表格，并输入相关数据，设置好单元格格式，如图 6-74 所示。

Step4 在 F3 单元格中输入公式"=SUMIF($A$3:$A$22,E3,$C$3:$C$22)"，按 Enter 键，计算出材料"MA01201"的支出金额汇总。然后选中 F3:F9 单元格区域，按 Ctrl+D 组合键，将 F3

单元格中的公式快速复制到该单元格区域，计算各材料编号的支出总金额如图 6-75 所示。

B24

材料消耗数据

材料编号	产品编号	金额
MA01201	PR04C01	¥ 6,467.00
MA01201	PR04C02	¥ 8,521.00
MA01201	PR04C03	¥ 4,422.00
MA01202	PR04C01	¥ 8,790.00
MA01202	PR04C02	¥ 7,806.00
MA01202	PR04C03	¥ 3,525.00
MA01203	PR04C01	¥ 5,552.00
MA01203	PR04C02	¥ 5,787.00
MA01203	PR04C03	¥ 6,180.00
MA01204	PR04C01	¥ 2,950.00
MA01204	PR04C02	¥ 8,822.00
MA01204	PR04C03	¥ 8,458.00
MA01205	PR04C01	¥ 2,865.00
MA01205	PR04C02	¥ 5,514.00
MA01205	PR04C03	¥ 908.00
MA01206	PR04C01	¥ 9,405.00
MA01206	PR04C02	¥ 6,878.00
MA01206	PR04C03	¥ 1,684.00
MA01207	PR04C01	¥ 1,033.00
MA01207	PR04C03	¥ 651.00
合计		¥ 106,218.00

材料消耗汇总表

材料编号	金额
MA01201	
MA01202	
MA01203	
MA01204	
MA01205	
MA01206	
MA01207	
合计	

材料消耗按产品汇总表

材料编号	PR04C01	PR04C02	PR04C03	合计
MA01201				
MA01202				
MA01203				
MA01204				
MA01205				
MA01206				
MA01207				
合计				

材料成本汇总表

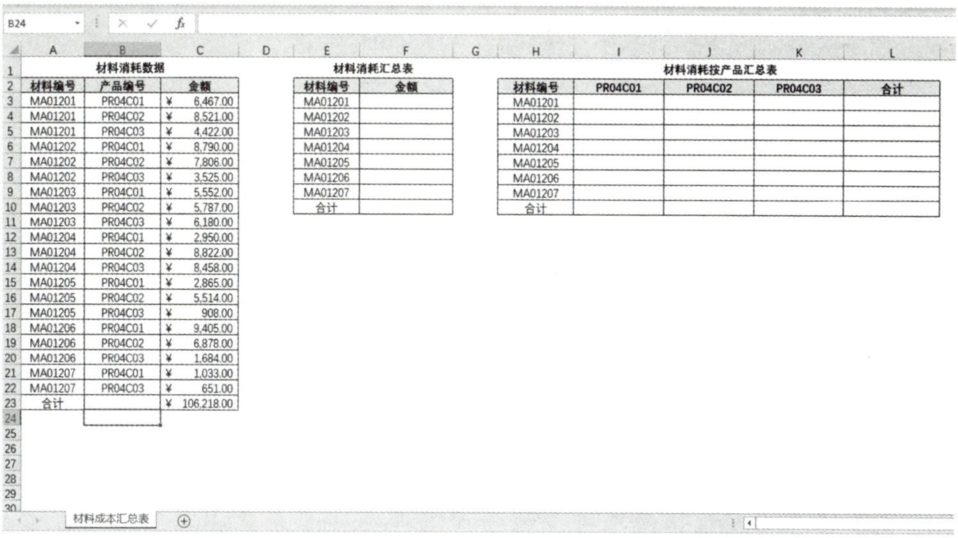

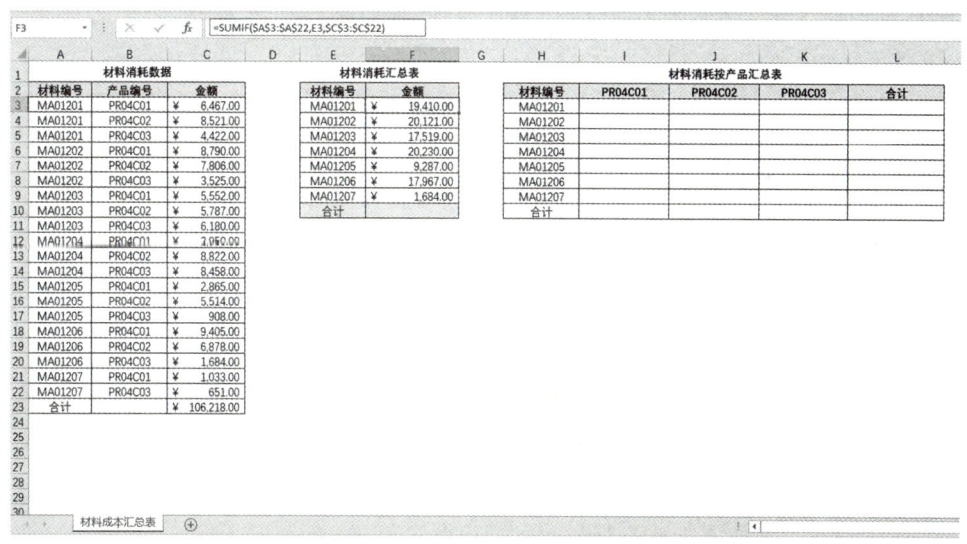

图 6-74　创建“材料消耗按产品汇总表”表格并编辑内容

F3　=SUMIF($A$3:$A$22,E3,$C$3:$C$22)

材料消耗数据

材料编号	产品编号	金额
MA01201	PR04C01	¥ 6,467.00
MA01201	PR04C02	¥ 8,521.00
MA01201	PR04C03	¥ 4,422.00
MA01202	PR04C01	¥ 8,790.00
MA01202	PR04C02	¥ 7,806.00
MA01202	PR04C03	¥ 3,525.00
MA01203	PR04C01	¥ 5,552.00
MA01203	PR04C02	¥ 5,787.00
MA01203	PR04C03	¥ 6,180.00
MA01204	PR04C01	¥ 2,950.00
MA01204	PR04C02	¥ 8,822.00
MA01204	PR04C03	¥ 8,458.00
MA01205	PR04C01	¥ 2,865.00
MA01205	PR04C02	¥ 5,514.00
MA01205	PR04C03	¥ 908.00
MA01206	PR04C01	¥ 9,405.00
MA01206	PR04C02	¥ 6,878.00
MA01206	PR04C03	¥ 1,684.00
MA01207	PR04C01	¥ 1,033.00
MA01207	PR04C03	¥ 651.00
合计		¥ 106,218.00

材料消耗汇总表

材料编号	金额
MA01201	¥ 19,410.00
MA01202	¥ 20,121.00
MA01203	¥ 17,519.00
MA01204	¥ 20,230.00
MA01205	¥ 9,287.00
MA01206	¥ 17,967.00
MA01207	¥ 1,684.00
合计	

材料消耗按产品汇总表

材料编号	PR04C01	PR04C02	PR04C03	合计
MA01201				
MA01202				
MA01203				
MA01204				
MA01205				
MA01206				
MA01207				
合计				

材料成本汇总表

图 6-75　计算各材料编号的支出总金额

Step5　选中 F10 单元格，按 Alt+=组合键，F10 单元格中将出现公式“=SUM(F3:F9)”。按 Enter 键，快速对 F10 单元格以上的单元格区域的数据进行求和，如图 6-76 所示。

Step6　在 I3 单元格中输入公式“=SUMPRODUCT(($A$3:$A$22=H3)*($B$3:$B$22=$I$2)*($C$3: $C$22))”并按 Enter 键，计算出产品“PR04C01”在生产过程中使用的材料“MA01201”的总金额。然后选中 I3:I9 单元格区域，按 Enter+D 组合键，将产品“PR04C01”使用的所有材料各自的总金额分别计算出来，如图 6-77 所示。

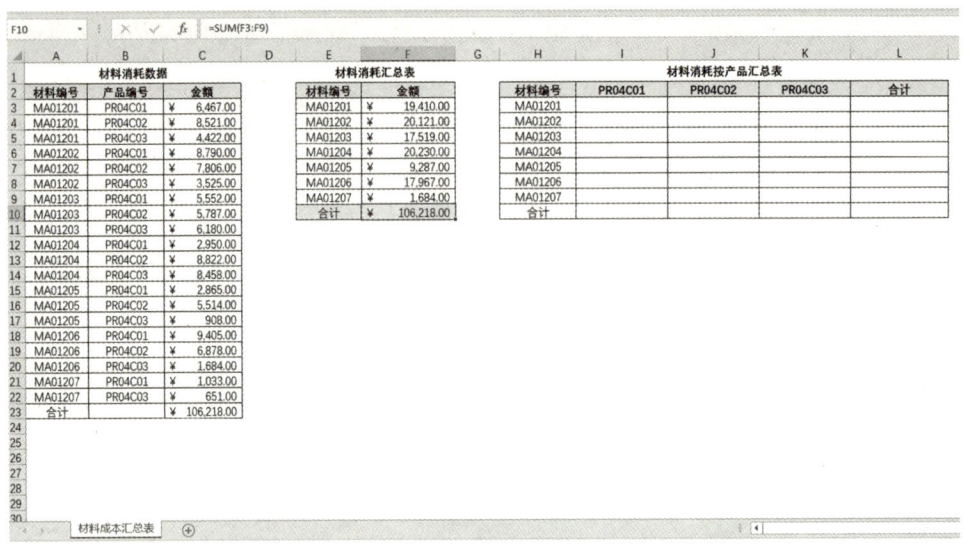

F10 | =SUM(F3:F9)

材料消耗数据

材料编号	产品编号	金额
MA01201	PR04C01	¥ 6,467.00
MA01201	PR04C02	¥ 8,521.00
MA01201	PR04C03	¥ 4,422.00
MA01202	PR04C01	¥ 8,790.00
MA01202	PR04C02	¥ 7,806.00
MA01202	PR04C03	¥ 3,525.00
MA01203	PR04C01	¥ 5,552.00
MA01203	PR04C02	¥ 5,787.00
MA01203	PR04C03	¥ 6,180.00
MA01204	PR04C01	¥ 2,950.00
MA01204	PR04C02	¥ 8,822.00
MA01204	PR04C03	¥ 8,458.00
MA01205	PR04C01	¥ 2,865.00
MA01205	PR04C02	¥ 5,514.00
MA01205	PR04C03	¥ 908.00
MA01206	PR04C01	¥ 9,405.00
MA01206	PR04C02	¥ 6,878.00
MA01206	PR04C03	¥ 1,684.00
MA01207	PR04C01	¥ 1,033.00
MA01207	PR04C03	¥ 651.00
合计		¥ 106,218.00

材料消耗汇总表

材料编号	金额
MA01201	¥ 19,410.00
MA01202	¥ 20,121.00
MA01203	¥ 17,519.00
MA01204	¥ 20,230.00
MA01205	¥ 9,287.00
MA01206	¥ 17,967.00
MA01207	¥ 1,684.00
合计	¥ 106,218.00

材料消耗按产品汇总表

材料编号	PR04C01	PR04C02	PR04C03	合计
MA01201				
MA01202				
MA01203				
MA01204				
MA01205				
MA01206				
MA01207				
合计				

材料成本汇总表

图 6-76　快速求和

I3 | =SUMPRODUCT(($A$3:$A$22=H3)*($B$3:$B$22=$I$2)*($C$3:$C$22))

材料消耗数据

材料编号	产品编号	金额
MA01201	PR04C01	¥ 6,467.00
MA01201	PR04C02	¥ 8,521.00
MA01201	PR04C03	¥ 4,422.00
MA01202	PR04C01	¥ 8,790.00
MA01202	PR04C02	¥ 7,806.00
MA01202	PR04C03	¥ 3,525.00
MA01203	PR04C01	¥ 5,552.00
MA01203	PR04C02	¥ 5,787.00
MA01203	PR04C03	¥ 6,180.00
MA01204	PR04C01	¥ 2,950.00
MA01204	PR04C02	¥ 8,822.00
MA01204	PR04C03	¥ 8,458.00
MA01205	PR04C01	¥ 2,865.00
MA01205	PR04C02	¥ 5,514.00
MA01205	PR04C03	¥ 908.00
MA01206	PR04C01	¥ 9,405.00
MA01206	PR04C02	¥ 6,878.00
MA01206	PR04C03	¥ 1,684.00
MA01207	PR04C01	¥ 1,033.00
MA01207	PR04C03	¥ 651.00
合计		¥ 106,218.00

材料消耗汇总表

材料编号	金额
MA01201	¥ 19,410.00
MA01202	¥ 20,121.00
MA01203	¥ 17,519.00
MA01204	¥ 20,230.00
MA01205	¥ 9,287.00
MA01206	¥ 17,967.00
MA01207	¥ 1,684.00
合计	¥ 106,218.00

材料消耗按产品汇总表

材料编号	PR04C01	PR04C02	PR04C03	合计
MA01201	¥ 6,467.00			
MA01202	¥ 8,790.00			
MA01203	¥ 5,552.00			
MA01204	¥ 2,950.00			
MA01205	¥ 2,865.00			
MA01206	¥ 9,405.00			
MA01207	¥ 1,033.00			
合计				

材料成本汇总表

图 6-77　计算产品“PR04C01”使用的材料的总金额

Step7 在 J3 单元格中输入公式“=SUMPRODUCT(($A$3:$A$22=H3)*($B$3:$B$22=$J$2)*($C$3:$C$22))”并按 Enter 键，计算出产品“PR04C02”在生产过程中使用的“MA01201”材料的总金额。然后选中 J3:J9 单元格区域，并按 Enter+D 组合键，将产品“PR04C02”使用的所有材料各自的总金额分别计算出来，如图 6-78 所示。

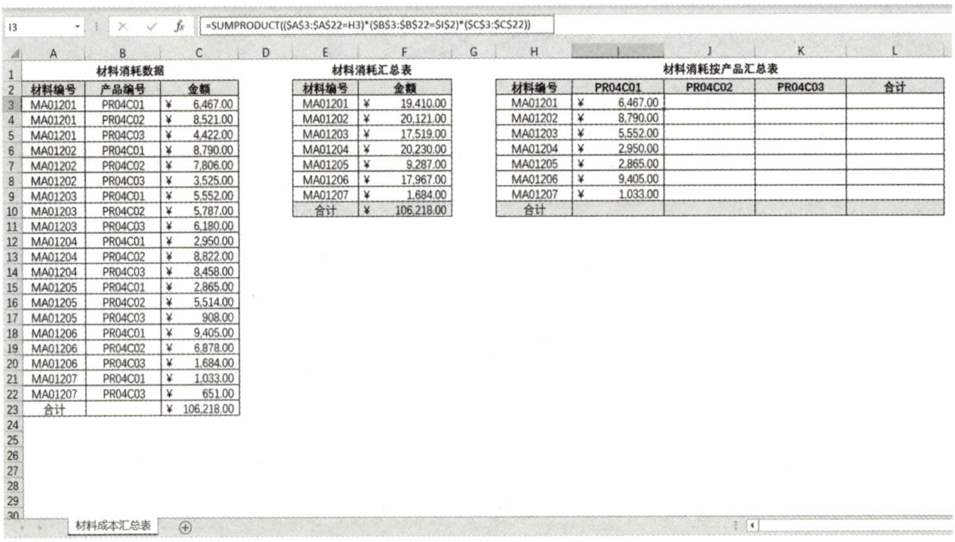

Step8 在 K3 单元格中输入公式“=SUMPRODUCT(($A$3:$A$22=H3)*($B$3:$B$22=$K$2)*($C$3:$C$22))”并按 Enter 键，计算出产品“PR04C03”在生产过程中使用的“MA01201”材料的总金额。然后选中 K3:K9 单元格区域，并按 Enter+D 组合键，将产品“PR04C03”使用的所有材料各自的总金额分别计算出来，如图 6-79 所示。

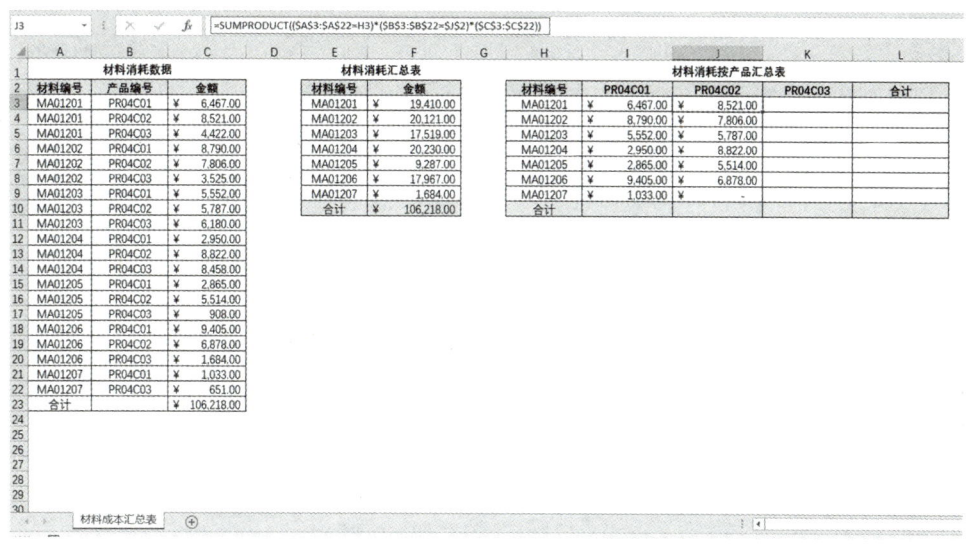

图 6-78　计算产品"PR04C02"使用的材料的总金额

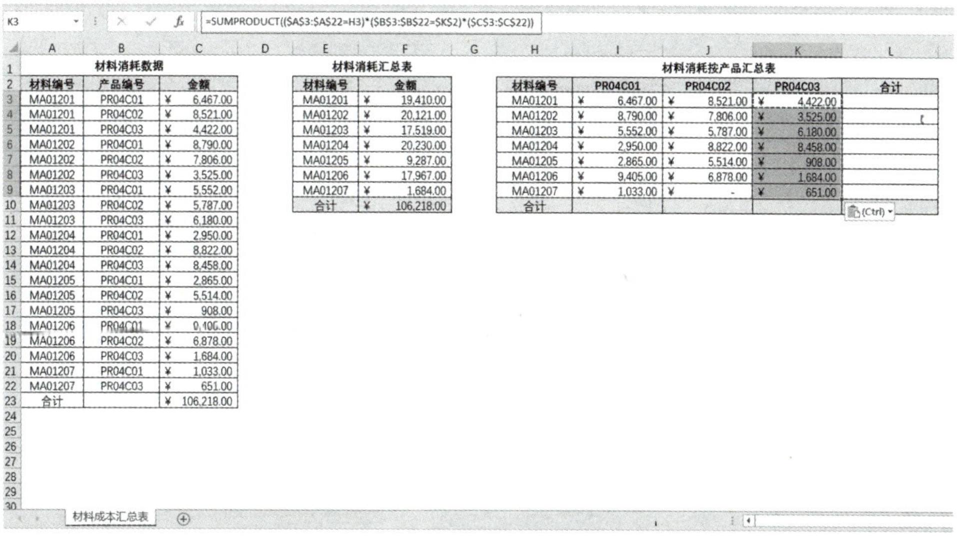

图 6-79　计算产品"PR04C03"使用的材料的总金额

Step9　选中 I10:K10 单元格区域,按 Alt+=组合键,然后按 Enter 键,快速对该单元格区域上方的单元格区域求和。选中 L3:L10 单元格区域,按 Alt+=组合键,然后按 Enter 键,快速对 L3:L10 单元格区域左边的单元格区域求和,如图 6-80 所示。

Step10　在 H11 单元格中输入"1",然后选中 I11:K11 单元格区域,在编辑区的【fx】文本框中输入公式"=INDEX(I3:I9,$H$11)",然后按 Ctrl+Enter 组合键,为 I11:K11 单元格区域输入查找相关数据的公式,如图 6-81 所示。

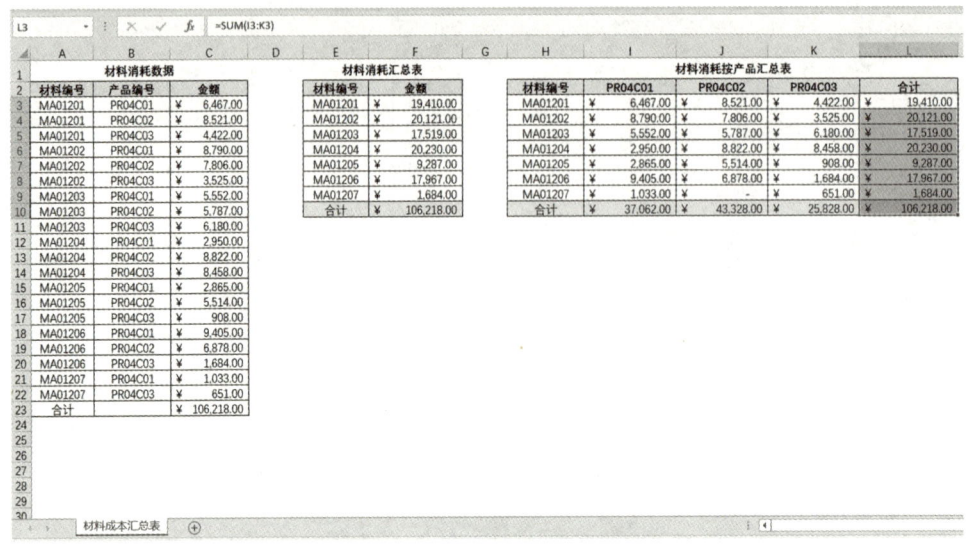

图 6-80　快速对相关单元格区域求和

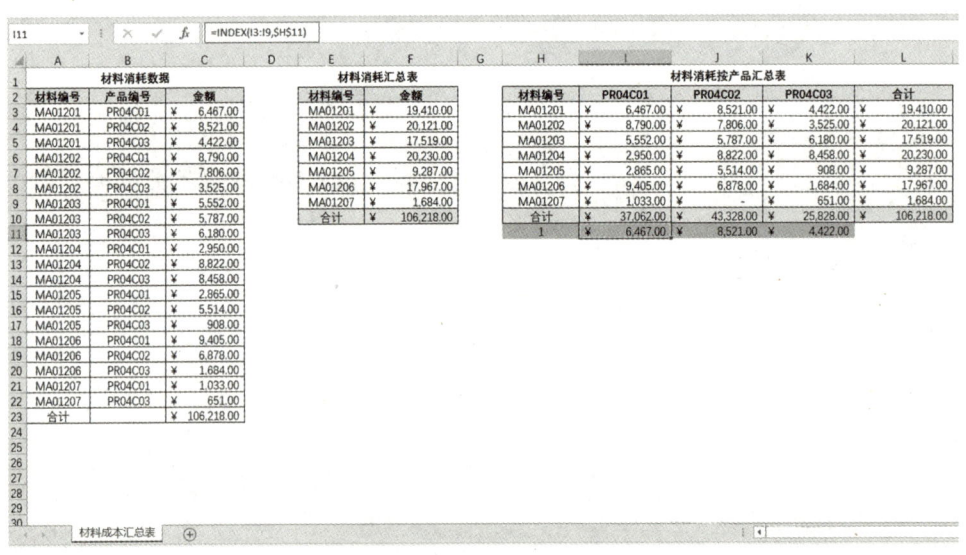

图 6-81　输入 INDEX 函数

Tips

　　引用型 INDEX 函数的语法结构为：INDEX(reference, row_num, column_num, area_num)。在本任务中，INDEX 函数中的每个区域都只包含一列，对应的参数 column_num 为可选参数，可使用 INDEX(reference, row_num)。H11 单元格中输入的公式"=INDEX(I3:I9,$H$11)"的含义为，在 H11 单元格返回 I3:I9 单元格区域 H11 行的数据，当 H11 单元格中输入的数据为"1"时，则返回 I3:I9 单元格区域第 1 行的数据。

2. 创建柱形图

Step1　选中 I2:K2 单元格区域，按住 Ctrl 键，再选中 I11:K11 单元格区域，单击【插入】

选项卡，在【图表】组单击【插入柱形图或条形图】下拉按钮 ∎↓ 。在弹出的下拉列表中的【二维柱形图】选区单击【簇状柱形图】按钮，如图 6-82 和图 6-83 所示。

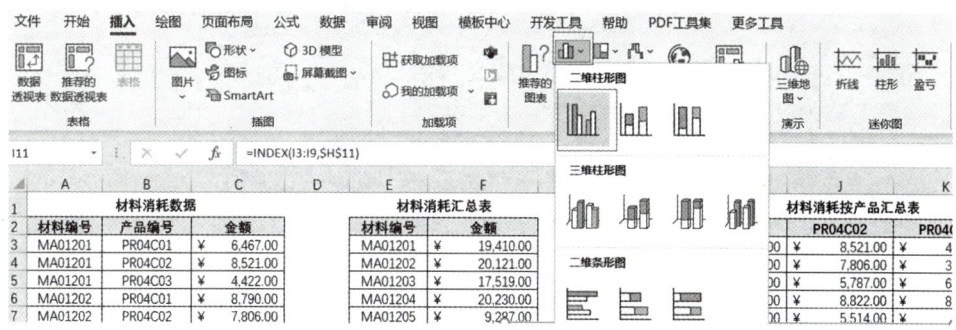

图 6-82 单击【插入柱形图或条形图】下拉按钮

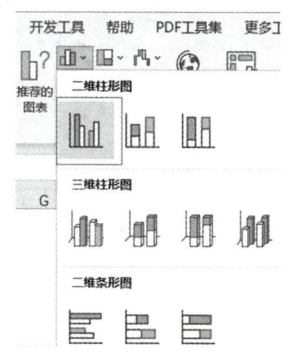

图 6-83 选择簇状柱形图

Step2 调整新插入的柱形图的大小并将其移动到合适位置，如图 6-84 所示。

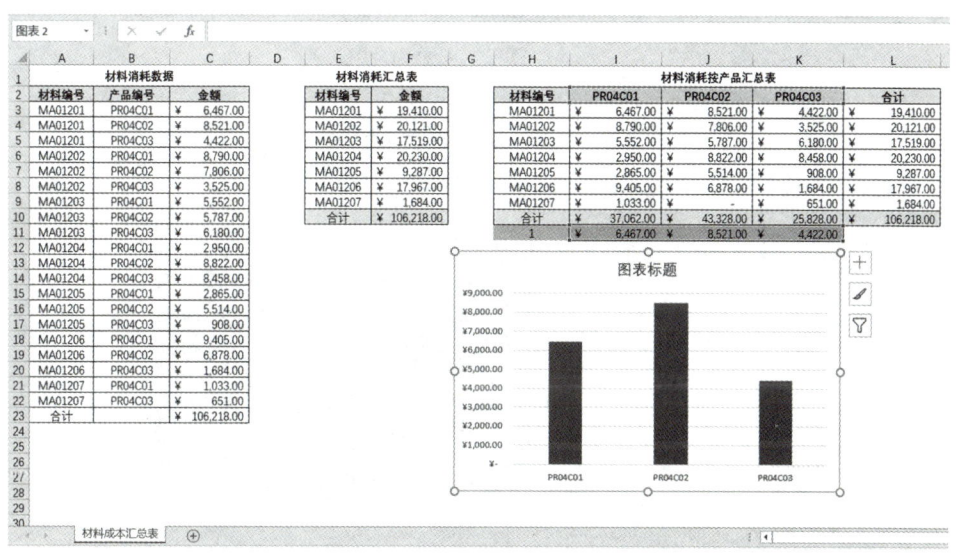

图 6-84 调整柱形图的大小和位置

Step3 选中柱形图，单击【图表设计】选项卡，在【图表样式】组单击【更改颜色】下拉按钮，在打开的下拉列表中的【彩色】选区选择"彩色调色板 3"色块，如图 6-85 所示。

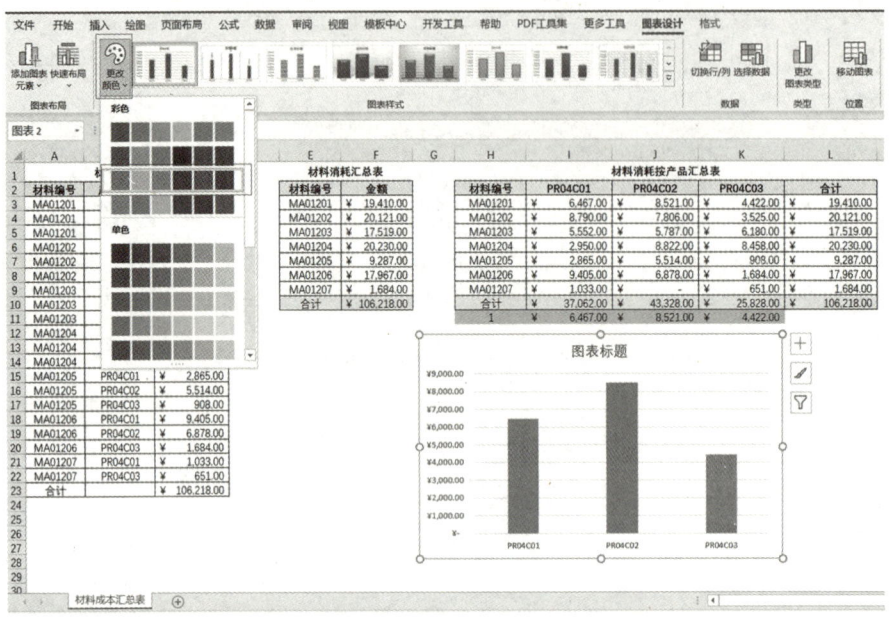

图 6-85 更改柱形图颜色

Step4 单击【图表样式】组右下角的【其他】按钮，在弹出的下拉列表中选择【样式 13】选项，如图 6-86 所示。

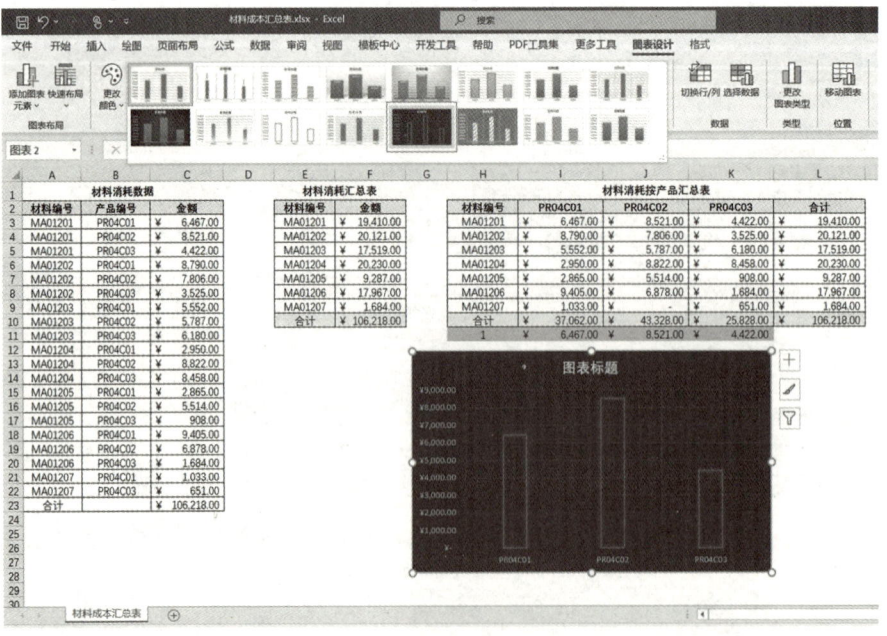

图 6-86 设置柱形图样式

Step5　选中柱形图，单击其右上角的【图表元素】按钮 ，在弹出的下拉列表中勾选【数据标签】复选框，为柱形图加上数据标签，如图6-87所示。

图6-87　为柱形图添加数据标签

Step6　双击柱形图中的图标标题，将图标标题重命名为"材料消耗按产品汇总图"。至此，柱形图添加和编辑完成，如图6-88所示。

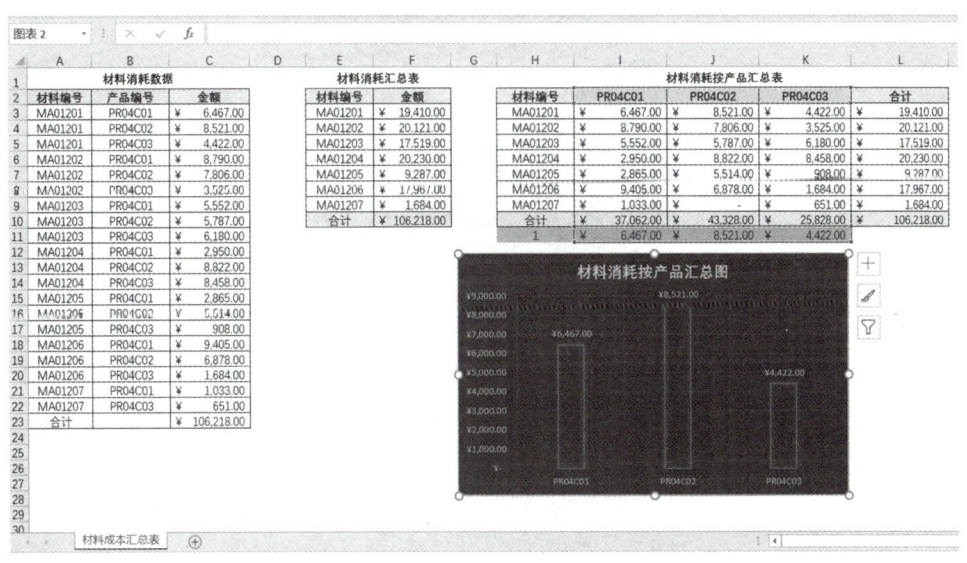

图6-88　重命名图表标题

3．添加组合框窗体控件

Step1　单击【开发工具】选项卡，在【控件】组单击【插入】下拉按钮，在弹出的下拉列表中单击【组合框（窗体控件）】按钮 ，如图6-89所示。

Step2　待光标形状变成"+"时，在柱形图右上角绘制组合框，如图6-90所示。

Step3　右击新绘制组合框右边的下拉按钮，在弹出的下拉列表中选择【设置控件格式】选项，打开【设置对象格式】对话框。在该对话框中单击【控制】选项卡，再单击【数据源区域】文本框右边的【折叠】按钮 ，待对话框折叠后选中H3:H9单元格区域，如图6-91所示。然后单击【展开】按钮 ，返回【设置对象格式】对话框。

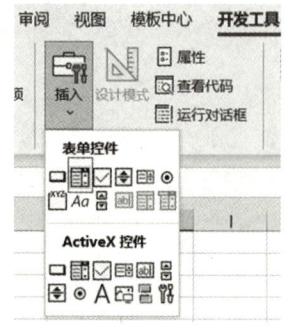

图 6-89 单击【组合框（窗体控件）】按钮

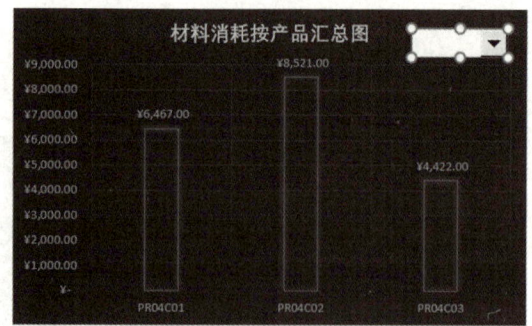

图 6-90 绘制组合框

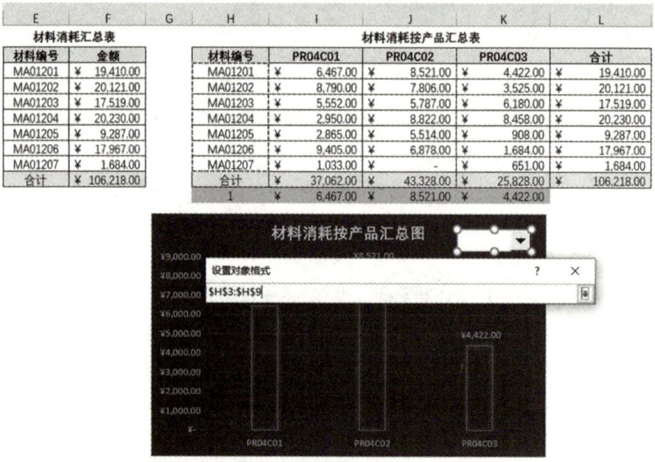

材料消耗汇总表			材料消耗按产品汇总表						
材料编号	金额		材料编号	PRO4C01		PRO4C02		PRO4C03	合计
MA01201	¥	19,410.00	MA01201	¥ 6,467.00	¥	8,521.00	¥	4,422.00	¥ 19,410.00
MA01202	¥	20,121.00	MA01202	¥ 8,790.00	¥	7,806.00	¥	3,525.00	¥ 20,121.00
MA01203	¥	17,519.00	MA01203	¥ 5,552.00	¥	5,787.00	¥	6,180.00	¥ 17,519.00
MA01204	¥	20,230.00	MA01204	¥ 2,950.00	¥	8,822.00	¥	8,458.00	¥ 20,230.00
MA01205	¥	9,287.00	MA01205	¥ 2,865.00	¥	5,514.00	¥	908.00	¥ 9,287.00
MA01206	¥	17,967.00	MA01206	¥ 9,405.00	¥	6,878.00	¥	1,684.00	¥ 17,967.00
MA01207	¥	1,684.00	MA01207	¥ 1,033.00	¥	-	¥	651.00	¥ 1,684.00
合计	¥	106,218.00	合计	¥ 37,062.00	¥	43,328.00	¥	25,828.00	¥ 106,218.00
			1	¥ 6,467.00	¥	8,521.00	¥	4,422.00	

图 6-91 设置组合框数据源区域

Step4 用同样的方法在【单元格链接】文本框中输入"$H$11"，并在【下拉显示项数】文本框中输入"7"，如图 6-92 所示。完成设置后单击【确定】按钮。

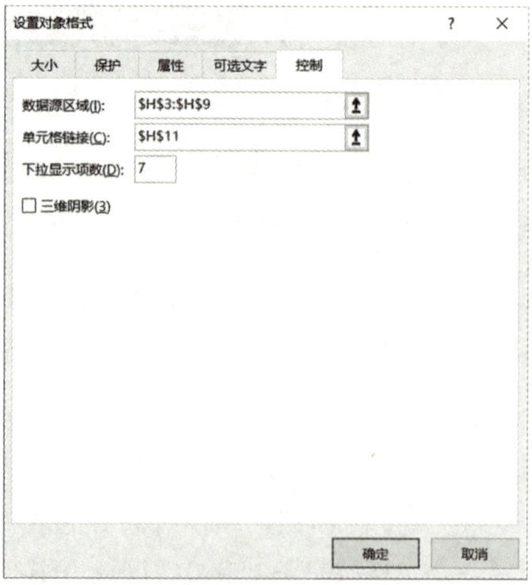

图 6-92 设置组合框单元格链接和下拉显示项数

Step5 此时组合框的添加和编辑已完成。单击组合框右边的下拉按钮，在弹出的下拉列表中选择需要显示的材料,H11:K11 单元格区域的数据和柱形图将随之改变，用户可以动态且直观地分析材料消耗按产品种类的汇总情况，如图 6-93 所示。

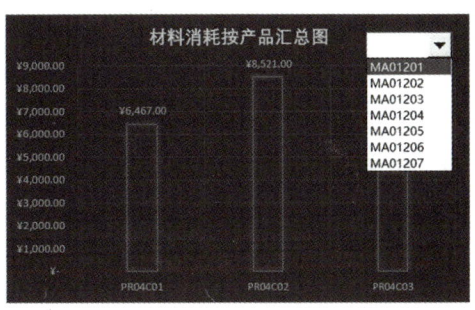

图 6-93　材料消耗按产品种类的汇总分析

任务四　拓展应用——规划求解

规划求解也称假设分析工具，使用它可以求得工作表中某个单元格中公式的最佳值，从而帮助解决在资源有限的情况下如何找到最优决策的问题，如费用最小的方案、花费时间最短的方案或利润最大的方案等。

一、规划求解的加载

Excel 2021 中的规划求解模块默认是不加载的，要使用该功能，必须先加载。操作步骤如下。

Step1 单击电脑桌面左下角的【开始】按钮■，选择【所有程序】|【Microsoft Office】|【Excel 2021】命令，启动 Excel 2021。在打开的界面中，单击左侧的【打开】按钮，在下方的选项中选择【更多】选项。在展开的二级选项中选择【选项】选项，如图 6-94 所示。

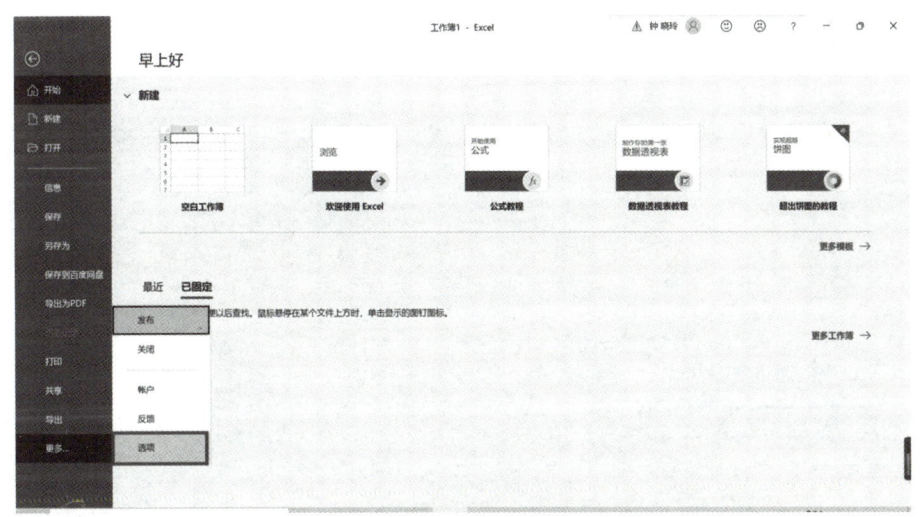

图 6-94　选择【选项】选项

Step2 打开【Excel 选项】对话框，单击左侧的【加载项】选项卡，如图 6-95 所示。

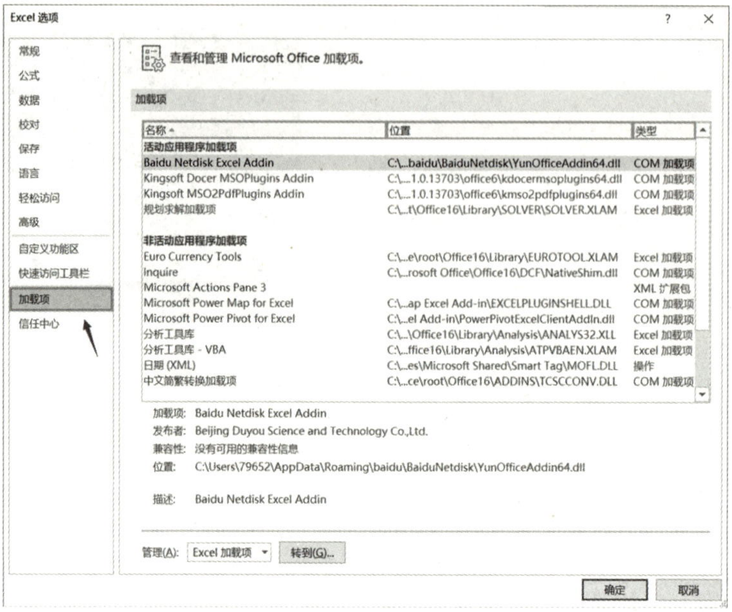

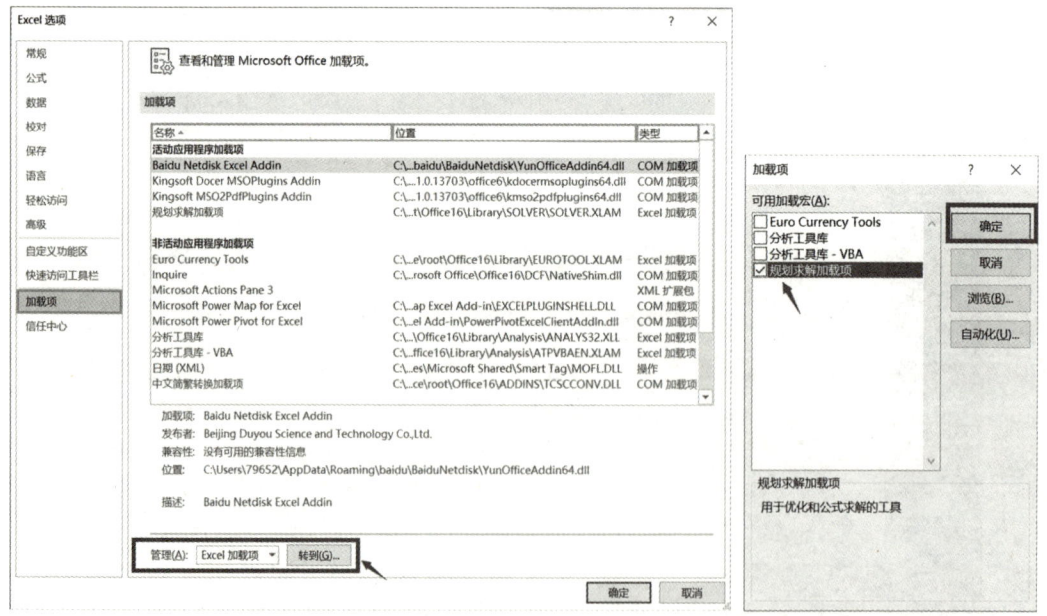

图 6-95　单击【加载项】选项卡

Step3　单击【转到】按钮，如图 6-96 所示。

Step4　打开【加减项】对话框，在【可用加载宏】列表框中勾选【规划求解加载项】复选框，单击【确定】按钮，完成加载，如图 6-97 所示。

图 6-96　单击【转到】按钮　　　　　　图 6-97　勾选【规划求解加载项】复选框

Step5　在 Excel 2021 工作簿中单击【数据】选项卡，在【分析】组显示了【规划求解】按钮，表明加载成功，如图 6-98 所示。

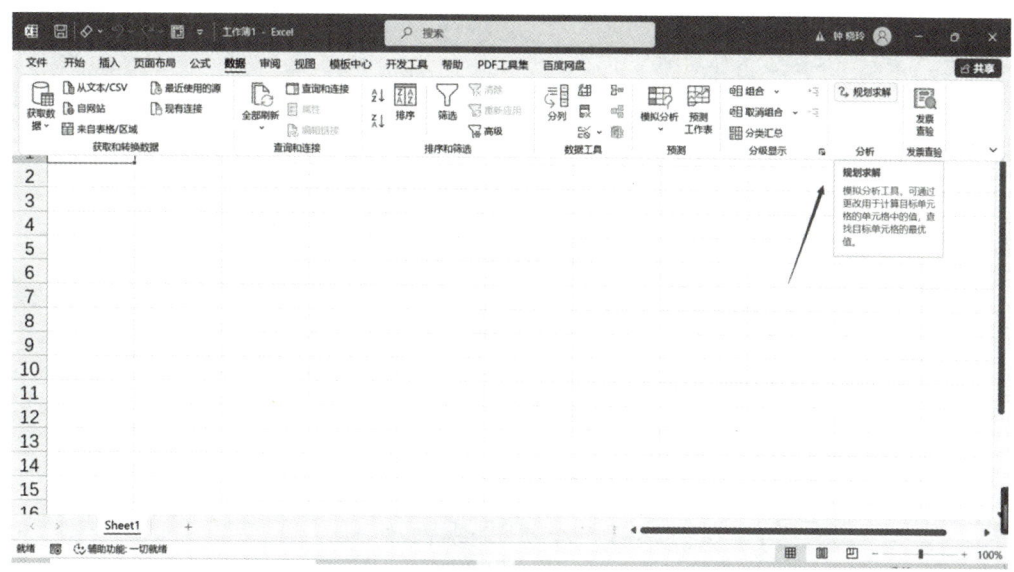

图 6-98　在【数据】选项卡中的【分析】组显示【规划求解】按钮

二、最大利润的规划求解

已知生产 A、B 两种产品的单件利润、单件耗用机时、单件耗料数据，如图 6-99 示，请计算在利润总额最大时两种产品的生产量各是多少。

	A	B	C	D	E
1		利润/件	机时/件	耗料/件	生产量
2	产品A	60	2	3	
3	产品B	80	3.5	2.5	
4	机时配额	600			
5	原料配额	500			

图 6-99　A、B 两种产品的基础数据

在 Excel 2021 中，一个规划求解问题由 3 个部分组成：变量、目标值和约束条件。

- 变量：实际问题中有待解决的未知因素。一个规划问题中可能有一个变量，也可能有多个变量。在规划求解中，可以有一个可变单元格，也可能有一组可变单元格。可变单元格也称决策变量，一组决策变量代表一个规划求解方案。
- 目标值：规划求解要达到的最终目标。一般来说，目标函数是规划求解模型中可变量的函数。目标函数是规划求解的关键，可以是线性函数，也可以是非线性函数。
- 约束条件：实现目标的限制条件。约束条件与规划求解的结果有着密切的关系，对可变单元格中的值起着直接的限制作用，可以是等式，也可以是不等式。约束条件是指对目标值和变量的限制，包括 "<="、">="、"="、"Int"（整数）和 "Bin"（二进制数，0 和 1）。

同时，规划求解有两个基本规则：一是目标单元格中必须包含公式；二是可变单元格必须直接或间接地与目标单元格相关。

因此，在本任务中，操作步骤如下。

Step1 设置目标函数为总利润，在 B8 单元格中输入公式"=B2*E2+B3*E3"，按 Enter 键；在 B6 和 B7 单元格输入两个约束条件，公式分别为"=C2*E2+C3*E3""=D2*E2+D3*E3"，如图 6-100 所示。

	A	B	C	D	E
1		利润/件	机时/件	耗料/件	生产量
2	产品A	60	2	3	
3	产品B	80	3.5	2.5	
4	机时配额	600			
5	原料配额	500			
6	实际使用机时	=C2*E2+C3*E3			
7	实际使用原料	=D2*E2+D3*E3			
8	总利润	=B2*E2+B3*E3			
9					

图 6-100 设置目标函数和约束条件

Step2 单击【数据】选项卡，在【分析】组单击【规划求解】按钮，如图 6-101 所示。

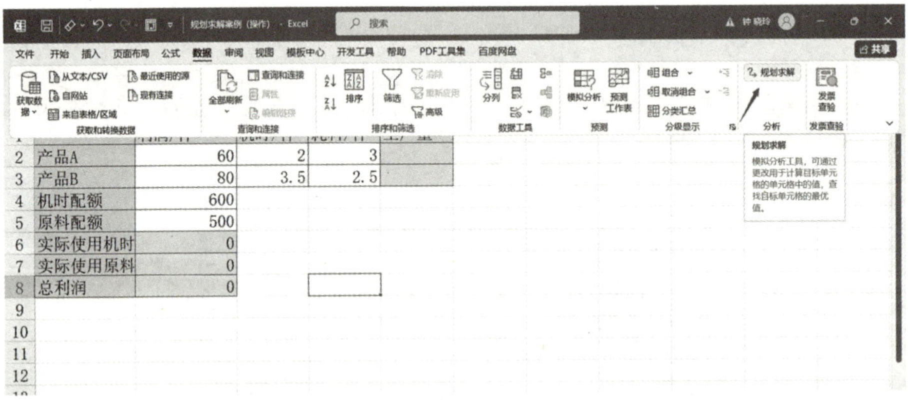

图 6-101 单击【规划求解】按钮

Step3 打开【规划求解参数】对话框，在【设置目标】文本框中输入"$B$8"，在【通过更改可变单元格】文本框中输入"$E$2:$E$3"，然后单击【添加】按钮，添加约束条件，如图 6-102 所示。

Step4 打开【添加约束】对话框，设置好第一个约束条件后，单击【添加】按钮，继续设置其他约束条件。共添加 4 个约束条件，包括："$B$6<=600"，代表实际使用机时小于等于机时配额 600；"$B$7<=500"，代表实际使用原料小于等于原料配额 500；"$E$2=整数"，代表产品 A 的计算结果不能有小数；"$E$3=整数"，代表产品 B 的计算结果不能有小数。具体操作如图 6-103 和图 6-104 所示。

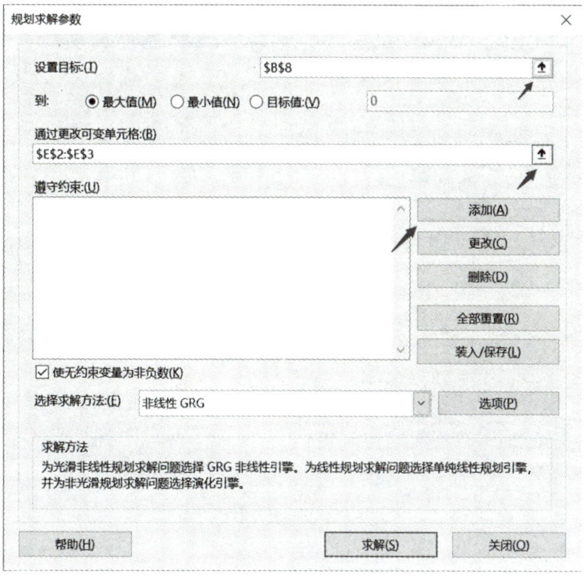

图 6-102　添加约束条件　　　　　　　　　　图 6-103　设置约束条件

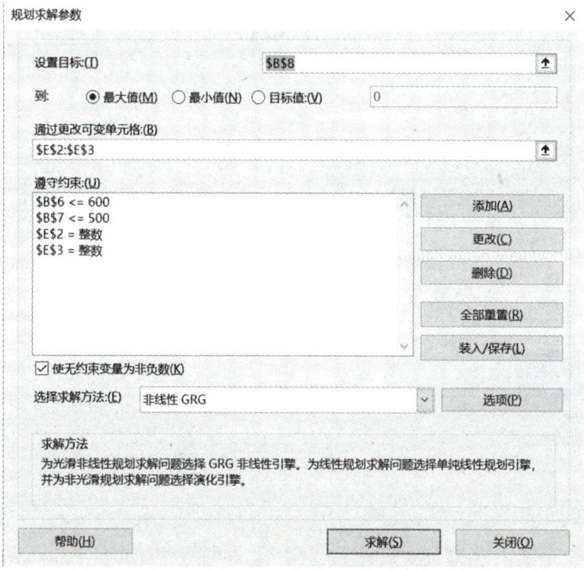

图 6-104　显示约束条件

Step5 输入上述约束条件后，单击【求解】按钮，打开【规划求解结果】对话框，单击【确定】按钮，工作表中即可显示计算结果，如图 6-105 和图 6-106 所示。

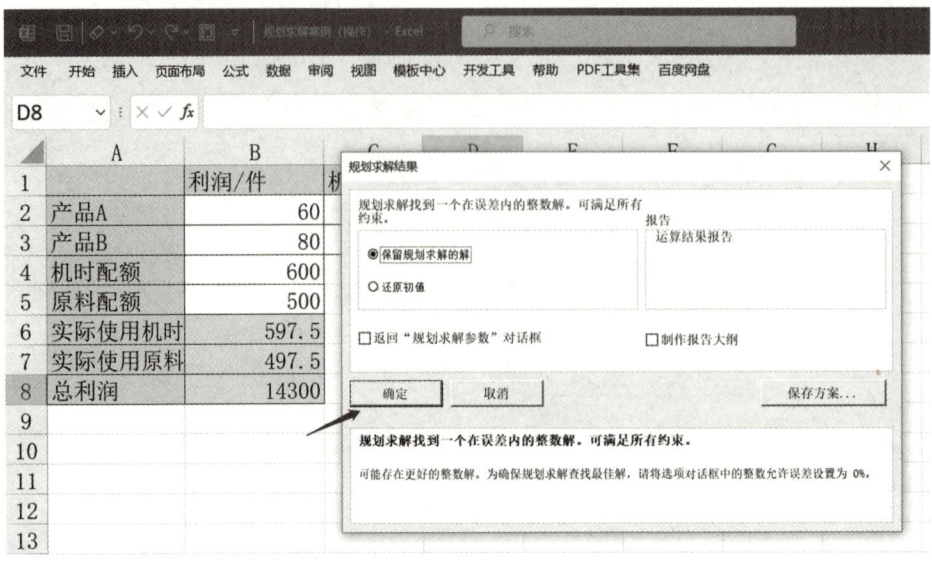

图 6-105　在【规划求解结果】对话框中单击【确定】按钮

	A	B	C	D	E	F
1		利润/件	机时/件	耗料/件	生产量	
2	产品A	60	2	3	45	
3	产品B	80	3.5	2.5	145	
4	机时配额	600				
5	原料配额	500				
6	实际使用机时	597.5				
7	实际使用原料	497.5				
8	总利润	14300				

图 6-106　显示求解结果

素养修习

守好廉洁自律的底线

　　春秋时期，宋国司城子罕以清正廉洁闻名。有人将一块宝玉献给他，他拒绝时说道："我以不贪为宝，而您以宝玉为宝。如果我接受了您的玉，我们都失去了自己的宝物，不如我们各有其宝。"的确，廉洁自律才是领导干部、企业管理人员、采购人员之"至宝"。此"宝"看似无形，其实却在时刻保护着大家为官从业做人的每一步。

　　自古以来，中国就推崇敬廉守洁，拒腐防贪，"忠孝礼义廉耻仁智勇悌"，是中华民族的传统美德，"廉"极受推崇和褒扬。

　　"清廉是福，贪欲是祸。"欲望的背后是陷阱，贪婪的尽头是毁灭，这是一笔再清楚不过的"廉洁账"。廉洁自律也是领导干部、企业管理人员、采购人员的底线，如果在廉洁问题上翻了船，最终只会一失万无。

所以我们要时刻持好廉洁自律的"至宝"，筑牢思想道德防线，才能练就"金刚不坏之身"和"火眼金睛"，真正做到踏踏实实做人、干干净净干事、清清白白为官，才能不为幻相所迷、不为杂音所扰、不为诱惑所动。

资料来源：摘抄整理自微信公众号"白水纪检监察"—【清风廉语】守好廉洁自律的底线。

岗位能力测评

完成资金需要量预测表的编制，效果如图 6-107 所示。

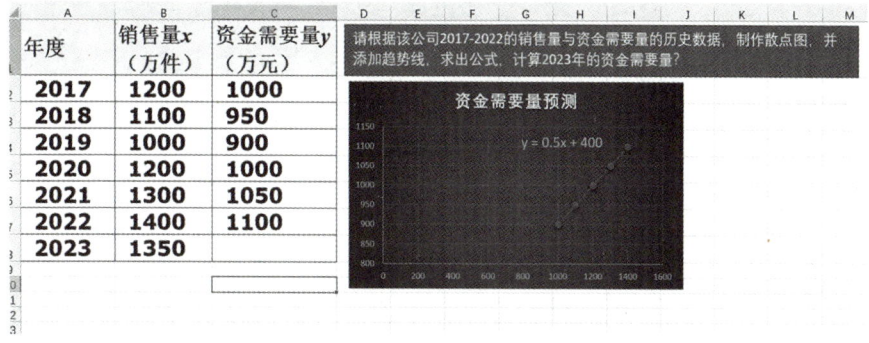

图 6-107　资金需要量预测表实训作业效果

项目七
筹资与投资决策分析

学习目标

知识学习目标：

- 熟练掌握财务函数的使用方法。
- 熟练掌握方案管理器的使用方法。
- 了解各类图表的使用方法。

技能训练目标：

- 能创建投资决策模型。
- 能创建长期借款分析模型。

素养修习目标：

- 弘扬脱贫攻坚精神，增强政治认同。
- 引导学生发扬精益求精的工匠精神。

工作任务：

- 任务一：创建投资决策模型。
- 任务二：创建长期借款分析模型。
- 任务三：拓展应用——图表的制作。

任务一　创建投资决策模型

投资决策分析是在考虑货币的时间价值的情况下，对企业的投资项目进行投资预算的编制和分析，以及对投资项目进行评价，以便选择最优的项目进行投资。投资项目是企业创造利润的重要来源，在做出投资决策前，利用科学且专业的方法对不同的投资方案进行充分的分析至关重要。

一、任务情境

假设公司有 500 万元的闲置资金，为了优化资源配置，公司针对该闲置资金制订了 4 个不同的长期投资方案，现需要对这 4 个投资方案进行评估选优。为了完成该任务，王总让小肖创建一个投资决策模型，利用 Excel 2021 对这 4 个投资方案的净现值、内含报酬率、净现值系数等进行计算，然后使用方案管理器挑选最优投资方案。

任务效果及关键知识点如图 7-1 所示。

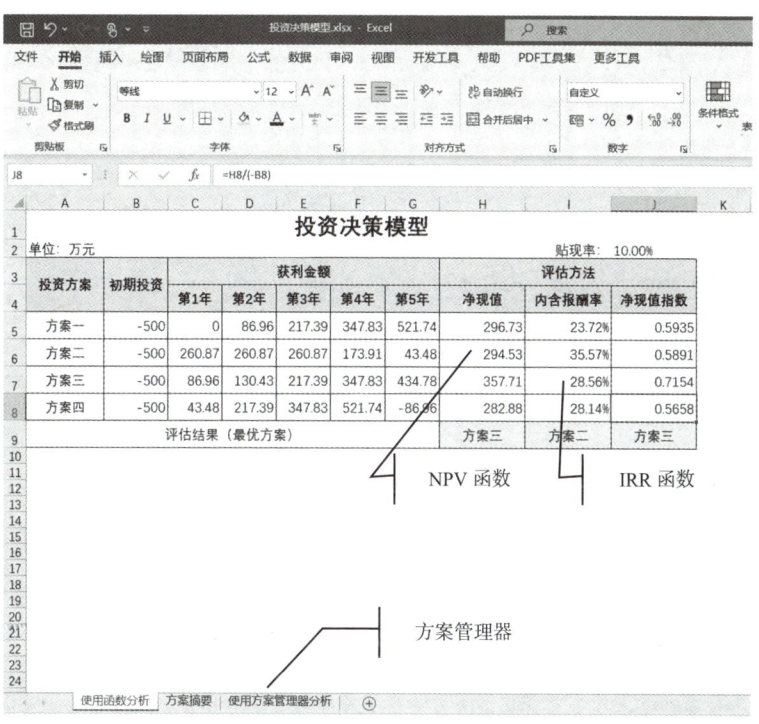

图 7-1　项目七之任务一的任务效果及关键知识点

二、任务知识

在本任务中，要创建投资决策模型，需要计算投资项目现金流量的净现值、内含报酬率、净现值指数等项目评价标准，然后使用方案管理器来挑选最优方案。创建投资决策模型所需函数与知识点如下。

1. NPV 函数

NPV 函数通过使用贴现率及一系列未来收入（正值）和支出（负值）现金流，返回一项投资的净现值。其语法结构为：NPV(rate,value1,value2,…)。其中，rate 为固定值，表示指定的贴现率，相当于投资的报酬率；value1,value2,…为现金流，表示投资方案的现金收入或现金支出，value 最多可有 29 个。

2．IRR 函数

IRR 函数返回由数值代表的一组现金流的内部收益率。其语法结构为：IRR（values，guess）。其中，values 为数组或单元格的引用，必须包括至少一个正数和一个负数，以计算内部报酬率；guess 为函数计算结果的估计值，可忽略不填，系统会默认 guess 为 0.1，一般情况下均可不填，若结果返回为#NUM!，则需更换更大或更小的 guess 值。

3．净现值指数

净现值指数又称净现值比、净现值率，是指项目净现值与原始投资现值的比率，也称净现值总额。净现值指数是一种动态投资收益指标，用于衡量不同投资方案的获利能力。净现值指数小，单位投资的收益就低；净现值指数大，单位投资的收益就高。

三、任务实施

1．创建投资决策模型

Step1 创建新的工作簿，将工作簿命名为"投资决策模型"并保存，然后将 Sheet1 重命名为"使用函数分析"。

Step2 在"使用函数分析"工作表中输入相关数据，并对相应的单元格格式进行合理的设置，如图 7-2 所示。

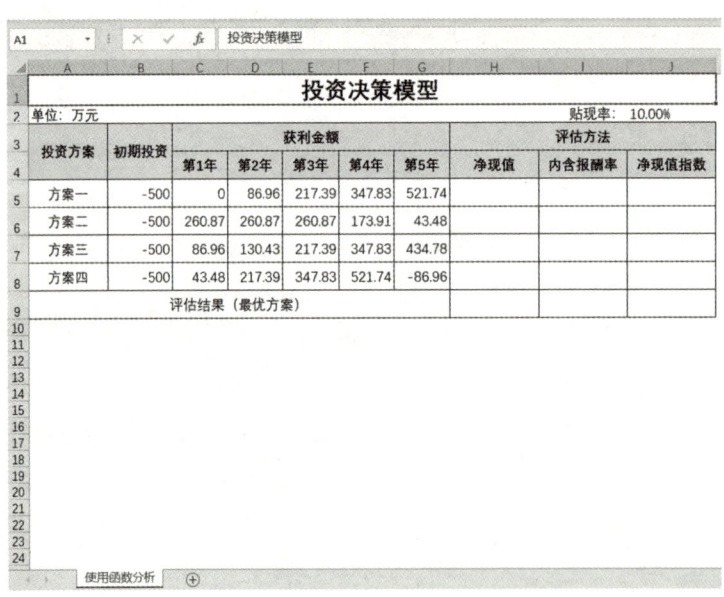

图 7-2　输入数据并设置相关单元格格式

Step3 在 H5 单元格中输入公式"=NPV($J$2,C5:G5)+B5"，然后按 Enter 键，计算出方案一的净现值。再将该公式复制到 H6:H8 单元格区域，计算出方案二、方案三、方案四的净现值，如图 7-3 所示。

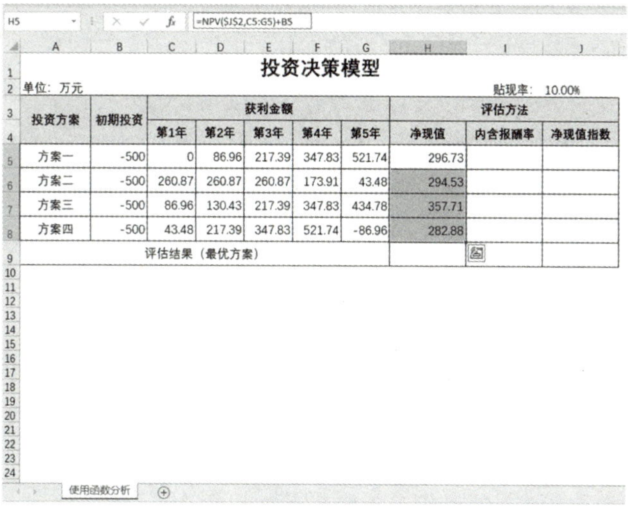

H5 =NPV($J$2,C5:G5)+B5

投资决策模型

单位：万元 贴现率：10.00%

投资方案	初期投资	获利金额					评估方法		
		第1年	第2年	第3年	第4年	第5年	净现值	内含报酬率	净现值指数
方案一	-500	0	86.96	217.39	347.83	521.74	296.73		
方案二	-500	260.87	260.87	260.87	173.91	43.48	294.53		
方案三	-500	86.96	130.43	217.39	347.83	434.78	357.71		
方案四	-500	43.48	217.39	347.83	521.74	-86.96	282.88		
评估结果（最优方案）									

使用函数分析

图 7-3 计算各方案的净现值

Step4 在 I5 单元格中输入公式“=IRR(B5:G5,0.1)”，然后按 Enter 键，计算出方案一的内含报酬率。再将公式复制到 I6:I8 单元格区域，计算出方案二、方案三、方案四的内含报酬率，如图 7-4 所示。

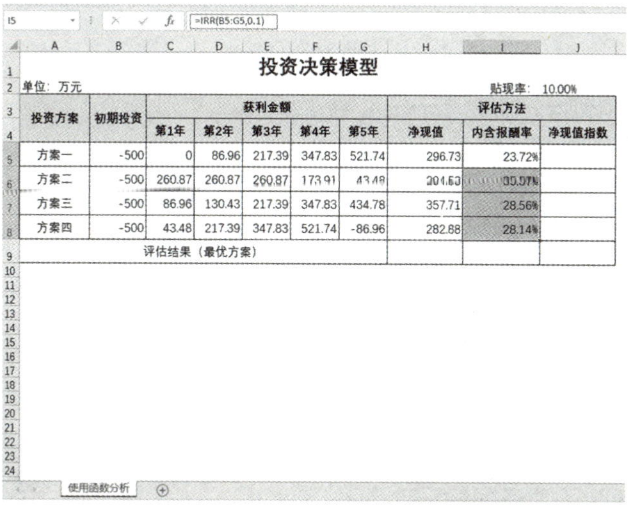

I5 =IRR(B5:G5,0.1)

投资决策模型

单位：万元 贴现率：10.00%

投资方案	初期投资	获利金额					评估方法		
		第1年	第2年	第3年	第4年	第5年	净现值	内含报酬率	净现值指数
方案一	-500	0	86.96	217.39	347.83	521.74	296.73	23.72%	
方案二	-500	260.87	260.87	260.87	173.91	43.48	294.53	35.07%	
方案三	-500	86.96	130.43	217.39	347.83	434.78	357.71	28.56%	
方案四	-500	43.48	217.39	347.83	521.74	-86.96	282.88	28.14%	
评估结果（最优方案）									

使用函数分析

图 7-4 计算各方案的内含报酬率

Step5 在 J5 单元格中输入公式“=H5/(-B5)”，然后按 Enter 键，计算出方案一的净现值指数。再将公式复制到 J6:J8 单元格区域，计算出方案二、方案三、方案四的净现值指数，如图 7-5 所示。

Step6 在 H9 单元格中输入公式“=LOOKUP(MAX(H5:H8),H5:H8,$A$5:$A$8)”，然后按 Enter 键，利用 LOOKUP 函数找出 4 个方案中净现值最大的方案。再将公式复制到 I9:J9 单元格区域，分别找出内含报酬率和净现值指数最大的方案，如图 7-6 所示。

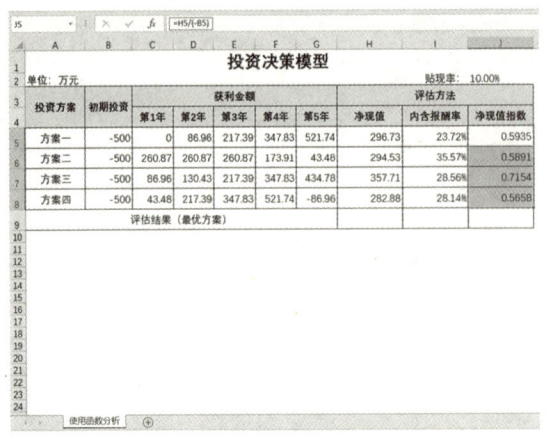

图 7-5　计算各方案的净现值指数

图 7-6　利用 LOOKUP 函数找出各评价指标最优的方案

2. 使用方案管理器挑选最优方案

接下来将创建"使用方案管理器分析"工作表，输入数据并使用方案管理器挑选出最优方案，具体操作如下。

Step1　在"投资决策分析"工作簿中创建"使用方案管理器分析"工作表，然后将"使用函数分析"工作表中的相关数据复制粘贴到"使用方案管理器分析"工作表中，如图 7-7 所示。

Step2　在 A10:G11 单元格区域输入相关数据，如图 7-8 所示。

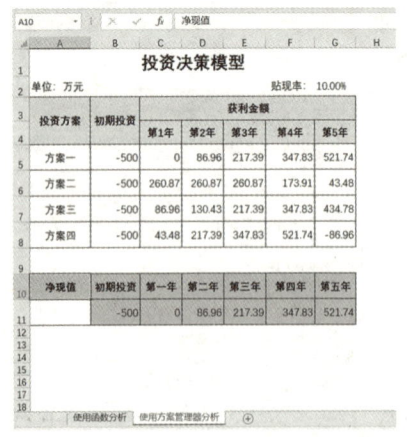

图 7-7　创建"使用方案管理器分析"工作表并复制粘贴数据　　图 7-8　在 A10:G11 单元格区域输入相关数据

Step3　在 A11 单元格中输入公式"=NPV($G$2,C11:G11)+B11",然后按 Enter 键,再将单元格格式设置为"常规",如图 7-9 所示。

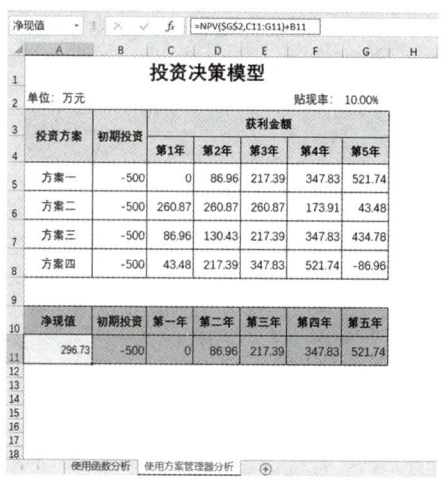

图 7-9　计算净现值

Step4　选中 A11 单元格,单击【数据】选项卡,在【数据工具】组单击【模拟分析】下拉按钮,在弹出的下拉列表中选择【方案管理器】选项,如图 7-10 所示。

Step5　打开【方案管理器】对话框。在该对话框中单击【添加】按钮,如图 7-11 所示。打开【添加方案】对话框,在【方案名】文本框中输入"方案一"。单击【可变单元格】文本框右侧的【折叠】按钮 ↥,选中 C11:G11 单元格区域,单击【展开】按钮 ↧,返回对话框,单击【确定】按钮,如图 7-12 所示。

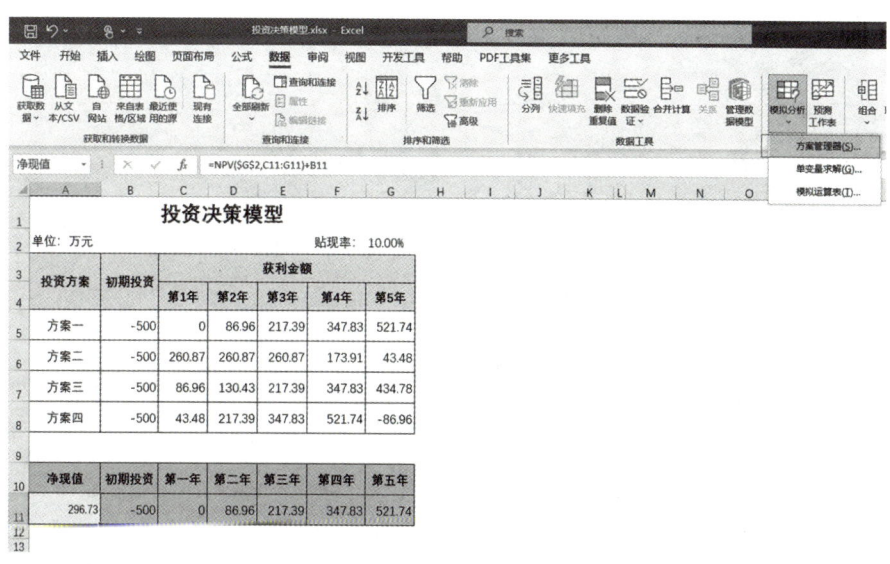

图 7-10　调用方案管理器功能

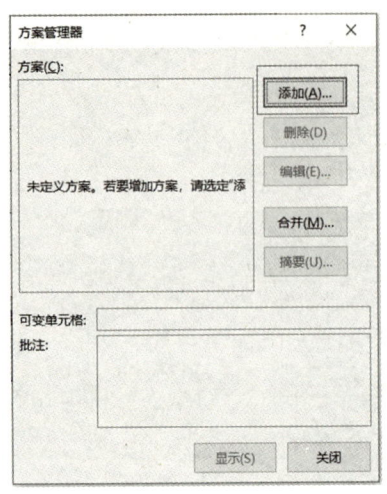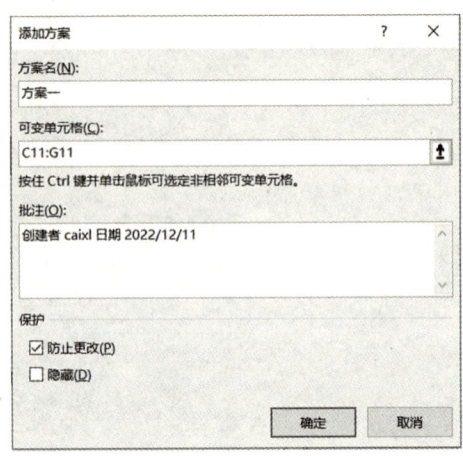

图 7-11　在【方案管理器】对话框中单击【添加】按钮　　　　图 7-12　添加方案一

Step6　打开【方案变量值】对话框，确保方案一的各项数据无误后单击【添加】按钮，如图 7-13 所示。

Step7　打开【添加方案】对话框，在【方案名】文本框中输入"方案二"，然后单击【确定】按钮，如图 7-14 所示。

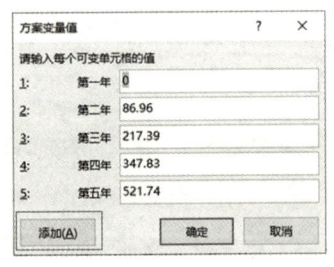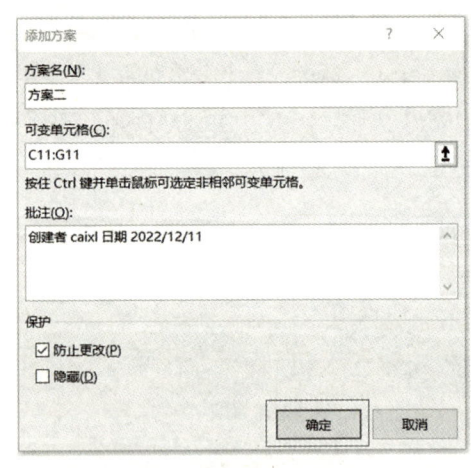

图 7-13　确认方案一的可变单元格的值　　　　图 7-14　添加方案二

Step8　打开【方案变量值】对话框，确保方案二的各项数据无误后单击【添加】按钮，如图 7-15 所示。

Step9　用同样的方法添加方案三和方案四，并确认其可变单元格的值，如图 7-16 和图 7-17 所示。确认方案四的可变单元格的值后，单击【确定】按钮。

Step10　返回【方案管理器】对话框，单击【摘要】按钮，打开【方案摘要】对话框。在【报表类型】选区选中【方案摘要】单选按钮，再在【结果单元格】文本框中按照前文所述步骤选中 A11 单元格。单击【确定】按钮，如图 7-18 所示。

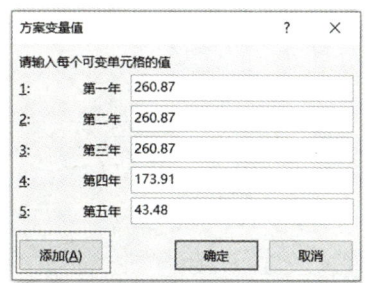
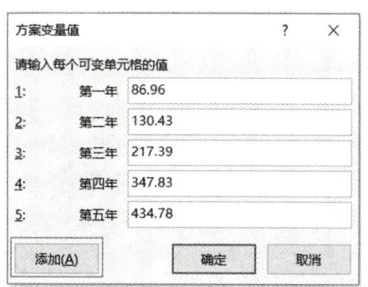

图 7-15 确认方案二的可变单元格的值　图 7-16 确认方案三的可变单元格的值

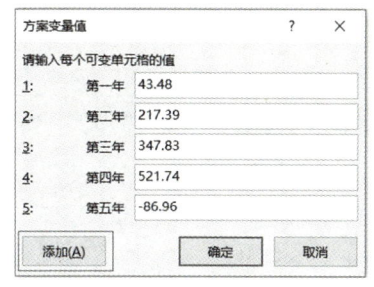
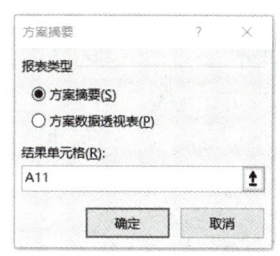

图 7-17 确认方案四的可变单元格的值　图 7-18 设置方案摘要

Step11　Excel 2021 会自动在"使用方案管理器分析"工作表前插入一个名为"方案摘要"的工作表，并将结果展示在该工作表中，如图 7-19 所示。可以看出，在采用净现值法评价的情况下，方案三为最优选择。还可以用同样的方法对内含报酬率、净现值指数两种评价方法创建方案管理器进行分析。

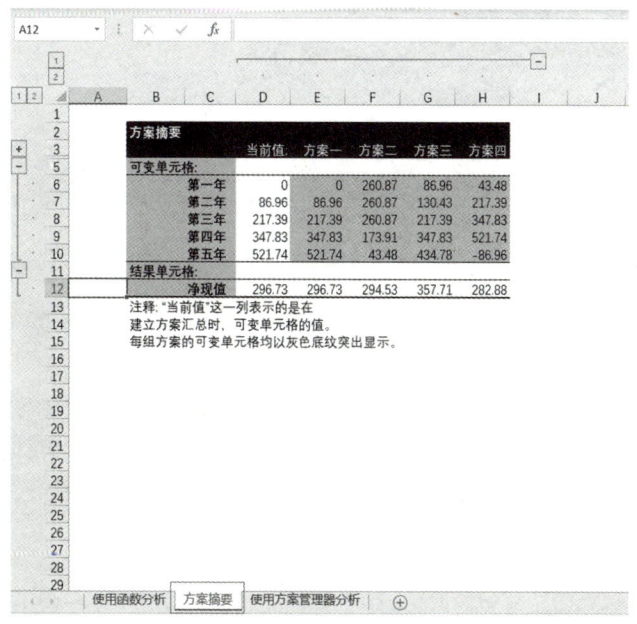

图 7-19 查看方案摘要结果

任务二　创建长期借款分析模型

企业在经营过程中会遇到很多需要进行债务融资的情况，融资决策的制定也是财务部门的重要工作之一。在债务融资中，长期借款对企业的影响比较深远，而且一般情况下，长期借款的利息支出相对较高，但影响利息的因素有很多，如利率、借款期限、还款方式等。因此，有效地降低长期借款利息支出及选择合适的还款计划的重要性不言而喻。Excel 2021 中有很多工具可以为使用者制定融资决策提供帮助。

一、任务情境

假设公司计划向银行借款 800 万元用于购置一项固定资产，10 年内还清。为了更好地分析这笔借款，王总决定让小肖利用 Excel 2021 创建一个长期借款分析模型，分析在不同的借款利率、借款期限、还款期数下，每期等额偿还金额、偿还本金、偿还利息，以及避税额、净现金流量与限值等数据，并利用添加窗体控件的方式实现对这些数据的动态分析。

任务效果及关键知识点如图 7-20 所示。

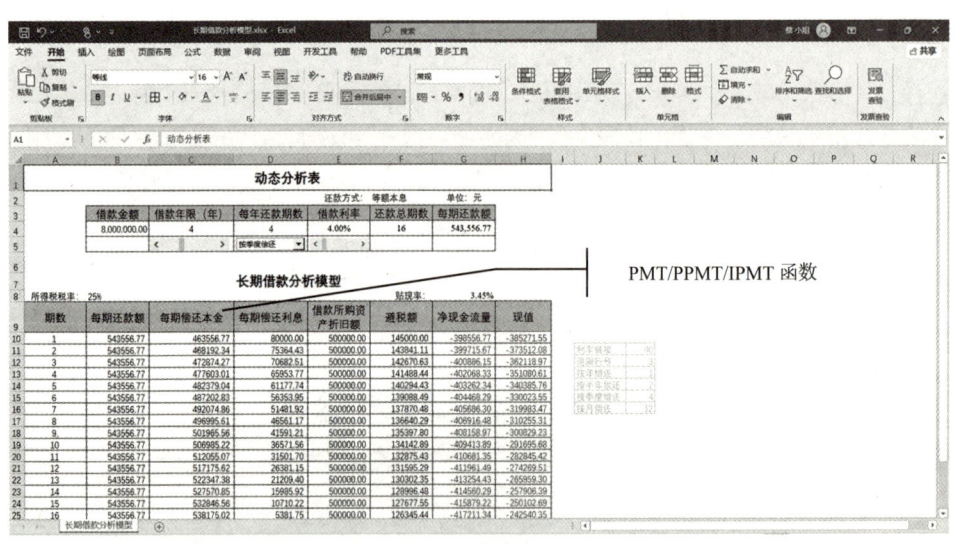

图 7-20　项目七之任务二的任务效果及关键知识点

二、任务知识

创建长期借款分析模型需要计算长期借款在不同期限、不同利率下的每期还款额、每期偿还本金、每期偿还利息、避税额等数据。

1. 创建长期借款分析模型所需财务公式

还款总期数＝借款年限×每年还款期数

每期偿还额（等额本息）＝ABS（PMT（借款年利率÷每年还款期数，

还款总期数，借款金额））

每期偿还本金=ABS（PPMT（借款年利率÷每年还款期数，
还款期数，还款总期数，借款金额））

每期偿还利息=ABS（IPMT（借款年利率÷每年还款期数，
还款期数，还款总期数，借款金额））

折旧额=SLN（借款金额，0，还款总期数）

避税额=（每期偿还利息+折旧额）×所得税税率（假设税率为0.25）

贴现率=利率÷（1+利率×贴现期限）

净现金流量=还款额−避税额

现值=净现金流量÷(1+贴现率)^还款期数

2. 创建长期借款分析模型所需函数

（1）PMT函数：基于固定利率及等额分期付款方式，返回贷款的每期付款额。其语法结构为：PMT(rate,nper,pv,fv,type)。其中，rate表示各期利率；nper表示该项贷款的付款时间数；pv表示现值，或者一系列未来付款的当前值的累积和，也称为本金；fv表示未来值，或者在最后一次付款后希望得到的现金余额；type用来指定各期的付款时间是在期末还是期初，数字0表示期末，数字1表示期初。

（2）PPMT函数：基于固定利率及等额分期付款方式，返回给定期数内某项投资的本金偿还额。其语法结构为：PPMT(rate,per,nper,pv,fv,type)。其中，rate表示各期利率；per表示计算其本金数额的期数，必须介于1和nper之间；nper表示总投资期，即该项投资的付款期总数；pv表示现值，即从该项投资开始计算时已经入账的款项，或者一系列未来付款当前值的累积和，也称为本金；fv表示未来值，或者在最后一次付款后希望得到的现金余额；type用以指定各期的付款时间是在期末还是期初，数字0表示期末，数字1表示期初。

（3）IPMT函数：基于固定利率及等额分期付款方式，返回给定期数内某项投资的利息偿还额。其语法结构为：IPMT(rate,per,nper,pv,fv,type)。其中，rate表示各期利率；per表示计算其利息数额的期数，必须在1和nper之间；nper表示总投资期，即该项投资的付款期总数；pv表示现值，即从该项投资开始计算时已经入账的款项，或者一系列未来付款的当前值的累积和，也称为本金；fv表示未来值，或者在最后一次付款后希望得到的现金余额；type用以指定各期的付款时间是在期末还是期初，数字0表示期末，数字1表示期初。

Tips

由于PMT函数返回每期付款额总数，PPMT函数返回每期偿还额中的本金部分，IPMT函数返回每期偿还额中的利息部分，所以用这3个函数计算同一问题时，用IPMT函数得到的每期利息偿还额与用PPMT函数得到的每期本金偿还额之和，应等于用PMT函数得到的每期付款额。

（4）SLN 函数：使用年限平均法（将固定资产的折旧平均分摊到各期的一种方法，因此每年的折旧额相等）返回某项资产在一个期间内的线性折旧值。其语法结构为：SLN(cost，salvage，life)。其中，cost 表示资产原值；salvage 表示资产在折旧期末的价值，即残值；life 表示折旧期限。

（5）ABS 函数：返回一个数值的绝对值。其语法结构为：ABS(number)。其中，number 表示需要返回其绝对值的实数。由于在投资计算中，系统会自动将投资款看作支出，最后得到的投资款金额为负数，因此可使用 ABS 函数返回负数的绝对值得到正数。

（6）ROW 函数：返回引用的行号。其语法结构为：ROW(reference)。其中，reference 表示需要得到其行号的单元格或单元格区域，它不能引用多个区域。如果省略 reference，表示以 ROW 函数所在单元格的引用。如果 reference 为一个单元格区域，且 ROW 函数作为垂直数组输入，则表示 ROW 函数将 reference 的行号以垂直数组的形式返回。

三、任务实施

1．创建长期借款分析模型

创建"长期借款分析模型"工作表，输入数据并利用财务函数进行计算，具体操作如下。

Step1 新建 Excel 工作簿，以"长期借款分析模型"为名进行保存。在该工作簿中创建"长期借款分析模型"工作表，并输入相关信息，设置相关单元格格式，如图 7-21 所示。

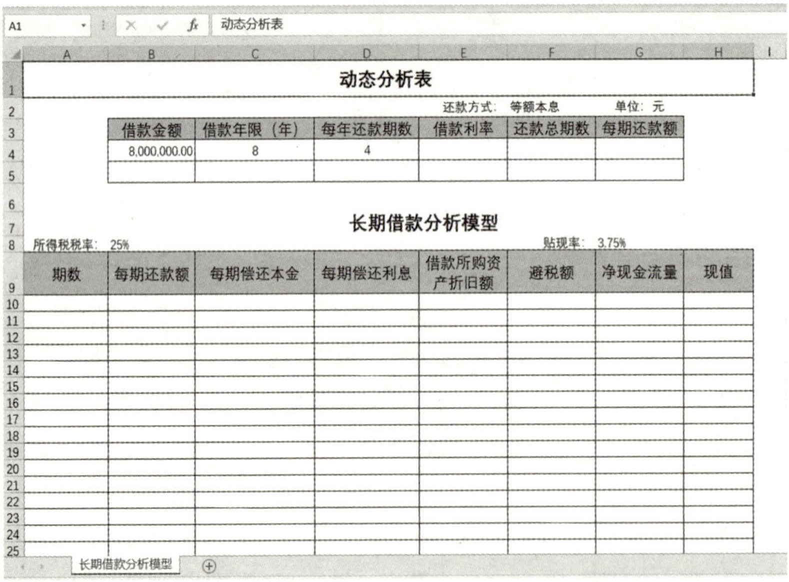

图 7-21　创建"长期借款分析模型"工作表并输入相关信息

Step2 在 J11 单元格中输入"利率链接"，然后在 K11 单元格中输入"60"，再在 E4 单元格中输入公式"=K11/1000"，并将 E4 单元格格式设置成"百分比"，保留两位小数点，如图 7-22 所示。

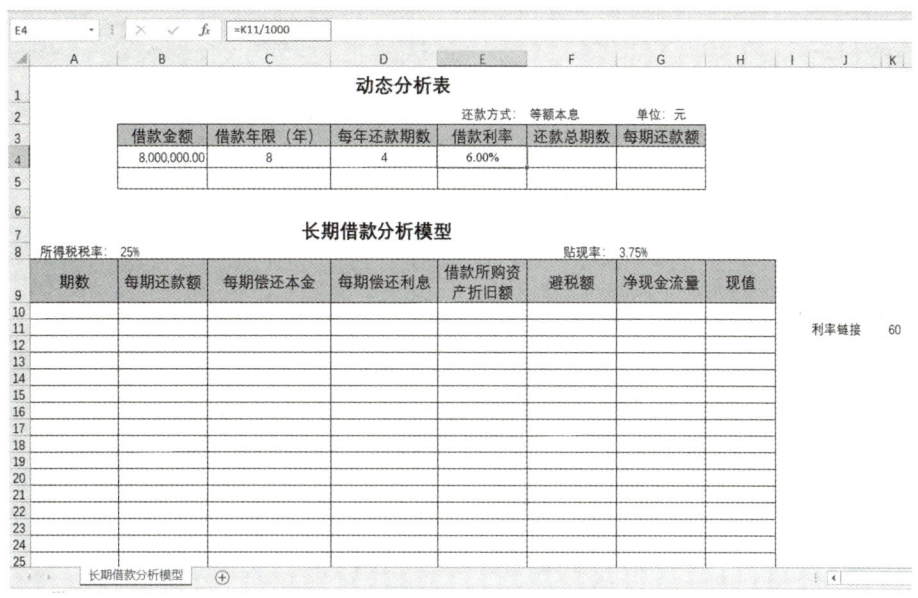

图 7-22 设置借款利率

Tips

因为后续对借款利率设置的滚动条窗体控件步长只能为整数，不能设置小数点，所以通过中转的方式来设置百分比。这样的话，到时候将滚动条窗体控件链接到"利率链接"，将步长设置为 1，就能实现 E4 单元格百分比以 0.1 为幅度的变化。

Step3 选中 F4 单元格，输入公式 "=C4*D4"，按 Enter 键，计算整个借款期间还款的总期数，如图 7-23 所示。

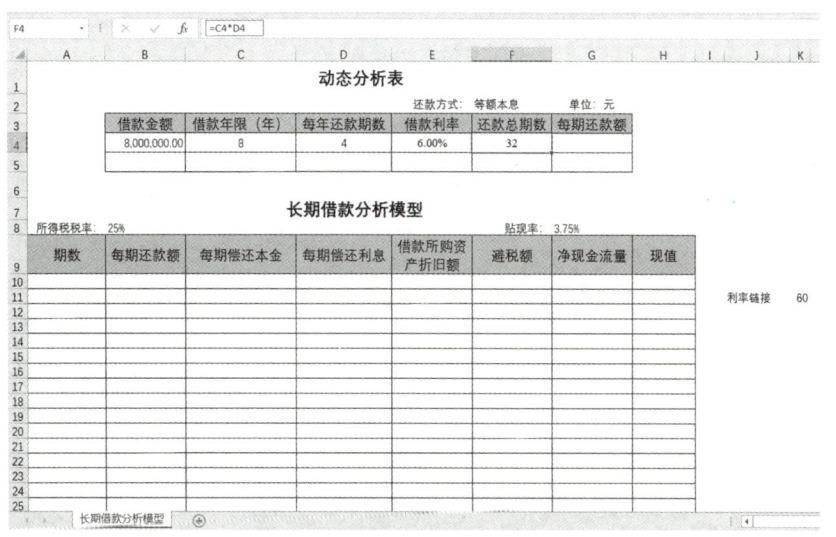

图 7-23 计算还款总期数

Step4 选中 G4 单元格，输入公式"=ABS(PMT(E4/D4,F4,B4,0,0))"，计算出每期还款额，并将 G4 单元格格式设置为"数字"，保留两位小数，如图 7-24 所示。

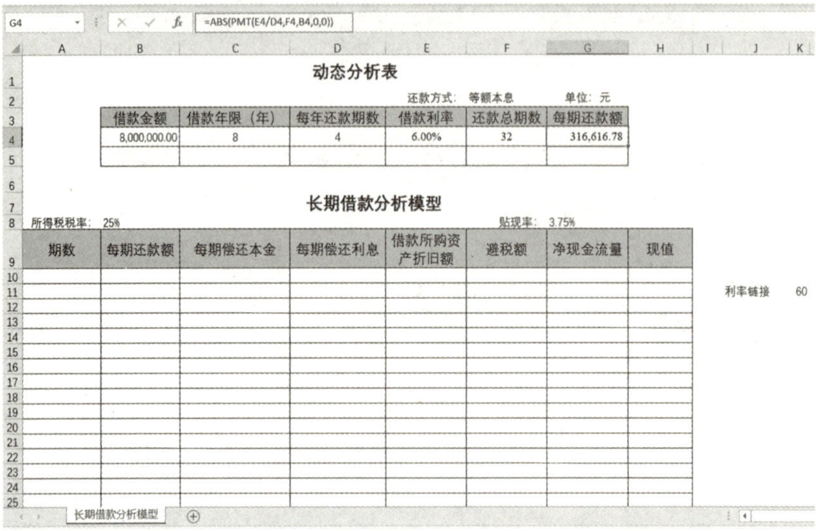

图 7-24　计算每期还款额

Step5 将 A10:A30 单元格区域的单元格格式设置为"数字"，保留两位小数，对齐方式为"居中"。将 B10:H30 单元格区域的单元格格式设置为"数字"，保留两位小数，对齐方式为"右对齐"。

Step6 选中 A10 单元格，输入公式"=IF(ROW(A10)-ROW($A$9)<=$F$4,ROW(A10)-ROW($A$9),"")"，然后按 Enter 键，计算 A10 单元格应该显示的行数。再选中 A10:A29 单元格区域，按 Enter+D 组合键，将 A10 单元格中的公式快速复制到 A11:A29 单元格区域，如图 7-25 所示。

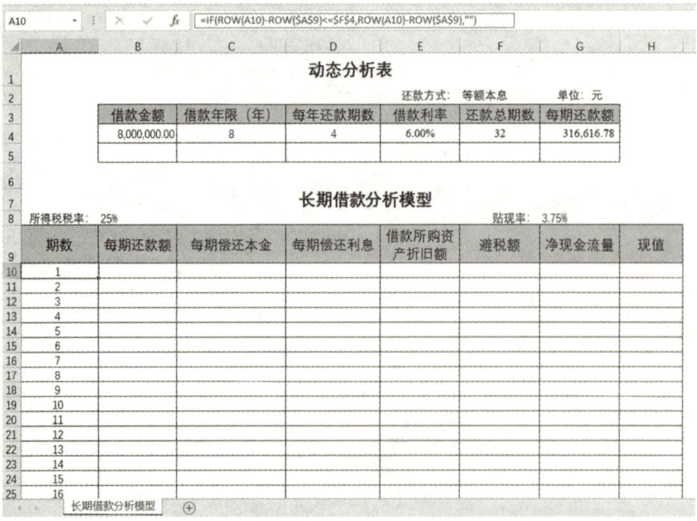

图 7-25　计算模型中的还款期数

Step7　选中 B10 单元格，输入公式“=IF(A10="","",$G$4)”，按 Enter 键，计算第 1 期还款额，如图 7-26 所示。

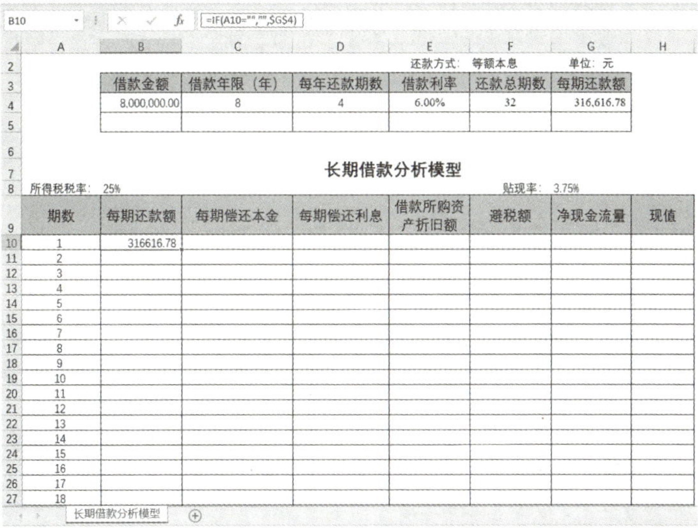

	B	C	D	E	F	G	H
				还款方式：等额本息		单位：元	
	借款金额	借款年限（年）	每年还款期数	借款利率	还款总期数	每期还款额	
	8,000,000.00	8	4	6.00%	32	316,616.78	
所得税税率：25%					贴现率：3.75%		
期数	每期还款额	每期偿还本金	每期偿还利息	借款所购资产折旧额	避税额	净现金流量	现值
1	316616.78						
2							
3							
4							
5							
6							
7							
8							
9							
10							
11							
12							
13							
14							
15							
16							
17							
18							

图 7-26　计算第 1 期还款额

Step8　选中 C10 单元格，输入公式“=IF(A10="","",PPMT($E$4/$D$4,A10,$F$4,$B$4,0, 0))”，按 Enter 键，计算第 1 期还款额中偿还的本金，如图 7-27 所示。

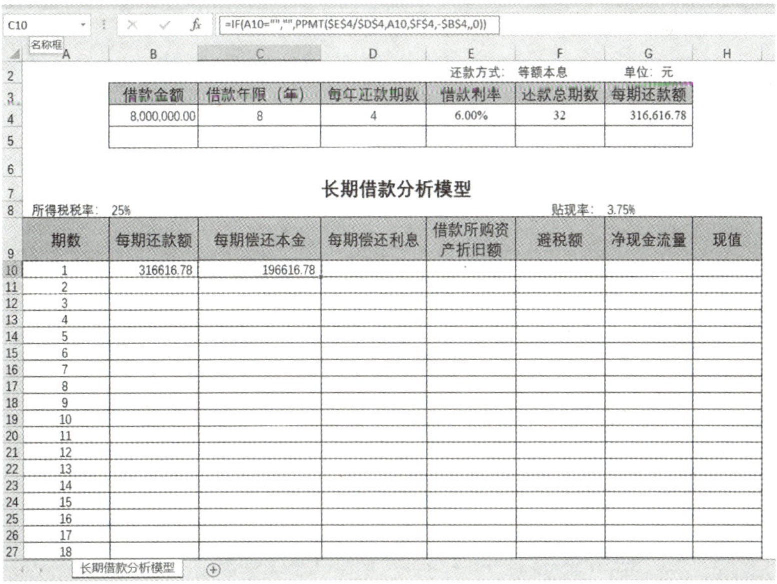

	B	C	D	E	F	G	H
				还款方式：等额本息		单位：元	
	借款金额	借款年限（年）	每年还款期数	借款利率	还款总期数	每期还款额	
	8,000,000.00	8	4	6.00%	32	316,616.78	
所得税税率：25%					贴现率：3.75%		
期数	每期还款额	每期偿还本金	每期偿还利息	借款所购资产折旧额	避税额	净现金流量	现值
1	316616.78	196616.78					
2							
3							
4							
5							
6							
7							
8							
9							
10							
11							
12							
13							
14							
15							
16							
17							
18							

图 7-27　计算第 1 期偿还的本金

Step9　选中 D10 单元格，输入公式“=IF(A10="","",IPMT($E$4/$D$4,A10,$F$4,$B$4, 0,0))”，按 Enter 键，计算第 1 期还款额中偿还的利息，如图 7-28 所示。

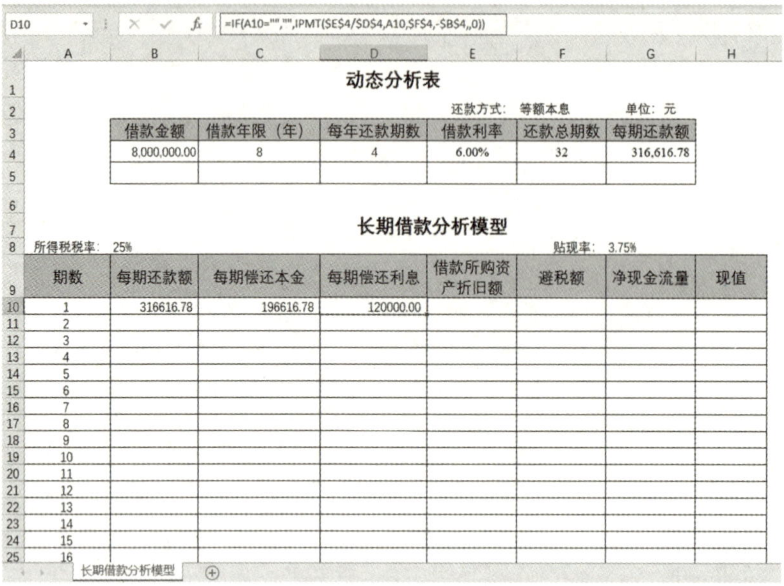

图 7-28　计算第 1 期偿还的利息

Step10　选中 E10 单元格，输入公式"=IF(A10="","",SLN($B$4,0,$F$4))"，按 Enter 键，计算该笔借款所购资产第 1 期的折旧额，如图 7-29 所示。

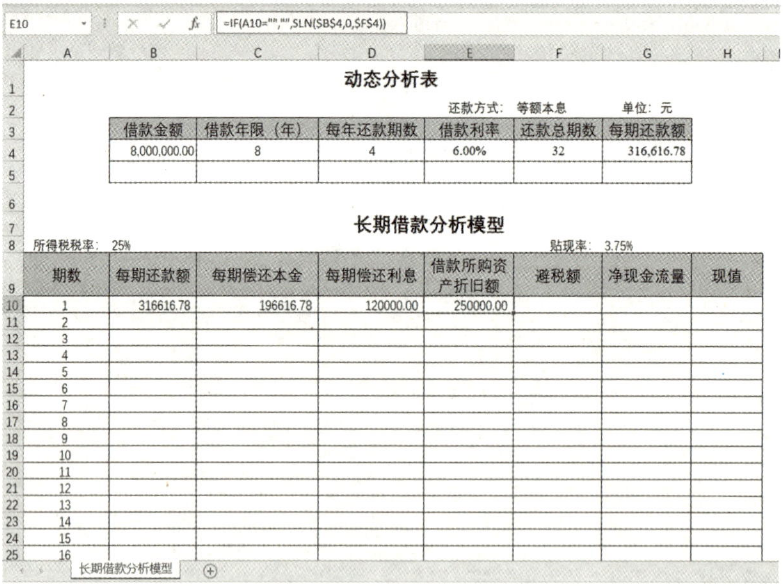

图 7-29　计算该笔借款所购资产第 1 期的折旧额

Step11　选中 F10 单元格，输入公式"=IF(A10="","",(D10+E10)*B8)"，按 Enter 键，计算该笔借款第 1 期带来的避税额，如图 7-30 所示。

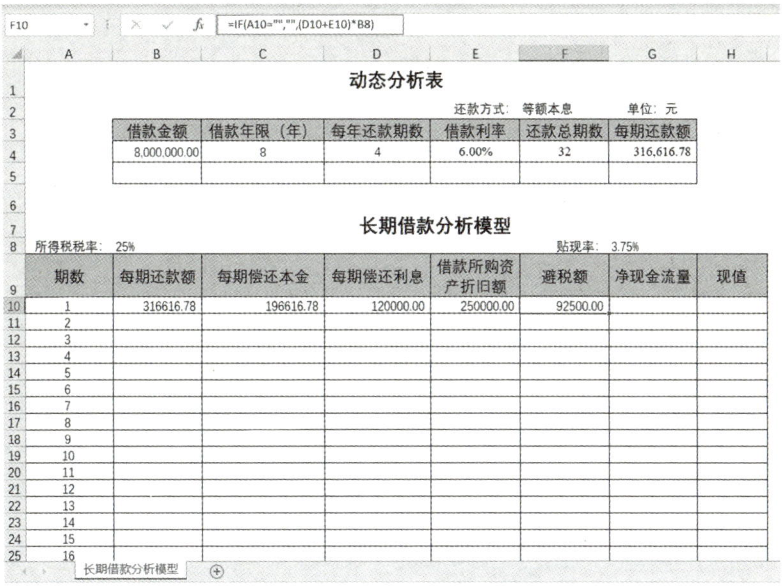
F10　=IF(A10="","",(D10+E10)*B8)

动态分析表

还款方式：等额本息　单位：元

借款金额	借款年限（年）	每年还款期数	借款利率	还款总期数	每期还款额
8,000,000.00	8	4	6.00%	32	316,616.78

长期借款分析模型

所得税税率：25%　贴现率：3.75%

期数	每期还款额	每期偿还本金	每期偿还利息	借款所购资产折旧额	避税额	净现金流量	现值
1	316616.78	196616.78	120000.00	250000.00	92500.00		
2							
3							
4							
5							
6							
7							
8							
9							
10							
11							
12							
13							
14							
15							
16							

长期借款分析模型

图 7-30　计算该笔借款第 1 期带来的避税额

Step12　选中 G10 单元格，输入公式“=IF(A10="","",-B10+F10)”，按 Enter 键，计算该笔借款第 1 期形成的净现金流量，如图 7-31 所示。

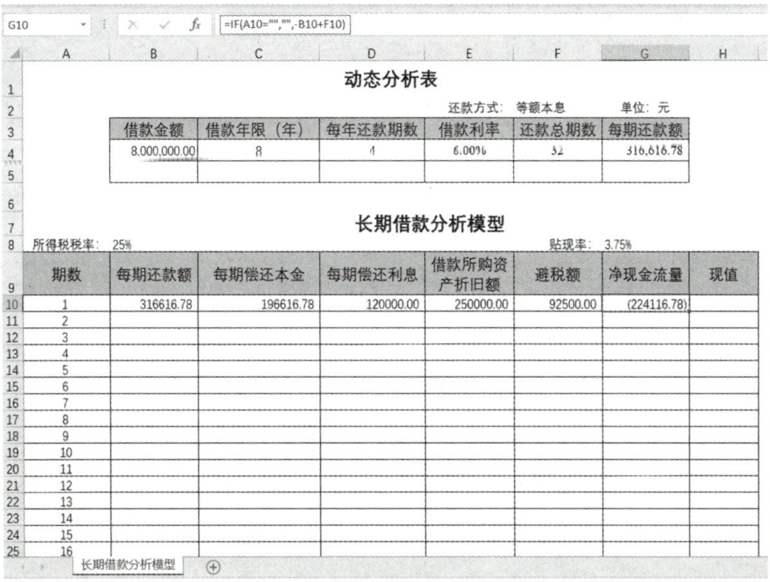
G10　=IF(A10="","",-B10+F10)

动态分析表

还款方式：等额本息　单位：元

借款金额	借款年限（年）	每年还款期数	借款利率	还款总期数	每期还款额
8,000,000.00	8	4	6.00%	32	316,616.78

长期借款分析模型

所得税税率：25%　贴现率：3.75%

期数	每期还款额	每期偿还本金	每期偿还利息	借款所购资产折旧额	避税额	净现金流量	现值
1	316616.78	196616.78	120000.00	250000.00	92500.00	(224116.78)	
2							
3							
4							
5							
6							
7							
8							
9							
10							
11							
12							
13							
14							
15							
16							

长期借款分析模型

图 7-31　计算该笔借款第 1 期形成的净现金流量

Step13　选中 G8 单元格，输入公式“=$E$4/(1+$F$4*$C$4)”，按 Enter 键，计算当前利率和还款期限下折算的贴现率，如图 7-32 所示。

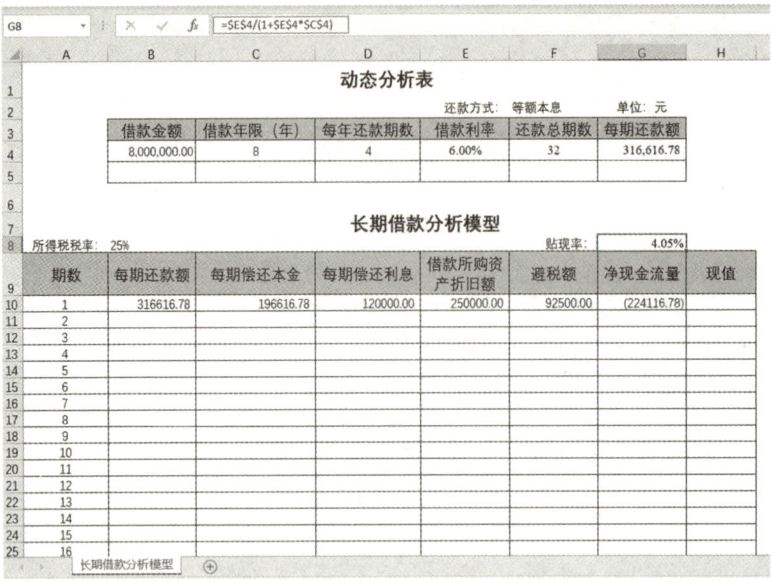

图 7-32　计算贴现率

Step14　选中 H10 单元格，输入公式 "=IF(A10="","",PV($G$8,A10"-$G$10,0))"，按 Enter 键，计算该笔借款第 1 期形成的净现金流量的净现值，如图 7-33 所示。

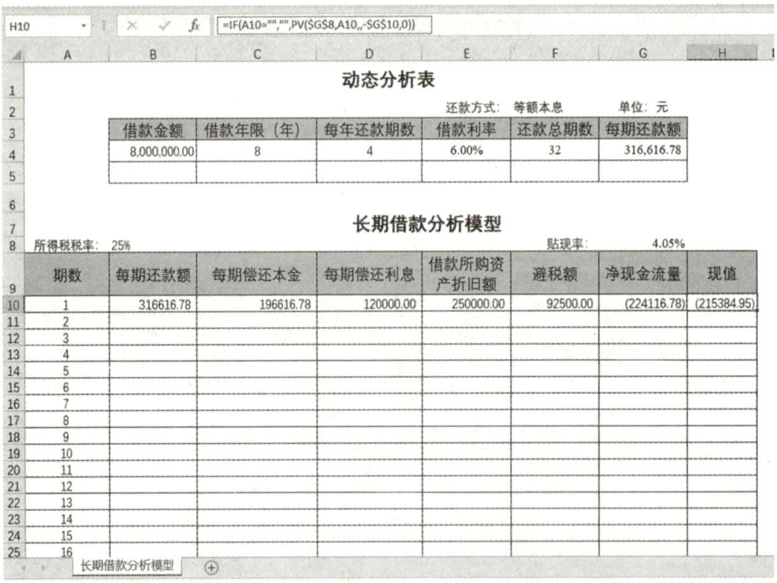

图 7-33　计算该笔借款第 1 期形成的净现金流量的净现值

2．利用模拟运算表计算数据

Step1　选中 A10:H29 单元格区域，单击【数据】选项卡，在【数据工具】组单击【模拟分析】下拉按钮，在打开的下拉列表中选择【模拟运算表】选项，如图 7-34 所示。

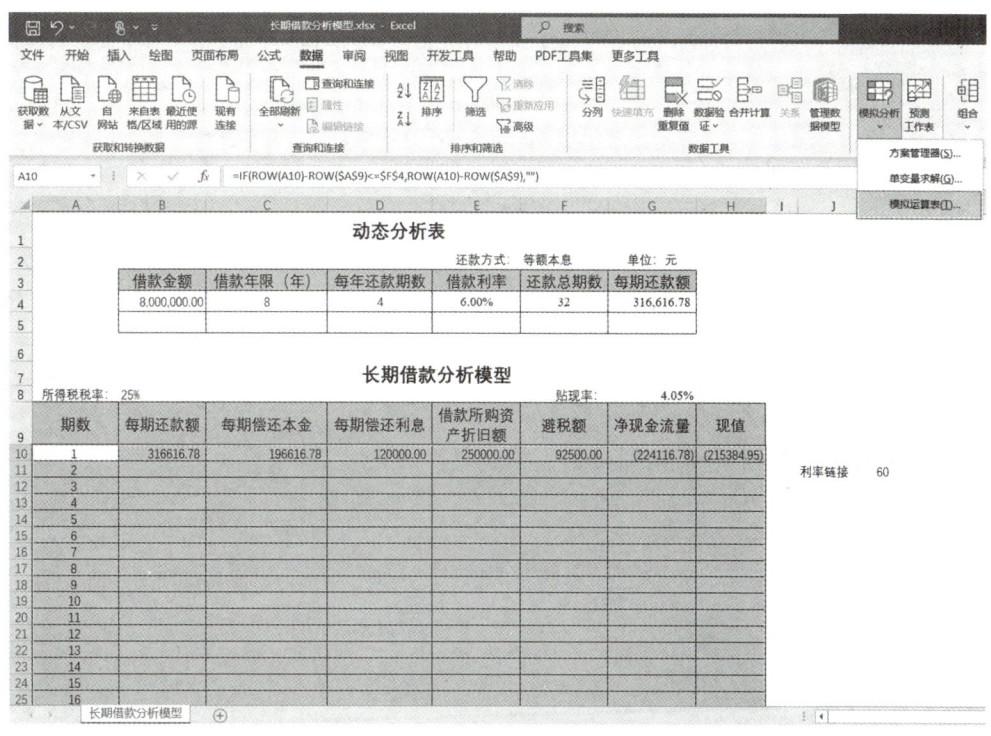

图 7-34 调用模拟运算表功能

Step2 打开【模拟运算表】对话框，单击【输入引用列的单元格】文本框右边的【折叠】按钮，然后在工作表中选中 A10 单元格，Excel 2021 会自动对 A10 单元格采取绝对引用的方式，返回【模拟运算表】对话框，单击【确定】按钮，如图 7-35 所示。

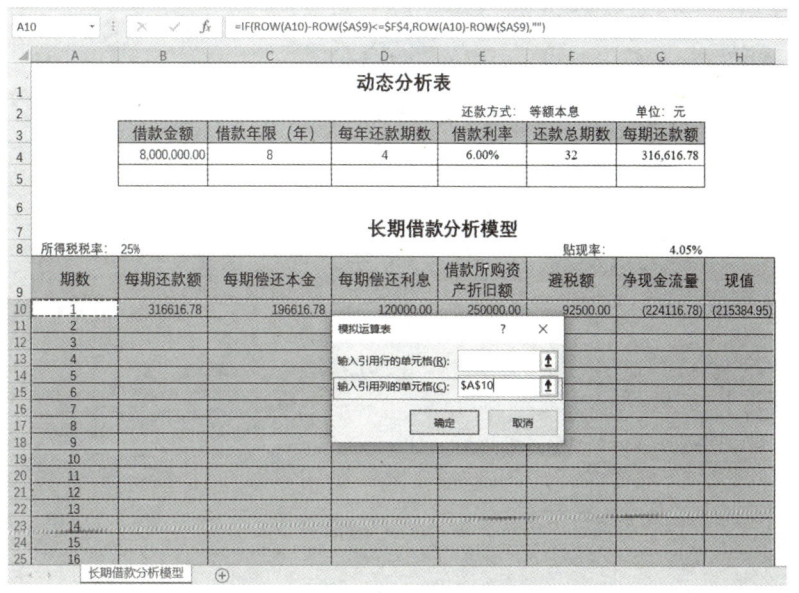

图 7-35 输入引用列的单元格

Step3 返回工作表后可以看到，Excel 2021 已经自动将所选区域中所有单元格的数据计算完毕，如图 7-36 所示。

动态分析表

			还款方式：	等额本息		单位：元
借款金额	借款年限（年）	每年还款期数	借款利率	还款总期数	每期还款额
8,000,000.00	8	4	6.00%	32	316,616.78

长期借款分析模型

所得税税率： 25%　　　　　　　　　　　　　　　贴现率：　　　4.05%

期数	每期还款额	每期偿还本金	每期偿还利息	借款所购资产折旧额	避税额	净现金流量	现值
1	316616.78	196616.78	120000.00	250000.00	92500.00	-224116.78	-215384.95
2	316616.78	199566.03	117050.75	250000.00	91762.69	-224854.09	-207674.31
3	316616.78	202559.52	114057.26	250000.00	91014.31	-225602.46	-200247.37
4	316616.78	205597.91	111018.87	250000.00	90254.72	-226362.06	-193093.48
5	316616.78	208681.88	107934.90	250000.00	89483.72	-227133.05	-186202.41
6	316616.78	211812.11	104804.67	250000.00	88701.17	-227915.61	-179564.32
7	316616.78	214989.29	101627.49	250000.00	87906.87	-228709.90	-173169.71
8	316616.78	218214.13	98402.65	250000.00	87100.66	-229516.11	-167009.49
9	316616.78	221487.34	95129.44	250000.00	86282.36	-230334.42	-161074.87
10	316616.78	224809.65	91807.13	250000.00	85451.78	-231164.99	-155357.43
11	316616.78	228181.80	88434.98	250000.00	84608.75	-232008.03	-149849.04
12	316616.78	231604.52	85012.25	250000.00	83753.06	-232863.71	-144541.90
13	316616.78	235078.59	81538.19	250000.00	82884.55	-233732.23	-139428.49
14	316616.78	238604.77	78012.01	250000.00	82003.00	-234613.77	-134501.59
15	316616.78	242183.84	74432.94	250000.00	81108.23	-235508.54	-129754.25
16	316616.78	245816.60	70800.18	250000.00	80200.04	-236416.73	-125179.76

图 7-36　通过模拟运算表计算相关数据

Step4 选中 B30 单元格，按住 Shift 键，单击 H30 单元格，此时系统自动选中 B30:H30 单元格区域。然后按 Alt+=组合键，可以快速在 B30:H30 单元格区域对整个工作表进行求和，如图 7-37 所示。

长期借款分析模型

所得税税率： 25%　　　　　　　　　　　　　　　贴现率：　　　4.05%

期数	每期还款额	每期偿还本金	每期偿还利息	借款所购资产折旧额	避税额	净现金流量	现值
1	316616.78	196616.78	120000.00	250000.00	92500.00	-224116.78	-215384.95
2	316616.78	199566.03	117050.75	250000.00	91762.69	-224854.09	-207674.31
3	316616.78	202559.52	114057.26	250000.00	91014.31	-225602.46	-200247.37
4	316616.78	205597.91	111018.87	250000.00	90254.72	-226362.06	-193093.48
5	316616.78	208681.88	107934.90	250000.00	89483.72	-227133.05	-186202.41
6	316616.78	211812.11	104804.67	250000.00	88701.17	-227915.61	-179564.32
7	316616.78	214989.29	101627.49	250000.00	87906.87	-228709.90	-173169.71
8	316616.78	218214.13	98402.65	250000.00	87100.66	-229516.11	-167009.49
9	316616.78	221487.34	95129.44	250000.00	86282.36	-230334.42	-161074.87
10	316616.78	224809.65	91807.13	250000.00	85451.78	-231164.99	-155357.43
11	316616.78	228181.80	88434.98	250000.00	84608.75	-232008.03	-149849.04
12	316616.78	231604.52	85012.25	250000.00	83753.06	-232863.71	-144541.90
13	316616.78	235078.59	81538.19	250000.00	82884.55	-233732.23	-139428.49
14	316616.78	238604.77	78012.01	250000.00	82003.00	-234613.77	-134501.59
15	316616.78	242183.84	74432.94	250000.00	81108.23	-235508.54	-129754.25
16	316616.78	245816.60	70800.18	250000.00	80200.04	-236416.73	-125179.76
17	316616.78	249503.85	67112.93	250000.00	79278.23	-237338.54	-120771.70
18	316616.78	253246.40	63370.37	250000.00	78342.59	-238274.18	-116523.87
19	316616.78	257045.10	59571.68	250000.00	77392.92	-239223.86	-112430.30
20	316616.78	260900.78	55716.00	250000.00	76429.00	-240187.78	-108485.27
合计	6332335.52	4546500.87	1785834.65	5000000.00	1696458.66	-4635876.85	-3120244.51

图 7-37　计算合计数

3．设置动态分析效果

从长期借款分析模型中可以看出，融资成本、现金流量等受多重因素的影响，任意因素的改变都会改变运算结果。接下来为借款期限、每年还款期数、借款利率添加滚动条窗体控件，以便实现对长期借款筹资决策的动态分析，具体操作如下。

Step1　在工作表中单击【开发工具】选项卡，在【控件】组单击【插入】下拉按钮，在弹出的下拉列表中的【表单控件】选区单击【滚动条（窗体控件）】按钮，如图 7-38 所示。

Step2　在 C5 单元格中绘制一个大小合适的滚动条，并拖动至合适位置，如图 7-39 所示。

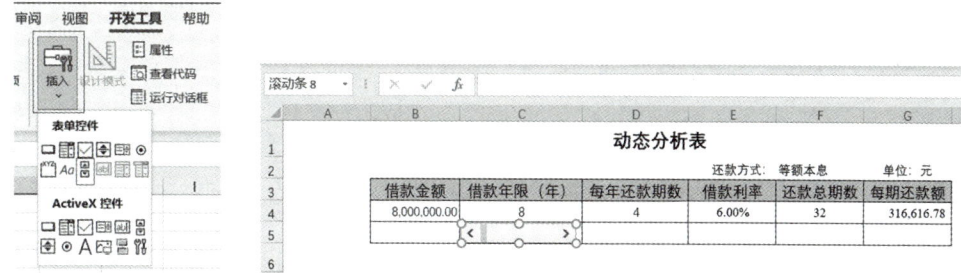

图 7-38　单击【滚动条（窗体控件）】按钮　　　图 7-39　绘制"借款年限"滚动条

Step3　右击新绘制的"借款年限"滚动条，在弹出的下拉菜单中选择【设置控件格式】命令，打开【设置对象格式】对话框。在该对话框中单击【控制】选项卡，分别在【最小值】【最大值】【步长】【页步长】文本框中输入"1""10""1""2"，单元格链接到 C4 单元格，如图 7-40 所示，完成后单击【确定】按钮。

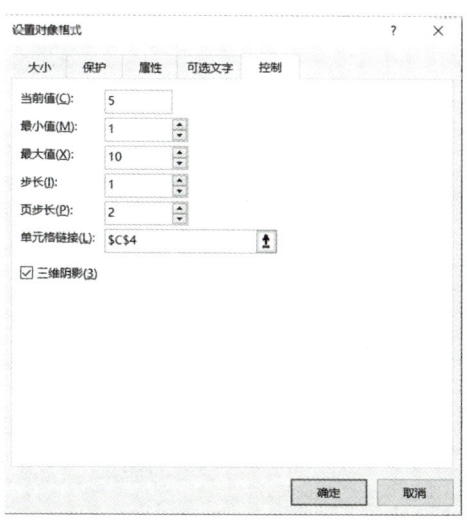

图 7-40　设置"借款年限"滚动条窗体控件格式

Step4　返回工作表，单击"借款年限"滚动条两边的按钮，检查其能否按照预设调整借款年限的大小，如图 7-41 所示。

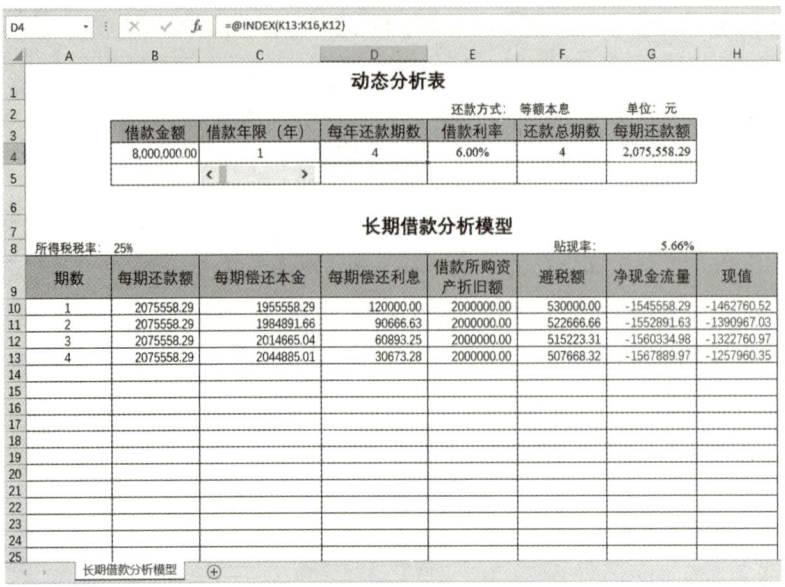

图 7-41　查看"借款年限"滚动条窗体控件效果

Step5　在 J12:K16 单元格区域创建"每年还款期数情况表"表格并输入相关数据，如图 7-42 所示。

Step6　设置每年还款期数函数，把 D4 单元格中原有的数据删除，并输入公式"=INDEX (K13:K16,K12)"，按 Enter 键，如图 7-43 所示。

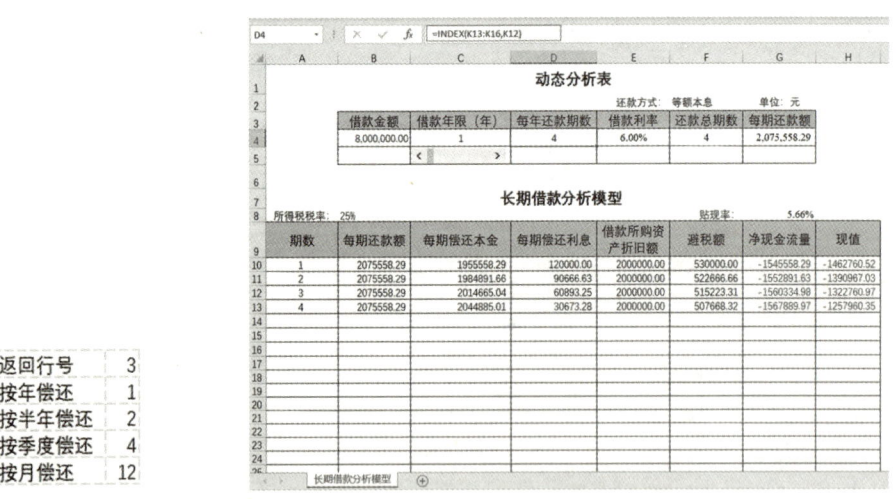

图 7-42　创建"每年还款期数情况表"表格　　　　图 7-43　设置每年还款期数函数

Step7　单击【开发工具】选项卡，在【控件】组单击【插入】下拉按钮，在弹出的下拉列表中的【表单控件】选区单击【组合框（窗体控件）】按钮，如图 7-44 所示。

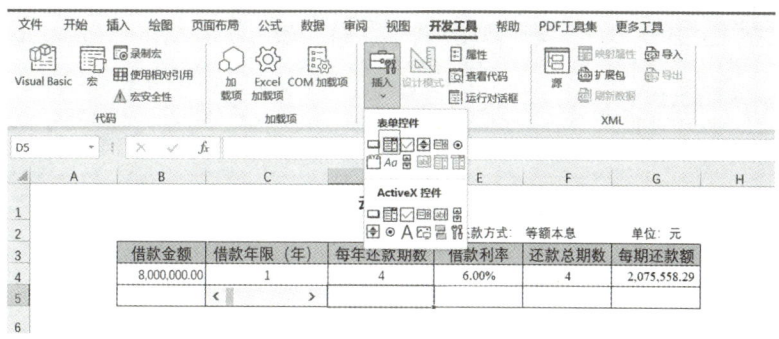

图 7-44　单击【组合框（窗体控件）】按钮

Step8　在 D5 单元格中绘制一个大小合适的组合框，并调整至合适位置，如图 7-45 所示。

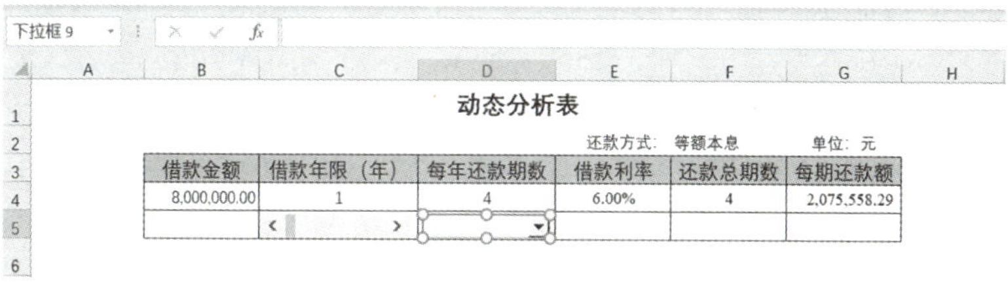

图 7-45　绘制组合框

Step9　右击新绘制的"每年还款期数"组合框，在弹出的下拉菜单中选择【设置控件格式】命令，打开【设置对象格式】对话框。在该对话框中单击【控制】按钮，设置数据源区域为"$J$13:$J$16"，单元格链接为"$K$12"，下拉显示项数为"4"，完成后单击【确定】按钮，如图 7-46 所示。

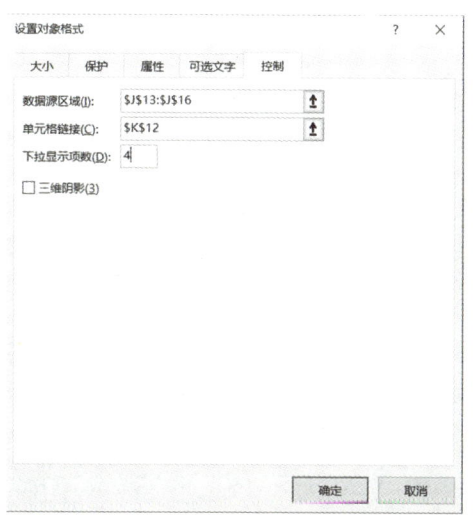

图 7-46　设置"每年还款期数"组合框控件格式

Step10　返回工作表，单击"每年还款期数"组合框右边的下拉按钮，在弹出的下拉列表中选择不同的每年还款期数，并检查其设置是否正确，如图 7-47 所示。

期数	每期还款额	每期偿还本金	每期偿还利息	借款所购资产折旧额	避税额	净现金流量	现值
1	566120.62	446120.62	120000.00	500000.00	155000.00	-411120.62	-392145.82
2	566120.62	452812.43	113308.19	500000.00	153327.05	-412793.57	-375568.88
3	566120.62	459604.62	106516.00	500000.00	151629.00	-414491.62	-359708.55
4	566120.62	466498.69	99621.93	500000.00	149905.48	-416215.14	-344533.30
5	566120.62	473496.17	92624.45	500000.00	148156.11	-417964.51	-330013.02
6	566120.62	480598.61	85522.01	500000.00	146380.50	-419740.12	-316118.91
7	566120.62	487807.59	78313.03	500000.00	144578.26	-421542.36	-302823.49
8	566120.62	495124.70	70995.92	500000.00	142748.98	-423371.64	-290100.47
9	566120.62	502551.57	63569.05	500000.00	140892.26	-425228.36	-277924.75
10	566120.62	510089.85	56030.77	500000.00	139007.69	-427112.93	-266272.33
11	566120.62	517741.20	48379.43	500000.00	137094.86	-429025.77	-255120.31
12	566120.62	525507.31	40613.31	500000.00	135153.33	-430967.30	-244446.77
13	566120.62	533389.92	32730.70	500000.00	133182.67	-432937.95	-234230.79
14	566120.62	541390.77	24729.85	500000.00	131182.46	-434938.16	-224452.36
15	566120.62	549511.63	16608.99	500000.00	129152.25	-436968.38	-215092.37

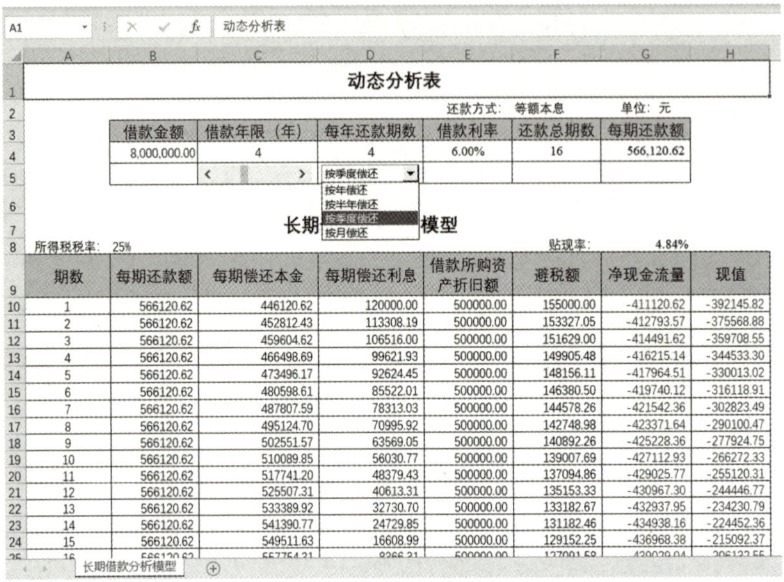

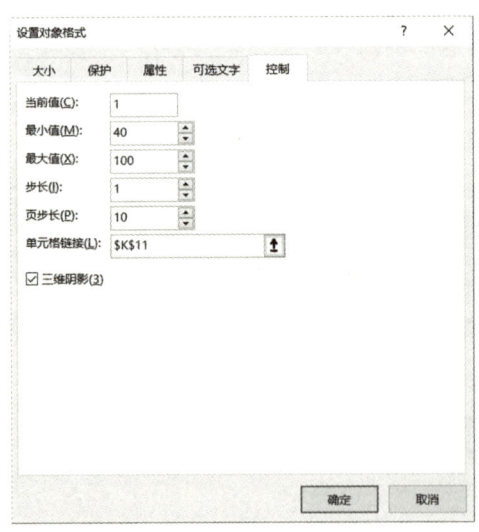

图 7-47　查看“每年还款期数” 组合框窗体控件效果

Step11　用与 Step1 ~ Step3 相同的方法在 E5 单元格为“借款利率”设置滚动条窗体控件。在【设置对象格式】对话框中，设置最小值为“40”，最大值为“100”，步长为“1”，页步长为“10”，单元格链接到 K11 单元格，如图 7-48 所示。完成后单击【确定】按钮。

图 7-48　设置“借款利率”滚动条窗体控件格式

Step12　返回工作表，单击“借款利率”滚动条两边的按钮，检查其能否按照预设调整借款利率的大小，如图 7-49 所示。

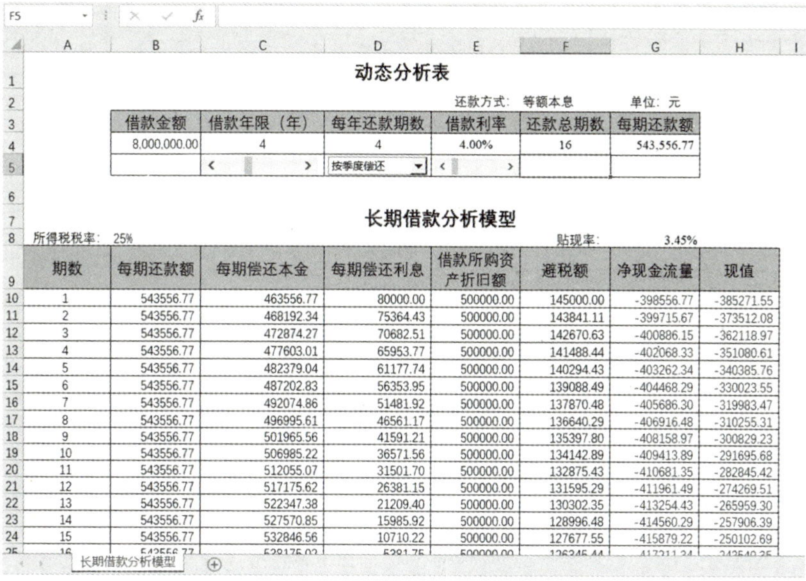

动态分析表

还款方式：等额本息　　单位：元

借款金额	借款年限（年）	每年还款期数	借款利率	还款总期数	每期还款额
8,000,000.00	4	4	4.00%	16	543,556.77
		按季度偿还			

长期借款分析模型

所得税税率：25%　　贴现率：3.45%

期数	每期还款额	每期偿还本金	每期偿还利息	借款所购资产折旧额	避税额	净现金流量	现值
1	543556.77	463556.77	80000.00	500000.00	145000.00	-398556.77	-385271.55
2	543556.77	468192.34	75364.43	500000.00	143841.11	-399715.67	-373512.08
3	543556.77	472874.27	70682.51	500000.00	142670.63	-400886.15	-362118.97
4	543556.77	477603.01	65953.77	500000.00	141488.44	-402068.33	-351080.61
5	543556.77	482379.04	61177.74	500000.00	140294.43	-403262.34	-340385.76
6	543556.77	487202.83	56353.95	500000.00	139088.49	-404468.29	-330023.55
7	543556.77	492074.86	51481.92	500000.00	137870.48	-405686.30	-319983.47
8	543556.77	496995.61	46561.17	500000.00	136640.29	-406916.48	-310255.31
9	543556.77	501965.56	41591.21	500000.00	135397.80	-408158.97	-300829.23
10	543556.77	506985.22	36571.56	500000.00	134142.89	-409413.89	-291695.68
11	543556.77	512055.07	31501.70	500000.00	132875.43	-410681.35	-282845.42
12	543556.77	517175.62	26381.15	500000.00	131595.29	-411961.49	-274269.51
13	543556.77	522347.38	21209.40	500000.00	130302.35	-413254.43	-265959.30
14	543556.77	527570.85	15985.92	500000.00	128996.48	-414560.29	-257906.39
15	543556.77	532846.56	10710.22	500000.00	127677.55	-415879.22	-250102.69

图 7-49　查看“借款利率”滚动条窗件控件效果

Step13　设置 J11:K16 单元格区域的所有字体和表格边框的颜色为“白色，背景 1，深色 25%”，如图 7-50 所示。

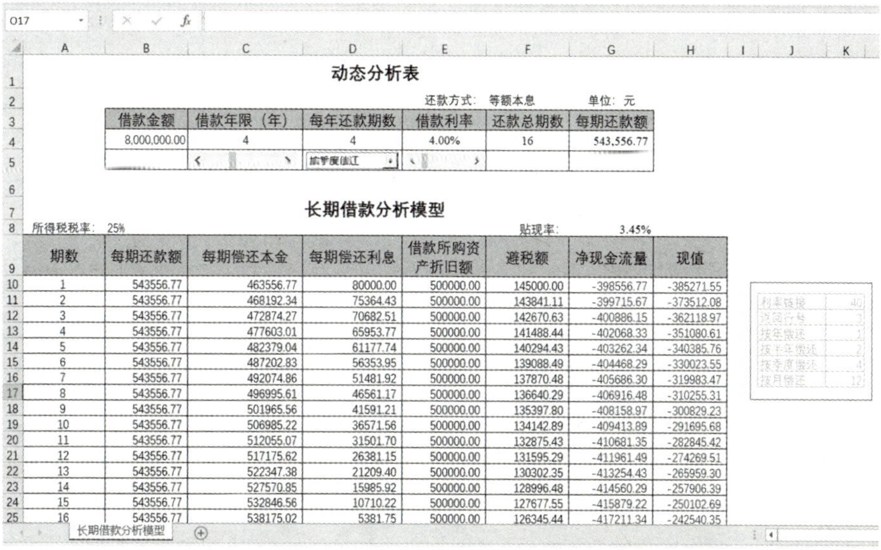

动态分析表

还款方式：等额本息　　单位：元

借款金额	借款年限（年）	每年还款期数	借款利率	还款总期数	每期还款额
8,000,000.00	4	4	4.00%	16	543,556.77
		按季度偿还			

长期借款分析模型

所得税税率：25%　　贴现率：3.45%

期数	每期还款额	每期偿还本金	每期偿还利息	借款所购资产折旧额	避税额	净现金流量	现值
1	543556.77	463556.77	80000.00	500000.00	145000.00	-398556.77	-385271.55
2	543556.77	468192.34	75364.43	500000.00	143841.11	-399715.67	-373512.08
3	543556.77	472874.27	70682.51	500000.00	142670.63	-400886.15	-362118.97
4	543556.77	477603.01	65953.77	500000.00	141488.44	-402068.33	-351080.61
5	543556.77	482379.04	61177.74	500000.00	140294.43	-403262.34	-340385.76
6	543556.77	487202.83	56353.95	500000.00	139088.49	-404468.29	-330023.55
7	543556.77	492074.86	51481.92	500000.00	137870.48	-405686.30	-319983.47
8	543556.77	496995.61	46561.17	500000.00	136640.29	-406916.48	-310255.31
9	543556.77	501965.56	41591.21	500000.00	135397.80	-408158.97	-300829.23
10	543556.77	506985.22	36571.56	500000.00	134142.89	-409413.89	-291695.68
11	543556.77	512055.07	31501.70	500000.00	132875.43	-410681.35	-282845.42
12	543556.77	517175.62	26381.15	500000.00	131595.29	-411961.49	-274269.51
13	543556.77	522347.38	21209.40	500000.00	130302.35	-413254.43	-265959.30
14	543556.77	527570.85	15985.92	500000.00	128996.48	-414560.29	-257906.39
15	543556.77	532846.56	10710.22	500000.00	127677.55	-415879.22	-250102.69
16	543556.77	538175.02	5381.75	500000.00	126345.44	-417211.34	-242540.35

利率链接	40
返回行号	3
按年偿还	1
按半年偿还	2
按季度偿还	4
按月偿还	12

图 7-50　设置 J11:K16 单元格区域的字体和表格边框格式

Step14　至此，带有动态分析功能的长期借款分析模型已经创建和编制完成，最终效果如图 7-51 所示。

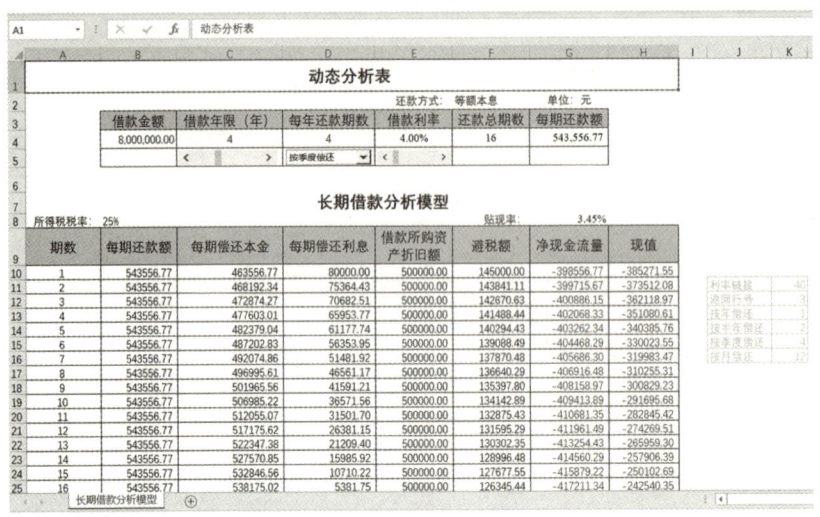

图 7-51　长期借款分析模型最终效果

任务三　拓展应用——图表的制作

Excel 2021 是数据处理的强大工具，而数据具有抽象、难懂等先天弱点，若能合理利用图表展现数据，就能更加直观地体现数据中的信息。接下来将介绍常见图表的制作。

一、图表的类型

Excel 2021 有 15 种图表类型，分别是柱形图、折线图、饼图、条形图、面积图、XY 散点图、地图、股价图、曲面图、雷达图、树状图、旭日图、直方图、箱形图、瀑布图、组合。每种图表类型有 7 种不同形式的模板可以选择，如图 7-52 所示。

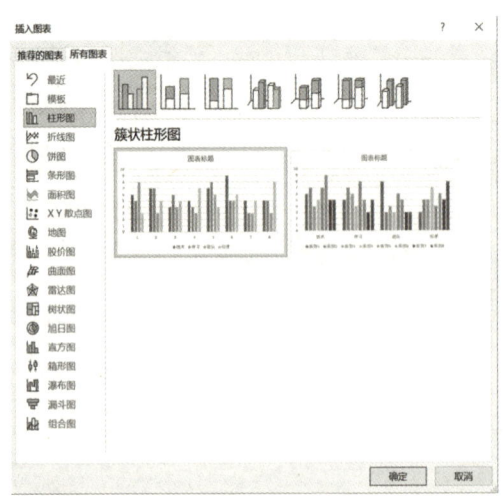

图 7-52　Excel 2021 内置的图表类型和模板

接下来对 Excel 2021 自带的主要图表类型进行介绍。

1. 柱形图

柱形图经常用于表示以行和列排列的数据，对于显示随时间变化的数据很有效果。最常用的布局是将信息类型放在横坐标轴上，将数值项放在纵坐标轴上，如图 7-53 所示

2. 折线图

折线图与柱形图类似，也可以很好地显示在工作表中以行和列排列的数据。与柱形图的区别在于折线图可以显示一段时间内连续的数据，特别适合显示趋势，如图 7-54 所示。

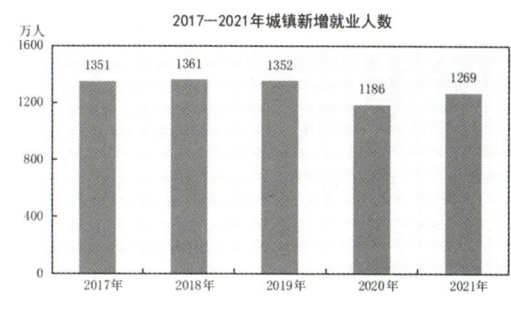

图 7-53 柱形图

资料来源：统计微讯公众号。

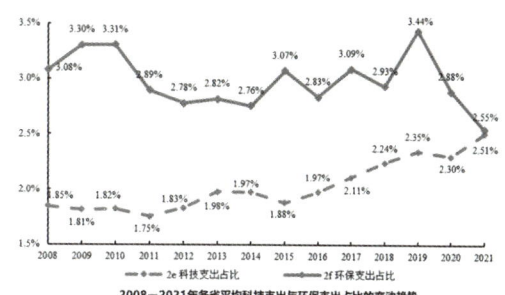

图 7-54 折线图

资料来源：人大财税研究所公众号。

3. 饼图

饼图适合显示个体与整体之间的比例关系，显示数据系列相对于总量的比例，每个扇区显示其占总体的百分比，所有扇区百分数的总和为 100%。在创建饼图时，可以将饼图的一部分拉出来与饼图分离，以更清晰地表达效果，如图 7-55 所示。

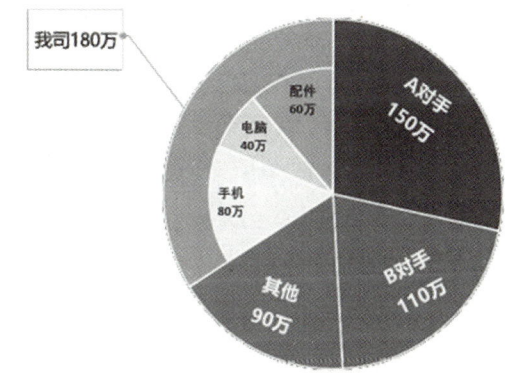

图 7-55 饼图

资料来源：部落窝教育销售部（单位：元）。

4．条形图

条形图又称横向柱形图，与柱形图类似，可用于表达项目之间的大小比较，但不适合显示一系列时间内的数据变化。当维度分类较多，而且维度字段名称较长时，应选择条形图，如图 7-56 所示。

5．面积图

面积图是以阴影或颜色填充折线下方区域的折线图，适用于要突出部分时间系列时，特别适合显示随时间变化的量。如果只有几个数据点，添加垂直线有助于读者分辨每个时期的实际值，如图 7-57 所示。

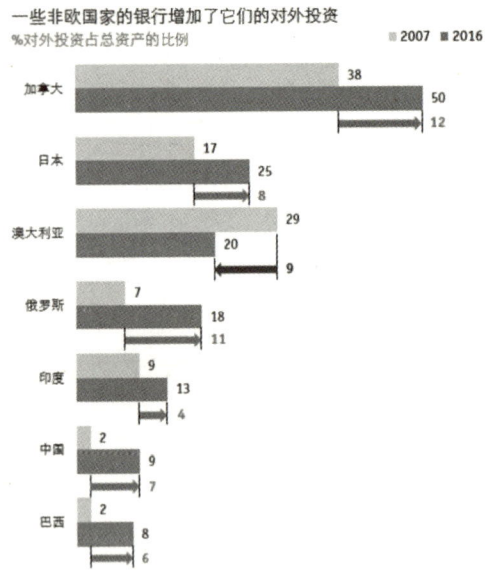

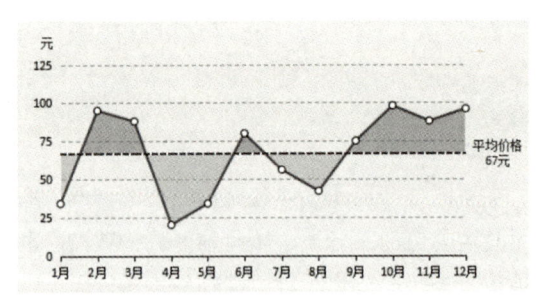

图 7-56　条形图　　　　　　　　　　　　　图 7-57　面积图

资料来源：高端商业报告公众号。　　　　　　资料来源：Excel 之家 ExcelHome 公众号。

6．XY 散点图

XY 散点图适用于表示表格中数值之间的关系，常用于统计与科学数据的显示，特别适合比较两个可能互相关联的变量。虽然散点图可用于大型数据集，但其缺陷是，如果不使用 VBA或插件，将很难给点加上标签。如果数据集较小，可使用成对的条形图来显示相同的信息。这种图表可添加标签，让读者能够看出哪些记录与其他记录不符，如图 7-58 所示。

7．地图

Office 2019 版本新增了"地图"这一图表类型。当数据与地理位置相关时，可以用地图的形式表示，其效果比单纯的表格更加直观形象。

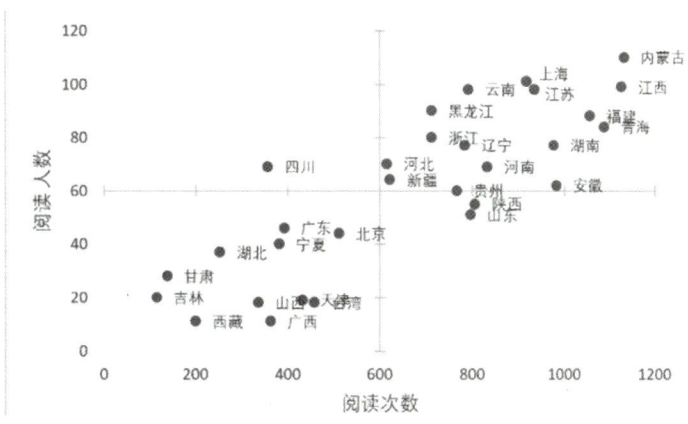

图 7-58　XY 散点图

资料来源：喜之习之公众号。

8. 股价图

股价图常用于显示股票市场的波动，可使用它来显示特定股票的最高价/最低价与收盘价，如图 7-59 所示。

9. 曲面图

曲面图适合显示两组数据的最优组合，但难以阅读，如图 7-60 所示。

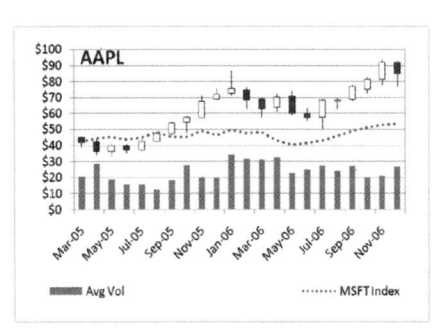

图 7-59　股价图

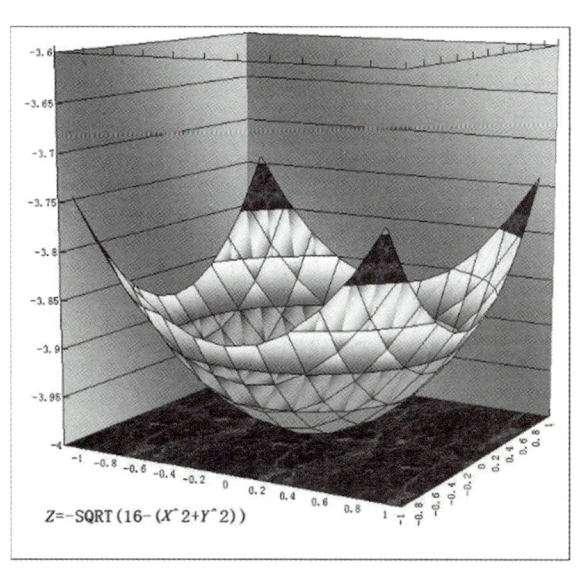

图 7-60　曲面图

10. 雷达图

雷达图可用于对比表格中多个数据系列的总计，很适合进行绩效评估。雷达图可显示 4～6 个变量之间的关系，如图 7-61 所示。

11．树状图

树状图用矩形的大小来直观地表示各项目的占比，看起来就像用多个矩形组成的图表，如图 7-62 所示。

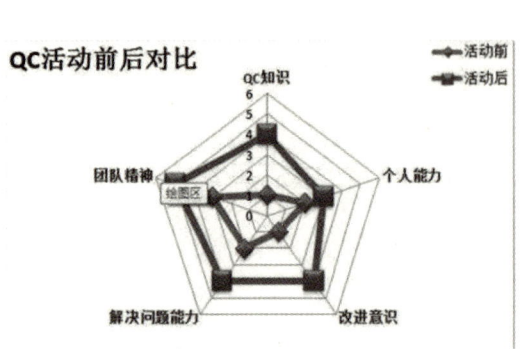

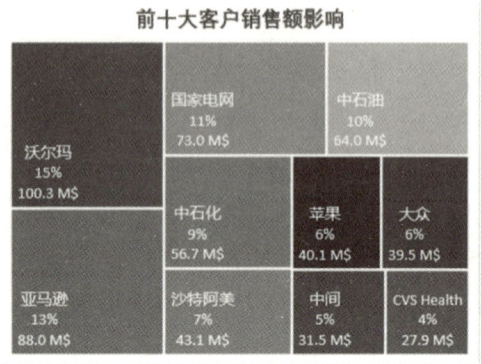

图 7-61　雷达图

图 7-62　树状图

资料来源：品质人生质量开展公众号。

资料来源：Excel 轻松学公众号。

12．旭日图

旭日图与饼图有点类似，都是拿整个圆环作为单位 1，使用不同环区的大小表达各数据之间的大小关系，如图 7-63 所示。旭日图可以表达多层级关系和归属关系。在旭日图中，以父子层次来显示数据的构成情况，离圆点越近，层级越高，相邻两层是内层包含外层的关系，展示效果更加突出。

13．直方图

通常直方图的横轴表示数据分组，纵轴表示频数，各组数据与相应的频数形成矩形，矩形的宽度和高度表示频数的分布，如图 7-64 所示。用户可以通过直方图很直观地看出数据分布的形状、中心位置及离散程度等。

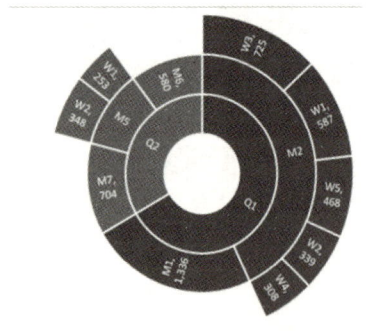

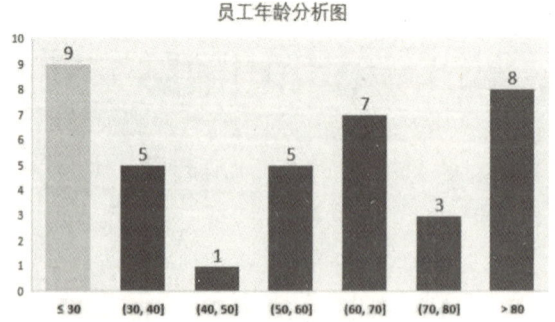

图 7-63　旭日图

图 7-64　直方图

资料来源：观正堂公众号。

资料来源：观正堂公众号。

14. 箱形图

箱形图用一组数据中的下限值、下四分位数、中位数、上四分位数和上限值来反映数据分布的中心位置和散布范围，也可以粗略地看出数据是否具有对称性，如图7-65所示。通过将多组数据的箱线图画在同一坐标上，可以清晰地显示出各组数据的分布差异，为发现问题、改进流程提供突破点。

15. 瀑布图

瀑布图通过巧妙的设置，使图表中数据点的排列形状看似瀑布悬空，主要用来反映数据变化的过程，也可用于分解构成，可以直观地显示在总计中各个部分的组成成分和大小，如图7-66所示。

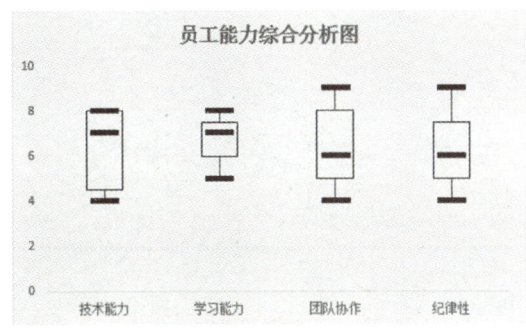

图7-65 箱形图

资料来源：Excel教程公众号。

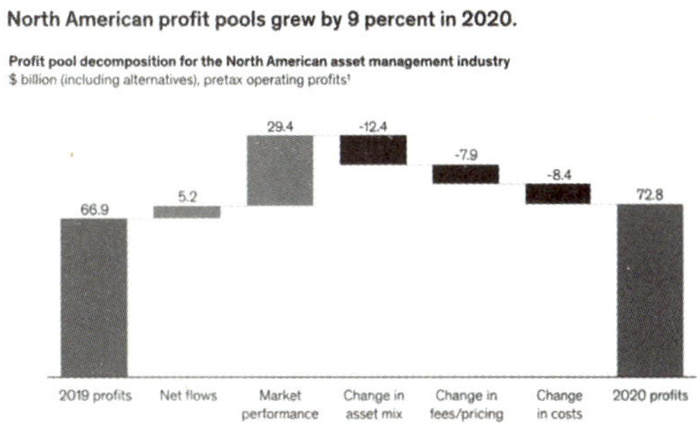

图7-66 瀑布图

资料来源：Excel图表之道公众号。

16. 漏斗图

漏斗图常用于流量监控、产品转化等工作的运营与分析，展现各个阶段的转化率，可以通过各个阶段的转化情况找出优化的方向，如图7-67所示。

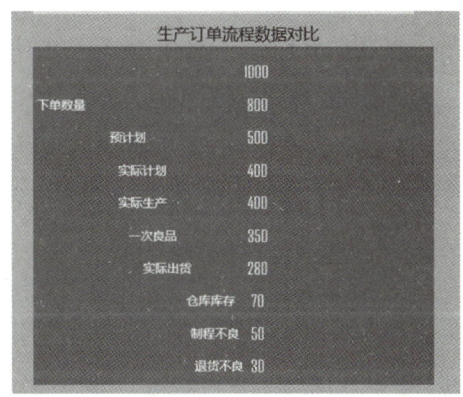

图7-67 漏斗图

资料来源：Excel图表之道公众号。

二、图表元素

识别图表元素非常重要，一般的图表由图表标题、图例、绘图区、数据系列、垂直（值）轴、水平（类别）轴、数据标签、网格线、垂直（值）轴标题、水平（类别）轴标题等元素组成，如图 7-68 所示。

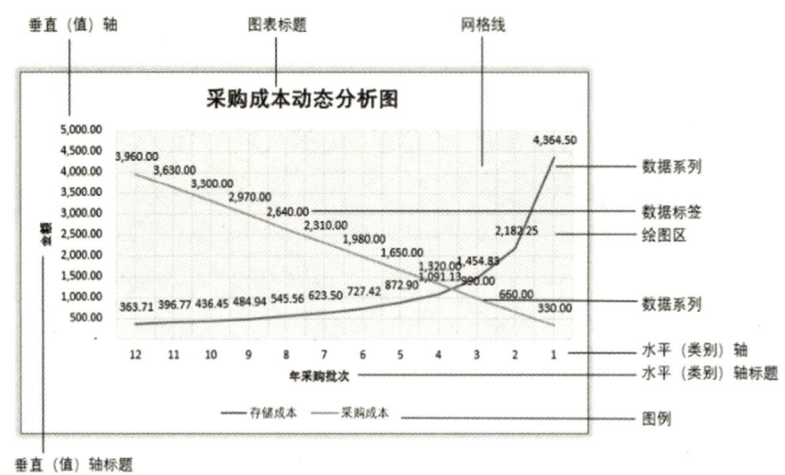

图 7-68　图表元素

三、创建和编辑图表

创建 Excel 图表前，应该首先在工作表中创建表格，并输入相关数据，然后插入合适的图表，再编辑图表的样式和格式，一般操作步骤如下。

Step1　选择要创建图表的数据区域，注意要选中表头区域，然后单击【插入】选项卡，在【图表】组单击想要创建的图表类型的下接按钮，在弹出的下拉列表中选择合适的图表形式，Excel 会自动生成图表。

Step2　对图表元素进行编辑。单击图表上任意位置即可选中图表，然后单击图表右边的【图表元素】按钮 +，在弹出的下拉列表中可以勾选或取消勾选图表元素，包括坐标轴、坐标轴标题、图表标题、数据标签、数据表、误差线、网格线、图例、趋势线，如图 7-69 所示。也可以单击【图表设计】选项卡，在【图表布局】组单击【添加图表元素】下拉按钮，完成这一步，如图 7-70 所示。

Step3　对图表样式和颜色进行编辑。选中图表后，单击图表右边的【样式】按钮 🖌。在弹出的下拉列表中对图表的样式进行编辑，如图 7-71 示。然后单击该下拉列表中的【颜色】选项卡，可对图表配色进行编辑，如图 7-72 示。也可以单击【图表设计】选项卡，在【图表样式】组单击【更改颜色】下拉按钮，完成这一步，如图 7-73 示。

Step4　筛选图表数据。选中图表后，单击图表右侧的【图表筛选器】按钮 ▼，在弹出的下拉列表中添加或取消图表数据，如图 7-74 所示。也可以单击【图表设计】选项卡，在【数据】

组单击【选择数据】按钮，在打开的【选择数据源】对话框中完成这一步，如图 7-75 所示。

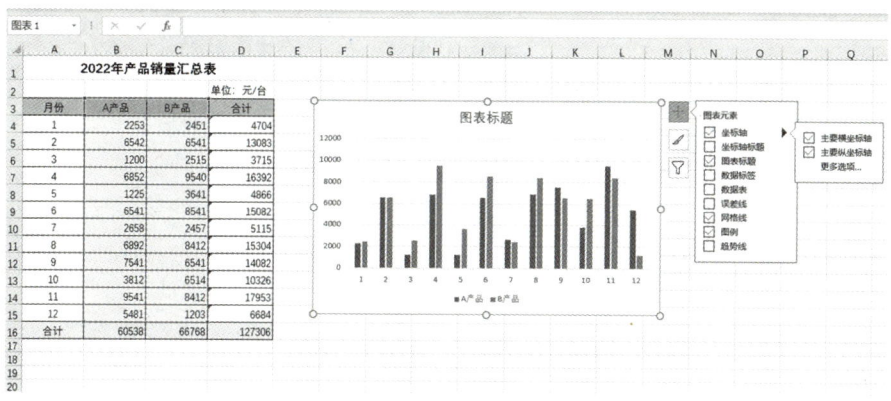

图 7-69　勾选或取消勾选图表元素

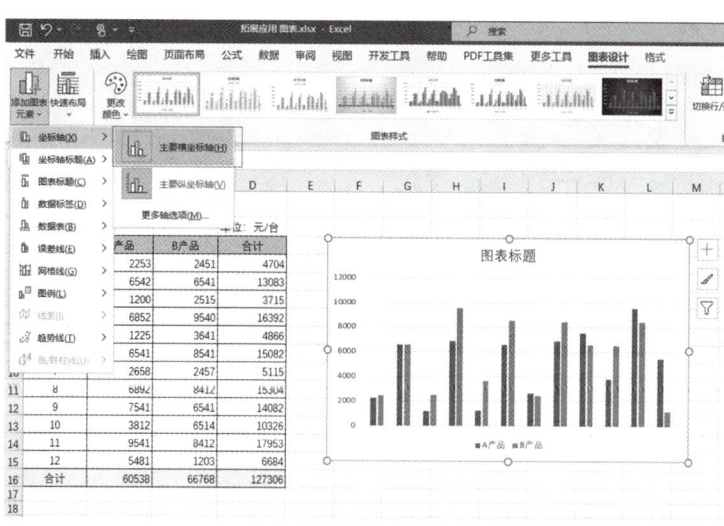

图 7-70　添加图表元素

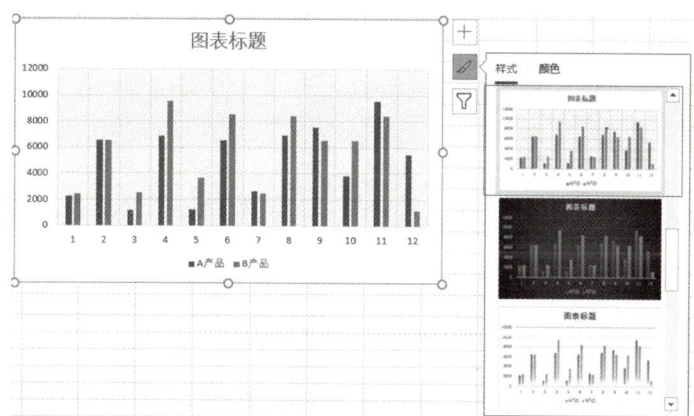

图 7-71　编辑图表样式

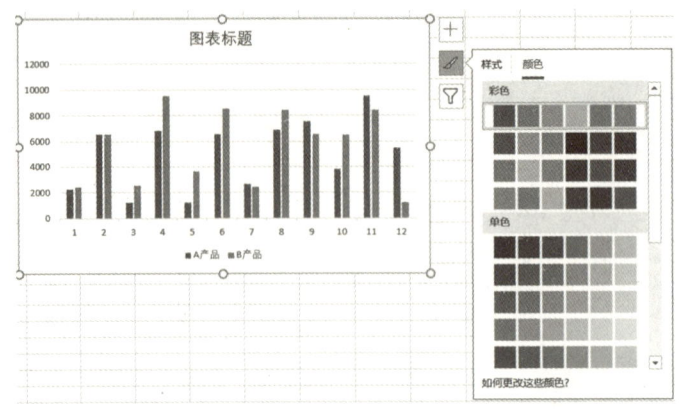

图 7-72　编辑图表配色

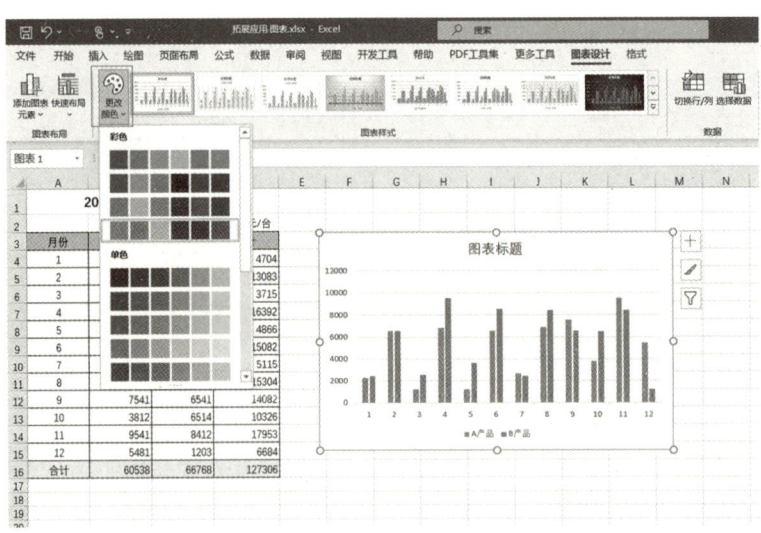

图 7-73　编辑图表样式和配色

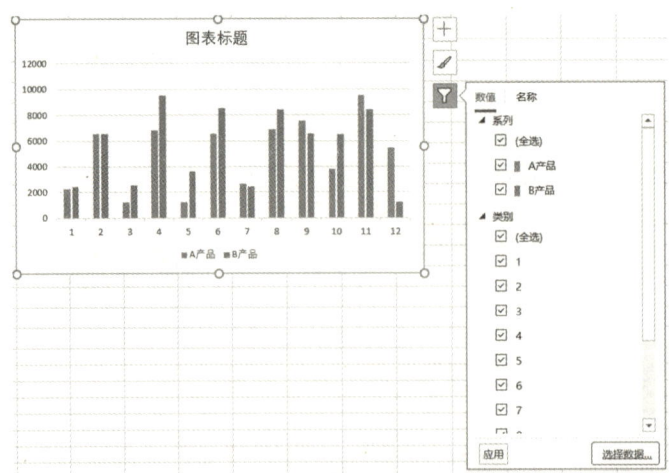

图 7-74　添加或取消图表数据

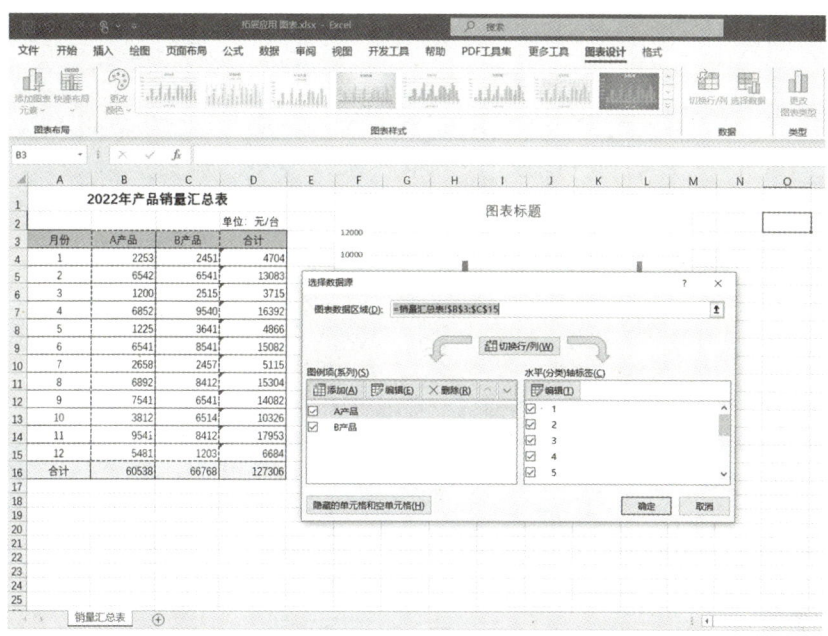

图 7-75　【选择数据源】对话框

Step5　若自动生成的图表中的 X 轴 Y 轴与期望的相反，则需要对图表进行"行/列"切换，具体操作步骤是，单击【图表设计】选项卡，在【数据】组单击【切换行/列】按钮，如图 7-76 所示。

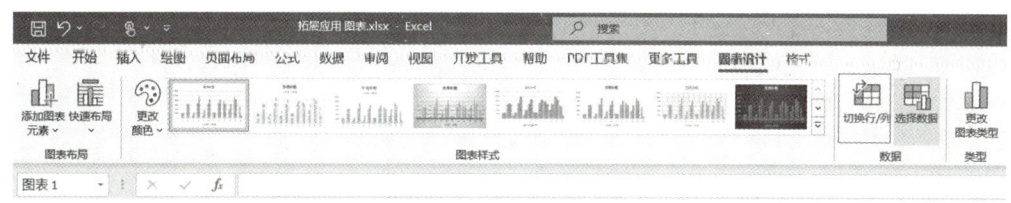

图 7-76　切换行/列

Step6　编辑各图表元素内的字体和字号。单击带有文字的图表元素，待其进入被选择的状态后，单击图表元素中的文字，便可以对文字进行编辑。也可以在元素进入被选择的状态后单击【开始】选项卡，在【字体】组对图表元素中的文字进行字体和字号的编辑，如图 7-77 所示。

Step7　编辑图表元素的格式。选中图表，单击【格式】选项卡，在【当前所选内容】组单击【图表元素】文本框右边的下拉按钮，在弹出的下拉列表中选择需要编辑格式的图表元素，如图 7-78 所示。然后利用【形状格式】【艺术字样式】【排列】【大小】组中的功能对选定的图表元素格式进行编辑。该步骤也可通过另一种方式实现：双击图表中需要编辑格式的图表元素，然后在打开的窗格中对其格式进行编辑。例如，需要编辑坐标轴格式，则双击图表中的坐标轴区域，打开【设置坐标轴格式】窗格，可在该窗格中对【填充与线条】【效果】【大小与属性】【坐标轴选项】等各项的格式进行编辑，如图 7-79 所示。

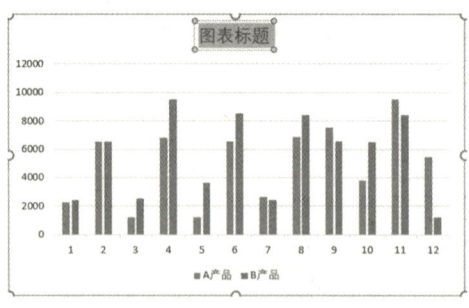

图 7-77　编辑图表元素中的文字

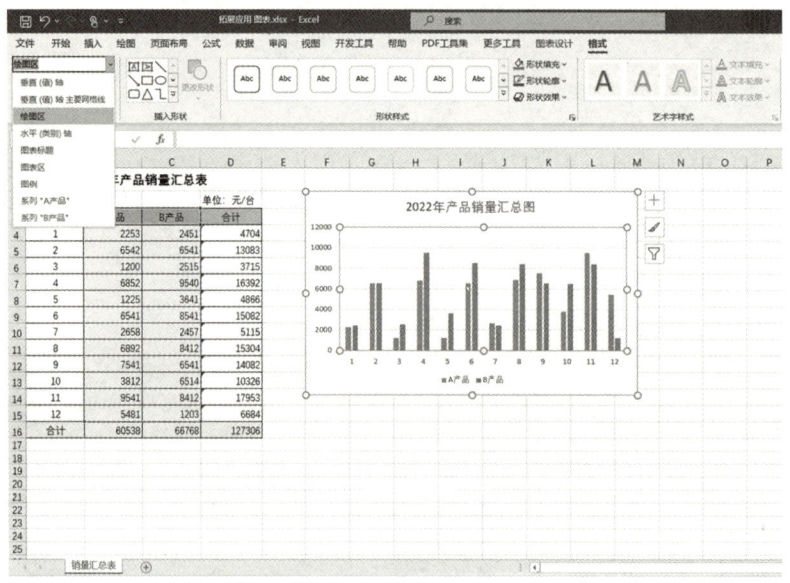

图 7-78　选择需要编辑格式的图表元素

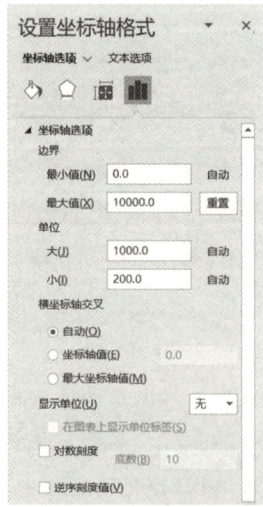

图 7-79　【设置坐标轴格式】窗格

以上图表操作方法是以柱形图为例的一般方法，其他类型图表的创建和编辑方法与此基本类似，大家可以举一反三，多加练习，争取将自己的 Excel 图表做到图文并茂。

素养修习

中国“投资”

党的二十大报告强调：“我们经过接续奋斗，实现了小康这个中华民族的千年梦想，我国发展站在了更高历史起点上。我们坚持精准扶贫、尽锐出战，打赢了人类历史上规模最大的脱贫攻坚战，全国八百三十二个贫困县全部摘帽，近一亿农村贫困人口实现脱贫，九百六十多万贫困人口实现易地搬迁，历史性地解决了绝对贫困问题，为全球减贫事业作出了重大贡献。”

这一成绩的背后，是一系列的中国“投资”。以甘肃省为例，在“十三五”期间（2016—2020年），中央政府投入了大量资金，在甘肃省的山谷间建设了高速公路、铁路和桥梁。2019 年，甘肃省“50 级”高速公路的长度超过了 4 242km，是印度全部高速公路总长度的将近 3 倍。甘肃省还有 4 条时速 250~350km/h 的高速铁路——宝兰、成兰、兰新、兰渝。

有了它们，当地的农民就能以更快的速度、更低的成本把自己生产的粮食运到最近的城市。而粮食经销商也能够找到更远地方的买家，卖出更高的价格。

另外，基于当地的地形资源优势，国家还投资建设了世界最大的陆上风力发电厂及众多太阳能发电厂。上述这些项目都是由国有企业承担建设的，给中国带来了巨大的社会经济利益。

这些中国“投资”，体现的正是中国特色的社会主义。

资料来源：新浪微博号“墨尔本微生活”。

岗位能力测评

完成等额本息及等额本金两种方式下的房贷计算，效果如图 7-80 所示。

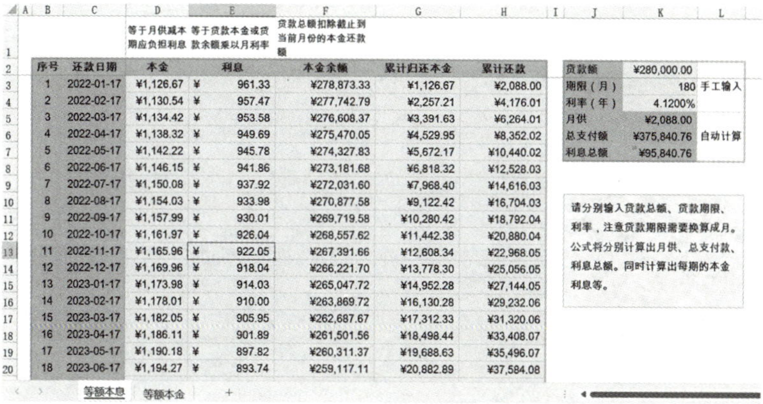

		等于月供减本期应负担利息	等于贷款本金或贷款余额乘以月利率	贷款总额扣除截止到当前月份的本金还款额		
序号	还款日期	本金	利息	本金余额	累计归还本金	累计还款
1	2022-01-17	¥1,126.67	¥ 961.33	¥278,873.33	¥1,126.67	¥2,088.00
2	2022-02-17	¥1,130.54	¥ 957.47	¥277,742.79	¥2,257.21	¥4,176.01
3	2022-03-17	¥1,134.42	¥ 953.58	¥276,608.37	¥3,391.63	¥6,264.01
4	2022-04-17	¥1,138.32	¥ 949.69	¥275,470.05	¥4,529.95	¥8,352.02
5	2022-05-17	¥1,142.22	¥ 945.78	¥274,327.83	¥5,672.17	¥10,440.02
6	2022-06-17	¥1,146.15	¥ 941.86	¥273,181.68	¥6,818.32	¥12,528.03
7	2022-07-17	¥1,150.08	¥ 937.92	¥272,031.60	¥7,968.40	¥14,616.03
8	2022-08-17	¥1,154.03	¥ 933.98	¥270,877.58	¥9,122.42	¥16,704.03
9	2022-09-17	¥1,157.99	¥ 930.01	¥269,719.58	¥10,280.42	¥18,792.04
10	2022-10-17	¥1,161.97	¥ 926.04	¥268,557.62	¥11,442.38	¥20,880.04
11	2022-11-17	¥1,165.96	¥ 922.05	¥267,391.66	¥12,608.34	¥22,968.05
12	2022-12-17	¥1,169.96	¥ 918.04	¥266,221.70	¥13,778.30	¥25,056.05
13	2023-01-17	¥1,173.98	¥ 914.03	¥265,047.72	¥14,952.28	¥27,144.05
14	2023-02-17	¥1,178.01	¥ 910.00	¥263,869.72	¥16,130.28	¥29,232.06
15	2023-03-17	¥1,182.05	¥ 905.95	¥262,687.67	¥17,312.33	¥31,320.06
16	2023-04-17	¥1,186.11	¥ 901.89	¥261,501.56	¥18,498.44	¥33,408.07
17	2023-05-17	¥1,190.18	¥ 897.82	¥260,311.37	¥19,688.63	¥35,496.07
18	2023-06-17	¥1,194.27	¥ 893.74	¥259,117.11	¥20,882.89	¥37,584.08

贷款额	¥280,000.00	
期限（月）	180	手工输入
利率（年）	4.1200%	
月供	¥2,088.00	
总支付额	¥375,840.76	自动计算
利息总额	¥95,840.76	

请分别输入贷款总额、贷款期限、利率，注意贷款期限需要换算成月。公式将分别计算出月供、总支付款、利息总额。同时计算出每期的本金利息等。

图 7-80　房贷计算实训作业效果

参考文献

[1] 凤凰高新教育. Excel 2021 完全自学教程[M]. 北京：北京大学出版社，2022.

[2] 刘杨. Excel 2021 办公应用从入门到精通[M]. 北京：北京大学出版社，2022.

[3] 朱晟. Excel 财务应用教程[M]. 北京：人民邮电出版社，2013.

[4] 罗惠民. "偷懒"的技术打造财务 Excel 达人[M]. 北京：机械工业出版社，2016.

[5] 韩小良. 从逻辑到实战 Excel 函数与公式应用大全[M]. 北京：中国水利水电出版社，2021.

[6] 韩小良. Excel 会计与财务管理从入门到精通实用案例版[M]. 北京：中国铁道出版社，2014.

反侵权盗版声明

电子工业出版社依法对本作品享有专有出版权。任何未经权利人书面许可，复制、销售或通过信息网络传播本作品的行为；歪曲、篡改、剽窃本作品的行为，均违反《中华人民共和国著作权法》，其行为人应承担相应的民事责任和行政责任，构成犯罪的，将被依法追究刑事责任。

为了维护市场秩序，保护权利人的合法权益，我社将依法查处和打击侵权盗版的单位和个人。欢迎社会各界人士积极举报侵权盗版行为，本社将奖励举报有功人员，并保证举报人的信息不被泄露。

举报电话：（010）88254396；（010）88258888

传　　真：（010）88254397

E-mail：　dbqq@phei.com.cn

通信地址：北京市万寿路 173 信箱

　　　　　电子工业出版社总编办公室

邮　　编：100036